Dio Chrysostom's
Kingship Orations (Or.1–4)

An Advanced Greek Reader

DIO CHRYSOSTOM'S
KINGSHIP ORATIONS (OR. 1–4)

AN ADVANCED GREEK READER

FREDRICK J. LONG & J. R. WRIGHT, EDITORS

WITH GLOSS CONTRIBUTIONS BY GARRETT BEST, JERRY D. BREEN, ESTEBAN HIDALGO, RICO KASIH, MATTHEW R. PETERSON, KEVIN M. SOUTHERLAND, AND JORDAN C. STANLEY

GLOSSAHOUSE
WILMORE,, KY
www.glossahouse.com

DIO CHRYSOSTOM'S KINGSHIP ORATIONS (*OR*.1–4)
AN ADVANCED GREEK READER

© 2019 by GlossaHouse

All rights reserved. No part of this work may be reproduced or transmitted in any form or by any means, electronic or mechanical, including photocopying and recording, or by means of any information storage or retrieval system, except as may be expressly permitted by the 1976 Copyright Act or in writing from the publisher. Requests for permission should be addressed in writing to:

GlossaHouse, LLC
110 Callis Circle
Wilmore, KY 40390

Publisher's Cataloging-in-Publication Data

Dio, Chrysostom
Dio Chrysostom's kingship orations (Or. 1–4) : an advanced Greek reader / Fredrick J. Long & J. R. Wright, editors ; with gloss contributions by Garrett Best, Jerry D. Breen, Esteban Hidalgo, Rico Kasih, Matthew R. Peterson, Kevin M. Southerland, Jordan C. Stanley – Wilmore, KY : GlossaHouse, ©2019.

xxxvi, 235 pages ; 25.4cm – (AGROS, tier 5)

1. Speeches, addresses, etc., Greek--Translations into English. 2. Greek language, Hellenistic (300 B.C.–500 A.D.)—Readers. I. Long, Fredrick J. (1966–), II. Wright, John R. (August 2, 1977–), III. Best, Garrett, IV. Breen, Jerry D. V. Hidalgo, Esteban, VI. Kasih, Rico, VII. Peterson, Matthew R. VIII. Southerland, Kevin M. IX. Stanley, Jordan C. X. Kingship orations, 1, 2, 3, 4. XI. Series.

ISBN: 978-1942697572 (paperback)
Library of Congress Control Number: 2019951929

The fonts used to create this work are available from www.linguistsoftware.com/lgku.htm.

Book Design and Typesetting by Fredrick J. Long.

Cover Design by T. Michael W. Halcomb, and Fredrick J. Long who added the AE Dupondius coin image of Trajan (RIC 428) courtesy of www.wildwinds.com.

This book is for all students of Koine Greek.

In Memory of Robert M. Mulholland, Jr., who invested in students like me so that we could learn to master Greek and be enriched devotionally by the New Testament.

—*Fredrick J. Long*

I wish to dedicate this work to Robert W. Canoy and James R. McConnell. These two magnificent New Testament scholars and seminary professors instilled in me not only the love of the Greek language, but also the recognition that one's scholarly endeavors can and should be of service to both the Academy and the Church.

Δόξα ἐν ὑψίστοις θεῷ

—*J. R. Wright*

Table of Contents

The AGROS Series viii

Acknowledgements x

An Introduction to Dio Chrysostom's *Kingship Orations* xi
   by Fredrick J. Long

  I. Dio of Prusa xi
  II. Certainty of the Text of Dio's *Kingship Orations* xiv
  III. Some Connections of Dio with New Testament Discourse xv
  IV. Notes and Abbreviations xvi
  V. Select Discussion of Attic Elements of Dio's Greek xvii
  VI. Some Troublesome Points of Dio's Grammar and Syntax for NT Students xxix
  VII. Consider Using the Constituent Marking Method xxxiii
  VIII. Select Bibliography xxxv

Περὶ Βασιλείας Α *(De regno i)* 1

Περὶ Βασιλείας Β *(De regno ii)* 43

Περὶ Βασιλείας Γ *(De regno ii)* 95

Περὶ Βασιλείας Δ *(De regno iv)* 155

Vocabulary Occurring 13 times or More in the Greek NT 219

AGROS
ACCESSIBLE GREEK RESOURCES AND ONLINE STUDIES

SERIES EDITORS

T. MICHAEL W. HALCOMB   FREDRICK J. LONG

GLOSSAHOUSE
WILMORE,, KY
www.glossahouse.com

AGROS

The Greek term ἀγρός is a field where seeds are planted and growth occurs. It also can denote a small village or community that forms around such a field. The type of community envisioned here is one that attends to Holy Scripture, particularly one that encourages the use of biblical Greek. Accessible Greek Resources and Online Studies (AGROS) is a tiered curriculum suite featuring innovative readers, grammars, specialized studies, and other exegetical resources to encourage and foster the exegetical use of biblical Greek. The goal of AGROS is to facilitate the creation and publication of innovative, accessible, and affordable print and digital resources for the exposition of Scripture within the context of the global church. The AGROS curriculum includes five tiers, and each tier is indicated on the book's cover: Tier 1 (Beginning I), Tier 2 (Beginning II), Tier 3 (Intermediate I), Tier 4 (Intermediate II), and Tier 5 (Advanced). There are also two resource tracks: Conversational and Translational. Both involve intensive study of morphology, grammar, syntax, and discourse features. The conversational track specifically values the spoken word, and the enhanced learning associated with speaking a language in actual conversation. The translational track values the written word, and encourages analytical study to aide in understanding and translating biblical Greek and other Greek literature. The two resource tracks complement one another and can be pursued independently or together.

ACKNOWLEDGEMENTS

For a work such as this, many thanks are in order. First, I want to thank the courageous doctoral students (and one auditor who attended almost every class session) for taking my BS 711 *Advanced Greek: Hellenistic Greek* course offered at Asbury Theological Seminary during the Spring 2018 semester. Without their hard work delving into the Greek with me to help create this resource, it would not have been made. These students are listed as gloss contributors to this book. Second, I am grateful for J. R. Wright, one of these brave students, for helping to review and edit the footnotes to make the work better in every way possible. Third, I give many thanks to David Wagner for letting me use the visual filter he created to use inside Logos Bible Software to identify which Greek words in Dio's *Kingship Orations* occur less than thirteen times and thus needed to be glossed. Fourth, I want to thank Asbury Theological Seminary as an institution—and particularly its administrators—for valuing the biblical languages and language courses such as this one so that they are regularly taught. All of us in the class were truly enriched by thinking about the original setting of the New Testament within the Roman Empire and its ideology of Kingship, of which God revealed Jesus to be ours and the true Savior of the Human Race. Finally, it was the "etc." in the course description when listing possible ancient Greek sources for focus in the course that gave me room to select these discourses of Dio Chrysostom ("Course may focus on Josephus, Philo, Hellenistic and Hellenistic-Jewish Historians, Apostolic Fathers, etc."). Thanks are due to the creator of this course, Robert M. Mulholland, Jr. We made full use of this "etc." and probably will again in the future, Lord willing.

An Introduction to Dio Chrysostom's *Kingship Orations*

Fredrick J. Long

I. Dio of Prusa

A. <u>Dio Chrysostom's Life and Philosophic Vocation</u>:[1] Dio was many things: rhetorician, orator, philosopher, historian, and moralist. Born in the northern province of Bithynia around 40 CE, Dio Cocceianus was later called Chrysostom (Χρυσόστομος, "golden mouth") by Menander Rhetor (περὶ ἐπιδεικτικῶν 390.2). Falling out of favor with the emperor Domitian due to Dio's friendship with an executed Roman nobleman, in 82 CE Dio fled after consulting the Delphic oracle to be a wanderer (*Or*. 13.9). This exile marked his change from sophist to philosophic moralist and many of his orations are set within this timeframe. Te-Li Lau summarizes his philosophical influences: "Dio eclectically combines Stoic with Cynic and Platonic motifs. He frequently uses Diogenes as a model and his discourses on kingship carry many Cynic features. He leads the lifestyle of a Cynic, but he is certainly also influenced by Musonius Rufus."[2] When Domitian died in 96 CE, Dio was recalled to Rome and then after enjoyed good relations with the emperors Nerva and Trajan.

B. <u>Dio's Eighty Discourses in Context</u>: Dio was a prime representative of what was called the "Second Sophistic" by Philostratus in his *Lives of the Sophists* (ca. 235 CE). This intellectual-rhetorical movement of the first three centuries valued classical Greek philosophical learning and rhetoric. Representatives include, but are not limited to, Plutarch (ca. 46–120), Herodes Atticus (101–177), Aelius Aristides (117–181), Lucian of Samosata (ca. 125–185), and Philostratus (ca. 170–247). In many ways, Dio exemplified this movement and was highly regarded by those acquainted with him.

Eighty of Dio's discourses are preserved extant, although two of these are now thought to be the works of his pupil Favorinus (37 "The Corinthian" and 64 the second declamation "On Fortune"). Altogether discourses seem to have been known as a collection in antiquity although not organized by Dio himself,[3] nor can the precise ordering of the discourses be ascertained with certainty.[4] Samuel Dill has aptly described the import of the collection as follows:

---

[1] I am particularly dependent on the overview of Dio Chrysostom's life as found in ch. 4 of Te-Li Lau, *The Politics of Peace: Ephesians, Dio Chrysostom, and the Confucian Four Books*, NovTSup 133 (Leiden: Brill, 2009). Other overviews of his life are found in J. W. Cohoon's Loeb translation (pages ix–xiii) available online at http://penelope.uchicago.edu/Thayer/E/Roman/Texts/Dio_Chrysostom/Introduction*.html and by Jona Lendering at Livius.org found at http://www.livius.org/articles/person/dio-chrysostom/.

[2] Lau, *Politics of Peace*, 158.

[3] Ernst Wenkebach, "Die Überlieferung der Schriften des Dion von Prusa," *Hermes* 79 (1944): 40–65 at 41.

[4] See, e.g., the discussion of Hans von Arnim, "Entstehung und Anordnung der Schriftensammlung Dios von Prusa," *Hermes* 26 (1891): 366–407.

His eighty orations are many of them rather essays than popular harangues. They range over all sorts of subjects, literary, mythological, and artistic, political and social, as well as purely ethical or religious. But, after all, Dion is unmistakably the preacher of a great moral revival and reform. He cannot be classed definitely with any particular school of philosophy. He is the apostle of Greek culture, yet he admires Diogenes, the founder of the Cynics. If he had any philosophic ancestry, he would probably have traced himself to the Xenophontic Socrates. But he is really the rhetorical apostle of the few great moral principles which were in the air, the common stock of Platonist, Stoic, Cynic, even the Epicurean. Philosophy to him is really a religion, the science of right living in conformity to the will of the Heavenly Power. But it is also the practice of right living.[5]

C. The *Kingship Orations*: It is quite significant that in any ordering of the eighty orations, the four *Kingship Orations* are placed first—so important was the topic of kingship in antiquity (cf. Psalm 1) and for (the deification of) the Roman emperors.[6] Dio offered these to the emperor Trajan implicitly comparing him to Alexander the Great who occurs throughout (1.1–8; 2; 4); although it is debated whether Dio intended to praise Trajan or merely to instruct him, these are not exclusive options.[7] Very helpful is the summary of the *Kingship Orations*—their nature, themes,

---

[5] Samuel Dill, *Roman Society from Nero to Marcus Aurelius* (London: Macmillan, 1905), 368–69.

[6] The issue of kingship along with deification of kings is a massive one. See, e.g., Edwyn Robert Bevan, "The Deification of Kings in the Greek Cities," *The English Historical Review* 16.64 (1901): 625–39; J. Joel Farber, "The Cyropaedia and Hellenistic Kingship," *AJP* 100.4 (1979): 497–514; J. Rufus Fears, "Nero as the Vicegerent of the Gods in Seneca's *de Clementia*," *Hermes* 103.4 (1975): 486–96; E. R. Goodenough, "The Political Philosophy of Hellenistic Kingship," *YCS* 1 (1928): 55–102; Cuthbert Lattey, "The Diadochi and the Rise of King-Worship," *The English Historical Review* 32.127 (1917): 321–34; Oswyn Murray, "Philodemus on the Good King According to Homer," *JRS* 55 (1965): 161–82; Oswyn Murray, "Aristeas and Ptolemaic Kingship," *JTS* 18 (1967): 337–71; Musonius Rufus, "That Kings Also Should Study Philosophy," trans. Cora E. Lutz, *YCS* 10 (1947): 60–67; Tessa Rajak et al., eds., *Jewish Perspectives on Hellenistic Rulers*, Hellenistic Culture and Society 50 (Berkeley: University of California Press, 2007); Elizabeth Rawson, "Caesar's Heritage: Hellenistic Kings and Their Roman Equals," *JRS* 65 (1975): 148–59; P. A. Vander Waerdt, "Kingship and Philosophy in Aristotle's Best Regime," *Phronesis* 30 (1985): 249–73. The relationship to the NT and Jesus is currently being explored extensively in a variety of ways; e.g., Paul Brooks Duff, "The March of the Divine Warrior and the Advent of the Greco-Roman King: Mark's Account of Jesus' Entry into Jerusalem," *JBL* 111.1 (1992): 55–71; Bruno Blumenfeld, *The Political Paul: Justice, Democracy and Kingship in a Hellenistic Framework*, JSNTSup 210 (London: T&T Clark, 2003); Julien Smith, *Christ the Ideal King: Cultural Context, Rhetorical Strategy, and the Power of Divine Monarchy in Ephesians*, WUNT 2/313 (Tübingen: Mohr Siebeck, 2011); Fredrick J. Long, "Ephesians: Paul's Political Theology in Greco-Roman Political Context," in *Christian Origins and Classical Culture: Social and Literary Contexts for the New Testament*, ed. S. E. Porter and A. W. Pitts; TENTS 9, Early Christianity in its Hellenistic Context 1 (Leiden: Brill, 2013), 255–309 (esp. 265–66); idem, "Roman Imperial Rule under the Authority of Jupiter-Zeus: Political-Religious Contexts and the Interpretation of 'the Ruler of the Authority of the Air' in Ephesians 2:2," in *The Language of the New Testament: Context, History and Development*, ed. S. E. Porter and A. W. Pitts; Linguistic Biblical Studies 6; Early Christianity in its Hellenistic Environment 3 (Leiden; Boston: Brill, 2013), 113–54.

[7] John Moles, "The Kingship Orations of Dio Chrysostom," *Papers of the Leeds International Latin Seminar* 6 (1990): 297–375. On the matter of imitating Alexander, see pages 299–300.

and literary structure—by Winfried Elliger from his introduction of his 1967 German translation:

> The four first speeches form a unity mainly for thematic reasons. They depict the brightly stoic-cynical, but also about Plato's coordinated, brilliant image of the good king on the dark background of the tyrant. Basically, Dio was a monarchist at heart, and one probably does not fail to see in his attack on Musonius, one of the philosophical leaders of the opposition to Vespasian, more political than philosophical motives at work. Only one condition had to be met: The Principate had to meet the ideal demands of the kingship reasonably. Since this was the case with Trajan, Dio was able to write for him the four speeches which seem to have been conceived less by theory than by the character and government of the emperor. The topic is tackled from different sides; specific sub-areas—concern for others, self-restraint as a first condition, bravery, friendship—are each treated with priority. But in all four speeches we find, as it were, a guiding theme, two motifs that are extraordinarily characteristic of Dio: the real kingdom as an image of divine rule in the cosmos and Homer as the model and teacher. Both thoughts also play a crucial role in composition. Common to the royal speeches is a clearly recognizable tripartite structure. Thus, the first speech rises from an enumeration of the attributes indispensable for the king to the divine order briefly delineated in the form of the *praeteritio*, and the fable of Heracles at the crossroads, which receives special weight because it is put into the mouth of an ancient woman. Even the fourth speech is in three parts, if one begins the independently handed down Libyan fairy tales as a middle section. An arrangement of the parts according to the law of increase is unmistakable. If a certain tension is already generated by the change of monolithic and dialogical parts, the conclusion always represents the climactic point, which is also particularly emphasized by the form of the statement. As with the great Platonic dialogues, one could speak here of a kind of "final myth," which brings a summary and final confirmation from a higher point of view. Clearly, things are thus in the first and fourth speeches: in the former with the Heracles myth; in the latter by Diogenes speaking ad hoc of the stylized and personified spirits of the three ways of life of the hoarder, the pleasure-lover, and the glory addict. At the end of the second speech is the broadly applied Homeric parable of bull and herdsman, a prime example of ancient Homeric interpretation, that, by the way, beyond the usual interpretation expresses exactly Dio's idea of the true king: Just as the bull has the herdsmen over it, so the king has Zeus. The only exception is the third speech, which also poses a plethora of problems in other respects and does not appear to be in definitive form. Here one would like to regard the glorious sun-parable (§73ff.), which follows the metaphors of the helmsman, officer, and soul as a climax, yet following this still are far-flung thoughts on friendship. Despite some difficulties in the tradition, the four royal speeches are among the most significant of Dio's work.[8]

---

[8] Winfried Elliger, *Dion Chrysostomos: Sämtliche Reden*, Die Bibliothek der alten Welt. Griechische Reihe (Zürich: Artemis, 1967), xxxii–xxxiv.

II. Certainty of the Text of Dio's *Kingship Orations*

A. <u>Manuscript Traditions</u>: Cohoon nicely summarizes the available manuscripts and their import:[9]

The following are the chief manuscripts of Dio:

    U — Urbinas 124, 11th century.
    B — Parisinus 2958, 14th century.
    V — Vaticanus graec. 99, 11th century.
    M — Meermannianus 67, of Leyden, Holland, 16th century.
    P — Palatinus graec. 117, 14th and 15th centuries.
    H — Vaticanus graec. 91, 13th century.
    M1 — The part of the Meermannian MS. which belongs to the third class of MSS.
    P2 — The other copy of the 65th oration which is found in **P**.
    E — Laurentianus 81, 2, 14th century.
    T — Marcianus 421, 15th century.
    Y — Marcianus 422, 15th century.
    C — Parisinus 3009, 16th century.
    I — Parisinus 2924, 15th and 15th centuries.
    W — Vindobonensis philos. graec. 168.

As late as the third century Dio's orations were in circulation in single rolls. According to the arrangement of these rolls the MSS are divided into three classes. The first class has them in the order in which Photius read them, the second class in the order in which they appear in this edition, while the third class contains only part of them in a different order.

Von Arnim holds that **UB** of the first class and **VM** of the second class are more closely related to one another than to **PH** of the third class, while Sonny, on the other hand, thinks that the second and third classes are closely related and widely separated from the first one, and that the readings of the third class which Arnim considered early and true were interpolated by a clever scribe.

B. <u>Sectional Divisions in the *Kingship Orations*</u>: The text and sections of all but *Kingship* 3 are relatively stable. This current volume follows the order of Hans von Arnim's edition:

Dio Chrysostomus. *Dionis Prusaensis quem uocant Chrysostomum quae exstant Omnia*, Orationes Volume I. Edited by Hans von Arnim. Medford, MA: Weidmann, 1893.

Thus, some variation exists with the LCL edition of J. W. Cohoon. For example, *Kingship* 3.58–61 is located between sections 85 and 86 and 128–32 between sections 111 and 112. Also, *Kingship* 4.54 is located between sections 19 and 20. It should be said, additionally, that von Arnim's section start locations have been many times misinterpreted in electronic editions of the Greek text; consequently, I have attempted to relocate them so as not to break apart sentences unnecessarily (e.g., in *Kingship* 1 at 18, 22, 24, 45, 46, 49, 51, 52, 61, 66, 73, 74, 79, 82, 84).

---

[9] *Dio Chrysostom: Discourses 1–11*, trans. J. W. Cohoon, LCL 257 (London: W. Heinemann, 1932), xiii–xiv.

INTRODUCTION TO DIO'S *KINGSHIP ORATIONS*

C. Repunctuation Sometimes Justified:[10] In a few instances, we have re-punctuated the text. For example, in 3.118b–119, the text was punctuated as two successive questions: φιλοίκειος δὲ καὶ φιλοσυγγενὴς πῶς οὐκ ἂν εἴη διαφερόντως; [119] ὅς γε τοὺς οἰκείους καὶ τοὺς συγγενεῖς μέρος νενόμικε τῆς αὑτοῦ ψυχῆς; However, this punctuation makes the sense of the second question opposite in meaning to the first as follows: "*Moreover, how might he not be especially loving of his household and loving of his kin? [119] Who, indeed, considers household and kin part of his own soul?*" However, if the first question mark is rather a comma, the second clause reinforces the first, as would be more intelligible: φιλοίκειος δὲ καὶ φιλοσυγγενὴς πῶς οὐκ ἂν εἴη διαφερόντως, [119] ὅς γε τοὺς οἰκείους καὶ τοὺς συγγενεῖς μέρος νενόμικε τῆς αὑτοῦ ψυχῆς; "*Moreover, how might he not be especially loving of his household and loving of his kin, [119] who, indeed, considers household and kin part of his own soul?*" Also, in 4.1 the comma after ὑπερβάλλοντες unnecessarily removes it from the following adverb προσέτι which would better modify it. Thus, the two participles speak of two faults: one of exaggeration and one of reductionism (see the paragraph in context in IX.C. below): [4.2] αὐτοὶ πλάττουσιν ὑπερβάλλοντες προσέτι καὶ τἆλλα ἀφαιρούμενοι τῶν φρονίμων, "*they are fabricating [things], exaggerating over and above and setting aside other matters of the wise men.*"

III. SOME CONNECTIONS OF DIO WITH NEW TESTAMENT DISCOURSE

A. Literary Style and Modes: Dio exhibits various styles and literary modes that are present in the NT: parenesis, chreia elaboration, diatribe style, honor-shame discourse, and hitherto uncited, apocalyptic discourse in the form of prophecy-vision ending the first Kingship oration (1.53-84). Curiously, this concluding section is missing from the discussion of Harold W. Attridge in his "Greek and Latin Apocalypses" (pages 159–86) in *Semeia Volume 14: Apocalypse: The Morphology of a Genre* (1979) edited by John J. Collins. At the start of Attridge's survey, he states, "A very few Greek and Roman texts contain political eschatology, so prominent in many of the better known Jewish apocalypses."[11] Among the thirty texts discussed by such ancient authors as Plato, Cicero, Seneca, and Plutarch, Dio is not mentioned at all; yet, Attridge acknowledges the existence of revelatory texts varying in length that were "quite numerous" but too numerous for him to treat.[12] However, this apocalyptic discourse related to Dio by a medium is noteworthy given its length, nature, and dating; the prophecy predicts too that Dio would pass it on to a great ruler (i.e., Trajan).

B. Terminology: Perhaps not surprisingly, one finds ideas and similar wording as used in the NT.

   1. *Moral Exhortation*:[13] Dio speaks favorably of eastern religious morals and sensibilities, e.g.,

---

[10] This first example was helpfully provided by Kevin M. Southerland.
[11] Attridge, "Greek and Latin Apocalypses," 160.
[12] Ibid., 174.
[13] See, e.g., Edmund Berry, "Dio Chrysostom the Moral Philosopher," *Greece & Rome*, Second Series 30.1 (1983): 70–80.

of the Scythians, Brahmans, Magi, and Persian myth (*Or.* 35.22; 36.39–60; 49.7; 69.6).[14] Beyond this general appreciation, in one sentence Dio contrasts living by "pleasures" (ἡδονη) with "the one doing right things" (τὰ δίκαια πράττων) and "loving good deeds" (τῶν καλῶν πράξεων ἐραστής) (3.19). Too many intriguing connections exist to list here and one will find discussions in various monographs.[15] Lau provides an extensive chart of twenty-seven virtues of the ideal king as described throughout the *Kingship Orations*.[16]

2. *Titles of Shepherd and Savior*: Besides the obvious word group from βασιλεία, the ideal-good ruler is "a herdsman and shepherd truly of the people" (νομέα καὶ ποιμένα τῷ ὄντι τῶν λαῶν 1.13); in the Jesus tradition and early church, Jesus is known as the Shepherd (Matt 9:36; 25:32; 26:31; Mark 6:34; 14:27; John 10:2, 11, 12, 14, 16; Heb 13:20; 1 Pet 2:25; cf. Eph 4:11). Heracles is hailed as "Savior of the earth and humanity" (τῆς γῆς καὶ τῶν ἀνθρώπων Σωτῆρα 1.84); philosophers, too, may attain the status: "Moreover, these are saviors and keepers of such as are indeed saved before coming to an end by shutting out and prevailing over evil" (οὗτοι δὲ σωτῆρές εἰσι καὶ φύλακες τῶν οἵων τε σώζεσθαι, πρὶν ἐλθεῖν εἰς τέλος τὴν πονηρίαν εἴργοντες καὶ κατέχοντες *Or.* 32.18).

C. Intertextuality: Dio will periodically refer to earlier writers, but cites frequently Homer in conformity to his own teaching as found in "Training for Public Speaking" (*De dicendi exercitatione* 18.8); after discussing the best representative comedy writer (Menander) and tragedy writer (Euripides), Dio says, "Additionally, Homer is first and middle and last for every boy and man and old man, providing so much from himself as much as each one is able to receive" (Ὅμηρος δὲ καὶ πρῶτος καὶ μέσος καὶ ὕστατος παντὶ παιδὶ καὶ ἀνδρὶ καὶ γέροντι, τοσοῦτον ἀφ' αὑτοῦ διδοὺς ὅσον ἕκαστος δύναται λαβεῖν). These references may prove useful for those interested in intertextual citation practices of the NT authors especially since Dio will sometimes explicitly introduce Homer (*Kingship* 3 passim) and sometimes not (4.50 quoting *Od.* 11.490–491).

IV. NOTES AND ABBREVIATIONS

A. Creation and Contributors: The glosses provided here have been edited from their initial form when created within the context of a doctoral seminar dedicated to translating the *Kingship Orations*. The gloss contributors include Garrett Best, Jerry D. Breen, Esteban Hidalgo, Rico Kasih, Fredrick J. Long, Matthew R. Peterson, Kevin M. Southerland, Jordan C. Stanley, and J. R. Wright who did the lion share of reviewing, correcting, and formatting the notes along with my assistance and editing. The glosses are representative of each word's meaning and sometimes reflect its diversity and/or specific meaning in context; however, this is a matter of interpretation.

---

[14] Anthony Sheppard, "Prusa," *ABD* 5.522

[15] E.g., Daniel K. Darko, *No Longer Living as the Gentiles: Differentiation and Shared Ethical Values in Ephesians 4.17–6.9*, LNTS/JSNTSup 375 (London: T&T Clark, 2008).

[16] Lau, *Politics of Peace*, 171–72.

B. <u>Footnotes</u>: Glosses are provided for every word occurring less than 13 times in the Greek New Testament. The proposed glosses are from various lexicons, but especially LSJ available at www.perseus.tufts.edu. The glosses may be contextual such that a gloss for the same word in a different context may be different. Occasionally, words may be given Morphology Help (MH:) on difficult forms and/or Translation Help (TH:) with difficult constructions. Lexical Helps (LH:) are very rarely given in order to make significant observations of word usage in context that moves beyond translation into subtleties of metaphoric, technical, or unusual meanings.

C. <u>Proper Nouns</u>: The first occurrence of a proper noun will be given a footnote often with a brief description. Subsequent references to a name will not be footnoted. More obscure people or place names receive footnotes at first mention in the English translation on the facing page.

D. <u>Abbreviations for Parsing</u>: This present volume will only parse the hardest forms based on contextual use, especially Optatives. Words will be parsed in this order:

Finite Verb Parsing Order: TVM P#
   e.g., AAO 1S = Aorist Active Optative First Singular
Participles Parsing Order: TVM GC#
   e.g., RM/PP FDP = Perfect Mid/Pass Participle Feminine Dative Plural
Noun/Adjective/Pronoun Order: GC#
   e.g., MGS = Masculine Genitive Singular

Legend:

Tense	Voice	Mood	Person	Number
P = Present	**A** = Active	**I** = Indicative	**1** = First	**S** = Singular
I = Imperfect	**P** = Passive	**S** = Subjunctive	**2** = Second	**P** = Plural
F = Future	**M** = Middle	**P** = Participle	**3** = Third	**D** = Dual
A = Aorist	**M/P** = Middle/Passive	**M** = Imperative		
R = Perfect	**D** = MiDDle-Formed	**F** = Infinitive	**Gender**	**Case**
L = Pluperfect	(formerly "Deponent")	**O** = Optative		
			M = Masculine	**N** = Nominative
			F = Feminine	**G** = Genitive
			N = Neuter	**D** = Dative
				A = Accusative
				V = Vocative

V. SELECT DISCUSSION OF ATTIC ELEMENTS OF DIO'S GREEK[17]

A. <u>Some Points of Accidence</u>:

1. *Elision*: Eliding of vowels occur where in the NT we rarely see it (if at all). E.g., at 3.16 ἵν' ἄλλον ἀδίκως ἐπαινῇ τις. In general, in Dio Chrysostom final vowels will be elided according to standard elision rules; so τἀναντία (from ἐναντίος) results from τά ἐναντία.

---

[17] I am partially indebted to Jake Neal who helped me create these notes during an independent study in 2007.

2. ***Crasis***: By crasis, the indefinite pronominal adjective ἕτερος becomes θάτερον; e.g., θάτερα for ἕτερα (1.74).
3. ***Attic Formations***: There are four special Attic formations with frequency in Dio's Greek.
   a. *Double Ταῦ*: The Attic double ταῦ (-ττ-) is found when the more familiar Doric or Ionic double σίγμα (-σσ-) is standard in the GNT. So, we find ἥττων – *inferior* (1.4, 14 cf. ἥσσων), προστάττω – *I place; I command* (1.14; προστάσσω), and κρεῖττον – *stronger, better* (1.25; κρείσσων), φυλάττω – *I guard* (1.28; φυλάσσω). It is mainly when quoting authors like Homer that Dio shows the double σίγμα, thus preserving the Epic (Ionic) form (e.g., 2.5, 64; although φυλάσσονται occurs in 1.19); cf. also πράττω – *I do, accomplish* for πράσσω: e.g., πράττοντα (2.31) ὑποτάττω for ὑποτάσσω: ὑποταττόμενον (2.70) ἡττάομαι for ἡσσάομαι ἡττώμενον (2.70).
   b. *Double Ῥῶ*: Some examples of -ρσ- switching to -ρρ- are also seen. Thus, θαρραλεωτέρους (3.7) occurs instead of θαρσαλεωτέρους and θαρρεῖν (3.8) for θαρσεῖν.
   c. *Consonants Before Νῦ*: Attic formations are seen, for example, with the γάμμα before νῦ in γίγνομαι – *I become; happen* in the present tense formations instead of the more familiar GNT form γίνομαι; e.g., γίγνεσθαι (1.24), γιγνόμενος (1.30), and γίγνεται (3.89); but this does not occur for the aorist tense: e.g., γενέσθαι (1.4), γενόμενος (2.73), and ἐγένετο (2.23). This additional γάμμα is also found on compounded forms of γίγνομαι and with the verb γιγνώσκω – *I know*. The Present Tense forms with γίγνομαι will not be glossed since this form is nearly identicle and the verb is very common and familiar.[18]
   d. *Syllabic Augment*: The Attic ἐθέλω is used instead of the more common formation θέλω seen in the GNT, with some variation.[19]

B. <u>Principal Parts of Verbs</u>: Within classic Greek usage, λέγω has its own Aorist forms (e.g., ἔλεξα) rather than using the stem εἰπ-. This phenomenon is common and confusing for students who learn Koine Greek. However, certain oddities of verbal principal parts are not so odd in classical Greek usage since the principal parts were still in existence. Like Koine Greek, certain verbs forms "died out" in use; thus, lists of verbal principal parts may combine (different) verbal stems and be listed by dialect and literature type, which overlap since "epic" equals Homer equals roughly the Ionic dialect. Thus, compare THE PRINCIPAL PARTS OF SOME IRREGULAR VERBS IN THE GREEK NT with THE PRINCIPLE PARTS AS GIVEN IN SMYTH'S *COLLEGE GRAMMAR*. Principal parts not occurring in the Greek NT are seen in broader classical Greek usage. Also, one must consider alternative dialectical forms; the charts below do not give all these variations. Finally, one should consult Smyth's full listing of verbs at the end of his *College Grammar*.

---

[18] These include the infinitive form γίγνεσθαι (1.24; 4.68, 138); the indicative forms γίγνεται (3.6, 89, 98, 135; 4.31, 36), γιγνόμεθα (3.78), and γίγνωνται (3.83); the optative form γίγνοιτο (1.44; 4.29, 95); and the participle forms γιγνόμενος (1.30; 4.62), γιγνόμενον (1.13; 3.18, 69), γιγνομένη (3.99), γιγνομένην (2.48, 60; 3.34, 80), γιγνόμενοι (2.67), γιγνομένων (3.45), γιγνομένοις (4.69, 122), γιγνομένους (3.34).

[19] But note θέλειν in 1.24 possibly because of preceding -αι and according to Koine Era Pronunciation ἒ ψιλόν was pronounced like the monophthong αι.

Principal Parts of Some Irregular Verbs in the Greek NT
dashes (-) indicate "missing" forms

1	2	3	4	5	6
αἱρέω	αἱήσομαι	εἱλόμην		ᾕρημαι	ᾑρέθην
ἔρχομαι	ἐλεύσομαι	ἦλθον	ἐλήλυθα		
ἐσθίω	φάγομαι	ἔφαγον	-	-	-
θέλω	-	ἠθέλησα	-	-	-
λέγω	ἐρῶ	εἶπον / εἶπα	εἴρηκα	εἴρημαι	ἐρρέθην
οἶδα	εἰδήσω	ᾔδειν			
ὁράω	ὄψομαι	εἶδον / εἶδα / ὤψησα	ἑώρακα / ἑόρακα	-	ὤφθην
πάσχω		ἔπαθον	πέπονθα		
τρέχω		ἔδραμον			
φέρω	οἴσω	ἤνεγκα	(ἐνήνοχα)		ἠνέχθην

Principal Parts as given in Smyth's College Grammar

1	2	3	4	5	6
αἱρέω	αἱήσομαι	εἱλόμην		ᾕρημαι	ᾑρέθην
ἔρχομαι	ἐλεύσομαι	ἦλθον	ἐλήλυθα		
ἐσθίω / ἔδω (Epic)	ἔδομαι	ἔφαγον	ἐδήδοκα	ἐδήδεσμαι	ἠδέσθην
ἐθέλω / θέλω	ἐθελήσω or θελήσω (rare)	ἠθέλησα	ἠθέληκα	-	-
λέγω (Attic)	λέξω	ἔλεξα	εἴρηκα (see under εἴρω)	λέλεγμαι	ἐλέχθην
εἴρω (Hom.)	ἐρῶ	εἶπον	εἴρηκα	εἴρημαι	ἐρρέθην / ῥηθήσομαι
οἶδα / ᾔδη (Pluperfect) / ᾔδειν (Pluperfect)	εἴσομαι	ᾔδειν			
ὁράω	ὄψομαι	εἶδον	ἑώρακα / ἑόρακα	ἑώραμαι and ὦμμαι	ὤφθην
πάσχω		ἔπαθον	πέπονθα		
τρέχω	δραμοῦμαι	ἔδραμον	δεδράμηκα		
Φέρω	οἴσω	1st aor. ἤνεγκα / 2nd aor. ἤνεγκον	ἐνήνοχα	ἐνήνεγμαι	ἠνέχθην also fut. pass. οἰσθήσομαι

Second Aorist Verbs occurring with some frequency in classical Greek, but infrequently in the Greek NT (frequency given), include the following:[20]

αἱρέω (3x) → (digamma)ελ	λανθάνω (6x) → λαθ	πυνθάνομαι (12x) → πυθ
αἰσθάνομαι (1x) → αισθ	λείπω (6x) → λιπ	τίκτω (18x) → τεκ
ἀναθάλλω (1x) → ἀνά + θαλ	περιτέμνω (17x) → περι + τεμ	τρέχω (20x) → θρεκ
κάμνω (2x) → καμ	πέτομαι (5x) → πετ	τυγχάνω (12x) → τυχ
λαγχάνω (4x) → λαχ		

C. <u>Connectives</u>: Greek utilizes numerous conjunctions and particles to nuance ideas and to interrelate sentences to one another.[21] Rather than attribute a broad range of various (contextually dependent) semantic meanings for such connectives, recent linguistic work stresses what each connective contributes to the discursive context in terms of information processing constraints.[22] Some of the more common independent connectives include the following (yet, there are many others):

- ἀλλά will commonly follow a negative adverb like οὐ or μή to signify a correction: "not that … but this." The correction does not necessarily negate the former but to emphasize the latter.
- γάρ indicates support or strengthening of the previous statement. The support may entail explanation and not simply providing a logical cause or an inferential basis.
- μέν … δέ signals a correlation of two ideas (δέ alone signals a new development).
- διό introduces exhortative material derived from the immediate context (whereas οὖν moves the argument forward).
- ἤ denotes an alternative, either explicitly stated or implied from the context.
- γέ or γοῦν intensifies a statement.
- καί is a continuative connector and thematically adds material.
- οὖν is inferential and advances the discussion.
- τέ often pairs or lists items and marks them as sameness of kind grammatically.

In terms of subordinating conjunctions, here are some rather common ones:
- εἰ or ἐάν mark situational contingency.
- ἵνα expresses expectation of content or purpose.
- ὅτι indicates strengthening or expectation of content or cause.
- ὡς denotes likeness or approximation (contextual meanings are varied: content, condition, etc.).
- ὥστε with infinitives marks (natural) consequence.

---

[20] For a list of all 2nd Aorist Verbs, see William D. Mounce, *The Morphology of Biblical Greek* (Grand Rapids: Zondervan, 1990), 105–6.

[21] The classical work by J. D. Denniston (1959) has been revised *The Greek Particles*, 2nd ed.; rev. K. J. Dover ed. (London: Bristol Classical, 1996). For the NT, see Margaret Eleanor Thrall, *Greek Particles in the New Testament: Linguistic and Exegetical Studies* (Leiden: Brill, 1962). However, a call for more clarity is made by Francois Saayman, "Conjunctions in Classical Greek Syntax," *Acta Classica* 33 (1990): 91–102; see also the following footnote.

[22] Here, I am dependent on the seminal work of Stephen Levinsohn and others with whom I interact and cite in my *In Step with God's Word: Interpreting the New Testament as God's People*, GlossaHouse Hermeneutics & Translation 1 (Wilmore, KY: GlossaHouse, 2017), 120–25; this discussion summarizes this material. A summary of the processing constraints of independent and subordinate conjunctions is provided here, although more work is needed.

The lack of connectives (asyndeton) is rather rare in Dio. Asyndeton may indicate a sectional break; however, it more often "may entail providing an evaluation, moving from general to specific, or summarization."[23]

D. <u>Adverbs, Comparatives, and Superlatives</u>: Dio's Greek utilizes these types of modifiers extensively. Adverbs will commonly modify other adverbs and various adjective forms. The following charts should be reviewed.[24] See also the examples further below.

COMPARATIVE ENDING
-τερος, -α, -ον

SUPERLATIVES ENDINGS
-τατος, -η, -ον
-ιστος, η, ον

Examples:

POSITIVE Adjective	COMPARATIVE Form	SUPERLATIVE Form
μικρός, -ά, -όν *small*	μικρότερος, -α, -ον *smaller*	μικρότατος, -η, -ον *smallest*
πονηρός, -ά, -όν *evil*	πονηρότερος, -α, -ον *more evil*	(*no form attested in Greek*)

POSITIVE ADJECTIVE	COMPARATIVE DEGREE	SUPERLATIVE DEGREE
πολύς *many*	πλείων, -ονος *more*	πλεῖστος, -η, -ον *most*
μέγας *great*	μείζων, -ονος *greater*	μέγιστος, -η, -ον *greatest*
ἀγαθός *good*	κρείσσων, -ονος *better* or κρείττων, -ονος	κράτιστος, -η, -ον *best*
μικρός *small*	ἐλάσσων, -ονος *smaller* or ἐλάττων, -ονος	ἐλάχιστος, -η, -ον *smallest*

[1.43b] <u>πολὺ</u> δὲ <u>μείζων</u> καὶ <u>φανερωτέρα</u> πᾶσιν ἡ παρὰ τοῦ ἄρχοντος πλημμέλεια. [44] ... ὅστις ἂν τὸν σὸν <u>μάλιστα</u> μιμῆται τρόπον καὶ τοῖς σοῖς ἤθεσιν ... οὗτος ἂν εἴη σοὶ <u>πάντων ἑταιρότατος</u> καὶ <u>προσφιλέστατος</u>·

[1.43b] *But <u>far greater</u> and <u>more manifest</u> to all is the error from the ruler. [44] ... whoever <u>exceedingly</u> imitates your manner and your moral character, ... this person is to you <u>most companion-like</u> and <u>most beloved above all</u>;*

The elative use of comparatives (trans. *rather*) or superlatives (trans. *very*) where there are no explicit or implied counterparts (and, thus, they make no comparison, etc.) is seen in 1.48 with the statement δεόμενος ἀποδείξεων <u>ἀκριβεστέρων</u>, *needing <u>rather accurate</u> demonstrations.*

---

[23] Levinsohn, *Discourse Features*, 119–20. See also my discussion in *Koine Greek Grammar*, 281.
[24] From *Koine Greek Grammar*, 508.

E. <u>Metacomments</u>: Throughout Dio's Discourses, one finds various statements that convey the orientation of the speaker to what is being said. Some comment types include these:
- ἐμοὶ δοκεῖν – *it seems to me*
- οἴομαι – *I think, suppose*

Adverbs like μέντοι *really, actually*, ἄτε *inasmuch as*, and μάλα *very, exceedingly, certainly* among many others also reflect the speaker's stance on the given subject matter.

F. <u>Prepositions</u>: In classical Greek, prepositions may be post-positioned after their objects. So, e.g., at 1.9 παρακλήσεως ἕνεκεν "for the sake of exhortation" (cf. Eph 3:1,14 Τούτου χάριν).

G. <u>Pronouns: Forms and Functions</u>:

1. ***An Alternative Third Personal Pronoun***: In the Greek NT, we think of αὐτός, αὐτή, αὐτό as the third personal pronoun, *he, she, it*. In classical Greek, another third person pronoun formation existed (at right) that followed the same inflection of the first and second pronouns with ἑ- in the singular and σφ- in the plural. In Attic prose, the dative forms were often used (οἷ and σφίσιν) with the authors using the demonstrative pronouns for the nominative and αὐτός for all other cases.[25]

Singular	Plural
-	σφεῖς
οὗ	σφῶν
οἷ	σφίσι
ἕ	σφᾶς

2. ***Reflexive***: The singular reflexive pronouns of the first and second persons do not employ their plural forms in the NT. Instead, they borrow the plural forms of the third person. This is not the case in classical Greek which forms them by compounding the stems of the personal pronouns with the oblique cases of the αὐτός:

Case		"myself"	"yourself"	"himself, herself, itself"
sg.	gen.	ἐμαυτοῦ	σεαυτοῦ	ἑαυτοῦ
	dat.	ἐμαυτῷ	σεαυτῷ	ἑαυτῷ
	acc.	ἐμαυτόν	σεαυτόν	ἑαυτόν
pl.	gen.	ἡμῶν αὐτῶν	ὑμῶν αὐτῶν	ἑαυτῶν or σφῶν αὐτῶν
	dat.	ἡμῖν αὐτοῖς	ὑμῖν αὐτοῖς	ἑαυτοῖς or σφίσιν αὐτοῖς
	acc.	ἡμᾶς αὐτούς	ὑμᾶς αὐτούς	ἑαυτούς or σφᾶς αὐτούς

3. ***Pronouns of Quality and Quantity***: Although occurring in the Greek of the NT, these types of pronouns occur more frequency and are at times difficult to translate.

Quantity	Quality
οἷος, -α, -ον *what sort of, what quality of*	ὅσος, -η, -ον *how many, as much as*
τοιοῦτος, -η, -ον *such as this, of such a kind*	τοσοῦτος, -η, -ον *so many, so much*
ποῖος, -α, -ον *of what kind? which?*	πόσος, -η, -ον *of what quantity? how many?*
ὁποῖος, -α, -ον *of whatever sort*	ὁπόσος, -η, -ον *of whatever size*

---

[25] Herbert Weir Smyth, *A Greek Grammar for Colleges* (New York: American Book Company, 1920), §325d.

A fine example of quantity occurs at 1.32a: ὁπόσους γὰρ ἄν τις ᾖ κεκτημένος ἑταίρους, τοσούτοις μὲν ὀφθαλμοῖς ἃ βούλεται ὁρᾷ..., *for however many companions someone has acquired, with so many eyes he sees that which he wants...*,

4. **The "*Next*" Demonstrative**: In the Greek NT, the "near" demonstrative *this* (οὗτος, αὕτη, τοῦτο) and "far" demonstrative *that* (ἐκεῖνος, -η, -ο) are most common. In classical Greek, one finds also another demonstrative ὅδε, ἥδε, τόδε *this here (next)* that is kataphoric pointing to what is coming next (e.g., τόδε in 1.27b). This demonstrative occurs only ten times in the Greek NT.

"this here (next)"			
	M	F	N
sg. nom.	ὅδε	ἥδε	τόδε
gen.	τοῦδε	τῆσδε	τοῦδε
dat.	τῷδε	τῇδε	τῷδε
acc.	τόνδε	τήνδε	τόδε
pl. nom.	αἵδε	αἵδε	τάδε
gen.	τῶνδε	τῶνδε	τῶνδε
dat.	τοῖσδε	ταῖσδε	τοῖσδε
acc.	τούσδε	τάσδε	τάδε

H. <u>Optative Mood</u>: The optative mood has a rather significant presence within Dio Chrysostom.

1. ***Formation***:

	Present A	Present M/P	1st Aorist A	1st Aorist M	Aorist P	εἰμί	οἶδα
sg.1	πιστεύοιμι	πιστευοίμην	πιστεύσαιμι	πιστευσαίμην	πιστευθείην	εἴην	εἰδείην
2	πιστεύοις	πιστεύοιο	πιστεύσαις	πιστεύσαιο	πιστευθείης	εἴης	εἰδείης
3	πιστεύοι	πιστεύοιτο	πιστεύσαι	πιστεύσαιτο	πιστευθείη	εἴη	εἰδείη
pl.1	πιστεύοιμεν	πιστευοίμεθα	πιστεύσαιμεν	πιστευσαίμεθα	πιστευθεῖμεν	εἶμεν	εἰδεῖμεν
2	πιστεύοιτε	πιστεύοισθε	πιστεύσαιτε	πιστεύσαισθε	πιοστευθεῖτε	εἶτε	εἰδεῖτε
3	πιστεύοιεν	πιστεύοιντο	πιστεύσαιεν	πιστεύσαιντο	πιστευθεῖεν	εἶεν	εἰδεῖεν

2. ***Meaning and Functions of the Optative Mood***:

a. Meaning must be discerned from the syntactic construction (Smyth §380).

b. A. T. Robertson discusses the Subjunctive and Optative Modes as of "doubtful statement":

> The Greek has two modes for doubting affirmation, the subjunctive and the optative. The names are not distinctive, for both are used in subordinate senses, and the optative is used elsewhere besides in wishes and is not the only mode so used (see indicative). But the names will answer at any rate. They are really different forms of the same mode, the mode of hesitating affirmation. Compare the Latin which has no optative, but a past subjunctive. In Greek the subjunctive is chiefly primary and the optative chiefly secondary, but the distinction is not always observed. The Greek love of vivid statement made the subjunctive more popular than the optative and kept it increasingly after past tenses of the indicative. There is thus no sequence of tenses in Greek, but a sequence of modes. But this sequence

of modes is not necessary. In fact in the New Testament it is exceptional, for the optative had nearly disappeared from use.[26]

3. *The Independent Optative*:

a. Optative without ἄν.

i. The independent optative is found predominantly denoting a **wish**.

γένοιο πατρὸς εὐτυχέστερος. (Sophocles *Aj.* 550)

"*May you prove more fortunate that your sire!*"

This usage is readily seen in the predominantly Pauline phrase μὴ γένοιτο (fourteen times in Paul, one time in Luke 20:16).[27] Paul also employs the positive optative of wish fifteen times.[28] Outside of Paul, the positive optative of wish is used eight more times (Mark 11:14; Luke 1:38; Acts 8:20; Heb 13:21; 1 Pet 1:2; 2 Pet 1:2; Jude 1:2, 9).

ii. Another function is the **imperatival optative**.

Χειρίσοφος ἡγοῖτο. (Xenophon *Anab.* 3.2.37)

"*Let Cheirisophus lead.*"

As such, "the optative may express a command or exhortation with a force nearly akin to the imperative."[29]

ii. The **potential optative** may occur with or without an ἄν.

οὔτε γὰρ ὅπως ἀποκτείναιεν εἶχον. (Plato *Symp.* 190c)

"*For they know not how they might cut.*"

The potential optative usage can be carried over into relative clauses.

οὐκ ἔστιν ὅστις πλὴν ἐμοῦ κείραιτό νιν. (Aeschylus *Cho.* 172)

"*There is no one except myself who could cut it.*"

b. Optative with ἄν. The **potential optative** is the predominant category commonly with ἄν.

γνοίης δ' ἂν ὅτι τοῦθ' οὕτως ἔχει. (Xenophon *Cyr.* 1.6.21)

"*You may see that this is so.*"

---

[26] A. T. Robertson, *A Short Grammar of the Greek New Testament, for Students Familiar with the Elements of Greek* (New York: Hodder & Stoughton, 1908), 129–30.

[27] Luke 20:16; Rom 3:4, 6, 31; 6:2, 15; 7:7, 13; 9:14; 11:1, 11; 1 Cor 6:15; Gal 2:17; 3:21; 6:14. This accounts for 15 of 68 total optatives in the Greek NT.

[28] Romans 15:5, 13; Phlm 20; 2 Tim 1:16, 18; 4:16; 1 Thess 3:11, 12 (*bis*); 5:23 (*bis*); 2 Thess 2:17 (*bis*); 3:5, 16. This accounts for 15 of 68 total optatives in the Greek NT.

[29] Smyth §1820.

ἅπαντες ἂν ὁμολογήσειαν (an idiom; Isocrates *Bus.* 5.13; *Evag.* 40.3; *passim*)

"all would agree"

As with the potential optative without ἄν, the potential optative with ἄν can be used in relative clauses as well. The potential optative occurs in an independent clause in the NT only once (Acts 26:29). When the optative is used in dependent clauses with ἄν, it typically carries the sense of the potential optative. This can be found in the apodoses of future less vivid conditions and in indirect questions employing the optative in the NT.

4. ***The Dependent Optative***:

   a. The optative has a significant role in **indirect discourse**.

      i. **Preserving the Original Discourse Mood**. The optative was used in both indirect questions and discourse after a primary tense main verb only if the direct question/discourse was in the optative.

         ἀπεκρίνατο ὅτι οὐδὲν ἂν τούτων εἴποι. (Xenophon *Anab.* 5.6.37)

         "He replied that he would say nothing of this."

      Here the original statement would have been ἂν εἴποιμι "I would say…." In the event of indirect discourse or a predicate noun clause in Classical, the mood of the verb within the discourse or noun clause can change to the optative while retaining the original tense. This construction is often introduced with a ὡς.

      ii. **In Secondary Sequence**. The optative was used after secondary tenses commonly as the standard form to which the mood of the direct question/discourse was changed.

         ἔγνωσαν ὅτι κενὸς ὁ φόβος εἴη. (Xenophon *Anab.* 2.2.21) (= ἐστὶ)

         "They recognized that their fear was groundless."

         ἤρετο εἴ τις ἐμοῦ εἴη σοφώτερος (Plato *Apol.* 21a) (= ἐστί)

         "He asked whether any one was wiser than I."

      iii. **However, the Vivid Construction occurs <u>without</u> the Optative**. What this means is that the tense *and* mood of the direct discourse may be retained for vividness.

         διῆλθε λόγος ὅτι διώκαι αὐτὸς Κῦρος (Xenophon *Anab.* 1.4.7)

         "A report spread that Cyrus was pursuing them."

         ἠρώτησε ... ποῦ ἂν ἴδοι Πρόξενον (Xenophon *Anab.* 2.4.15) (= ποῦ ἂν ἴδοιμι).

         "He asked where he could see Proxenus."

   b. Correspondingly, the optative may be used with **indirect questions**. Indirect questions in are introduced by a variety of interrogative pronouns, adjectives, and adverbs, indefinite relative pronouns and adverbs, or by certain interrogative particles such as τίς, πότερος, πόσος, ποῖος, πηλίκος, ποῦ, πόθεν, ποῖ, πότε, πηνίκα, πῇ, πῶς, εἰ, and ἄρα. This mode of introduction governs the indirect discourse/questions discussed immediately above. The use of the optative in indirect questions surfaces in the NT thirteen times.[30] Each time the optative is introduced by an interrogative indicator and follows a secondary tense main verb, save for Luke 3:15 and Acts 17:11 where they are dependent upon a present participle which is, in turn, dependent upon a secondary tense main verb.

c. The optative may be used in **temporal clauses**. Where the action was indefinite, future, past customary/repeated, or introduced with conjunctions denoting duration or termination (ἕως), the optative is common. This usage occurs only twice at Acts 25:16. There, Luke follows the Classical Greek formula of using the optative after πρίν in indirect discourse.

I. <u>Summary of Subjunctive and Optative Uses</u>: Because the optative mood is so rare in the NT and it is often compared to the Subjunctive mood, it may be important here to note differences.

1. *Chart of Different Uses in Independent and Dependent Clauses*:[31]

Subjunctive	*Optative*
INDEPENDENT CLAUSES	
(a) Exhortations (1st Person): "Let us…"	(a) Wishes referring to the future
(b) Prohibitions (2nd Person Aorist)	(b) To make a modified statement or command—the sentence resembling the Apodosis of Conditionals ἴσως ἄν τις εἴποι… "Perhaps someone might say…"
(c) Deliberative questions: "What should we do?"	
(d) Emphatic Negation: οὐ μή…	
DEPENDENT CLAUSES	
(a) Purpose Clauses after Primary or Historic tense.	(a) Purpose Clauses after Historic tense.
(b) With verbs of *fearing* after Primary or Historic tense.	(b) With verbs of fearing after Historic tense.

---

[30] Luke 1:29; 3:15; 6:11; 8:9; 9:46; 15:26; 18:36; 22:23; John 13:24; Acts 10:17; 17:11; 21:33; 25:20. This number may vary depending upon whether one classifies certain optatives as incomplete 4th class conditionals which are either following εἰ as the protasis (notice indirect questions can begin this way) or ἄν as the apodosis (all four examples which Wallace gives has an interrogative).

[31] Adapted from M. A. North and A. E. Hillard, *Greek Prose Composition* (Durango, CO: Hollowbrook, 1993), 48, 50, 170.

(c) Conditional sentences with ἐάν (Future More Vivid and Present General Conditions)	(c) Conditional sentences with εἰ in Protasis and ἄν in Apodosis (Future Less Vivid Condition)
(d) Indefinite Relative and Temporal sentences with ἄν (Primary and sometimes Historic).	(d) Indefinite Relative and Temporal sentences (Historic)
NOTE: In (a), (b), and (d) above the Subjunctive is frequently used instead of the Optative by the Graphic Construction, and in (c) where the Conditional sentence is in *Oratio Obliqua*. Similarly, in (e) and (f) the Indicative is frequently used instead of the Optative for vividness.	(e) Indirect Statements after Historic tense.
	(f) Indirect Questions after Historic tense.

2. Two Examples of Significant Optative Constructions in Dio's *Kingship Orations*.

   a. **Vividness of the Indicative Mood** in parallel with the Optative (1.65).

   [1.65] … ὅμως δὲ ὑπονοῶν ὅσον ἦν ἐν αὐτῷ θνητόν καὶ ὅτι πολλὰ παραδείγματα ἐν ἀνθρώποις πονηρὰ <u>εἴη</u> τρυφῆς καὶ ἀκολασίας καὶ πολλοὶ <u>παρατρέπουσιν</u> ἄκοντα τὸν πεφυκότα ὀρθῶς ἔξω τῆς αὐτοῦ φύσεώς τε καὶ γνώμης, ταῦτα [66] λογιζόμενος Ἑρμῆν ἔπεμψε, κελεύσας ἃ δεῖ ποιεῖν.

   [1.65] … *but nevertheless, considering how much he was mortality and that many examples of softness and licentiousness among people <u>would be</u>* **[optative]** *evil and [that] many <u>would turn [him] aside</u>* **[indicative of vividness]** *unwillingly, the one who by nature was upright beyond his own nature and opinion, [66] considering these things, he sent for Hermes, commanding him what things were necessary to do.*

Here the indicative παρατρέπουσιν which is in parallel construction with the optative εἴη shows how the indicative was chosen to more vividly portray the actual "turning" of Heracles against his nature such that his father sent for Hermes to educate his son Heracles.

   b. **Past General Conditional Construction** (1.84).

   [1.84] τοιγαροῦν ὅπου μὲν ἴδοι τυραννίδα καὶ τύραννον ἐκόλαζε καὶ ἀνῄρει παρά τε Ἕλλησι καὶ βαρβάροις· ὅπου δὲ βασιλείαν καὶ βασιλέα, ἐτίμα καὶ ἐφύλαττεν.

   [1.84] *Therefore, on the one hand, wherever he would perceive tyranny and a tyrant, he would punish and remove [them] both among the Greeks and the Barbarians. But on the other hand, wherever he [would perceive] a kingdom and a king, he would honor and guard [them].*

This past general conditional sentence fittingly concludes the discussion of Heracles by showing his general patterns of conduct towards either tyranny or kingship. It is helpful to set this type of condition among the variety of past time conditional constructions:

Past:				
	Past Simple		εἰ + Past Ind.	Past tense
	Past Contrary-to-Fact		εἰ + Past Ind.	Past tense + ἄν
	Past General	*Indicative Form*:	εἰ + Imperfect Ind.	Imperfect Ind.
		Optative Form:	εἰ + Optative	Imperfect Ind.

As one can see, there are three possible past time conditional constructions. In the Greek NT, I have found only a few examples of a past general conditions using the indicative mood construction that I explain as follows:[32]

This type of condition had two forms depending on the particular semantics involved. In the protasis, an Optative was used, unless there was need for an indefinite pronoun τις *someone, anyone*, in which case an Indicative was used (Smyth §2342). In the two GNT examples below, instead of an indefinite pronoun (which generalized the construction), we have very similar semantics of generalization; the relative pronouns of place (ὅπου) and person (ὅσοι) are followed immediately by ἄν and a Past Indicative verb. These are the protases. The apodosis then has an Imperfect Indicative. This usage is very rare; these two instances may be the only occurrences in the GNT.

PAST GENERAL	
Supposition	**Conclusion**
(ἄν) + Imperfect Indicative	Imperfect Indicative

Mark 6:56a καὶ <u>ὅπου</u> <u>ἂν</u> εἰσεπορεύετο εἰς κώμας ἢ εἰς πόλεις ἢ εἰς ἀγρούς, ἐν ταῖς ἀγοραῖς <u>ἐτίθεσαν</u> τοὺς ἀσθενοῦντας καὶ <u>παρεκάλουν</u> αὐτὸν ἵνα <u>κἂν</u> τοῦ κρασπέδου τοῦ ἱματίου αὐτοῦ ἅψωνται·

And <u>wherever</u> he would go into villages or into cities or into fields, in the open spaces <u>they would set out</u> the weak and <u>they would be pleading</u> him that they would touch even the edge of his garment.

Mark 6:56b καὶ ὅσοι <u>ἂν</u> ἥψαντο αὐτοῦ ἐσῴζοντο.

And <u>as many as</u> would touch him were being healed.

Mark portrays a generalized set of circumstances surrounding Jesus's practices and the people's stratagems as a response. The time frame for these generalized practices and responses is depicted as happening in the past.

---

[32] The chart above and descriptions and explanations below are from my Fredrick J. Long, *Koine Greek Grammar: A Beginning-Intermediate Exegetical and Pragmatic Handbook*, Accessible Greek Resources and Online Studies (Wilmore, KY: GlossaHouse, 2015), 523 and 527–28 (slightly edited). This classification system is dependent on Smyth's "Classification according to Function" (§§2290–2342) and specifically "According to Time" in §2297.

VI. SOME TROUBLESOME POINTS OF DIO'S GRAMMAR AND SYNTAX FOR NT STUDENTS

A. <u>Ellipsis or implied sentence constituents is extremely common</u>: In such cases one must bring forward a verb or imply a simple verb (like εἰμί). Consider this example explaining why Alexander jumped to arms when a famous instrumentalist played with an implied ἦν *was* (1.2b).

[1.2b] τὸ δὲ τούτου αἴτιον οὐχ οὕτως ἡ τῆς μουσικῆς δύναμις ὡς ἡ τοῦ βασιλέως διάνοια σύντονος οὖσα καὶ θυμοειδής,

[1.2b] *However, the reason for this [was] not so much the power of the musical skill as it was the king's inclination being high-strung and passionate,*

In the next example in the midst of a monologue to his father, Philip, Alexander speaks of the need to be discerning in what good one learns from the writings of the old poets (Hesiod, Homer, etc.) before extending the notion to learning music (2.27b–28).

[2.27b] καὶ εἴ τις ἄλλο τι λέγει χρηστόν. [28] οὐδὲ γὰρ μουσικήν, ἔφη, πᾶσαν μανθάνειν ἐθέλοιμ' ἄν, ἀλλὰ κιθάρᾳ μόνον ἢ λύρᾳ χρῆσθαι πρὸς θεῶν ὕμνους καὶ θεραπείας, ἔτι δὲ οἶμαι τῶν ἀγαθῶν ἀνδρῶν τοὺς ἐπαίνους· οὐδέ γε ᾄδειν τὰ Σαπφοῦς ἢ Ἀνακρέοντος ἐρωτικὰ μέλη πρέπον ἂν εἴη τοῖς βασιλεῦσιν, ἀλλ', εἴπερ ἄρα, τῶν Στησιχόρου μελῶν ἢ Πινδάρου, ἐὰν ᾖ τις ἀνάγκη.

[2.27b] *"and if someone says some other useful thing. [28] for neither would I want to learn,"* he said, *"all music, but [I would want] to learn the cithara only, or lyre, for hymns and worship of the gods, and further, I suppose, for the praises of good men. Nor would it indeed be seemly for kings to sing the love songs of Sappho or Anacreon; but if indeed [one must sing] therefore, [let it be] songs of Stesichorus or Pindar, if ever there is some necessity."*

Several subject/verbs are implied and supplied in brackets within the translation.

B. <u>Terseness of expression and discontinuous modifiers are not uncommon</u>: Related to the above and in some tension with C. below, Dio's Greek shows incisive polish and the flexibility of having modifiers that are discontinuous with (i.e., not beside) what they modify.[33] Consider the first line from *Kingship* 4.1 (which is continued as an example in C. below):

[4.1a] φασί ποτε Ἀλέξανδρον Διογένει συμβαλεῖν οὐ πάνυ τι σχολάζοντα πολλὴν ἄγοντι σχολήν.

[4.1a] *They say once that Alexander, not having any leisure at all, happened to meet with Diogenes, enjoying much leisure.*

In this example, the two final participle clauses are adjectival and discontinuous from the two nouns that they respectively modify. One must match the participle cases with the noun cases.

---

[33] On discontinuous elements, see my discussion in *Koine Greek Grammar*, 77–78, with examples of at 87, 97, 102, 130, 141, 299, 312, and 325.

In an example further below in 4.2, the clause οἱ γὰρ <u>ἄνθρωποι</u> χαίρουσι φύσει <u>πάντες</u> <u>τιμωμένην</u> ὁρῶντες <u>φρόνησιν</u>... *For all people naturally rejoice seeing prudence being honored...* shows two discontinuities: πάντες is removed from οἱ ἄνθρωποι and the participial modifier τιμωμένην is placed before the verb although it modifies the object φρόνησιν.

C. <u>Connective robustness abounds</u>: Conjunctions, particles, adverbs, and their combinations occur very frequently; the combinations are instances of "correlative emphasis."[34] Dio's discourses reflect an elevated register of Greek while conveying nuance of relationship between the notions through these words. For example, in 2.28 above, notice the correlated οὐδέ ... οὐδέ γε *neither ... nor indeed*, with the enclitic intensive γέ *indeed*. Also, this second οὐδέ works with the following ἀλλά (as elided ἀλλ') to form a point-counterpoint set. One more extended example continuing from 4.1a above will illustrate other combinations.

[4.1b] ἦν <u>γὰρ</u> ὁ <u>μὲν</u> βασιλεὺς Μακεδόνων <u>τε</u> <u>καὶ</u> ἄλλων πολλῶν, ὁ <u>δὲ</u> φυγὰς ἐκ Σινώπης. ταῦτα <u>δὲ</u> λέγουσι <u>καὶ</u> γράφουσι πολλοί, τὸν Ἀλέξανδρον οὐχ ἧττον θαυμάζοντες <u>καὶ</u> ἐπαινοῦντες, <u>ὅτι</u> τοσούτων ἄρχων <u>καὶ</u> τῶν τότε μέγιστον δυνάμενος οὐχ ὑπερεώρα πένητος ἀνθρώπου συνουσίαν νοῦν ἔχοντος <u>καὶ</u> δυναμένου καρτερεῖν.

[4.1b] *<u>For</u>, <u>on the one hand</u>, the one was king <u>both</u> of Macedonia <u>and</u> many others, <u>but on the other hand</u>, the other was an exile of Sinope. <u>Yet</u>, many people speak <u>and</u> write about these things, marveling at <u>and</u> praising Alexander <u>because</u>, although ruling so many and holding power over the then greatest portion, he did not despise to endure a conversation with a poor person having sense <u>and</u> capacity.*

[4.2] οἱ <u>γὰρ</u> ἄνθρωποι χαίρουσι φύσει πάντες τιμωμένην ὁρῶντες φρόνησιν ὑπὸ τῆς μεγίστης ἐξουσίας <u>τε</u> <u>καὶ</u> δυνάμεως, <u>ὥστε</u> <u>οὐ μόνον</u> τἀληθῆ διηγοῦνται περὶ τῶν τοιούτων, <u>ἀλλὰ καὶ</u> αὐτοὶ πλάττουσιν ὑπερβάλλοντες προσέτι <u>καὶ</u> τἄλλα ἀφαιρούμενοι τῶν φρονίμων, οἷον χρήματα <u>καὶ</u> τιμὰς <u>καὶ</u> τὴν τοῦ σώματος δύναμιν, <u>ὅπως</u> διὰ μόνην δόξωσι τιμᾶσθαι τὴν ξύνεσιν.

[4.2] *<u>For</u> all people naturally rejoice seeing prudence being honored by the greatest authority <u>as well as</u> power, <u>so that</u> <u>not only</u> are facts being described concerning such things as these, <u>but also</u> they themselves are fabricating [things], exaggerating over and above <u>and</u> setting aside other matters of the wise men, such as necessary possessions <u>and</u> honors <u>and</u> the strength of the body, <u>in order that</u> due to the intellect alone they would think to be honored.*

In addition to the standard coordinating connectives γάρ, δέ, and καί and the subordinating connectives ὅτι, ὥστε, and ὅπως, one sees the following combinations:

μέν ... δέ—*on the one hand ... but on the other hand*
τε καί—*both and* (twice; in 4.1b the pair occurs within the μέν ... δέ combination)
οὐ μόνον ... ἀλλὰ και—*not only ... but also*

---

[34] For a discussion, see my *Koine Greek Grammar*, §15.6.

Sometimes these are difficult to translate, as in ὑπὸ τῆς μεγίστης ἐξουσίας τε καὶ δυνάμεως *by the greatest authority as well as power*; the typical translation "both ... and" would render this terribly unidiomatic: *by the greatest both authority and power*. With such connectives, one must keep in mind which are postpositive and those that are not when understanding and translating the thought. Finally, particularly difficult in this example is the διά μόνην in the ὅπως clause that is discontinuous with τὴν ξύνεσιν and means *due to the intellect alone*.

D. "Lists" are common and with polysyndeton: Corresponding to the connective robustness of Dio's discourse is the presence of lists that may entail nouns, descriptors, phrases, or even whole sentences. Easiest are the lists of parallel items as seen at the end of the example from 4.2 given above: χρήματα καὶ τιμὰς καὶ τὴν τοῦ σώματος δύναμιν *necessary possessions and honors and the strength of the body*. Consider also the polysyndetic list in 3.1b (below in E.) with alternative items with the prepositional phrase demarcated by ἤ—ἀπὸ χρυσωμάτων ἢ πόλεων ἢ χώρας ἢ ἄλλων ἀνθρώπων. More difficult are lists that extend across clauses and sentences, as indicated, for example, by the οὐδέ in 2.28 (in the example above under A.).

E. Varieties of indirect discourse exist, including infinitive constructions:[35] As already discussed in VI. D. above, some of the complexity of indirect discourse involves the possible use of the optative mood. Additionally, however, infinitive clauses abound in classical usage. Although the Greek NT displays indirect discourse with infinitives, it does not do so as extensively and complexly as is seen in Dio and classical writers. Verbs of saying and thinking are followed by two constructions:

1. *Clauses introduced by ὅτι or ὡς ("that")*. The negative used in these constructions is οὐ.

    a. After primary tenses (i.e., present, future, and perfect tenses), the verb retains the mood and tense of Direct speech.

    b. After historic tenses (i.e., imperfect, aorist, and pluperfect), the Verb also generally retains the mood and tense of the Direct Speech, which is known as the *Graphic* or *Vivid Construction*. But an Indicative of the Direct Speech may be changed to the same tense of the Optative. Notice, first, that the tense (present, aorist, etc.) of the direct speech is never changed; second, that "sequence" in Greek is a sequence of mood, not of tense (with the Optative practically corresponding to the Historic tenses of the Latin Subjunctive). The imperfect and pluperfect tenses have no formations in the optative mood are generally kept in the indicative mood.

2. *Clauses with accusative "subject" and the Infinitive*. The negative used is οὐ. Such clauses would include both impersonal constructions such as with ἔξεστίν "it is lawful, permissible to ...," and δεῖ *it is necessary* (see 1.65), but also with χρή *I must, ought; it is necessary*, for example, χρὴ τὸν ἄξονα τεμεῖν *it is necessary to cut the axle* (at 2.8). Additionally, one

---

[35] Adapted from North and Hillard, *Greek Prose Composition*, 48, 50, 170.

finds participial adjectives like πρέπον (PAP NSN) from πρέπω *I am clearly seen; it is fitting* as in: οὐδέ γε ᾄδειν ... πρέπον *nor indeed is it fitting ... to sing* (from 2.28 above in A.).

3. The verbs λέγω and εἶπον prefer ὅτι or ὡς whereas φημί takes the infinitive construction. The examples below show possible ways to form a direct statement in indirect discourse.

DIRECT STATEMENT: ὁ Κῦρος πάρεστι.
Cyrus is present.

INDIRECT STATEMENTS:

Present time frame: (I.A) λέγουσιν ὅτι ὁ Κῦρος πάρεστι.
They say that Cyrus is present.

Past time frame: (I.B) ἀπεκρίνατο ὅτι ὁ Κῦρος <u>παρείη</u>. (less vivid with optative)
He answered that Cyrus was present.

Or, ἀπεκρίνατο ὅτι ὁ Κῦρος <u>πάρεστι</u>. (more vivid with indicative)
He answered that Cyrus was present.

Future time frame   εἶπεν ὅτι παρέσοιτο. (less vivid with optative)
He said that he would be present.

Or, εἶπεν ὅτι πάρεσται.
He said that he would be present. (more vivid with indicative)

Infinitive Constructions (II.) ὑπέλαβε τὸν Κῦρον οὐ παρεῖναι.
He answered that Cyrus was not present.

οὐκ ἔφη ἀπιέναι.
He did not say that he went away.

ἐνομίζεν [αὐτὸς] εἶναι κριτής.
He thought he [himself] was a judge.

Kingship 1, 2, and 4 begin with indirect discourse infinitive constructions; and the second sentence in *Kingship* 3.1b uses several infinitive constructions: indirect discourse (εἰδέναι), a preposition construction (διὰ τὸ μὴ συγγενέσθαι ... μηδὲ γιγνώσκειν), and nominalized (τὸ εὐδαιμονεῖν):

[3.1b] οὐκ ἔφη δὲ αὐτὸς <u>εἰδέναι</u> <u>διὰ τὸ μὴ συγγενέσθαι</u> αὐτῷ μηδὲ <u>γιγνώσκειν</u> ὁποῖός ἐστι τὴν διάνοιαν, ὡς οὐκ ἀλλαχόθεν οἶμαι γιγνόμενον <u>τὸ εὐδαιμονεῖν</u>, ἀπὸ χρυσωμάτων ἢ πόλεων ἢ χώρας ἢ ἄλλων ἀνθρώπων, ἑκάστῳ δὲ παρά τε αὐτοῦ καὶ τῆς αὐτοῦ διανοίας.

[3.1b] *But he did not say <u>that</u> he himself <u>knew since he had no acquaintance</u> with him nor <u>was knowing</u> what sort of person he was with respect to his mind, since, I suppose, <u>being blessed</u> does not come into being from some other place—from golden garments or riches or land or other persons—but [comes] to each one from both himself and his own mind.*

VII. Consider Using the Constituent Marking Method

A. <u>Workbook Spacing</u>: The Greek text has been given generous spacing for notes, etc. One tool that may help navigate sentences is using Constituent Marking. See the example in C. below.

B. <u>Constituent Marking</u>: The following legend describes this approach.[36] Particularly helpful for Dio's Greek would be brackets for subordinate clauses and arrows for discontinuous modifiers.

Grammar and Type of Constituent Marking	Description and Comments
<u>Verb</u>|s and <u>subjects</u>	Both subject and its verb are <u>single underlined</u>; also consider "chopping off" verb endings and augments.
⊡Conjunctions⊡ and ⊡Interjections⊡	Place a box around conjunctions and interjections.
⌐Adverbs¬	Place a dashed box or circle around adverbs.
<u>Direct Objects</u>	Direct objects receive a <u>double underline</u>.
<u>Indirect Objects</u>	Indirect object receives a <u>dashed</u> underline.
Noun ⌒ (Genitive) Modifier	Draw an arrow a modifier to what is being modified.
Noun = Appositional Phrase	Place an equal sign (=) to indicate apposition.
(Prepositional Phrases)	Place prepositional phrases within parentheses (…).
⌒{Special uses of Cases}⌒ including {Vocatives}	Place curly braces around special case functions including the vocative. If helpful, consider drawing arrows to what is being modified.
[Subordinate Clause] [¹… [²… [ᶜ…ᶜ] …²] …¹]	Put brackets around subordinate clauses. If there are more than one, add superscript letters or numbers and then close off the clause with the same number.
⤺? ⤻? antecedent ambiguous postcedent pronoun	Draw a dotted line to the antecedent or the postcedent of an ambiguous pronoun. If you are uncertain, put a question mark.
unobvious ⤺ [relative antecedent pronoun clause]	Place relative pronoun clauses within brackets […], since it is a subordinate clause. Draw a dotted line to its antecedent, if unclear.
Adjectival Modifiers	Mark adjectival modifiers with whatever substantive they are linked to grammatically or logically.

---

[36] Slightly modified from my *Koine Greek Grammar*, §4.7. One could also consider semantically diagramming sentences; see §16.4–5 and Long, *In Step with God's Word*, ch. 4.

C. Example of Constituent Marking from *Kingship* 1.1–2a:

[1] φα/σί¹ [ᵃ ποτε Ἀλεξάνδρῳ² = τῷ βασιλεῖ τὸν αὐλητὴν³ = Τιμόθεον⁴ τὸ πρῶτον ἐπιδεικνύμενον⁵ αὐλῆ/σαι⁶ (κατὰ τὸν ἐκείνου τρόπον) μάλα⁷ ἐμπείρως⁸ καὶ μουσικῶς,⁹ [ᵇ οὐ μαλακὸν¹⁰ αὔλημα¹¹ οὐδὲ ἀναβεβλημένον¹² οὐδὲ τῶν (πρὸς ἄνεσιν¹³ καὶ ῥαθυμίαν¹⁴) ἀγόντων, ἀλλ' αὐτὸν οἶμαι¹⁵ τὸν ὄρθιον¹⁶ = τὸν τῆς Ἀθηνᾶς¹⁷ ἐπικαλούμενον¹⁸ νόμον.¹⁹ ᵇ] ᵃ] [2] [ᶜ καὶ τὸν Ἀλέξανδρον εὐθὺς ἀναπηδῆ/σαι²⁰ (πρὸς τὰ ὅπλα²¹) (τοῖς ἐνθέοις²² ὁμοίως)· [ᵈ οὕτω σφόδρα²³ ἐπαρ/θῆναι αὐτὸν (ὑπὸ τοῦ μέλους²⁴ τῆς μουσικῆς²⁵ καὶ τοῦ ῥυθμοῦ²⁶ τῆς αὐλήσεως.²⁷) ᵈ] ᶜ]

[1] They say that once the flute-player Timotheus played his first exhibition for Alexander the king according to his manner, very professionally and musically; it was not a soft piece of music, nor slow, nor a piece of those leading to rest and relaxation. But rather, I suppose, it was very high-pitched, the so-called melody of Athena. [2a] And immediately, Alexander leapt up to arms like those possessed by the gods—to such an extent was he exceedingly stirred by the melody of the music and the rhythm of the flute-playing.

¹ φημί – *I say, affirm, assert* (MH: PAI 3S or 3P)
² Ἀλέξανδρος, ὁ – *Alexander*
³ αὐλητής, ὁ – *flute-player*
⁴ Τιμόθεος, ὁ – *Timothy*
⁵ ἐπιδείκνυμι – *I exhibit, show off, display*
⁶ αὐλέω – *I play the flute*
⁷ μάλα – *very*
⁸ ἐμπείρως – *professionally; experienced* or *practiced in a thing*
⁹ μουσικῶς – *musical; skilled in music; elegantly*
¹⁰ μαλακός, ή, όν – *soft, mild, gentle*
¹¹ αὔλημα, τό – *piece of music for the flute*
¹² ἀναβάλλω – *I strike up; I begin to play a song* or *sing* (TH: *slow, measured*)
¹³ ἄνεσις, ἡ – *loosening, relaxing; relief, rest*
¹⁴ ῥαθυμία, ἡ – *recreation, relaxation*
¹⁵ οἴομαι – *I think, suppose*

¹⁶ ὄρθιος, α, ον – *musically high-pitched, shrill* (TH: νόμος ὄρθιος – *a traditional melody of very high pitch*)
¹⁷ Ἀθήνη, ἡ – *Athena* (MH: Ἀθηνᾶς is from the alternative spelling Ἀθηναίη in the genitive with a circumflex [Ἀθηναίας > Ἀθηνᾶς])
¹⁸ LH: This verb may be used with religious connotations
¹⁹ LH: νόμος meaning of *melody*
²⁰ ἀναπηδάω – *I leap up; I start up*
²¹ ὅπλον, τό – *tool, implement; military arms, armour*
²² ἔνθεος, ον – *inspired, possessed of a god; frenzied*
²³ σφόδρα – *very much, exceedingly*
²⁴ μέλος, τό – *limb, member* (TH: *musical member, song, strain, melody*)
²⁵ μουσική, ἡ – *any art, esp. poetry, set to music*
²⁶ ῥυθμός, ὁ – *regular motion; rhythm*
²⁷ αὔλησις, ἡ – *flute-playing*

VIII. Select Bibliography

A. <u>Original Texts Editions</u>:

Arnim, H. von, ed. *Dionis Prusaensis quem uocant Chrysostomum quae exstant Omnia*. Berlin: Weidmann, 1893–1896.
See also LCL immediately below

B. <u>Translations of Dio's Entire Corpus</u>:

1. English:

Dio Chrysostom. Discourses 1–11, 12–30. Translated by J. W. Cohoon. Cambridge: Harvard University Press, 1932, 1939.

Dio Chrysostom. Discourses 31–36. Translated by J. W. Cohoon and H. Lamar Crosby. LCL. Cambridge: Harvard University Press, 1940,

Dio Chrysostom. Discourses 37–60, 61–80. Translated by H. Lamar Crosby. LCL. Cambridge: Harvard University Press, 1946, 1951.

2. German:

Elliger, Winfried, ed. *Dion Chrysostomos: Sämtliche Reden*. Die Bibliothek der alten Welt. Griechische Reihe. Zürich: Artemis, 1967.

C. <u>Dio Chrysostom's Speeches within Politics and the Second Sophistic</u>:

Arnim, H. von, "Entstehung und Anordnung der Schriftensammlung Dios von Prusa." *Hermes* 26 (1891): 366–407. Discusses the origins and arrangement of Dio's speeches.

Bekker-Nielsen, Tønnes. *Urban Life and Local Politics in Roman Bithynia: The Small World of Dion Chrysostomos*. Black Sea Studies 7. Aarhus: Aarhus University Press, 2008. "Most studies of Roman local administration focus on the formal structures of power: provincial laws, imperial edicts, urban institutions and magistracies. This book explores the interplay of formal politics with informal factors such as social prejudice, parochialism and personal rivalries in the cities of northwestern Asia Minor from the first to the fifth centuries AD. Through a detailed analysis of the municipal speeches and career of the philosopher-politician Dion Chrysostomos, we gain new insights into the petty conflicts and lofty ambitions of an ancient provincial small-town politician and those around him" (from http://www.pontos.dk/publications/books/black-sea-studies-7).

Berry, Edmund. "Dio Chrysostom the Moral Philosopher." *Greece & Rome* 30.1. Second Series (1983): 70–80.

Desideri, P. *Dione di Prusa*. Messina-Firenze, 1978.

Gangloff, Anne. *Dion Chrysostome et les mythes. Hellénisme, communication et philosophie politique*. Grenoble: Jérôme Millon, 2006. This published dissertation investigates the role of myth in Dio's discourses within the context of the Second Sophistic movement.

Harris, B. F. "Dio of Prusa." In *Aufstieg und Niedergang der Römischen Welt* 2.33.5 (1991): 3853–81.

Jones, C. P. *The Roman World of Dio Chrysostom*. Cambridge: Harvard University Press, 1978.

Moles, John. "The Kingship Orations of Dio Chrysostom." *Papers of the Leeds International Latin Seminar* 6 (1990): 297–375.

Philostratus. *Lives of the Sophists*. Translated by Wilmer C. Wright. LCL 134. Cambridge: Harvard University Press, 1921. This is an ancient historical account of notable sophists that provides insight into their lives and the Sophistic milieu of the second and third-centuries.

Sidebottom, Harry. "Dio of Prusa and the Flavian Dynasty." *The Classical Quarterly* 46.2 (1996): 447–56.

Swain, Simon, ed. *Dio Chrysostom. Politics, Letters and Philosophy*. Oxford: Oxford University Press, 2000. These are collected essays that explore various aspects of the political and philosophical context for understanding the life and writings of Dio.

Wenkebach, Ernst. "Die Überlieferung der Schriften des Dion von Prusa." *Hermes* 79 (1944): 40–65. He scrutinizes the scholarly work reconstructing the Greek text of Dio (von Arnim's and Cohoon's) as not being consistent in drawing upon the available manuscript tradition.

D. Dio Chrysostom and the New Testament:

Lau, Te-Li. *The Politics of Peace: Ephesians, Dio Chrysostom, and the Confucian Four Books*. NovTSup 133. Leiden; Boston: Brill, 2009. This is an investigation of the similarities and differences of these ancient traditions.

Mussies, G. *Dio Chrysostom and the New Testament*. Studia ad Corpus Hellenisticum Novi Testamenti 2. Leiden: Brill, 1972.

Winter, Bruce W. *Philo and Paul Among the Sophists: Alexandrian and Corinthian Responses to a Julio-Claudian Movement*. 2nd Edition. Grand Rapids: Eerdmans, 2002. In this well-regarded study, Winter provides information on the Second Sophistic, notable Sophists, and their interactions with Christianity and Judaism in the first-century.

Περὶ Βασιλείας Α (*De regno i*)

[1] φασί¹ ποτε Ἀλεξάνδρῳ² τῷ βασιλεῖ τὸν αὐλητὴν³ Τιμόθεον⁴ τὸ πρῶτον ἐπιδεικνύμενον⁵ αὐλῆσαι⁶ κατὰ τὸν ἐκείνου τρόπον μάλα⁷ ἐμπείρως⁸ καὶ μουσικῶς,⁹ οὐ μαλακὸν¹⁰ αὔλημα¹¹ οὐδὲ ἀναβεβλημένον¹² οὐδὲ τῶν πρὸς ἄνεσιν¹³ καὶ ῥᾳθυμίαν¹⁴ ἀγόντων, ἀλλ' αὐτὸν οἶμαι¹⁵ τὸν ὄρθιον¹⁶ τὸν τῆς Ἀθηνᾶς¹⁷ ἐπικαλούμενον¹⁸ νόμον.¹⁹ [2] καὶ τὸν Ἀλέξανδρον εὐθὺς ἀναπηδῆσαι²⁰ πρὸς τὰ ὅπλα²¹ τοῖς ἐνθέοις²² ὁμοίως· οὕτω σφόδρα²³ ἐπαρθῆναι αὐτὸν ὑπὸ τοῦ μέλους²⁴ τῆς μουσικῆς²⁵ καὶ τοῦ ῥυθμοῦ²⁶ τῆς αὐλήσεως.²⁷ τὸ δὲ τούτου αἴτιον οὐχ οὕτως²⁸ ἡ τῆς μουσικῆς²⁹ δύναμις ὡς ἡ τοῦ βασιλέως διάνοια³⁰ σύντονος³¹ οὖσα καὶ θυμοειδής,³²

---

[1] φημί – *I say, affirm, assert* (MH: PAI 3S or 3P) (TH: takes infinitives of indirect discourse)
[2] Ἀλέξανδρος, ὁ – *Alexander*
[3] αὐλητής, ὁ – *flute-player*
[4] Τιμόθεος, ὁ – *Timothy*
[5] ἐπιδείκνυμι – *I exhibit, show off, display*
[6] αὐλέω – *I play the flute*
[7] μάλα – *very*
[8] ἐμπείρως – *professionally; experienced* or *practiced in a thing*
[9] μουσικῶς – *musical; skilled in music; elegantly*
[10] μαλακός, ή, όν – *soft, mild, gentle*
[11] αὔλημα, τό – *piece of music for the flute*
[12] ἀναβάλλω – *I strike up; I begin to play a song* or *sing* (TH: *slow, measured*)
[13] ἄνεσις, ἡ – *loosening, relaxing; relief, rest*
[14] ῥᾳθυμία, ἡ – *recreation, relaxation*
[15] οἴομαι – *I think, suppose*
[16] ὄρθιος, α, ον – *musically high-pitched, shrill* (TH: νόμος ὄρθιος – *a traditional melody of very high pitch*)
[17] Ἀθήνη, ἡ – *Athena* (MH: Ἀθηνᾶς is from the alternative spelling Ἀθηναίη in the genitive with a circumflex [Ἀθηναίας > Ἀθηνᾶς])
[18] LH: This verb may be used with religious connotations
[19] LH: νόμος meaning of *melody*
[20] ἀναπηδάω – *I leap up; I start up*
[21] ὅπλον, τό – *tool; military arms, armour*
[22] ἔνθεος, ον – *inspired, possessed of a god; frenzied*
[23] σφόδρα – *very much, exceedingly*
[24] μέλος, τό – *limb, member* (TH: *musical member, song, strain, melody*)
[25] μουσική, ἡ – *any art, esp. poetry, set to music*
[26] ῥυθμός, ὁ – *regular motion; rhythm*
[27] αὔλησις, ἡ – *flute-playing*
[28] TH: implied verb of being; οὐχ οὕτως ... ὡς *not simply ... as much as*
[29] μουσικός, ή, όν – *skilled in music, musical; harmonious*
[30] διάνοια, ἡ – *thought, intention, inclination*
[31] σύντονος, ον – *strained tight; eager, intense*
[32] θυμοειδής, ές – *high-spirited; passionate*

[3] ἐπεὶ Σαρδανάπαλλον οὐκ ἄν ποτε ἤγειρεν ἐκ τοῦ θαλάμου¹ καὶ παρὰ τῶν γυναικῶν οὐχ ὅπως Τιμόθεος ἢ ἄλλος τις τῶν νεωτέρων, ἀλλ' οὐδὲ Μαρσύας αὐτὸς ἢ Ὄλυμπος· δοκεῖ δ' ἔμοιγε² μηδὲ τῆς Ἀθηνᾶς, εἰ δυνατὸν, διεξιούσης³ τὸν αὑτῆς νόμον⁴ ἅψασθαί ποτ' ἂν ὅπλων⁵ ἐκεῖνος, πολὺ δ' ἂν πρότερον⁶ ὀρχήσασθαι⁷ ἀναστὰς ἢ φυγεῖν· οὕτως ἀθλίως⁸ εἶχεν ὑπὸ ἐξουσίας καὶ τρυφῆς.⁹ [4] οὐκοῦν¹⁰ καὶ ἡμᾶς εἰκός¹¹ ἐστι μὴ χείρους¹² ἀνδρὸς αὐλητοῦ¹³ γενέσθαι περὶ τὸ ἡμέτερον¹⁴ ἔργον, μηδὲ ἧττον¹⁵ ἀνδρείους¹⁶ καὶ μεγαλόφρονας¹⁷ εὑρεῖν λόγους τῶν ἐκείνου κρουμάτων,¹⁸ [5a] ἔτι δὲ μὴ ἕνα τρόπον ἡρμοσμένους,¹⁹ ἀλλὰ τοὺς αὐτοὺς σφοδρούς²⁰ τε καὶ πρᾴους²¹ καὶ πολεμικοὺς²² ἅμα²³ καὶ εἰρηνικοὺς²⁴ καὶ νομίμους²⁵ καὶ τῷ ὄντι²⁶ βασιλικούς,²⁷

---

¹ θάλαμος, ὁ – *an inner room* or *chamber; women's apartment*
² ἔμοι γε – *to/for me indeed*
³ διέξειμι – *I go out through, pass through; I deliver*
⁴ LH: νόμος meaning of *melody*
⁵ ὅπλον, τό – *tool, implement; military arms*
⁶ πρότερος, α, ον – *formerly, earlier, previously*
⁷ ὀρχέομαι – *I dance; I leap about*
⁸ ἄθλιος, α, ον – *winning* or *struggling to win; struggling, unhappy, wretched*
⁹ τρυφή, ἡ – *softness, delicacy, daintiness*
¹⁰ οὐκοῦν – *surely then*
¹¹ ἔοικα – *I am like; I am fitting* (TH: εἰκός ἐστι = ἔοικε – *it is fitting*)
¹² χείρων, ον – *inferior, worse*
¹³ αὐλητής, ὁ – *flute-player* (TH: ἀνήρ may be joined with professions – *master flutist*)
¹⁴ ἡμέτερος, α, ον – *our*
¹⁵ ἥσσων, ον – *inferior, weaker, fewer*
¹⁶ ἀνδρεῖος, α, ον – *manly; courageous; strong*
¹⁷ μεγαλόφρων, ονος – *high-minded, generous*
¹⁸ κροῦμα, τό – *beat, stroke, instrumental sound* (TH: In what follows, some terms have musical connotations as Dio transitions from his opening remarks with a musical setting to the content proper: ἁρμόζω – *I join; I tune;* τρόπος – *manner/musical style*, etc.)
¹⁹ ἁρμόζω – *I fit together, join* (TH: in music – *I tune an instrument; I tune my lyre*)
²⁰ σφοδρός, ά, όν – *vehement, violent, excessive;* here *vigorous*
²¹ πρᾶος, ον – *mild, meek, gentle*
²² πολεμικός, ή, όν – *warlike, for war*
²³ ἅμα – *at the same time*
²⁴ εἰρηνικός, ή, όν – *peaceable, peaceful*
²⁵ νόμιμος, η, ον – *conformable to law or custom; customary; lawful*
²⁶ TH: here τῷ ὄντι has an adverbial sense – *truly*
²⁷ βασιλικός, ή, όν – *royal, kingly*

[5b] ἄτε¹ οἶμαι² πρὸς ἀνδρεῖον³ βουλόμενον εἶναι καὶ νόμιμον⁴ ἡγεμόνα, πολλοῦ μὲν δεόμενον⁵ θάρσους,⁶ πολλῆς δὲ καὶ ἐπιεικείας.⁷ [6] ὁ γοῦν⁸ Τιμόθεος, εἰ καθάπερ⁹ πολεμικόν¹⁰ τινα διελθεῖν ᾔδει νόμον, οὕτως ἠπίστατο αὔλημα¹¹ δικαίαν καὶ φρόνιμον καὶ σώφρονα¹² τὴν ψυχὴν καὶ φιλάνθρωπον¹³ δυνάμενον παρασχεῖν, μὴ πρὸς ὅπλα¹⁴ ὁρμῶσαν¹⁵ μόνον, ἀλλὰ ἐπί τε εἰρήνην καὶ ὁμόνοιαν¹⁶ καὶ θεῶν τιμὰς καὶ ἀνθρώπων ἐπιμέλειαν,¹⁷ τοῦ παντὸς ἂν ἦν ἄξιος Ἀλεξάνδρῳ παρεῖναί τε καὶ ἐπαυλεῖν,¹⁸ οὐ θύοντι μόνον, [7] ἀλλὰ καὶ ἄλλως, ὁπότε¹⁹ ἢ πενθῶν²⁰ ἀκρίτως²¹ τύχοι²² παρὰ τὴν ἀξίαν καὶ τὸ πρέπον²³ ἢ κολάζων²⁴ πικρότερον²⁵ τοῦ νομίμου²⁶ καὶ ἐπιεικοῦς²⁷ ἢ χαλεπαίνων²⁸ τοῖς αὑτοῦ φίλοις τε καὶ ἑταίροις²⁹ ἢ ὑπερορῶν³⁰ τοὺς θνητούς³¹ τε καὶ ἀληθεῖς γονέας.

---

¹ ἄτε – *just as; inasmuch as*
² οἴομαι – *I think, suppose*
³ ἀνδρεῖος, α, ον – *manly; courageous; strong*
⁴ νόμιμος, η, ον – *conformable to law or custom; customary, lawful*
⁵ δέομαι – *I need; I stand in need of*
⁶ θάρσος, τό – *courage*
⁷ ἐπιείκεια, ἡ – *fairness, reasonableness; virtue*
⁸ γοῦν or γ' οὖν – *why yes, at least then* (LH: restrictive particle with an inferential force)
⁹ καθάπερ – *just as, exactly as*
¹⁰ πολεμικός, ή, όν – *warlike, for war*
¹¹ αὔλημα, τό – *musical piece for the flute*
¹² σώφρων, ον – *of sound mind, prudent, self-controlled; moderate*
¹³ φιλάνθρωπος, ὁ – *humane; benevolent*
¹⁴ ὅπλον, τό – *tool, implement; military arm(our)*
¹⁵ ὁρμάω – *I set in motion; I urge on, cheer on*
¹⁶ ὁμόωοια, ἡ – *oneness of mind, concord*
¹⁷ ἐπιμέλεια, ἡ – *attention paid to it, diligence*
¹⁸ ἐπαυλέω – *I accompany on the flute*
¹⁹ ὁπότε – *when; by what time; because, since*
²⁰ πενθέω – *I bewail, lament, mourn*
²¹ ἀκρίτως – *rashly, indiscreetly*
²² τυγχάνω – *I happen; I hit upon* (MH: AAO 3S)
²³ πρέπω – *I am fitting; I beseem; I am seemly*
²⁴ κολάζω – *I check, chastise, correct, punish*
²⁵ πικρός, ά, όν – *pointed; shrill; harsh, bitter*
²⁶ νόμιμος, η, ον –; *customary, lawful*
²⁷ ἐπιεικής, ές – *fitting, suitable; fair; reasonable*
²⁸ χαλεπαίνω – *I am greivous, angry; I provoke*
²⁹ ἑταῖος, ὁ – *comrade, companion; pupil, disciple*
³⁰ ὑπεροράω – *I look over; I despise, disdain*
³¹ θνητός, ή, όν – *liable to death, mortal; befitting mortals*

[8] ἀλλὰ γὰρ οὐ πᾶσαν ἴασιν[1] οὐδὲ ὠφέλειαν[2] ὁλόκληρον[3] ἠθῶν[4] ἱκανὴ παρασχεῖν ἡ μουσικῆς[5] ἐπιστήμη[6] τε καὶ ἕξις·[7] οὐ γὰρ οὖν, ὥς φησιν ὁ ποιητής,[8]

οὐδ' Ἀσκληπιάδαις[9] τοῦτό γ' ἔδωκε θεός·

μόνος δὲ ὁ τῶν φρονίμων τε καὶ σοφῶν λόγος, οἷοι γεγόνασιν οἱ πολλοὶ τῶν πρότερον,[10] ἀνενδεὴς[11] καὶ τέλειος ἡγεμὼν καὶ βοηθὸς[12] εὐπειθοῦς[13] καὶ ἀγαθῆς φύσεως, πρὸς πᾶσαν ἀρετὴν παραμυθούμενός[14] τε καὶ ἄγων ἐμμελῶς.[15] [9a] τίς ἂν οὖν πρέπουσα[16] καὶ ἀξία φανείη[17] διατριβὴ[18] τῆς σῆς προθυμίας,[19] καὶ πόθεν ἂν εὕροιμεν ἡμεῖς τέλειον οὕτω λόγον, ἄνδρες ἀλῆται[20] καὶ αὐτουργοὶ[21] τῆς σοφίας, πόνοις[22] τε καὶ ἔργοις ὅσον δυνάμεθα χαίροντες τὰ πολλά, τοὺς δ' αὖ[23] λόγους παρακλήσεως ἕνεκεν φθεγγόμενοι[24] πρὸς αὑτοὺς καὶ τῶν ἄλλων ἀεὶ[25] τὸν ἐντυγχάνοντα;[26]

---

[1] ἴασις, ἡ – *healing, cure; remedy*
[2] ὠφέλεια, ἡ – *help, aid; profit, advantage; spoil*
[3] ὁλόκληρος, ον – *complete, entire, whole; perfect*
[4] ἦθος, τό – *custom; disposition; moral character*
[5] μουσική, ἡ – *any art, esp. poetry, sung to music*
[6] ἐπιστήμη, ἡ – *understanding; skill; knowledge*
[7] ἕξις, ἡ – *possession; state or habit of mind; trained habit, skill*
[8] ποιητής, ὁ – *inventor, maker; composer of poem or music; author of a speech*
[9] Ἀσκληπιάδης, ὁ – *Asclepios*
[10] πρότερος – *formerly, earlier, previously*
[11] ἀνενδεής, ές – *in want of nothing; faultlessly; completely*
[12] βοηθόος, ον – *hastening to the cry for help or the call to arms; aiding, helping*
[13] εὐπειθής, ές – *compliant; persuasive*
[14] παραμυθέομαι – *I encourage, exhort; I relieve*
[15] ἐμμελῶς – *harmoniously; suitably, rightly*
[16] πρέπω – *I am clearly seen, conspicuous; I am fit, beseem*
[17] φαίνω – *I appear; I make known* (MH: APO 3S)
[18] διατριβή, ἡ – *pastime; amusement; occupation*
[19] προθυμία, ἡ – *readiness, willingness, eagerness; desire; goodwill*
[20] ἀλήτης, ὁ – *wanderer; vagabond; vagrant*
[21] αὐτουργός, όν – *self-working; self-wrought; worker; husbandman*
[22] πόνος, ὁ – *work, toil, labor; struggle*
[23] αὖ – *again, once more; anew, afresh*
[24] φθέγγομαι – *I utter a sound; I speak; I name, call by name*
[25] ἀεί – *always, ever*
[26] ἐντυγχάνω – *I light upon; I fall in with; I meet with; I converse with*

[9b] ὥσπερ οἱ κινοῦντες¹ καὶ μεταφέροντες² οὐκ εὔφορον³ βάρος⁴ φθέγγονταί⁵ τε καὶ ᾄδουσιν⁶ ἡσυχῇ⁷ τὸ ἔργον παραμυθούμενοι,⁸ ἐργάται ὄντες, οὐκ ᾠδοί⁹ τινες οὐδὲ ποιηταὶ¹⁰ μελῶν.¹¹ [10] πολλοὶ μὲν οὖν κατὰ φιλοσοφίαν¹² λόγοι καὶ πάντες ἀκοῆς ἄξιοι καὶ θαυμαστὴν¹³ ὠφέλειαν¹⁴ ἔχοντες τοῖς μὴ παρέργως¹⁵ ἀκροωμένοις·¹⁶ ἀλλὰ δεῖ τὸν ἐγγύς τε καὶ μάλιστα¹⁷ ἁψόμενον ἀνευρόντας¹⁸ καὶ παρακαλέσαντας Πειθώ¹⁹ τε καὶ Μούσας²⁰ καὶ Ἀπόλλωνα²¹ ὡς δυνατὸν προθύμως²² διελθεῖν. [11a] φέρε εἴπωμεν τά τε ἤθη²³ καὶ τὴν διάθεσιν²⁴ τοῦ χρηστοῦ²⁵ βασιλέως, ἐν βραχεῖ²⁶ περιλαμβάνοντες²⁷ ὡς ἔνεστιν,²⁸

---

[1] κινέω – *I set in motion; I cause, move; I disturb*
[2] μεταφέρω – *I carry across, transfer; I change*
[3] εὔφορος, ον – *patiently borne; easily borne; able to endure, patient; easy*
[4] βάρος, τό – *weight, burden, load, heaviness; feeling of oppression*
[5] φθέγγομαι – *I utter a sound; I speak; I name, call by name*
[6] ἀείδω – *I sing; I celebrate, am filled with song*
[7] ἡσυχῇ – *(adv) quietly, softly; gently; secretly*
[8] παραμυθέομαι – *I encourage, exhort; I relieve, assuage; I support*
[9] ᾠδός, ὁ – *singer, bard*
[10] ποιητής, ὁ – *inventor, maker; composer of poem or music; author of a speech*
[11] μέλος, τό – *limb, member; song, strain, melody*
[12] φιλοσοφία, ἡ – *love of knowledge; pursuit of knowledge; philosophy*
[13] θαυμαστός, ή, όν – *wonderful, marvelous, admirable, excellent*
[14] ὠφέλεια, ἡ – *help, aid; profit, advantage; spoil*
[15] παρέργως – *cursorily, secondarily, flippantly*
[16] ἀκροάομαι – *I hearken, listen to; I listen, hear*
[17] μάλα – *above all; exceedingly; certainly*
[18] ἀνευρίσκω – *I find out, discover*
[19] πειθώ, ἡ – *persuasiveness, persuasion* (TH: as a proper name – *Persuasion*)
[20] μοῦσα, ἡ – *music, song; liberal arts* (TH: as a proper name – *the Muses*)
[21] Ἀπόλλων, ὁ – *Apollo*
[22] πρόθυμος, ον – *ready, willing, eager; bearing goodwill, wishing well; readily, zealously*
[23] ἦθος, τό – *custom; disposition; moral character*
[24] διάθεσις, ἡ – *placing in order; disposition; state, condition*
[25] χρηστός, ή, όν – *useful, effective; valient, true; strong, able; good, kind*
[26] βραχύς, εῖα, ύ – *short; humble, insignificant; a short time*
[27] περιλαμβάνω – *I encompass, enclose; I comprehend; I include*
[28] ἔνειμι – *I am present in a place; I am therein*

[11b] ᾧ ἔδωκε Κρόνου[1] παῖς ἀγκυλομήτεω[2]

σκῆπτρόν[3] τ' ἠδὲ[4] θέμιστας,[5] ἵνα σφίσι[6] βουλεύῃσιν.[7]

[12] πάνυ[8] γὰρ οὖν καλῶς σὺν ἄλλοις πλείοσιν[9] Ὅμηρος,[10] ἐμοὶ δοκεῖν, καὶ τοῦτο ἔφη, ὡς οὐχ ἅπαντας παρὰ τοῦ Διὸς[11] ἔχοντας τὸ σκῆπτρον[12] οὐδὲ τὴν ἀρχὴν ταύτην, ἀλλὰ μόνον τὸν ἀγαθόν, οὐδὲ ἐπ' ἄλλοις τισὶ δικαίοις ἢ τῷ βουλεύεσθαι[13] καὶ φροντίζειν[14] ὑπὲρ τῶν ἀρχομένων, [13a] οὐχ ὥστε ἀκολασταίνειν[15] καὶ σπαθᾶν,[16] ἀνοίας[17] καὶ ὕβρεως[18] καὶ ὑπερηφανίας[19] καὶ πάσης ἀνομίας ἐμπιμπλάμενόν[20] τε καὶ ἀποπιμπλάντα[21] ἐξ ἅπαντος αὐτοῦ τὴν ψυχὴν τεταραγμένην ὀργαῖς τε καὶ λύπαις καὶ φόβοις καὶ ἡδοναῖς[22] καὶ παντοίαις[23] ἐπιθυμίαις, ἀλλ' ὡς οἷόν[24] τε προσέχοντα τὸν νοῦν[25] αὐτῷ καὶ τοῖς ὑπηκόοις,[26] νομέα[27] καὶ ποιμένα τῷ ὄντι[28] τῶν λαῶν γιγνόμενον, οὐχ ἑστιάτορα[29] καὶ δαιτυμόνα,[30] ὡς ἔφη τις.

---

[1] Κρόνος, ὁ – Cronos
[2] ἀγκυλομήτης, ὁ – crooked of counsel
[3] σκῆπτρον, τό – staff, scepter; symbol of royalty
[4] ἠδέ – and; with ἠμέν … ἠδέ – both … and
[5] θέμις, ἡ – established law; justice, right; laws
[6] σφεῖς – they, them; him, her, it
[7] βουλεύω – I take counsel, deliberate; I plan
[8] πάνυ – altogether; very, exceedingly
[9] πλείων, ὁ or ἡ – more; the majority, greater part
[10] Ὅμηρος, ὁ – Homer
[11] TH: Zeus
[12] σκῆπτρον, τό – staff, scepter; symbol of royalty
[13] βουλεύω – I take counsel, deliberate; I plan
[14] φροντίζω – I consider, regard; I care about
[15] ἀκολασταίνω – I am licentious
[16] σπαθάω – I pack close, stuff; I lay it on thick; I indulge; I squander away
[17] ἄνοια, ἡ – folly; want of understanding; fool
[18] ὕβρις, ἡ – insolence; violence; outrage
[19] ὑπερηφανία, ἡ – arrogance; contempt
[20] ἐμπίμπλημι – I am filled, stuffed, gorged
[21] ἀποπίμπλημι – I am filled up, gorged
[22] ἡδονή, ἡ – enjoyment, pleasure
[23] παντοῖος, α, ον – of all sorts or kinds; manifold; in all kinds of ways, variously
[24] οἷος – such as; of what sort; a kind of; just as
[25] νόος, ὁ – mind, sense; attention; resolve
[26] ὑπήκοος, ον – obeying, subject; subject allies
[27] νομεύς, ὁ – shepherd, herdsman
[28] TH: here τῷ ὄντι has an adverbial sense – truly
[29] ἑστιάτωρ, ὁ – one who gives a banquet; host
[30] δαιτυμών, ὁ – one that is entertained, guest

[13b] ἐν ἄλλοις δὲ οὐδὲ καθεύδειν αὐτὸν ἀξιοῖ[1] δι' ὅλης τῆς νυκτός, ὡς οὐκ οὖσαν αὐτῷ σχολὴν[2] ῥᾳθυμεῖν.[3] [14] ταῦτα γάρ φησι καὶ Ὅμηρος ὁμοίως τοῖς ἄλλοις σοφοῖς τε καὶ ἀληθέσιν ἀνδράσιν, ὡς οὐδείς ποτε πονηρὸς καὶ ἀκόλαστος[4] καὶ φιλοχρήματος[5] οὔτε αὐτὸς ἑαυτοῦ γενέσθαι δυνατὸς ἄρχων οὐδ' ἐγκρατὴς[6] οὔτε τῶν ἄλλων οὐδενός, οὐδ' ἔσται ποτὲ ἐκεῖνος βασιλεύς, οὐδ' ἂν πάντες φῶσιν Ἕλληνες καὶ βάρβαροι[7] καὶ ἄνδρες καὶ γυναῖκες, καὶ μὴ μόνον ἄνθρωποι θαυμάζωσιν αὐτὸν καὶ ὑπακούωσιν,[8] ἀλλ' οἵ τε ὄρνιθες[9] πετόμενοι[10] καὶ τὰ θηρία ἐν τοῖς ὄρεσι μηδὲν ἧττον[11] τῶν ἀνθρώπων συγχωρῇ[12] τε καὶ ποιῇ τὸ προσταττόμενον.[13] [15a] οὐκοῦν[14] λέγωμεν ὑπὲρ τοῦ καθ' Ὅμηρόν τε καὶ τῇ ἀληθείᾳ βασιλέως· οὗτος γὰρ ὁ λόγος ἁπλῶς[15] λεγόμενος ἄνευ[16] πάσης κολακείας[17] ἢ λοιδορίας[18] αὐτὸς ἀφ' αὑτοῦ τὸν μὲν ὅμοιον τῷ ἀγαθῷ γνωρίζει τε καὶ ἐπαινεῖ,[19] καθ' ὅσον ἐστὶν ἐκείνῳ ὅμοιος, τὸν δὲ ἀνόμοιον[20] ἐξελέγχει[21] τε καὶ ὀνειδίζει.[22] ἔστι δὴ πρῶτον μὲν θεῶν ἐπιμελὴς[23] καὶ τὸ δαιμόνιον[24] προτιμῶν·[25]

---

[1] ἀξιόω – I consider worthy, deserving; I deem
[2] σχολή, ἡ – leisure, rest, ease
[3] ῥᾳθυμέω – I leave off work, take holiday; I am idle, remiss; I neglect
[4] ἀκόλαστος, ον – undisciplined, licentious
[5] φιλοχρήματος, ον – fond of money; money-loving
[6] ἐγκρατής, ές – with power; self-controlled
[7] βάρβαρος, ον – barbarous; non-Greek, foreign
[8] ὑπακούω – I harken, listen to; I answer
[9] ὄρνις, ὁ – bird; bird of omen
[10] πέτομαι – I fly; I rush, make haste
[11] ἥσσων, ον – inferior; weaker; fewer
[12] συγχωρέω – I concede, acquiesce, yield
[13] προστάσσω – I command, prescribe, order
[14] οὐκοῦν – surely then
[15] ἁπλῶς – singly; simply; generally; foolishly
[16] ἄνευ – without
[17] κολακεία, ἡ – flattery, fawning
[18] λοιδορία, ἡ – railing, abuse, reproach
[19] ἐπαινέω – I agree with; I praise, commend
[20] ἀνόμοιος, ον – dissimilar, different
[21] ἐξελέγχω – I convict; I refute; I test, ascertain
[22] ὀνειδίζω – I reproach, upbraid, chide
[23] ἐπιμελής, ές – careful, anxious; attentive
[24] δαιμόνιον, τό – the Deity; demon, evil spirit
[25] προτιμάω – I prefer in honor, esteem first

[15b] οὐ γὰρ δυνατὸν ἄλλῳ τινὶ πεποιθέναι μᾶλλον τὸν δίκαιον ἄνδρα καὶ ἀγαθὸν ἢ τοῖς δικαιοτάτοις τε καὶ ἀρίστοις[1] θεοῖς. [16] ὅστις δὲ κακὸς ὢν ἡγεῖταί ποτε θεοὺς ἀρέσκειν, κατ' αὐτὸ τοῦτο πρῶτον οὐχ ὅσιός[2] ἐστιν· [17] ἢ γὰρ ἀνόητον[3] ἢ πονηρὸν νενόμικε τὸ θεῖον.[4] μετὰ δὲ τοὺς θεοὺς ἀνθρώπων ἐπιμελεῖται,[5] τιμῶν μὲν καὶ ἀγαπῶν τοὺς ἀγαθούς, κηδόμενος[6] δὲ πάντων. τίς μὲν γὰρ ἀγέλης[7] βοῶν[8] κήδεται[9] μᾶλλον τοῦ νέμοντος;[10] τίς δὲ ποιμνίοις[11] ὠφελιμώτερός[12] τε καὶ ἀμείνων[13] ποιμένος; [18] τίς δὲ μᾶλλον φίλιππος[14] τοῦ πλείστων[15] μὲν ἄρχοντος ἵππων, πλεῖστα[16] δὲ ἀφ' ἵππων ὠφελουμένου;[17] τίνα δὲ εἰκὸς[18] οὕτως εἶναι φιλάνθρωπον[19] ἢ ὅστις πλείστων[20] μὲν ἀνθρώπων ἐγκρατής[21] ἐστι, μάλιστα[22] δὲ ὑπὸ ἀνθρώπων θαυμάζεται; δεινὸν[23] γάρ, εἰ οἱ ἀλλοφύλων[24] καὶ ἀγρίων[25] ἄρχοντες θηρίων εὐνούστεροι[26] εἶεν[27] τοῖς ἀρχομένοις τοῦ βασιλεύοντος ἀνθρώπων ἡμέρων[28] καὶ ὁμοφύλων.[29]

---

[1] ἄριστος, η, ον – *best, most excellent; chief*
[2] ὅσιος, α, ον – *hallowed, holy; divinely permitted*
[3] ἀνόητος, ον – *unheard of; unintelligent; foolish*
[4] θεῖος, α, ον – *divine, of/from the gods; excellent*
[5] ἐπιμελέομαι – *I take care of, manage, attend to*
[6] κήδω – *I am concerned for, care for*
[7] ἀγέλη, ἡ – *herd; company; band*
[8] βόειος, α, ον – *of an ox* or *oxen*
[9] κήδω – *I am concerned for, care for*
[10] νέμω – *I dispense, bestow; to drive to pasture*
[11] ποίμνιον, τό – *of sheep*
[12] ὠφέλιμος, ον – *helpful, beneficial, serviceable*
[13] ἀμείνων, ον – *better; stronger, stouter*
[14] φίλιππος, ον – *fond of horses, horse-loving*
[15] πλεῖστος, η, ον – *most; greatest; largest*
[16] πλεῖστος, η, ον – *most; greatest; largest*
[17] ὠφελέω – *I receive help, service, benefit*
[18] εἰκός (MH: neuter participle of ἔοικα) – *it seems like; it is probable*
[19] φιλάνθρωπος, ον – *benevolent; loving humans*
[20] πλεῖστος, η, ον – *most; greatest; largest*
[21] ἐγκρατής, ές – *with power; self-controlled*
[22] μάλα – *very, exceedingly, certainly* (TH: a way of strengthening the assertion – *doubtless*)
[23] δεινός, ή, όν – *fearful, marvelously strong, clever,* or *strange*
[24] ἀλλόφυλος, ον – *foreign, of another tribe; alien*
[25] ἄγριος, α, ον – *wild; savage; fierce*
[26] εὔνοος, ον – *well disposed, kindly, friendly*
[27] εἰμί – *I am, exist* (MH: PAO 3P)
[28] ἥμερος, α, ον – *civilized; cultivated; tame; kind*
[29] ὁμόφυλος, ον – *of the same race or kind; akin*

[19] καὶ μέντοι[1] καὶ φιλοῦσι καὶ ἀνέχονται[2] μάλιστα[3] πάντων ἀγέλαι[4] μὲν νομεῖς,[5] ἵπποι δὲ ἡνιόχους·[6] κυνηγέται[7] δὲ ὑπὸ κυνῶν[8] φυλάσσονται καὶ ἀγαπῶνται, καὶ τὰ ἄλλα οὕτως ἀγαπᾷ τὰ ἀρχόμενα τοὺς ἄρχοντας. [20] πῶς οὖν εἰκὸς[9] τὰ μὲν ἄφρονα[10] καὶ ἀγνώμονα[11] εἰδέναι καὶ φιλεῖν τοὺς ἐπιμελουμένους,[12] τὸ δὲ πάντων συνετώτατον[13] καὶ μάλιστα[14] ἀποδοῦναι[15] χάριν ἐπιστάμενον[16] ἀγνοεῖν καὶ ἐπιβουλεύειν;[17] ἀλλὰ γὰρ ἀνάγκη τὸν ἥμερον[18] καὶ φιλάνθρωπον[19] βασιλέα μὴ μόνον φιλεῖσθαι ὑπ' ἀνθρώπων, ἀλλὰ καὶ ἐρᾶσθαι.[20] ταῦτ' οὖν εἰδὼς καὶ φύσει τοιοῦτος ὤν, ἵλεως[21] καὶ πρᾷον[22] παρέχει τὴν ψυχὴν πᾶσιν, ἅτε[23] πάντας ἡγούμενος εὔνους[24] καὶ φίλους. [21a] καὶ μὲν δὴ οἴεται[25] δεῖν πλέον ἔχειν διὰ τὴν ἀρχὴν οὐ τῶν χρημάτων[26] οὐδὲ τῶν ἡδονῶν,[27] ἀλλὰ τῆς ἐπιμελείας[28] καὶ τῶν φροντίδων.[29]

---

[1] μέντοι – *really, actually; indeed, to be sure*
[2] ἀνέχω – *I am patient, suffer, bear with*
[3] μάλα – *very, exceedingly, certainly*
[4] ἀγέλη, ἡ – *herd; company; band*
[5] νομεύς, ὁ – *herdsman*
[6] ἡνίοχος, ὁ – *driver, charioteer; one who guides/governs* (metaphorically)
[7] κυνηγέτης, ὁ – *huntsman*
[8] κύων, ὁ or ἡ – *dog; sheep-dog; watch-dog*
[9] εἰκός (MH: neuter participle of ἔοικα) – *does it seem like; it is probable; it seems like*
[10] ἄφρων, ον – *senseless; foolish; silly*
[11] ἀγνώμων, ον – *senseless; headstrong, reckless*
[12] ἐπιμελέομαι – *I take care of, attend to*
[13] συνετός, ή, όν – *intelligent, sagacious, wise*
[14] μάλα – *very, exceedingly, certainly* (TH: a way of strengthening the assertion – *doubtless*)
[15] ἀποδίδωμι – *I give back, restore, return*
[16] TH: discontinuous with μάλιστα *most knowing*; this is done for effect abutting with ἀγνοεῖν
[17] ἐπιβουλεύω – *I plot against; I purpose to do*
[18] ἥμερος, α, ον – *civilized; cultivated; tame; kind*
[19] φιλάνθρωπος, ὁ – *humane, benevolent*
[20] ἐράω – *I desire; I love warmly, adore*
[21] ἵλαος, ον – *kind, gracious* (MH: FAS)
[22] πρᾷος, ον – *mild, gentle, meek* (MH: FAS)
[23] ἅτε – *inasmuchas, just as, so as*
[24] εὔνοος, ον – *well-disposed, favorably*
[25] οἴομαι – *I think, suppose*
[26] χρῆμα, τό – *wealth, money, property*
[27] ἡδονή, ἡ – *enjoyment, pleasure*
[28] ἐπιμέλεια, ἡ – *careful attention; diligence; care bestowed* upon a thing
[29] φροντίς, ἡ – *thoughts; anxieties*

Kingship 1.21b–23a

[21b] ὥστε καὶ φιλόπονος[1] μᾶλλόν ἐστιν ἢ πολλοὶ τῶν ἄλλων φιλήδονοι[2] καὶ φιλοχρήματοι.[3] ἐπίσταται γὰρ ὅτι αἱ μὲν ἡδοναὶ[4] τοὺς ἀεὶ[5] συνόντας[6] τά τε ἄλλα λυμαίνονται[7] καὶ ταχὺ ποιοῦσιν ἀδυνάτους[8] πρὸς αὐτάς, οἱ δὲ πόνοι[9] τά τε ἄλλα ὠφελοῦσι καὶ ἀεὶ[10] μᾶλλον παρέχουσι δυναμένους πονεῖν.[11] [22] οὔκουν[12] μόνῳ ἔξεστιν αὐτῷ τοὺς μὲν στρατιώτας συστρατιώτας[13] προσειπεῖν,[14] τοὺς δὲ συνήθεις[15] φίλους, μὴ καταγελῶντα[16] τοῦ ὀνόματος τῆς φιλίας·[17] πατέρα δὲ τῶν πολιτῶν[18] καὶ τῶν ἀρχομένων οὐ λόγῳ κεκλῆσθαι μόνον, ἀλλὰ τοῖς ἔργοις τοῦτο ἐπιδείκνυσθαι·[19] δεσπότης[20] δὲ οὐχ ὅπως τῶν ἐλευθέρων, ἀλλὰ μηδὲ τῶν δούλων χαίρει καλούμενος· [23a] βασιλεύειν γὰρ οὐχ αὑτοῦ χάριν οἴεται[21] μᾶλλον ἑνὸς ὄντος ἢ τῶν ἀνθρώπων ἁπάντων. καὶ τοίνυν[22] εὐεργετῶν[23] ἥδεται[24] πλείω[25] τῶν εὐεργετουμένων,[26] καὶ μόνης ταύτης ἐστὶ τῆς ἡδονῆς[27] ἀκόρεστος.[28]

---

[1] φιλόπονος, ον – *labor-loving; laborious*
[2] φιλήδονος, ον – *fond of pleasure*
[3] φιλοχρήματος, ον – *fond of money*
[4] ἡδονή, ἡ – *enjoyment, pleasure*
[5] ἀεί – *always, ever*
[6] σύνειμι – *I am with; I am joined with*
[7] λυμαίνομαι – *I maltreat, injure, harm*
[8] ἀδύνατος, ον – *incapable, unable; powerless*
[9] πόνος, ὁ – *work, toil, labor; struggle*
[10] ἀεί – *always, ever*
[11] πονέω – *I work hard; I toil, labor*
[12] οὔκουν – *surely then*
[13] συστρατιώτης, ὁ – *fellow soldier*
[14] προσεῖπον – *I speak to, address; I salute*
[15] συνήθης, ὁ or ἡ – *living* or *dwelling together; accustomed* or *used to each other*
[16] καταγελάω – *I laugh; I mock, deride*
[17] φίλιος, α, ον – *friendly, friendship*
[18] πολίτης, ὁ – *citizen; free-man*
[19] ἐπιδείκνυμι – *I point out; I display, exhibit*
[20] δεσπότης, ὁ – *master, lord, emperor*
[21] οἴομαι – *I think, suppose*
[22] τοίνυν – *therefore, accordingly*
[23] εὐεργετέω – *I am a benefactor; I do good*
[24] ἥδομαι – *I enjoy; I take pleasure in, delight in*
[25] πλείων, ὁ or ἡ – *more; the greater* [TH: NAS – *to a greater extent, a higher degree*]
[26] εὐεργετέω – *I am a benefactor; I do good*
[27] ἡδονή, ἡ – *enjoyment, pleasure*
[28] ἀκόρεστος, ον – *insatiable, unceasing*

[23b] τὰ μὲν γὰρ ἄλλα τῆς βασιλείας ἀναγκαῖα νενόμικεν, τὸ τῆς εὐεργεσίας[1] μόνον ἑκούσιόν[2] τε καὶ εὔδαιμον.[3] [24] καὶ τῶν μὲν ἀγαθῶν ἀφειδέστατός[4] ἐστιν, ὡς οὐδέποτε ἐπιλειψόντων,[5] κακοῦ δὲ ἧττον[6] αἴτιος[7] γίγνεσθαι πέφυκεν[8] ἤπερ[9] ὁ ἥλιος τοῦ σκότους. ὃν οἱ μὲν ἰδόντες καὶ συγγενόμενοι[10] οὐκ ἐθέλουσιν[11] ἀπολιπεῖν,[12] οἱ δὲ ἀκούοντες ἐπιθυμοῦσιν ἰδεῖν μᾶλλον ἢ παῖδες ἀγνοουμένους πατέρας ἀνευρεῖν.[13] [25a] τοῦτον οἱ μὲν πολέμιοι[14] δεδοίκασι[15] καὶ οὐδεὶς ὁμολογεῖ πολέμιος[16] εἶναι, οἱ δὲ φίλοι θαρροῦσιν,[17] καὶ οἱ σφόδρα[18] ἐγγὺς ἡγοῦνται πάντων ἐν τῷ ἀσφαλεστάτῳ[19] εἶναι. [οὗ τἀναντία[20] ὑπάρχει τῷ κακῷ, τοὺς μὲν ἐχθροὺς θαρρύνειν,[21] τοὺς δὲ φίλους καὶ τοὺς ἐγγὺς ἐκπλήττειν καὶ φοβεῖν.] [τῷ γε[22] μὴν ἡμέρῳ[23] καὶ ἀβλαβεῖ[24] τοὺς μὲν προσλιπαροῦντας[25] μετὰ τοῦ πεποιθότος[26] περιγίγνεται[27] βιοῦν·[28]]

---

[1] εὐεργεσία, ἡ – *good deed, benefaction*
[2] ἑκούσιος, α, ον – *voluntary; acting of free will*
[3] εὐδαίμων, ον – *having a good genius; fortunate; truly happy*
[4] ἀφειδής, ές – *unsparing; without mercy*
[5] ἐπιλείπω – *I leave behind; I fall short, fail*
[6] ἥσσων, ον – *inferior; weaker; fewer; lesser*
[7] αἴτιος, α, ον – *culpable, responsible* (TH: *the cause of*)
[8] φύω – *I bring forth, produce; I put forth* (TH: *I am so naturally, by nature*)
[9] ἤπερ – *than at all, than even*
[10] συγγίγνομαι – *I born with; I associate with*
[11] θέλω – *I will, wish; I maintain*
[12] ἀπολείπω – *I leave behind; I abandon*
[13] ἀνευρίσκω – *I find out, discover; I think out*
[14] πολέμιος, α, ον – *of war; hostile; an enemy*
[15] δείδω – *I am alarmed, anxious; I fear*
[16] πολέμιος, α, ον – *of war; hostile; an enemy*
[17] θαρσέω – *I have good courage, confidence*
[18] σφόδρα – *very much; exceedingly*
[19] ἀσφαλής, ές – *not liable to fall; safe*
[20] ἐναντίος, α, ον – *opposite; on the opposite side; face-to-face*
[21] θαρσύνω – *I encourage, embolden*
[22] γε – *at least; at any rate; indeed* (LH: *enclitic particle emphasizing the following words*)
[23] ἥμερος, α, ον – *civilized; cultivated; tame; kind*
[24] ἀβλαβής, ές – *without harm; harmless*
[25] προσλιπαρέω – *I keep close to; I persevere; I continue to*
[26] πείθω – *I persuade, prevail upon; I trust*
[27] περιγίγνομαι – *I am superior to; I prevail over*
[28] βιόω – *I live, exist*

Kingship 1.25b–27a

[25b] τοὺς δὲ προσιόντας[1] καὶ ὁρῶντας οὐκ ἔκπληξις[2] οὐδὲ φόβος, ἀλλ' αἰδὼς[3] ὕπεισι,[4] πολὺ κρεῖττον[5] καὶ ἰσχυρότερον φόβου· τοὺς μὲν γὰρ φοβουμένους ἀνάγκη μισεῖν καὶ ἀποδρᾶναι[6] θέλειν, τοὺς δὲ αἰδουμένους[7] παραμένειν[8] καὶ θαυμάζειν. [26] τὴν μὲν οὖν ἁπλότητα[9] καὶ τὴν ἀλήθειαν ἡγεῖται βασιλικὸν[10] καὶ φρόνιμον, τὴν δὲ πανουργίαν[11] καὶ τὴν ἀπάτην[12] ἀνόητον[13] καὶ δουλοπρεπές,[14] ὁρῶν ὅτι καὶ τῶν θηρίων τὰ δειλότατα[15] καὶ ἀγεννέστατα,[16] ἐκεῖνα καὶ ψεύδεται[17] πάντων μάλιστα[18] καὶ ἐξαπατᾷ.[19] [27a] φιλότιμος[20] δὲ ὢν τὴν φύσιν καὶ εἰδὼς ὅτι τοὺς ἀγαθοὺς πεφύκασιν[21] οἱ ἄνθρωποι τιμᾶν, ἧττον[22] ἐλπίζει τιμᾶσθαι ἂν ὑπὸ ἀκόντων[23] ἢ παρὰ μισούντων φιλίας[24] τυγχάνειν.[25] καὶ πολεμικὸς[26] μὲν οὕτως ἐστὶν ὥστ' ἐπ' αὐτῷ εἶναι τὸ πολεμεῖν,[27] εἰρηνικὸς[28] δὲ οὕτως ὡς μηδὲν ἀξιόμαχον[29] αὐτῷ λείπεσθαι.[30]

---

[1] πρόσειμι – I am present; I add to; I belong to
[2] ἔκπληξις, ἡ – consternation; shock; terror
[3] αἰδώς, ἡ – reverence, awe; (self-)respect, honor
[4] ὕπειμι – I am under, lie underneath; I follow
[5] κρείσσων, ον – stronger, mightier; better
[6] ἀποδιδράσκω – I run away, flee, escape
[7] αἰδέομαι – I stand in awe of; I show respect for
[8] παραμένω – I stay beside, near; I stand my ground, stand fast
[9] ἁπλότης, ἡ – sincerity, frankness; simplicity
[10] βασιλικός, ή, όν – belonging to a king; royal, kingly
[11] πανουργία, ἡ – turpitude, knavery, villianies
[12] ἀπάτη, ἡ – deceit, trick
[13] ἀνόητος, ον – unheard of; unintelligent
[14] δουλοπρεπής, ές – befitting a slave; servile
[15] δειλός, ή, όν – cowardly, worthless
[16] ἀγεννής, ές – ignoble; low-born
[17] ψεύδω – I lie, deceive; I cheat; I play false
[18] μάλα – very, exceedingly, certainly
[19] ἐξαπατάω – I deceive, cheat; I beguile
[20] φιλότιμος, ον – loving honor or distinction, ambitious
[21] φύω – I bring forth, produce; I put forth (TH: I am so naturally, by nature)
[22] ἥσσων, ον – inferior; weaker; fewer
[23] ἀέκων, ον – unwilling, involuntary
[24] φίλιος, α, ον – friendly, friendship
[25] τυγχάνω – I happen; I hit upon; I obtain
[26] πολεμικός, ή, όν – warlike, for war
[27] πολεμέω – I make war; I quarrel, fight
[28] εἰρηνικός, ή, όν – peaceable, peaceful
[29] ἀξιόμαχος, ον – worth fighting for; a match for another in battle or war
[30] λείπω – I am left, remain; I leave behind

[27b] καὶ γὰρ δὴ καὶ τόδε¹ οἶδεν, ὅτι τοῖς κάλλιστα πολεμεῖν² παρεσκευασμένοις,³ τούτοις μάλιστα⁴ ἔξεστιν εἰρήνην ἄγειν. [28] φιλέταιρος⁵ δὲ καὶ φιλοπολίτης⁶ καὶ φιλοστρατιώτης⁷ ὁμοίως πέφυκεν·⁸ ὅστις μὲν γὰρ ὑπερόπτης⁹ τῶν στρατευομένων¹⁰ καὶ οὐδεπώποτε¹¹ ἢ σπανίως¹² ἑώρακε τοὺς ὑπὲρ τῆς ἀρχῆς κινδυνεύοντας¹³ καὶ πονοῦντας,¹⁴ τὸν δὲ ἀνόνητον¹⁵ καὶ ἄνοπλον¹⁶ ὄχλον διατελεῖ¹⁷ θωπεύων,¹⁸ ὅμοιόν γε¹⁹ πέπονθε²⁰ καθάπερ²¹ εἰ ποιμὴν τοὺς συμφυλάττοντας²² αὐτῷ κύνας²³ ἀγνοοίη²⁴ καὶ μήτε τροφὴν αὐτοῖς ὀρέγοι²⁵ μήτε συναγρυπνήσειέ²⁶ ποτε φυλάττουσιν· οὗτος γὰρ οὐ τὰ θηρία μόνον, ἀλλὰ καὶ τοὺς κύνας²⁷ ἀναπείθει²⁸ μὴ ἀπέχεσθαι τῆς ποίμνης.²⁹

---

¹ ὅδε – *this; here; on this account*
² πολεμέω – *I make war; I quarrel, fight*
³ παρασκευάζω – *I am ready, prepared*
⁴ μάλα – *very; exceedingly; certainly*
⁵ φιλέταιρος, ον – *fond of one's companions, true to them*
⁶ φιλοπολίτης, ὁ – *loving one's fellow-citizens*
⁷ φιλοστρατιώτης, ου, ὁ, *the soldier's friend; fond of military affairs*
⁸ φύω – *I bring forth, produce; I put forth* (TH: *I am so naturally, by nature*)
⁹ ὑπερόπτης, ὁ – *disdainful, haughty*
¹⁰ στρατεύω – *I advance with an army; I serve in the army, join the army*
¹¹ οὐδεπώποτε – *never, not ever*
¹² σπάνιος, α, ον – *rarely, seldom; scarce*
¹³ κινδυνεύω – *I face peril, run the risk*
¹⁴ πονέω – *I work hard, suffer toil*
¹⁵ ἀνόνητος, ον – *unprofitable, useless*
¹⁶ ἄνοπλος, ον – *unarmed; without a shield*
¹⁷ διατελέω – *I continue being; I continue doing*
¹⁸ θωπεύω – *I flatter, fawn over*
¹⁹ γε – *at least; at any rate; indeed* (LH: enclitic particle emphasizing the following words)
²⁰ TH: πάσχω here – *to suffer in a state of mind*
²¹ καθάπερ – *just as, exactly as*
²² συμφυλάσσω – *I keep guard along with others*
²³ κύων, ὁ and ἡ – *dog; sheep-dog; watch-dog*
²⁴ ἀγνοέω – *I do not know, am ignorant of; I do not perceive* (MH: PAO 3S)
²⁵ ὀρέγω – *I reach out, extend* (MH: PAO 3S)
²⁶ συναγρυπνέω – *I stay awake with* (MH: AAO 3S)
²⁷ κύων, ὁ and ἡ – *dog; sheep-dog; watch-dog*
²⁸ ἀναπείθω – *I persuade, convince*
²⁹ ποίμνη, ἡ – *flock, sheep*

[29] ὅστις δὲ τοὺς μὲν στρατιώτας διαθρύπτει,[1] μήτε γυμνάζων[2] μήτε πονεῖν[3] παρακελευόμενος,[4] τῶν δὲ ἄλλων ἀνθρώπων ἠμέλησεν,[5] ὅμοιός ἐστι κυβερνήτῃ[6] τοὺς μὲν ναύτας[7] διαφθείροντι[8] πλησμονῇ[9] τε καὶ ὕπνῳ[10] δι' ἡμέρας, τῶν δ' ἐπιβατῶν[11] καὶ τῆς νεὼς ἀπολλυμένης οὐδὲν φροντίζοντι.[12] [30] εἰ δέ τις πρὸς μὲν ταῦτα ἔχοι[13] μετρίως,[14] τοὺς δὲ πλησίον αὐτῷ καὶ φίλους καλουμένους ἀτιμάζοι[15] τε καὶ μὴ σκοποῖ[16] τοῦτο, ὅπως δόξουσι μακάριοι καὶ ζηλωτοὶ[17] πᾶσι, λανθάνει[18] προδότης[19] αὐτοῦ καὶ τῆς ἀρχῆς γιγνόμενος, τοὺς μὲν ὄντας φίλους[20] ἀθύμους[21] ποιῶν, τῶν δὲ ἄλλων μηδένα ἐπιθυμεῖν τῆς αὐτοῦ φιλίας,[22] ἀποστερῶν[23] δ' ἑαυτὸν τοῦ καλλίστου καὶ ὠφελιμωτάτου[24] κτήματος[25] φιλίας.[26]

---

[1] διαθρύπτω – *I break in pieces; I break down (through profligate living); I put on airs*
[2] γυμνάζω – *I train, exercise, practice, prepare*
[3] πονέω – *I work, toil, labor*
[4] παρακελύομαι – *I recommend an action; I exhort, encourage*
[5] ἀμελέω – *I have no care of, am careless; I am negligent*
[6] κυβερνήτης, ὁ – *steersman, pilot*
[7] ναύτης, ὁ – *sailor, seaman; passenger by sea*
[8] διαφθείρω – *I destroy, ruin, corrupt*
[9] πλησμονή, ἡ – *a filling, satiety, abundance*
[10] ὕπνος, ὁ – *sleep, slumber*
[11] ἐπιβάτης, ὁ – *passenger on a ship; rider on a chariot*
[12] φροντίζω – *I consider, regard*
[13] ἔχω – *I have, hold, keep* (MH: PAO 3S)
[14] μέτριος, α, ον – *moderate, temperate*
[15] ἀτιμάζω – *I treat as unworthy, hold in no honor, dishonor* (MH: PAO 3S)
[16] σκοπέω – *I behold, look to, consider* (MH: PAO 3S)
[17] ζηλωτός, ή, όν – *enviable; blessed*
[18] λανθάνω – *I escape notice, am unseen, am unobserved*
[19] προδότης, ὁ – *betrayer, traitor; one who abandons in the face of danger*
[20] φίλιος, α, ον – *friendly, friendship*
[21] ἄθυμος, ον – *fainthearted, spiritless; discouraging*
[22] φίλιος, α, ον – *friendly, friendship*
[23] ἀποστερέω – *I rob, despoil, defraud*
[24] ὠφέλιμος, η, ον – *helping, useful, beneficial*
[25] κτῆμα, τό – *possession; piece of property; anything gotten*
[26] φίλιος, α, ον – *friendly, friendship*

[31] τίς μὲν γὰρ ἀοκνότερος[1] πονεῖν,[2] ὅταν τούτου καιρὸς ᾖ, φίλου; τίς δὲ συγχαίρειν[3] ἑτοιμότερος[4] ἐν ταῖς εὐτυχίαις;[5] ὁ παρὰ τίνος δὲ ἔπαινος[6] ἡδίων[7] ἢ τῶν φίλων; παρὰ τίνος δὲ τἀληθὲς ἀλυπότερον;[8] τίς δὲ φρουρά,[9] ποῖα δὲ ἐρύματα,[10] ποῖα δὲ ὅπλα[11] βεβαιότερα[12] καὶ κρείττω[13] τῆς ἀπὸ τῶν εὐνοούντων[14] φυλακῆς; [32] ὁπόσους[15] γὰρ ἄν τις ᾖ κεκτημένος[16] ἑταίρους,[17] τοσούτοις μὲν ὀφθαλμοῖς ἃ βούλεται ὁρᾷ,[18] τοσαύταις δὲ ἀκοαῖς ἃ δεῖ ἀκούει, τοσαύταις δὲ διανοίαις[19] διανοεῖται[20] περὶ τῶν συμφερόντων. διαφέρει γὰρ οὐδὲν ἢ εἴ τῳ θεὸς ἓν σῶμα ἔχοντι πολλὰς ψυχὰς ἔδωκεν ἁπάσας ὑπὲρ ἐκείνου προνοουμένας.[21] [33a] ἵνα δὲ τὰ πολλὰ ἀφεὶς εἴπω τὸ φανερώτατον σημεῖον, οὗτός ἐστιν ὁ χρηστὸς[22] βασιλεύς, ὃν οἱ ἀγαθοὶ ἄνδρες οὐκ αἰσχύνονται[23] ἐπαινοῦντες[24] οὔτε τὸν παρόντα χρόνον οὔτε τὸν ὕστερον.[25]

---

[1] ἄοκνος, ον – *without hesitation; resolute; pressing*
[2] πονέω – *I work hard, toil, labor*
[3] συγχαίρω – *I rejoice with, congratulate, wish one joy*
[4] ἑτοῖμος, ον – *at hand, ready, prepared*
[5] εὐτυχία, ἡ – *good luck, success*
[6] ἔπαινος, ὁ – *approval, praise, commendation*
[7] ἡδύς, ἡδεῖα, ἡδύ – *pleasant; welcome* (TH: substantive)
[8] ἄλυπος, ον – *without pain; causing no grief*
[9] φρουρά, ἡ – *look-out, watch, guard*
[10] ἔρυμα, τό – *safeguard, defense, guard*
[11] ὅπλον, τό – *tool; military arms, armour*
[12] βέβαιος, α, ον – *firm, steady, steadfast; certainty; security*
[13] κρείσσων, ον – *better; stronger, mightier*
[14] εὐνοέω – *I am well-inclined, favorable; I am at peace with*
[15] ὁπόσε – *as many as; as much as; as great as*
[16] κτάομαι – *I procure for myself, get, acquire*
[17] ἑταῖρος, ὁ – *comrade, companion*
[18] ὁράω – *I see, look; I perceive* (MH: PAS 3S)
[19] διάνοια, ἡ – *thought; intention, inclination*
[20] διανοέω – *I intend, purpose; I have in mind*
[21] προνοέω – *I provide for; I take thought for*
[22] χρηστός, ή, όν – *useful; good of its kind; valiant; true*
[23] αἰσχύνω – *I am ashamed, feel shame*
[24] ἐπαινέω – *I approve, appland, commend, praise*
[25] ὕστερος, α, ον – *latter; last; inferior; next*

[33b] καὶ μέντοι[1] καὶ αὐτὸς οὐ τὸν παρὰ τῶν βαναύσων[2] καὶ ἀγοραίων[3] ἀγαπᾷ ἔπαινον,[4] ἀλλὰ τὸν παρὰ τῶν ἐλευθέρων καὶ γενναίων,[5] οἷς οὐκ ἄξιον ζῆν ψευσαμένοις.[6] [34] τίς οὖν οὐκ ἂν μακαρίσειε[7] τὸν τοιοῦτον ἄνδρα τε καὶ βίον;[8] πόθεν δὲ οὐκ ἂν ἔλθοιεν ἐπ' ἐκεῖνον ὀψόμενοί τε αὐτὸν καὶ ἀπολαύσοντες[9] τῆς καλῆς διανοίας[10] καὶ ἀγαθῆς; τί μὲν σεμνότερον[11] θέαμα[12] γενναίου[13] καὶ φιλοπόνου[14] βασιλέως; τί δὲ ἥδιον[15] ἡμέρου[16] καὶ προσφιλοῦς,[17] πάντας μὲν εὖ[18] ποιεῖν ἐπιθυμοῦντος, ἅπαντας δὲ δυναμένου; [35a] τί δὲ λυσιτελέστερον[19] ἴσου[20] καὶ δικαίου; τίνος μὲν γὰρ ὁ βίος[21] ἀσφαλέστερος[22] ἢ ὃν πάντες ὁμοίως φυλάττουσιν; τίνος δὲ ἡδίων[23] ἢ τοῦ μηδένα ἐχθρὸν ἡγουμένου;[24] τίνος δὲ ἀλυπότερος[25] ἢ τοῦ μηδὲν ἔχοντος αὐτὸν αἰτιάσασθαι;[26]

---

[1] μέντοι – *really, actually, indeed*
[2] βάναυσος, ον – *mechanical art, handicraft; vulgar, in bad taste*
[3] ἀγοραῖος, ον – *in, of, or belonging to the ἀγορά*
[4] ἔπαινος, ὁ – *approval, praise, commendation*
[5] γενναῖος, α, ον – *true to one's birth* or *descent; high-born, noble; excellent*
[6] ψεύδω – *I cheat by lies, beguile, deceive*
[7] μακαρίζω – *I bless, pronounce happy, congratulate* (MH: AAO 3S)
[8] βίος, ὁ – *life; mode of life, manner of living*
[9] ἀπολαύω – *I have enjoyment of, have the benefit of; I take advantage of*
[10] διάνοια, ἡ – *thought, intention, inclination*
[11] σεμνός, ή, όν – *revered, august, holy*
[12] θέαμα, τό – *sight, spectacle*
[13] γενναῖος, α, ον – *true to one's birth* or *descent; high-born, noble; excellent*
[14] φιλόπονος, ον – *labor-loving; laborious*
[15] ἡδύς, ἡδεῖα, ἡδύ – *pleasant; welcome* (MH: ἥδιον is comparative form of ἡδύς)
[16] ἥμερος, α, ον – *civilized; cultivated; tame; kind*
[17] προσφιλής, ές – *dear, beloved; well-disposed*
[18] εὖ – *well, thoroughly, competent*
[19] λυσιτελής, ές – *profitable, advantageous*
[20] ἴσος, ή, όν – *equal; fair; impartial*
[21] βίος, ὁ – *life; mode of life; manner of living*
[22] ἀσφαλής, ές – *steadfast; not liable to fail; safe*
[23] ἡδύς – *well-pleased; pleasant; glad*
[24] TH: Here ἡγέομαι with accusative – *I hold*
[25] ἄλυπος, ον – *free from pain; free from anxiety; causing no pain*
[26] αἰτιάομαι – *I bring a charge against; I censure; I allege*

[35b] τίς δὲ εὐτυχέστερος¹ ἐκείνου τοῦ ἀνδρός, ὅστις ἀγαθὸς ὢν οὐδένα λανθάνει;²

[36] ἐγὼ μὲν οὖν ἁπλῶς³ εἶπον τὰ περὶ τὸν ἀγαθὸν βασιλέα. τούτων δὲ εἴ τι φαίνεται προσήκειν⁴ σοι, μακάριος μὲν αὐτὸς τῆς εὐγνώμονος⁵ καὶ ἀγαθῆς φύσεως, μακάριοι δὲ ἡμεῖς οἱ συμμετέχοντες.⁶ [37] μετὰ δὲ τὸν νῦν εἰρημένον⁷ λόγον ἐγὼ μὲν ἐπεθύμουν διελθεῖν περὶ τοῦ μεγίστου καὶ πρώτου βασιλέως καὶ ἄρχοντος, ὃν χρὴ⁸ μιμουμένους⁹ ἀεὶ¹⁰ τοὺς θνητοὺς¹¹ καὶ τὰ τῶν θνητῶν¹² διέποντας¹³ ἐπιμελεῖσθαι,¹⁴ πρὸς ἐκεῖνον ὡς δυνατόν ἐστιν εὐθύνοντας¹⁵ καὶ ἀφομοιοῦντας¹⁶ τὸν αὐτῶν τρόπον.

[38a] διὰ τοῦτο γὰρ καὶ Ὅμηρος διοτρεφέας¹⁷ εἶναί φησι τοὺς ἀληθῶς βασιλέας καὶ Διὶ τὴν βουλὴν¹⁸ ὁμοίους, καὶ τὸν Μίνω,¹⁹ μεγίστην ἔχοντα δόξαν ἐπὶ δικαιοσύνῃ, τοῦ Διὸς ὁμιλητὴν²⁰ ἔφη γενέσθαι.

---

¹ εὐτυχής, ές – fortunate; successful; with blessings
² λανθάνω – I escape the notice of, am unseen, unobserved
³ ἁπλῶς – singly, in one sense; simply, plainly
⁴ προσήκω – I have arrived at, I am present; I belong to; I am related to
⁵ εὐγνώμων, ον – of good feeling, considerate, reasonable
⁶ συμμετέχω – I partake of with, take part in with
⁷ ἐρῶ – I say, speak; I pronounce, proclaim
⁸ χρή – I must; I ought; it is necessary
⁹ μιμέομαι – I imitate, I express by means of imitation
¹⁰ ἀεί – ever, always
¹¹ θνητός, ή, όν – liable to death; mortal
¹² θνητός, ή, όν – liable to death; mortal, mortal creatures
¹³ διέπω – I manage, conduct
¹⁴ ἐπιμελέομαι – I take care of, I am in charge of; I manage
¹⁵ εὐθύνω – I direct, govern; I drive a straight path
¹⁶ ἀφομοιόω – I make like, become; I am made like
¹⁷ διοτρεφής, ές – fostered, cherished by Zeus; Zeus-born
¹⁸ βουλή, ἡ – will, determination; counsel; design
¹⁹ Μίνως, ὁ – Minos
²⁰ ὁμιλητής, ὁ – disciple; scholar

[38b] καὶ σχεδὸν¹ ὅσοι πώποτε² ἐν Ἕλλησιν ἢ βαρβάροις³ γεγόνασι βασιλεῖς οὐκ ἀνάξιοι⁴ τυγχάνειν⁵ ταύτης τῆς προσηγορίας,⁶ τοῦ θεοῦ τούτου μαθητάς τε καὶ ζηλωτὰς ὁ λόγος αὐτοὺς ἀποφαίνεται.⁷ [39] Ζεὺς γὰρ μόνος θεῶν πατὴρ καὶ βασιλεὺς ἐπονομάζεται⁸ καὶ Πολιεὺς⁹ καὶ Φίλιός¹⁰ τε καὶ Ἑταιρεῖος¹¹ καὶ Ὁμόγνιος,¹² πρὸς δὲ τούτοις Ἱκέσιός¹³ τε καὶ Φύξιος¹⁴ καὶ Ξένιος¹⁵ καὶ μυρίας¹⁶ ἄλλας ἐπικλήσεις¹⁷ ἔχων, πάσας ἀγαθὰς καὶ ἀγαθῶν αἰτίας· [40] βασιλεὺς μὲν κατὰ τὴν ἀρχὴν καὶ τὴν δύναμιν ὠνομασμένος,¹⁸ πατὴρ δὲ οἶμαι¹⁹ διά τε τὴν κηδεμονίαν²⁰ καί τὸ πρᾶον,²¹ Πολιεὺς δὲ κατὰ τὸν νόμον καὶ τὸ κοινὸν ὄφελος,²² Ὁμόγνιος δὲ διὰ τὴν τοῦ γένους κοινωνίαν θεοῖς τε καὶ ἀνθρώποις, Φίλιος δὲ καὶ Ἑταιρεῖος, ὅτι πάντας ἀνθρώπους ξυνάγει²³ καὶ βούλεται εἶναι ἀλλήλοις φίλους,

---

[1] σχεδόν – *more or less, roughly speaking* (LH: softens assertions with modesty – *I dare say*)
[2] πώποτε – *ever, at any time*
[3] βάρβαρος, ον – *barbarous; non-Greek, foreign*
[4] ἀνάξιος, α, ον – *unworthy; worthless; undeserved*
[5] τυγχάνω – *I gain my end/purpose, succeed*
[6] προσηγορία, ἡ – *title, appellation*
[7] ἀποφαίνω – *I make known, declare; I display*
[8] ἐπονομάζω – *I name; I call*
[9] Πολιεύς, ὁ – *Guardian of the City* (TH: title of Zeus)
[10] φίλιος, α, ον – *friendly; kindly; gracious* (TH: title of Zeus – *God of Friendship*)
[11] ἑταιρεῖος, α, ον – *of* or *belonging to companions* (TH: title of Zeus – *God of Companionship*)
[12] ὁμόγνιος, ον – *of the same race; brother* or *sister* (TH: title of Zeus – *Guardian of the Race* or *Family*)
[13] ἱκέσιος, α, ον – *of* or *for supplicants* (TH: title of Zeus – *Guardian of Supplicants*)
[14] φύξιος, ον – *of banishment* (TH: title of Zeus – *Guardian of Refuge*)
[15] ξείνιος, α, ον – *belonging to friendship and hospitality; hospitable* (TH: title of Zeus – *Protector of the Rights of Hospitality*)
[16] μυρίος, α, ον – *numberless, countless, infinite*
[17] ἐπίκλησις, ἡ – *name, title; invocation*
[18] ὀνομάζω – *I speak of by name; I call* or *address by name*
[19] οἴομαι – *I think, suppose*
[20] κηδεμονία, ἡ – *care; solicitude; caring nature*
[21] πρᾶος, ον – *mild, gentle, meek; gentle nature*
[22] ὄφελος, τό – *advantage, help, benefit*
[23] συνάγω – *I bring together, gather together*

[41] ἐχθρὸν δὲ ἢ πολέμιον[1] μηδένα μηδενός, Ἱκέσιος δὲ ὡς ἂν ἐπήκοός[2] τε καὶ ἵλεως[3] τοῖς δεομένοις, Φύξιος δὲ διὰ τὴν τῶν κακῶν ἀπόφυξιν,[4] Ξένιος δέ, ὅτι καὶ τοῦτο ἀρχὴ φιλίας,[5] μηδὲ τῶν ξένων ἀμελεῖν[6] μηδὲ ἀλλότριον ἡγεῖσθαι μηδένα ἀνθρώπων, Κτήσιος[7] δὲ καὶ Ἐπικάρπιος,[8] ἅτε[9] τῶν καρπῶν αἴτιος[10] καὶ δοτὴρ[11] πλούτου καὶ κτήσεως,[12] οὐ πενίας[13] οὐδὲ ἀπορίας,[14] ὡς εὐθὺς ἁπάσας ταύτας δέον ἕπεσθαι[15] τὰς δυνάμεις τῇ τοῦ βασιλέως δυνάμει τε καὶ κλήσει.[16] [42a] καλὸν οὖν εἰπεῖν ὑπὲρ τῶν ὅλων τῆς διοικήσεως[17] ὁποῖόν[18] γε[19] τὸ ξύμπαν[20] αὐτό τε εὔδαιμον[21] καὶ σοφὸν ἀεὶ[22] διαπορεύεται[23] τὸν ἄπειρον[24] αἰῶνα συνεχῶς[25] ἐν ἀπείροις[26] περιόδοις[27] μετὰ ψυχῆς τε ἀγαθῆς καὶ δαίμονος[28] ὁμοίου καὶ προνοίας[29] καὶ ἀρχῆς τῆς δικαιοτάτης τε καὶ ἀρίστης,[30] ἡμᾶς τε ὁμοίους παρέχεται, κατὰ φύσιν κοινὴν τὴν αὐτοῦ καὶ τὴν ἡμετέραν[31]

---

[1] πολέμιος, α, ον – *of war; hostile; an enemy*
[2] ἐπήκοος, ον – *listening, giving ear to*
[3] ἵλαος, ον – *kind, gracious*
[4] ἀπόφευξις, ἡ – *escaping, aquittal*
[5] φίλιος, α, ον – *friendly, kindly; friendship*
[6] ἀμελέω – *I have no care for; I am neglectful of*
[7] κτήσιος, α, ον – *belonging to property* (TH: title of Zeus – *Protector of House and Property*)
[8] ἐπικάρπιος, ον – *bringer or guardian of fruits* (TH: title of Zeus – *Guardian of Wealth*)
[9] ἅτε – *just as, inasmuch as*
[10] αἴτιος, α, ον – *culpable, responsible*
[11] δοτήρ, ὁ – *giver, dispenser*
[12] κτῆσις, ἡ – *acquisition, possession, property*
[13] πενία, ἡ – *poverty; need*
[14] ἀπορία, ἡ – *difficulty; lack of, need, poverty*
[15] ἕπω – *I follow upon; I result from; I agree with*
[16] κλῆσις, ἡ – *calling, call; name; reputation*
[17] διοίκησις, ἡ – *housekeeping; administration*
[18] ὁποῖος, α, ον – *of what sort* or *quality*
[19] γε – *at least; at any rate; indeed*
[20] σύμπας, τό – *the whole together; the universe*
[21] εὐδαίμων, ον – *fortunate; truly happy*
[22] ἀεί – *ever, always; from of old; forever*
[23] διαπορεύω – *I pass across, travel along*
[24] ἄπειρος, ον – *boundless, endless; circular*
[25] συνεχής, ές – *holding together; continuous* or *contiguous; in a line with*
[26] ἄπειρος, ον – *boundless; circular; infinite*
[27] περίοδος, ὁ – *one who goes the rounds; patrol*
[28] δαίμων, ὁ or ἡ – *a god, deity; semi-divine being*
[29] πρόνοια, ἡ – *foreknowledge; Providence*
[30] ἄριστος, η, ον – *best, most excellent; chief*
[31] ἡμέτερος, α, ον – *our, of us*

[42b] ὑφ' ἑνὶ θεσμῷ¹ καὶ νόμῳ κεκοσμημένους² καὶ τῆς αὐτῆς μετέχοντας³ πολιτείας.⁴ [43] ἦν ὁ μὲν τιμῶν καὶ φυλάττων καὶ μηδὲν ἐναντίον⁵ πράττων νόμιμος⁶ καὶ θεοφιλὴς⁷ καὶ κόσμιος,⁸ ὁ δὲ ταράττων ὅσον ἐφ' ἑαυτῷ καὶ παραβαίνων⁹ καὶ ἀγνοῶν ἄνομος¹⁰ καὶ ἄκοσμος,¹¹ ὁμοίως μὲν ἰδιώτης,¹² ὁμοίως δὲ καὶ ἄρχων ὀνομαζόμενος·¹³ πολὺ δὲ μείζων καὶ φανερωτέρα πᾶσιν ἡ παρὰ τοῦ ἄρχοντος πλημμέλεια.¹⁴ [44] ὥσπερ οὖν ὅσοι στρατηγοί¹⁵ τε καὶ ἄρχοντες στρατοπέδων¹⁶ καὶ πόλεων καὶ ἐθνῶν, ὅστις ἂν τὸν σὸν μάλιστα¹⁷ μιμῆται¹⁸ τρόπον καὶ τοῖς σοῖς ἤθεσιν¹⁹ ὅμοιον αὐτὸν ὡς δυνατὸν φαίνηται παρέχων, οὗτος ἂν εἴη σοι πάντων ἑταιρότατος²⁰ καὶ προσφιλέστατος·²¹ εἰ δέ τις ἐναντίος²² καὶ ἀνόμοιος²³ γίγνοιτο, δικαίως ἂν τυγχάνοι²⁴ μέμψεώς²⁵ τε καὶ ἀτιμίας²⁶ καὶ αὐτῆς γε²⁷ τῆς ἀρχῆς ταχὺ παυθεὶς παραχωρήσειεν²⁸ ἑτέροις ἀμείνοσί²⁹ τε καὶ ἄμεινον²⁹ δυναμένοις διοικεῖν·³⁰

---

¹ θεσμός, ὁ – *what is laid down; ordinance; law*
² κοσμέω – *I order, arrange, adorn; I equip; I marshal* (an army)
³ μετέχω – *I partake of, share in; I participate in*
⁴ πολιτεία, ἡ – *condition and rights of a citizen; citizenship; government, administration*
⁵ ἐναντίος, α, ον – *opposite, contrary; against*
⁶ νόμιμος, η, ον – *conformable to custom; lawful*
⁷ θεοφιλής, ές – *dear to the gods; god-loving*
⁸ κόσμιος, α, ον – *well-ordered; moderate; modest*
⁹ παραβαίνω – *I go beside, pass by; I transgress*
¹⁰ ἄνομος, ον – *lawless; impious; illegal*
¹¹ ἄκοσμος, ον – *disorderly, inappropriate*
¹² ἰδιώτης, ὁ – *private person; unprofessional, layman; unskilled; ignorant*
¹³ ὀνομάζω – *I speak, address by name; I specify*
¹⁴ πλημμέλεια, ἡ – *mistake in music; error, fault*
¹⁵ στρατηγός, ὁ – *leader*, (army) *general; officer*
¹⁶ στρατόπεδον, τό – *camp, encampment; army*
¹⁷ μάλα – *very, exceedingly, certainly*
¹⁸ μιμέομαι – *I imitate, represent, portray*
¹⁹ ἦθος, τό – *custom; disposition; character*
²⁰ ἑταῖρος, ὁ – *comrade, companion* (TH: as adj.)
²¹ προσφιλής, ές – *dear, beloved; well-disposed*
²² ἐναντίος, α, ον – *opposite; adversary, enemy*
²³ ἀνόμοιος, ον – *dissimilar, different*
²⁴ τυγχάνω – *I attain, happen upon* (MH: PAO 3S)
²⁵ μέμψις, ἡ – *blame, censure*
²⁶ ἀτιμία, ἡ – *dishonour, disgrace*
²⁷ γε – *at least; at any rate; indeed*
²⁸ παραχωρέω – *I go aside, am displaced; I make way* (MH: AAO 3S)
²⁹ ἀμείνων, ον – *better, stronger*
³⁰ διοικέω – *I keep house; I administer, manage*

[45] οὕτω δὴ καὶ τῶν βασιλέων, ἅτε[1] οἶμαι[2] παρὰ τοῦ Διὸς ἐχόντων τὴν δύναμιν καὶ τὴν ἐπιτροπήν,[3] ὃς μὲν ἂν πρὸς ἐκεῖνον βλέπων πρὸς τὸν τοῦ Διὸς νόμον τε καὶ θεσμὸν[4] κοσμῇ[5] καὶ ἄρχῃ δικαίως τε καὶ καλῶς, ἀγαθῆς τυγχάνει[6] μοίρας[7] καὶ τέλους εὐτυχοῦς·[8] [46] ὃς δ' ἂν παραβῇ[9] καὶ ἀτιμάσῃ[10] τὸν ἐπιτρέψαντα ἢ δόντα τὴν δωρεὰν[11] ταύτην, οὐδὲν ἀπώνατο[12] τῆς πολλῆς ἐξουσίας καὶ δυνάμεως ἢ τοσοῦτον μόνον ὅσον φανερὸς πᾶσι γενέσθαι τοῖς καθ' αὑτὸν καὶ τοῖς ὕστερον[13] πονηρὸς καὶ ἀκόλαστος[14] ὤν, τὸν μυθευόμενον[15] Φαέθοντος[16] ἀναπληρώσας[17] πότμον,[18] ἅτε[19] ἰσχυροῦ καὶ θείου[20] παρὰ μοῖραν[21] ἐπιβὰς[22] ἅρματος,[23] οὐχ ἱκανὸς ὢν ἡνίοχος.[24] [47a] λέγει δὲ καὶ Ὅμηρος ὧδέ πως·

ὃς μὲν ἀπηνὴς[25] αὐτὸς ἔῃ[26] καὶ ἀπηνέα[27] εἰδῇ,

τῷ δὲ καταρῶνται[28] πάντες βροτοὶ[29] ἄλγε'[30] ὀπίσσω

ζωῷ,[31] ἀτὰρ[32] τεθνεῶτί[33] γ' ἐφεψιόωνται[34] ἅπαντες·

---

[1] ἅτε – *just as, inasmuch as*
[2] οἴομαι – *I think, suppose*
[3] ἐπιτροπή, ἡ – *guardianship; Roman procurator*
[4] θεσμός, ὁ – *what is laid down; ordinance; law*
[5] κοσμέω – *I order, arrange*
[6] τυγχάνω – *I happen to be at; I attain my end*
[7] μοῖρα, ἡ – *portion; what is due; respect; destiny*
[8] εὐτυχής, ές – *successful; fortunate*
[9] παραβαίνω – *I go beside, pass by; I transgress*
[10] ἀτιμάζω – *I dishonor; I disdain*
[11] δωρεά, ἡ – *gift, present*
[12] ἀπονίναμαι – *I have the use of, enjoyment of*
[13] ὕστερος, α, ον – *latter; last; inferior; next*
[14] ἀκόλαστος, ον – *undisciplined, licentious*
[15] μυθεύω – *I speak, tell; I recount*
[16] Φαέθων, ὁ – *Phaeton son of Helios*
[17] ἀναπληρόω – *I fill up; I make up; I supply*
[18] πότμος, ὁ – *that which befalls one, destiny*
[19] ἅτε – *just as, inasmuch as*
[20] θεῖος, α, ον – *belonging to a god, divine*
[21] μοῖρα, ἡ – *portion; what is due; respect; destiny*
[22] ἐπιβαίνω – *I go upon; I mount*
[23] ἅρμα, τό – *(war) chariot; chariot and horses*
[24] ἡνίοχος, ὁ – *driver; charioteer; one who guides*
[25] ἀπηνής, ές – *ungentle, rough; cruel*
[26] MH: PAS 3S from εἰμί
[27] ἀπηνής, ές – *ungentle, rough; cruel*
[28] καταράομαι – *I call down evil; I curse*
[29] βροτός, ὁ – *mortal person*
[30] ἄλγος, τό – *pain, suffering*
[31] ζωός, ή, όν – *alive, living*
[32] ἀτάρ – *but, nevertheless; truly*
[33] θνήσκω – *I die; I fall; I am in mortal fear of*
[34] ἐφεψιάομαι – *I mock, I scoff at*

[47b] ὃς δ' ἂν ἀμύμων[1] αὐτὸς ἔῃ καὶ ἀμύμονα[1] εἰδῇ,

τοῦ μέντοι[2] κλέος[3] εὐρὺ[4] διὰ ξεῖνοι φορέουσι[5]

πάντας ἐπ' ἀνθρώπους, πολλοί τέ μιν[6] ἐσθλὸν[7] ἔειπον.

[48] τὸ μὲν οὖν ἐμόν, ὅπερ[8] ἔφην, ἥδιστα[9] καὶ προθυμότατα[10] τοῦτον εἴποιμ' ἂν τὸν λόγον, τὸν ὑπὲρ τοῦ Διὸς καὶ τῆς τοῦ παντὸς φύσεως. ἐπεὶ δὲ πλείων[11] ἐστὶ παντὸς τοῦ καιροῦ τοῦ παρόντος καὶ δεόμενος ἀποδείξεων[12] ἀκριβεστέρων,[13] αὖθίς[14] ποτε ἴσως[15] γένοιτ' ἂν σχολὴ[16] διελθεῖν αὐτόν. [49] εἰ δ' ἄρα μῦθον[17] ἐθέλοις τινὰ ἀκοῦσαι, μᾶλλον δὲ ἱερὸν καὶ ὑγιῆ[18] λόγον σχήματι[19] μύθου[20] λεγόμενον, τυχὸν[21] οὐκ ἄτοπός[22] σοι φανήσεται νῦν τε καὶ ὕστερον[23] ἐνθυμουμένῳ[24] κατὰ σαυτὸν[25] ὃν ἐγώ ποτε ἤκουσα γυναικὸς Ἠλείας[26] ἢ Ἀρκαδίας[27] ὑπὲρ Ἡρακλέους[28] διηγουμένης.[29]

---

[1] ἀμύμων, ον – blameless, noble
[2] μέντοι – really; actually; indeed
[3] κλέος, τό – rumor; report; good report, fame
[4] εὐρύς – far-reaching; far-spread; wide broad
[5] φορέω – I carry, bear; I convey (a message)
[6] μίν – him, her, it
[7] ἐσθλός, ή, όν – good; noble; faithful
[8] ὅσπερ – the very one who; the very thing which
[9] ἡδύς, ἡδεῖα, ἡδύ – pleasant; welcome (TH: superlative adverb)
[10] πρόθυμος, ον – ready, willing, eager
[11] πλείων, ὁ or ἡ – more; the majority, greater part
[12] ἀπόδειξις, ἡ – showing forth, exhibiting; a proof or demonstration
[13] ἀκριβής, ή – exact; accurate, precise
[14] αὖθίς – in turn; sequence
[15] ἴσος, η, ον – equal; like
[16] σχολή, ἡ – leisure, rest, ease
[17] μῦθος, ὁ – word; speech; tale, story, narrative
[18] ὑγιής, ές – healthy, sound; fitting
[19] σχῆμα, τό – form, shape, figure
[20] μῦθος, ὁ – word; speech; tale, story, narrative
[21] τυγχάνω – I happen to be at; I gain my purpose
[22] ἄτοπός, όν – out of place, out of the way
[23] ὕστερος, α, ον – latter; last; inferior; next
[24] ἐνθυμέομαι – I ponder, consider; I think much of
[25] σεαυτοῦ – yourself
[26] Ἠλεία, ἡ – Elis
[27] Ἀρκαδίας, ἡ – Arcadia
[28] Ἡρακλέης, ὁ – Heracles
[29] διηγέομαι – I set out in detail, describe, tell, narrate

[50] ὡς γὰρ ἔτυχον¹ ἐν τῇ φυγῇ ποτε ἀλώμενος·² καὶ πολλήν γε³ χάριν οἶδα τοῖς θεοῖς, ὅτι με οὐκ εἴασαν⁴ θεατὴν⁵ γενέσθαι πολλῶν καὶ ἀδίκων πραγμάτων·⁶ ἐπῄειν⁷ δ᾽ οὖν ὡς ἐδυνάμην πλείστην⁸ γῆν ἐν ἀγύρτου⁹ σχήματι¹⁰ καὶ στολῇ,¹¹ τοῦτο μὲν παρ᾽ Ἕλληνας, τοῦτο δὲ παρὰ βαρβάρους,¹²

αἰτίζων¹³ ἀκόλους,¹⁴ οὐκ ἄορας¹⁵ οὐδὲ λέβητας.¹⁶

[51] καὶ δή ποτε ἀφικόμενος¹⁷ εἰς Πελοπόννησον¹⁸ ταῖς μὲν πόλεσιν οὐ πάνυ¹⁹ προσῄειν,²⁰ περὶ δὲ τὴν χώραν διέτριβον,²¹ ἅτε²² πολλὴν ἱστορίαν²³ ἔχουσαν, νομεῦσι²⁴ καὶ κυνηγέταις,²⁵ γενναίοις²⁶ τε καὶ ἁπλοῖς²⁷ ἤθεσιν,²⁸ ἐπιμιγνύμενος.²⁹

---

¹ τυγχάνω – *I happen to be at; I gain my end*
² ἀλάομαι – *I wander, roam; I am banished*
³ γε – *at least; at any rate; indeed* (LH: enclitic particle emphasizing the following words)
⁴ ἐάω – *I concede, allow, permit*
⁵ θεατής, ὁ – *one who sees, a spectator*
⁶ πρᾶγμα, τό – *deed, act, circumstance*
⁷ ἔπειμι – *I come upon, approach; I visit, traverse*
⁸ πλεῖστος, η, ον – *most; greatest; largest*
⁹ ἀγύρτης, ὁ – *collector, vagabond*
¹⁰ σχῆμα, τό – *form, shape, figure*
¹¹ στολή, ἡ – *equipment in clothes; armament; garment; robe*
¹² βάρβαρος, ὁ – *barbarian; non-Greek, foreign*
¹³ αἰτίζω – *I ask, beg*
¹⁴ ἄκολος, ἡ – *bit; morsel*
¹⁵ ἄορ, τό – *sword hung on a belt; weapon*
¹⁶ λέβης, ὁ – *kettle; cauldron; drum*

¹⁷ ἀφικνέομαι – *I come to, arrive at, reach*
¹⁸ Πελοπόννησος, ἡ – *the Peloponnesus*
¹⁹ πάνυ – *altogether*
²⁰ πρόσειμι – *I belong to; I am present at* [MH: IAI 1S]
²¹ διατρίβω – *I spend time, pass time; I employ myself*
²² ἅτε – *just as; inasmuch as; seeing that*
²³ ἱστορία, ἡ – *inquiry; observation; written record of observation*
²⁴ νομεύς, ὁ – *herdsman*
²⁵ κυνηγέτης, ὁ – *hunter*
²⁶ γενναῖος, α, ον – *true to one's birth* or *descent; high-born, noble; excellent*
²⁷ ἁπλόος, η, ον – *simple; unmixed; frank, straightforward*
²⁸ ἦθος, τό – *custom; disposition, moral character*
²⁹ ἐπιμείγνυμι – *I add by mixing; I intermingle*

[52] καὶ δὴ βαδίζων[1] ὡς ἀφ' Ἡραίας εἰς Πῖσαν παρὰ τὸν Ἀλφειὸν μέχρι μέν τινος ἐπετύγχανον[2] τῆς ὁδοῦ, μεταξὺ[3] δὲ εἰς ὕλην[4] τινὰ καὶ δυσχωρίαν[5] ἐμπεσὼν[6] καὶ πλείους[7] ἀτραποὺς[8] ἐπὶ βουκόλι'[9] ἄττα[10] καὶ ποίμνας[11] φερούσας, οὐδενὶ συναντῶν[12] οὐδὲ δυνάμενος ἐρέσθαι,[13] διαμαρτάνω[14] τε καὶ ἐπλανώμην[15] μεσημβρίᾳ[16] σταθερᾷ.[17] Ἰδὼν οὖν[18] ἐπὶ ὑψηλῷ[19] τινι δρυῶν[20] συστροφὴν[21] οἷον ἄλσος,[22] ᾠχόμην[23] ὡς ἀποψόμενος[24] ἐντεῦθεν[25] ὁδόν τινα ἢ οἰκίαν. [53] καταλαμβάνω οὖν λίθους τέ τινας εἰκῇ[26] ξυγκειμένους[27] καὶ δέρματα[28] ἱερείων[29] κρεμάμενα[30] καὶ ῥόπαλα[31] καὶ βακτηρίας,[32] νομέων[33] τινῶν ἀναθήματα,[34] ὡς ἐφαίνετο, ὀλίγον δὲ ἀπωτέρω[35] καθημένην γυναῖκα ἰσχυρὰν καὶ μεγάλην, τῇ δὲ ἡλικίᾳ[36] πρεσβυτέραν,[37] τὰ μὲν ἄλλα ἄγροικον[38] στολὴν[39] ἔχουσαν,

---

[1] βαδίζω – I walk, go, proceed
[2] ἐπιτυγχάνω – I fall upon; I happen upon
[3] μεταξύ – in the midst, betwixt, between
[4] ὕλη, ἡ – forest, woodlands; firewood
[5] δυσχωρία, ἡ – rough ground; difficulty
[6] ἐμπίτνω – I fall upon
[7] πλείων, ὁ or ἡ – more; the majority, greater part
[8] ἀτραπός, ὁ – a path with no turnings, pathway
[9] βουκολία, ἡ – herd of cattle, tending of cattle
[10] ἄττα – some; something; what sort
[11] ποίμνη, ἡ – flock of sheep
[12] συναντάω – I meet face-to-face; I meet together
[13] ἔρομαι – I ask, inquire, question
[14] διαμαρτάνω – I miss entirely; I fail utterly
[15] πλανάω – I wander, stray; wander about
[16] μεσήμβριος, ἡ – midday, noon; the South
[17] σταθερός, ή, όν – standing fast, firm; calm, still
[18] εἶδον – I see, perceive, behold
[19] ὑψηλός, ή, όν – high, loftly; stately; proud
[20] δρῦς, ἡ – tree; leaves; wood
[21] συστροφή, ἡ – a twisting; dealings, gathering
[22] ἄλσος, τό – grove; sacred grove
[23] οἴχομαι – I come; I go; I depart
[24] ἀφοράω – I have in view, look at, look towards
[25] ἐντεῦθεν – hence; from that; thereupon
[26] εἰκῇ – without purpose, at random, in vain
[27] σύγκειμαι – I lie together; I am composed
[28] δέρμα, τό – skin, hide
[29] ἱερεῖον, τό – victim, animal for sacrifice
[30] κρεμάννυμι – I hang up, suspend; I hang
[31] ῥόπαλον, τό – club, cudgel, mace; staff
[32] βακτηρία, ἡ – staff, cane; wand
[33] νομεύς, ὁ – herdsman
[34] ἀνάθημα, τό – votive offering; ornament
[35] ἀπώτερος, α, ον – farther off
[36] ἡλικία, ἡ – age; prime of life; manhood
[37] πρέσβυς, ὁ – old man; elder
[38] ἄγροικος, ον – of the country, rustic; rude
[39] στολή, ἡ – equipment; fitting out; raiment

[54] πλοκάμους¹ δέ τινας πολιοὺς² καθεῖτο.³ ταύτην ἕκαστα ἀνηρώτων.⁴ ἡ δὲ πάνυ⁵ πρᾴως⁶ καὶ φιλοφρόνως⁷ δωρίζουσα⁸ τῇ φωνῇ τόν τε τόπον ἔφραζεν⁹ ὡς Ἡρακλέους ἱερὸς¹⁰ εἴη,¹¹ καὶ περὶ αὑτῆς, ὅτι παῖδα ἔχοι¹² ποιμένα καὶ πολλάκις αὐτὴ νέμοι¹³ τὰ πρόβατα· ἔχειν δὲ μαντικὴν¹⁴ ἐκ μητρὸς θεῶν δεδομένην, χρῆσθαι¹⁵ δὲ αὐτῇ τούς τε νομέας¹⁶ πάντας τοὺς πλησίον καὶ τοὺς γεωργοὺς ὑπὲρ καρπῶν καὶ βοσκημάτων¹⁷ γενέσεως¹⁸ καὶ σωτηρίας. [55] καὶ σὺ δὲ ἐλήλυθας, ἔφη, οὐκ ἄνευ¹⁹ θείας²⁰ τύχης²¹ εἰς τόνδε²² τὸν τόπον· οὐ γὰρ ἐάσω²³ σε ἀπελθεῖν μάτην.²⁴ καὶ μετὰ τοῦτο ἤδη προέλεγεν²⁵ ὅτι οὐ πολὺς χρόνος ἔσοιτό²⁶ μοι τῆς ἄλης²⁷ καὶ τῆς ταλαιπωρίας,²⁸ οὔτε σοί, εἶπεν, οὔτε τοῖς ἄλλοις ἀνθρώποις.

---

¹ πλόκαμος, ὁ – *lock, braid of hair; curling hair*
² πολιός, ά, όν – *gray; grey-haired; serene*
³ καθίημι – *I let fall, drop; I send down*
⁴ ἀνερωτάω – *I question, inquire into*
⁵ πάνυ – *altogether*
⁶ πρᾶος, ον – *mild, soft, gentle, meek, tame*
⁷ φιλόφρων, ον – *kindly disposed, friendly*
⁸ δωρίζω – *I imitate the Dorians in life, music, or dialect; I speak Doric Greek*
⁹ φράζω – *I show the way to; I tell, declare, make known*
¹⁰ ἱερός, ά, όν – *filled with/manifesting divine power; supernatural; holy, hallowed*
¹¹ ἐάω – *I concede, allow, permit* (MH: PAO 3S)
¹² ἔχω – *I have, hold; I possess* (MH: PAO 3S)
¹³ νέμω – *I dispense, bestow; I bring to pasture* (MH: PAO 3S)
¹⁴ μαντικός, ή, όν – *prophetic, oracular*
¹⁵ χράω – *I proclaim (in oracles)*; middle *I consult an oracle* (dat.)
¹⁶ νομεύς, ὁ – *herdsman*
¹⁷ βόσκημα, τό – *that which is fed/fatted; fatted beasts* or *cattle; food*
¹⁸ γεωργός, όν – *tilling the ground; fertilizing; husbandman; peasant*
¹⁹ ἄνευ – *without*
²⁰ θεῖος, α, ον – *of the gods; divine*
²¹ τύχη, ἡ – *fate; providence*
²² ὅδε – *this; here; what is present*
²³ ἐάω – *I concede, allow, permit*
²⁴ μάτην – *in vain*
²⁵ προλέγω – *I pick out, choose; I prefer; I foretell*
²⁶ εἰμί – *I am, exist* (MH: FMO 3S)
²⁷ ἄλη, ἡ – *wandering, roaming*
²⁸ ταλαιπωρία, ἡ – *hard labor*

[56] ταῦτα δὲ ἔλεγεν, οὐχ ὥσπερ οἱ πολλοὶ τῶν λεγομένων ἐνθέων[1] ἀνδρῶν καὶ γυναικῶν, ἀσθμαίνουσα[2] καὶ περιδινοῦσα[3] τὴν κεφαλὴν καὶ πειρωμένη δεινὸν[4] ἐμβλέπειν,[5] ἀλλὰ πάνυ[6] ἐγκρατῶς[7] καὶ σωφρόνως.[8] συμβαλεῖς[9] δέ, ἔφη, ποτὲ ἀνδρὶ καρτερῷ,[10] πλείστης[11] ἄρχοντι χώρας καὶ ἀνθρώπων· τούτῳ μήποτε ὀκνήσῃς[12] εἰπεῖν τόνδε[13] τὸν μῦθον,[14] εἰ καί σου καταφρονεῖν[15] τινες μέλλοιεν[16] ὡς ἀδολέσχου[17] καὶ πλάνητος.[18] [57] οἱ γὰρ ἀνθρώπων λόγοι καὶ τὰ πάντα σοφίσματα[19] οὐδενὸς ἄξια πρὸς τὴν παρὰ τῶν θεῶν ἐπίπνοιαν[20] καὶ φήμην.[21] ὅσοι γάρ ποτε σοφοὶ καὶ ἀληθεῖς κατ' ἀνθρώπους λόγοι περὶ θεῶν τε καὶ τοῦ σύμπαντος,[22] οὐκ ἄνευ[23] θείας[24] ποτε βουλήσεως[25] καὶ τύχης[26] [ἐν ψυχῇ ποτε] ἀνθρώπων ἐγένοντο διὰ τῶν πρώτων μαντικῶν[27] τε καὶ θείων[28] ἀνδρῶν·

---

[1] ἔνθεος, ον – *full of the god; inspired; possessed*
[2] ἀσθμαίνω – *I breathe hard, pant*
[3] περιδινέω – *I whirl, wheel round*
[4] δεινός, ή, όν – *fearful; terrible*
[5] ἐμβλέπω – *I look in the face; I look at*
[6] πάνυ – *altogether*
[7] ἐγκρατῶς – *in possession of power; strongly; self-controlledly*
[8] σωφρόνως – *of sound mind; moderately*
[9] συμβάλλω – *I throw together; I unite; I meet*
[10] καρτερός, ά, όν – *strong; staunch*
[11] πλεῖστος, η, ον – *most, greatest, largest*
[12] ὀκνέω – *I shrink from; I hesitate*
[13] ὅδε – *this; here; what is present*
[14] μῦθος, ὁ *word – speech; tale, story; narrative*
[15] καταφρονέω – *I look down upon, think slightly of*
[16] μέλλω – *I am about to; I am destined to* (MH: PAO 3P)
[17] ἀδολέσχης, ὁ – *prater; idle talker; gossisper*
[18] πλάνης, ὁ – *wanderer; vagabond*
[19] σόφισμα, τό – *acquired skill; method*
[20] ἐπίπνοια, ἡ – *breathing upon; inspiration*
[21] φήμη, ἡ – *utterance prompted by the gods' report, rumor*
[22] σύμπας – *all together, all at once; the universe*
[23] ἄνευ – *without*
[24] θεῖος, α, ον – *of the gods; divine*
[25] βούλησις, ἡ – *willing; purpose*
[26] τύχη, ἡ – *fate; providence*
[27] μαντικός, ή, όν – *prophetic; oracular*
[28] θεῖος, α, ον – *of the gods, divine*

[58] οἷον ἐν Θράκῃ¹ τινὰ λέγουσιν Ὀρφέα² γενέσθαι Μούσης³ υἱόν, ἄλλον δὲ ποιμένα ἐν ὄρει τινὶ τῆς Βοιωτίας⁴ αὐτῶν ἀκοῦσαι τῶν Μουσῶν·⁵ ὅσοι δὲ ἄνευ⁶ δαιμονίου κατοχῆς⁷ καὶ ἐπιπνοίας⁸ λόγους τινὰς ὡς ἀληθεῖς παρ' αὐτῶν ἐκόμισαν⁹ εἰς τὸν βίον¹⁰ ἀτόπους¹¹ καὶ πονηρούς. ἄκουε δὴ τοῦδε¹² τοῦ μύθου¹³ σφόδρα¹⁴ ἐγρηγορώς¹⁵ τε καὶ τὸν νοῦν¹⁶ προσέχων, ὅπως διαμνημονεύσας¹⁷ ἀπαγγείλῃς¹⁸ πρὸς ἐκεῖνον, ᾧ φημί σε συμβαλεῖν.¹⁹ ἔστι δὲ περὶ τοῦδε²⁰ τοῦ θεοῦ, παρ' ᾧ νῦν ἐσμεν. [59] ἦν μὲν γάρ, ὡς πάντες λέγουσι, Διὸς υἱὸς ἐξ Ἀλκμήνης,²¹ βασιλεὺς δὲ οὐ μόνον Ἄργους,²² ἀλλὰ καὶ τῆς Ἑλλάδος²³ ἁπάσης. τοῦτο δὲ οἱ πολλοὶ οὐκ ἴσασιν, ἀλλ' ὅτι αὐτὸς ἀπεδήμει²⁴ στρατευόμενος²⁵ καὶ φυλάττων τὴν ἀρχήν, οἱ δ' Εὐρυσθέα²⁶ φασὶ βασιλεύειν τότε [ὃς ἦν πάντων φιλοπονώτατος²⁷ καὶ πολὺ κρείττων²⁸ τῶν ἐκεῖ.] ταῦτα μὲν οὖν λέγεται μάτην²⁹ ὑπ' αὐτῶν.

---

¹ Θρᾴκη, ἡ – Thrace
² Ὀρφέα, ὁ – Orpheus
³ Μοῦσα, ἡ – Muse; music; song
⁴ Βοιωτία, ὁ – Boeotia
⁵ Μοῦσα, ἡ – Muse; music song
⁶ ἄνευ – without
⁷ κατοχή, ὁ – holding fast; detention; possession by a spirit; inspiration
⁸ ἐπίπνοια, ἡ – breathing upon; inspiration
⁹ κομίζω – I take care of; I attend; I give heed to
¹⁰ βίος, ὁ – life; mode of life; manner of living
¹¹ ἄτοπος, ον – out of place; strange; unnatural
¹² ὅδε – this; what is present; what can be seen
¹³ μῦθος, ὁ – word; speech; tale, story, narrative
¹⁴ σφόδρα – very much; exceedingly
¹⁵ ἐγρήγορος, ον, wakeful, attentiveness
¹⁶ νόος, ὁ – mind; thought (TH: with προσέχω – I direct my mind to something, I pay attention)
¹⁷ διαμνημονεύω – I call to mind; I mention
¹⁸ ἀπαγγέλλω – I bring tidings; I report
¹⁹ συμβάλλω – I throw together; I unite; I meet (MH: FAN or AAN, but here in context FAN)
²⁰ ὅδε – this; what is present; what can be seen
²¹ Ἀλκμήνη, ἡ – Alcmene
²² Ἄργος, ὁ – Argos
²³ Ἑλλάς, ἡ – Greece
²⁴ ἀποδημέω – I am away from home; I travel
²⁵ στρατεύω – I advance with an army; I wage war
²⁶ Εὐρυσθεύς, ὁ – Eurystheus
²⁷ φιλόπονος, ον – labor-loving; laborious
²⁸ κρείσσων, ον – stronger, mightier; better
²⁹ μάτην – in vain; idle; false

[60] ἐκεῖνος δὲ οὐ μόνον τῆς Ἑλλάδος ἦν βασιλεύς, ἀλλ' ἀπ' ἀνίσχοντος[1] ἡλίου μέχρι δυομένου [2]πάσης ἦρχε γῆς καὶ τῶν ἀνθρώπων ἁπάντων, παρ' οἷς ἱερά ἐστιν Ἡρακλέους. [61] ἦν δὲ καὶ πεπαιδευμένος ἁπλῶς,[3] πολυτρόπως[4] οὐδὲ περιττῶς[5] σοφίσμασι[6] καὶ πανουργήμασιν[7] ἀνθρώπων κακοδαιμόνων.[8] λέγουσι δὲ καὶ ταῦτα περὶ Ἡρακλέους, ὡς γυμνὸς ᾔει[9] μόνον ἔχων λεοντῆν[10] καὶ ῥόπαλον.[11] [62] τοῦτο δὲ οὕτως λέγουσιν, ὅτι ἐκεῖνος οὔτε χρυσίον[12] οὔτε ἀργύριον οὔτε ἐσθῆτα[13] περὶ πολλοῦ ἐποιεῖτο, ἀλλὰ ταῦτα πάντα ἐνόμιζε τοῦ μηδενὸς ἄξια, πλὴν ὅσον[14] δοῦναι καὶ χαρίσασθαι. πολλοῖς γοῦν[15] οὐ μόνον χρήματα[16] ἄπειρα[17] καὶ γῆν καὶ ἀγέλας[18] ἵππων καὶ βοῶν, ἀλλὰ βασιλείας καὶ πόλεις ὅλας ἐδωρήσατο.[19] ἐπίστευε γὰρ αὑτοῦ πάντα εἶναι καὶ οὐδὲν ἀλλότριον, προσγίγνεσθαι[20] δὲ τοῖς δοθεῖσι τὴν εὔνοιαν[21] τῶν λαβόντων. [63a] οὐ τοίνυν[22] οὐδὲ ἐκεῖνο ἀληθές φασιν ὅτι δὴ περιῄει[23] μόνος ἄνευ[24] στρατιᾶς.[25]

---

[1] ἴσχω – I keep back, restrain; I hold, have in possession
[2] δύω – I cause to sink, sink, plunge
[3] ἁπλῶς – singly; simply; generally; foolishly
[4] πολύτροπος, ον – much-turned, turning many ways; versatile; fickle; various
[5] περισσός, ή, όν – extraordinary; excessive
[6] σόφισμα, τό – acquired skill; method
[7] πανούργημα, τό – villainy; sophistry
[8] κακοδαίμων, ον – (possessed by) an evil genius
[9] εἶμι – I come, go (MH: IAI 3S)
[10] λεοντέη, ἡ – lion's skin
[11] ῥόπαλον, τό – club, cudgel, mace; staff
[12] χρυσίον, τό – gold, anything made of gold
[13] ἐσθής, ἡ – clothing
[14] TH: πλὴν ὅσον – except or save so far as
[15] γοῦν or γ' οὖν – at least then
[16] χρῆμα, τό – goods, property; money
[17] ἄπειρος, ον – boundless, countless, infinite
[18] ἀγέλη, ἡ – herd
[19] δωρέω – I give, present
[20] προσγίγνομαι – I attach myself to another as an ally; I am added to; I accrue
[21] εὔνοια, ἡ – goodwill, favor
[22] τοίνυν – therefore; accordingly
[23] περίειμι – I go about; I am around
[24] ἄνευ – without
[25] στρατιά, ἡ – army

[63b] οὐ γὰρ δυνατὸν πόλεις τε ἐξαιρεῖν[1] καὶ τυράννους[2] ἀνθρώπους καταλύειν καὶ πᾶσι πανταχοῦ[3] προστάττειν[4] χωρὶς δυνάμεως. ὅτι δὲ αὐτουργὸς[5] ἦν καὶ τῇ ψυχῇ πρόθυμος[6] καὶ τὸ σῶμα ἱκανὸς καὶ πάντων μάλιστα[7] ἐπόνει,[8] μόνον αὐτὸν ἔφασαν βαδίζειν[9] καὶ πράττειν ἅπαντα ὅσα βούλοιτο.[10] [64] καὶ μὴν ὅ γε[11] πατὴρ αὐτοῦ πολλὴν ἐπιμέλειαν[12] ἐποιεῖτο, ὁρμάς[13] τε ἀγαθὰς ἐπιπέμπων[14] καὶ εἰς ὁμιλίας[15] ἀνθρώπων ἀγαθῶν ἄγων. ἐσήμαινε[16] δὲ καὶ δι' οἰωνῶν[17] καὶ δι' ἐμπύρων[18] καὶ διὰ πάσης μαντικῆς[19] ἕκαστα. [65a] ἐπεὶ δὲ ἑώρα[20] βουλόμενον ἄρχειν αὐτόν, οὐ τῶν ἡδονῶν[21] οὐδὲ τῶν πλεονεξιῶν[22] ἐπιθυμοῦντα, ὧν ἕνεκεν οἱ πολλοὶ τούτου ἐρῶσιν,[23] ἀλλ' ὡς ἂν δύνηται πλεῖστα[24] καὶ πλείστους[24] εὖ[25] ποιεῖν, ἐπιστάμενος αὐτοῦ γενναίαν[26] οὖσαν τὴν φύσιν, ὅμως[27] δὲ ὑπονοῶν[28] ὅσον ἦν ἐν αὐτῷ θνητόν,[29]

---

[1] ἐξαιρέω – *I get rid of; I destroy*
[2] τύραννος, ὁ or ἡ – *an absolute ruler; tyrant*
[3] πανταχοῦ – *everywhere; altogether; absolutely*
[4] προστάσσω – *I assign; I command, order*
[5] αὐτουργός, όν – *self-working; simple, native*
[6] πρόθυμος, ον – *ready, eager, willing*
[7] μάλα – *above all, exceedingly, certainly*
[8] πονέω – *I work hard; I toil*
[9] βαδίζω – *I walk; I go about; I proceed*
[10] βούλομαι – *I will; I wish* (MH: PMO 3S)
[11] γε – *at least; at any rate; indeed*
[12] ἐπιμέλεια, ἡ – *attention paid to it, diligence*
[13] ὁρμή, ἡ – *rapid motion forward; onset; impulse*
[14] ἐπιπέμπω – *I send after/upon; I impart*
[15] ὁμιλία, ἡ – *company; intercourse; persuasion*
[16] σημαίνω – *I indicate; I signify; I explain signs*
[17] οἰωνός, ὁ – *bird of prey; bird of omen or augury*
[18] ἔμπυρος, ον – *in, on,* or *by the fire; of* or *for a burnt offering*
[19] μαντικός, ή, όν – *prophetic, oracular*
[20] ὁράω – *I see, look, percieve* (MH: IAI 3S)
[21] ἡδονή, ἡ – *enjoyment, pleasure*
[22] πλεονεξία, ἡ – *greediness, arrogance, excess*
[23] ἐράω – *I love; I desire passionately*
[24] πλεῖστος, η, ον – *most; greatest; largest*
[25] εὖ – *well; good; well; thoroughly; competent*
[26] γενναῖος, α, ον – *true to one's birth* or *descent; high-born, noble; excellent*
[27] ὅμως – *likewise, equally*
[28] ὑπονοέω – *I suspect; I surmise*
[29] θνητός, ή, όν – *mortal*

[65b] καὶ ὅτι πολλὰ παραδείγματα[1] ἐν ἀνθρώποις πονηρὰ εἴη[2] τρυφῆς[3] καὶ ἀκολασίας[4] καὶ πολλοὶ παρατρέπουσιν[5] ἄκοντα[6] τὸν πεφυκότα[7] ὀρθῶς[8] ἔξω τῆς αὑτοῦ φύσεώς τε καὶ γνώμης,[9] ταῦτα λογιζόμενος Ἑρμῆν[10] ἔπεμψε, κελεύσας ἃ δεῖ ποιεῖν. [66a] ὁ δὲ ἀφικόμενος[11] εἰς Θήβας,[12] ἔνθα[13] νέος ὢν ἐτρέφετο[14] Ἡρακλῆς, ἔφραζέν[15] τε ὅς εἴη καὶ παρ' ὅτου πεμφθείς, καὶ ἄγει λαβὼν αὐτὸν ἄφραστον[16] καὶ ἄβατον[17] ἀνθρώποις ὁδόν, ἕως ἦλθεν ἐπί τινα ὑπεροχὴν[18] ὄρους περιφανῆ[19] καὶ σφόδρα[20] ὑψηλήν,[21] τὰ δὲ ἔξωθεν δεινῶς[22] ἀπότομον[23] κρημνοῖς[24] ὀρθίοις[25] καὶ βαθείᾳ[26] φάραγγι[27] ποταμοῦ κύκλῳ[28] περιρρέοντος,[29] πολὺν ψόφον[30] τε καὶ ἦχον[31] ἀναδιδόντος,[32] ὡς τοῖς κάτωθεν[33] ἀναβλέπουσι[34] μίαν ὁρᾶσθαι τὴν ἄνω[35] κορυφήν,[36]

---

[1] παράδειγμα, τό – *pattern; model; precedent*
[2] εἰμί – *I am; I exist* (MH: PAO 3S)
[3] τρυφή, ἡ – *softness; wantonness*
[4] ἀκολασία, ἡ – *licentiousness; intemperance*
[5] παρατρέπω – *I turn aside; I divert*
[6] ἀέκων, ον – *involuntary; unwilling*
[7] φύω – *I bring forth, produce; I put forth* (TH: *I am so naturally, by nature*)
[8] ὀρθός, ή, όν – *upright; true; correct*
[9] γνώμη, ἡ – *mind, thought; judgment, opinion*
[10] Ἑρμῆς, ὁ – *Hermes*
[11] ἀφικνέομαι – *I arrive at, come to*
[12] Θῆβαι, αἱ – *Thebes*
[13] ἔνθα – *there, then, when*
[14] τρέφω – *I grow; I bring up; I tend, support*
[15] φράζω – *I tell, declare, make known*
[16] ἄφραστος, ον – *marvelous; inexpressible*
[17] ἄβατος, η, ον – *impassable, inaccessible*
[18] ὑπεροχή, ἡ – *projection; preeminence*
[19] περιφανής, ές – *seen; conspicuous; notorious*
[20] σφόδρα – *very much; exceedingly*
[21] ὑψηλός, ή, όν – *high, lofty; proud*
[22] δεινός, ή, όν – *fearful; terrible*
[23] ἀπότομος, ον – *cut off; sheer; precipitous*
[24] κρημνός, ὁ – *cliff, overhanging bank*
[25] ὄρθιος, α, ον – *straight up; uphill*
[26] βαθύς, εῖα, ύ – *deep; high; strong; violent*
[27] φάραγξ, ἡ – *chasm, ravine*
[28] κύκλος, ὁ – *circle; a thing in a circle shape*
[29] περιρρέω – *I flow around; I overflow*
[30] ψόφος, ὁ – *noise; crashing sound*
[31] ἦχος, ὁ – *sound, noise; echo*
[32] ἀναδίδωμι – *I give up; I send up; I yield*
[33] κάτωθεν – *from below; up from below*
[34] ἀναβλέπω – *I look up; I open my eyes; I recover my sight*
[35] ἄνω – *upwards, above; in heaven*
[36] κορυφή, ἡ – *head; top; summit*

[66b] τὸ δὲ ἀληθὲς ἦν δίδυμος[1] ἐκ μιᾶς ῥίζης, καὶ πολύ γε[2] ἀλλήλων διεστήκεσαν.[3]

[67] ἐκαλεῖτο δὲ αὐτῶν ἡ μὲν βασίλειος[4] ἄκρα,[5] ἱερὰ Διὸς βασιλέως, ἡ δὲ ἑτέρα τυραννική,[6] τυφῶνος[7] ἐπώνυμος.[8] δύο δὲ εἶχον ἔξωθεν ἐφόδους[9] εἰς αὐτάς, [μίαν ἑκατέρα[10]] ἡ μὲν βασίλειος[11] ἀσφαλῆ[12] καὶ πλατεῖαν,[13] ὡς ἀκινδύνως[14] τε καὶ ἀπταίστως[15] δι' αὐτῆς εἰσιέναι[16] ἐφ' ἅρματος[17] ἐλαύνοντα,[18] εἴ τῳ δεδομένον εἴη παρὰ τοῦ μεγίστου θεῶν· ἡ δὲ ἑτέρα στενήν[19] τε καὶ σκολιὰν[20] καὶ βίαιον,[21] ὡς τοὺς πλείστους[22] πειρωμένους αὐτῆς οἴχεσθαι[23] κατὰ τῶν κρημνῶν[24] καὶ τοῦ ῥεύματος,[25] ἅτε[26] οἶμαι[27] παρὰ δίκην[28] ἰόντας.

---

[1] δίδυμος, ον (ος, α, ον) – *double; twofold; twin*
[2] γε – *at least; at any rate; indeed* (LH: enclitic particle emphasizing the following words)
[3] διΐστημι – *I distinguish; I separate*
[4] βασίλειος, ον – *royal* (TH: *Peak Royal*)
[5] ἄκρα, ἡ – *highest* or *farthest point; hill* or *mountain top, peak*
[6] τυραννικός, ή, όν – *royal; befitting a tyrant; despotic* (TH: *Peak Tyrannous*)
[7] Τυφῶν, ὁ – *Typhon* (a giant conquered by Zeus)
[8] ἐπώνυμος, ον – *given as a significant name; surnamed; named after* (with genitive)
[9] ἔφοδος, ἡ – *approach; entrance, means of access, passage*
[10] ἑκάτερος, α, ον – *each of two; each singly; both*
[11] βασίλειος, ον – *royal*
[12] ἀσφαλής, ές – *not liable to fall; safe*
[13] πλατεῖα, ἡ – *wide, broad; flat, level*
[14] ἀκίνδυνος, ον – *free from danger, guaranteed against risk*
[15] ἄπταιστος, ον – *not stumbling, less apt to stumble; infallible; with greater precision*
[16] εἴσειμι – *I enter, go into; come before*
[17] ἅρμα, τό – *(war) chariot; chariot and horses*
[18] ἐλαύνω – *I drive; I ride; I go in a chariot*
[19] στενός, ή, όν – *narrow; strait; close, confined*
[20] σκολιός, ά, όν – *curved, bent; winding; crooked*
[21] βίαιος, α, ον – *forcible, violent, perforce*
[22] πλεῖστος, η, ον – *most, greatest, largest*
[23] οἴχομαι – *I go* or *come; I go away, go off, depart*
[24] κρημνός, ὁ – *overhanging bank, cliff; crag*
[25] ῥεῦμα, τό – *that which flows; current, stream*
[26] ἅτε – *just as, inasmuch as*
[27] οἴομαι – *I think, suppose*
[28] δίκη, ἡ – *justice; order; right; judgment; divine justice; divine order*

Kingship 1.68–69

[68] φαίνεται μὲν οὖν, ὅπερ¹ ἔφην, τοῖς πολλοῖς, ἅτε² ὁρῶσι μακρόθεν, ἄμφω³ μία τε καὶ ἐν ταὐτῷ⁴ σχεδόν,⁵ ὑπερέχει⁶ δὲ ἡ βασίλειος⁷ κορυφὴ⁸ τοσοῦτον ὥστ' ἐκείνη μὲν ἐπάνω τῶν νεφῶν⁹ ἐστιν, ἐν αὐτῷ τῷ τε καθαρῷ καὶ αἰθρίῳ¹⁰ ἀέρι,¹¹ ἡ δὲ ἑτέρα πολὺ κατωτέρω,¹² περὶ αὐτὴν μάλιστα¹³ τὴν τῶν νεφῶν¹⁴ συστροφήν,¹⁵ σκοτεινὴ¹⁶ καὶ ἀχλυώδης.¹⁷ [69] ἄγων οὖν ἐκεῖσε¹⁸ ὁ Ἑρμῆς ἐπέδειξε¹⁹ τὴν φύσιν τοῦ χωρίου.²⁰ τοῦ δὲ Ἡρακλέους, ἅτε²¹ νέου καὶ φιλοτίμου,²² προθυμουμένου²³ θεάσασθαι τἄνδον,²⁴ Οὐκοῦν²⁵ ἕπου,²⁶ φησίν, ἵνα καὶ σαφῶς²⁷ ἴδῃς τὴν διαφορὰν²⁸ [καὶ] τῶν ἄλλων, ἃ λανθάνει²⁹ τοὺς ἀνοήτους.³⁰

---

¹ ὅσπερ – *the very one who; the very thing which*
² ἅτε – *just as, inasmuch as*
³ ἄμφω – *both*
⁴ ταὐτός, ή, όν – *identical*
⁵ σχεδόν – *near, at close quarters; about, approximately, more or less*
⁶ ὑπερέχω – *I hold over; I rise above, excel*
⁷ βασίλειος, ον – *royal*
⁸ κορυφή, ἡ – *head; top; crown; peak, summit*
⁹ νέφος, τό – *cloud, mass of clouds*
¹⁰ αἴθριος, ον – *clear; bright*
¹¹ ἀήρ, ἡ or ὁ – *mist, haze; air*
¹² κατώτερος, α, ον – *lower; downwards; more southerly; below*
¹³ μάλα – *above all; exceedingly; certainly*
¹⁴ νέφος, τό – *cloud, mass of clouds*
¹⁵ συστροφή, ἡ – *twisting together; collection; turning around; condensation, density*
¹⁶ σκοτεινός, ή, όν – *dark; dark shadow; obscure*
¹⁷ ἀχλυώδης, ες – *hazy, misty, dim; dark*
¹⁸ ἐκεῖσε – *thither; to that place*
¹⁹ ἐπιδείκνυμι – *I display, exhibit, show off*
²⁰ χωρίον, τό – *place, spot; district; town; enclosed space*
²¹ ἅτε – *just as; inasmuch as*
²² φιλότιμος, ον – *loving honor; ambitious for distinction*
²³ προθυμέομαι – *I am ready, willing, eager to do a thing; I show zeal, desire ardently*
²⁴ ἔνδον – *within; in one's heart; at home*
²⁵ οὐκοῦν – *surely then; very well, yes* (in replies)
²⁶ ἕπομαι – *I am; I come after, follow; I keep pace with; I pursue*
²⁷ σαφής, ές – *clear, plain, distinct; manifestly, obviously*
²⁸ διαφορά, ἡ – *moving hither and thither; dislocation; difference; variance; advantage*
²⁹ λανθάνω – *I escape notice, am unseen*
³⁰ ἀνόητος, ον – *unheard of; unintelligent; fool*

[70] ἐπεδείκνυεν[1] οὖν αὐτῷ πρῶτον ἐπὶ τῆς μείζονος κορυφῆς[2] καθημένην ἐν θρόνῳ λαμπρῷ[3] γυναῖκα εὐειδῆ[4] καὶ μεγάλην, ἐσθῆτι[5] λευκῇ κεκοσμημένην,[6] σκῆπτρον[7] ἔχουσαν οὐ χρυσοῦν[8] οὐδὲ ἀργυροῦν,[9] ἀλλ' ἑτέρας φύσεως καθαρᾶς καὶ πολὺ λαμπροτέρας,[10] ὁποίαν[11] μάλιστα[12] τὴν Ἥραν[13] γράφουσι· [71] τὸ δὲ πρόσωπον φαιδρὸν[14] ὁμοῦ[15] καὶ σεμνόν,[16] ὡς τοὺς μὲν ἀγαθοὺς ἅπαντας θαρρεῖν[17] ὁρῶντας, κακὸν δὲ μηδένα δύνασθαι προσιδεῖν,[18] μὴ μᾶλλον ἢ τὸν ἀσθενῆ τὴν ὄψιν[19] ἀναβλέψαι πρὸς τὸν τοῦ ἡλίου κύκλον·[20] καθεστηκὸς δὲ καὶ ὅμοιον αὐτῆς τὸ εἶδος ὁρᾶσθαι καὶ τὸ βλέμμα[21] οὐ μετατρεπόμενον·[22] [72a] πολλὴν δ' εὐφημίαν[23] τε καὶ ἡσυχίαν[24] ἀθόρυβον[25] κατέχειν τὸν τόπον. ἦν δὲ ἅπαντα μεστὰ[26] καρπῶν τε καὶ ζῴων εὐθηνούντων[27] ἀπὸ παντὸς γένους·

---

[1] ἐπιδείκνυμι – I point out, show
[2] κορυφή, ἡ – summit, peak
[3] λαμπρός, ά, όν – bright, radiant; clear
[4] εὐειδής, ές – beautiful, shapely
[5] ἐσθής, ἡ – clothing
[6] κοσμέω – I order, adorn; I marshal (an army)
[7] σκῆπτρον, τό – staff, scepter; symbol of royalty
[8] χρύσεος, η, ον – of gold, golden, gold-colored
[9] ἀργύρεος, α, ον – of silver, silver-colored
[10] λαμπρός, ά, όν – bright, radiant; clear
[11] ὁποῖος, α, ον – of what sort or quality; as
[12] μάλα – above all; exceedingly; certainly
[13] Ἥρα, ἡ – Hera
[14] φαιδρός, ά, όν – bright; beaming (with joy)
[15] ὁμοῦ – at the same place; together; at once
[16] σεμνός, ή, όν – revered, august, holy, majestic
[17] θαρσέω – I take courage, have confidence
[18] προσειδον – I look at, upon
[19] ὄψις, ἡ – power of sight or seeing; vision
[20] κύκλος, ὁ – orb, disk (of the sun or moon)
[21] βλέμμα, τό – look; glance; eyesight
[22] μετατρέπω – I turn back or away; I change
[23] εὐφημία, ἡ – religious/reverent silence
[24] ἡσυχία, ἡ – quiet, silence, stillness
[25] ἀθόρυβος, ον – undisturbed, without uproar
[26] μεστός, ή, όν – full; full of, laden with
[27] εὐθηνέω – I thrive, flourish

[72b] παρῆν δὲ καὶ χρυσὸς[1] αὐτόθι[2] ἄπλετος[3] σεσωρευμένος[4] καὶ ἄργυρος[5] καὶ χαλκὸς[6] καὶ σίδηρος.[7] οὐ μὴν ἐκείνη γε[8] οὐδὲν τῷ χρυσῷ[9] προσεῖχεν οὐδὲ ἐτέρπετο,[10] ἀλλὰ μᾶλλον τοῖς καρποῖς τε καὶ ζῴοις. [73] ἰδὼν οὖν αὐτὴν ὁ Ἡρακλῆς ᾐδέσθη[11] τε καὶ ἠρυθρίασεν,[12] τιμῶν καὶ σεβόμενος,[13] ὡς ἂν ἀγαθὸς παῖς μητέρα γενναίαν.[14] καὶ ἤρετο τίς ἐστι θεῶν τὸν Ἑρμῆν· ὁ δὲ εἶπεν, Αὕτη σοι μακαρία δαίμων[15] Βασιλεία,[16] Διὸς βασιλέως ἔκγονος.[17] ὁ δὲ Ἡρακλῆς ἐχάρη καὶ ἐθάρρησε[18] πρὸς αὐτήν. καὶ αὖθις[19] ἐπήρετο τὰς σὺν αὐτῇ γυναῖκας. τίνες εἰσίν; ἔφη· [74] ὡς εὐσχήμονες[20] καὶ μεγαλοπρεπεῖς[21] καὶ ἀρρενωποί.[22] ἥδε[23] μέν, ἔφη, σοι ἡ προσορῶσα[24] γοργόν[25] τε καὶ πρᾶον,[26] ἐκ δεξιῶν καθημένη, Δίκη,[27] πλείστῳ[28] δὴ καὶ φανερωτάτῳ λάμπουσα[29] κάλλει.[30] παρὰ δὲ αὐτὴν Εὐνομία,[31] πάνυ[32] ὁμοία καὶ μικρὸν διαφέρουσα τὸ εἶδος.

---

[1] χρυσός, ὁ – gold, golden, made of gold
[2] αὐτόθι – on the spot, in that place
[3] ἄπλετος, ον – boundless, immense
[4] σωρεύω – I heap upon (one thing on another)
[5] ἄργυρος, ὁ – silver, made of silver; white metal
[6] χαλκός, ὁ – (made of) copper; polished surface
[7] σίδηρος, ὁ – (made of) iron; iron implement
[8] γε – at least; at any rate; indeed
[9] χρυσός, ὁ – (made of) gold, golden
[10] τέρπω – I delight in, have enjoyment of
[11] αἰδέομαι – I stand in awe of; I show respect for
[12] ἐρυθριάω – I blush; I blush before
[13] σέβομαι – I revere, worship; I honor
[14] γενναῖος, α, ον – true to one's birth; noble
[15] δαίμων, ὁ or ἡ – a god, deity; semi-divine being
[16] βασίλεια, ἡ – princess, queen (TH: as a proper name – Royalty)
[17] ἔκγονος, ον – offspring, child
[18] θαρσέω – I take courage, have confidence
[19] αὖθις – back; again; hereafter; in turn
[20] εὐσχήμων, ον – elegant in figure; graceful
[21] μεγαλοπρεπής, ές – befitting a great person; magnificent
[22] ἀρρενωπός, ή, όν – masculine-looking; manly
[23] ὅδε – this; what is present; here
[24] προσοράω – I look at, behold
[25] γοργός, ή, όν – grim; fierce; terrible
[26] πρᾶος, ον – mild, gentle, meek
[27] δίκη, ἡ – justice; order; divine justice; divine order (TH: as a proper name – Justice)
[28] πλεῖστος, η, ον – most; greatest; largest
[29] λάμπω – I give light, make shine; I illuminate
[30] κάλλος – beauty
[31] εὔνομος, ον – under good laws; well-ordered (TH: as a proper name – Civic Order)
[32] πάνυ – altogether; very; exceedingly

[75] ἐκ δὲ τοῦ ἐπὶ θάτερα¹ μέρους γυνὴ σφόδρα² ὡραία³ καὶ ἁβρῶς⁴ ἐσταλμένη⁵ καὶ μειδιῶσα⁶ ἀλύπως·⁷ Εἰρήνην⁸ καλοῦσιν αὐτήν· ὁ δ' ἐγγὺς οὗτος ἑστηκὼς τῆς Βασιλείας παρ' αὐτὸ τὸ σκῆπτρον⁹ ἔμπροσθεν ἰσχυρὸς ἀνήρ, πολιὸς¹⁰ καὶ μεγαλόφρων,¹¹ οὗτος δὴ καλεῖται Νόμος,¹² ὁ δὲ αὐτὸς καὶ λόγος ὀρθὸς¹³ κέκληται, σύμβουλος¹⁴ καὶ πάρεδρος,¹⁵ οὗ χωρὶς οὐδὲν ἐκείναις πρᾶξαι θέμις¹⁶ οὐδὲ διανοηθῆναι.¹⁷ [76a] ταῦτα μὲν οὖν ἀκούων καὶ ὁρῶν ἐτέρπετο¹⁸ καὶ προσεῖχε τὸν νοῦν, ὡς οὐδέποτε αὐτῶν ἐπιλησόμενος.¹⁹ ἐντεῦθεν²⁰ δὴ ἐπεὶ κατιόντες²¹ ἐγένοντο κατὰ τὴν τυραννικὴν²² εἴσοδον,²³ δεῦρο,²⁴ ἔφη, θέασαι καὶ τὴν ἑτέραν, ἧς ἐρῶσιν²⁵ οἱ πολλοὶ καὶ περὶ ἧς πολλὰ καὶ παντοδαπὰ²⁶ πράγματα²⁷ ἔχουσι,

---

[1] LH: archaic form of ἕτερος
[2] σφόδρα – very much; exceedingly
[3] ὡραῖος, α, ον – produced at the right season; youthful, in the bloom of youth
[4] ἁβρός, ά, όν – graceful; delicate; delicately
[5] στέλλω – I set in order; I make ready; I dispatch; I am arrayed in; I am clothed in
[6] μειδιάω – I smile, grin; I laugh aloud
[7] ἄλυπος, ον – without pain; harmlessly
[8] εἰρήνη, ἡ – peace (TH: proper name – Peace)
[9] σκῆπτρον, τό – staff, scepter; symbol of royalty
[10] πολιός, ά, όν – gray; grey-haired; serene
[11] μεγαλόφρων, ὁ or ἡ – high-minded; generous; arrogant
[12] νόμος, ὁ – custom; law; ordinance (TH: as a proper name – Law)
[13] ὀρθός, ή, όν – upright; true; correct (TH: λόγος ὀρθος as a proper name – Right Reason)
[14] σύμβουλος, ὁ – advisor, counselor (TH: as a proper name – Counselor)
[15] πάρεδρος, ον – sitting beside; assessor (TH: as a proper name – Assessor)
[16] θέμις, ἡ – established law; justice, right; laws
[17] διανοέω – I have in mind; I intend, purpose
[18] τέρπω – I delight, gladden, cheer; I enjoy
[19] ἐπιλήθω – I cause to forget; I forget (MH: FMP MNS)
[20] ἐντεῦθεν – hence; from that; thereupon
[21] κάτειμι – I go down; I come down; I return
[22] τυραννικός, ή, όν – befitting a tyrant; tyrannical (TH: the entrance to Peak Tyrannous)
[23] εἴσοδος, ἡ – place of entrance, entry, entrance
[24] δεῦρο – hither, here; here now
[25] ἐράω – I desire; I love warmly
[26] παντοδαπός, ή, όν – manifold; of every kind
[27] πρᾶγμα, τό – deed; act; affair

Kingship 1.76b–77

[76b] φονεύοντες¹ οἱ ταλαίπωροι,² παῖδές τε γονεῦσι πολλάκις ἐπιβουλεύοντες³ καὶ γονεῖς παισὶ καὶ ἀδελφοὶ ἀδελφοῖς, τὸ μέγιστον κακὸν ἐπιποθοῦντες⁴ καὶ μακαρίζοντες,⁵ ἐξουσίαν μετὰ ἀνοίας.⁶ [77] καὶ δὴ πρῶτον μὲν αὐτῷ τὰ περὶ τὴν εἴσοδον⁷ ἐδείκνυεν, ὡς μία μὲν ἐφαίνετο πρόδηλος,⁸ καὶ αὐτὴ σχεδόν,⁹ ὁποίαν¹⁰ πρότερον¹¹ εἶπον, ἐπισφαλὴς¹² καὶ παρ' αὐτὸν φέρουσα τὸν κρημνόν,¹³ πολλαὶ δὲ ἄδηλοι¹⁴ καὶ ἀφανεῖς¹⁵ διαδύσεις,¹⁶ καὶ κύκλῳ¹⁷ πᾶς ὑπόνομος¹⁸ ὁ τόπος καὶ διατετμημένος¹⁹ ὑπ' αὐτὸν οἶμαι²⁰ τὸν θρόνον, αἱ δὲ πάροδοι²¹ καὶ ἀτραποὶ²² πᾶσαι πεφυρμέναι²³ αἵματι καὶ μεσταὶ²⁴ νεκρῶν. διὰ δὲ τούτων οὐδεμιᾶς ἦγεν αὐτόν, ἀλλ' ἔξωθεν καθαρωτέραν, ἅτε²⁵ οἶμαι²⁶ θεατὴν²⁷ ἐσόμενον.

---

¹ φονεύω – *I murder, kill*
² ταλαίπωρος, ον – *miserable, wretched*
³ ἐπιβουλεύω – *I plot, contrive against*
⁴ ἐπιποθέω – *I desire besides, yearn after*
⁵ μακαρίζω – *I bless, deem happy, congratulate*
⁶ ἄνοια, ἡ – *want of understanding; folly*
⁷ εἴσοδος, ἡ – *place of entrance, entry, entrance*
⁸ πρόδηλος, ον – *clear, evident; manifest; evident*
⁹ σχεδόν – *more or less, roughly speaking* (LH: softens assertions with modesty – *I dare say*)
¹⁰ ὁποῖος, α, ον – *of what sort, quality, kind*
¹¹ πρότερος, α, ον – *formerly, earlier, previously*
¹² ἐπισφαλής, ές – *prone to fall, precarious*
¹³ κρημνός, ὁ – *edge; cliff; overhanging bank*
¹⁴ ἄδηλος, ον – *unseen; unknown, obscure*
¹⁵ ἀφανής, ές – *secret; hidden; unseen*
¹⁶ διάδυσις, ἡ – *passing through; passage; subterranean channel*
¹⁷ κύκλος, ὁ – *circle, ring; in a circle; round about*
¹⁸ ὑπόνομος, ον – *undermined; underground; underground passage*
¹⁹ διατέμνω – *I cut through, cut in two, cut up*
²⁰ οἴομαι – *I think, suppose*
²¹ πάροδος, ἡ – *passage; narrow entrance*
²² ἀτραπός, ἡ – *short cut; path*
²³ φύρω – *I mix; I sully, stain*
²⁴ μεστός, ή, όν – *full; full of; laden with*
²⁵ ἅτε – *just as; inasmuch as; seeing that*
²⁶ οἴομαι – *I think, suppose*
²⁷ θεατής, ὁ – *one who sees, a spectator*

[78] ἐπεὶ δὲ εἰσῆλθον, καταλαμβάνουσι τὴν Τυραννίδα[1] καθημένην[2] ὑψηλὴν[3] ἐξεπίτηδες,[4] προσποιουμένην[5] καὶ ἀφομοιοῦσαν[6] αὑτὴν τῇ Βασιλείᾳ, πολὺ δέ, ὡς ἐνόμιζεν, ὑψηλοτέρῳ[7] καὶ κρείττονι[8] τῷ θρόνῳ, μυρίας[9] ἄλλας τινὰς ἔχοντι γλυφάς,[10] καὶ διαθέσει[11] χρυσοῦ[12] καὶ ἐλέφαντος[13] καὶ ἠλέκτρου[14] καὶ ἐβένου[15] καὶ παντοδαπῶν[16] χρωμάτων[17] πεποικιλμένῳ.[18] τὴν δὲ βάσιν[19] οὐκ ἦν ἀσφαλὴς[20] ὁ θρόνος οὐδὲ ἡδρασμένος,[21] ἀλλὰ κινούμενός[22] τε καὶ ὀκλάζων.[23] [79a] ἦν δὲ οὐδ' ἄλλο οὐδὲν ἐν κόσμῳ διακείμενον,[24] ἀλλὰ πρὸς δόξαν ἅπαντα καὶ ἀλαζονείαν[25] καὶ τρυφήν,[26] πολλὰ μὲν σκῆπτρα,[27] πολλαὶ δὲ τιᾶραι[28] καὶ διαδήματα ἐπὶ τῆς κεφαλῆς.

---

[1] τυραννίς, ἡ – monarchy, sovereignty tyranny (TH: as a personal name – Tyranny)
[2] κάθημαι – I sit; I am seated
[3] ὑψηλός, ή, όν – high, lofty; stately; proud
[4] ἐξεπίτηδες (adv.) – on purpose, with malintent
[5] προσποιέω – I make over to; I attach to (middle); I pretend
[6] ἀφομοιόω – I make like; I portray
[7] ὑψηλός ή, όν – high, loftily; stately; proud
[8] κρείσσων – better; stronger; mightier
[9] μυρίος, α, ον – numberless, countless, infinite
[10] γλυφή, ἡ – carving, carved work; emblem
[11] διάθεσις, ἡ – placing in order, arrangement; delivery
[12] χρύσεος, η, ον – golden, adorned with gold
[13] ἐλέφας, ὁ – elephant; elephant's tusk, ivory; a precious stone; cup
[14] ἤλεκτρον, τό and ἤλεκτρος, ὁ or ἡ – amber; an alloy of gold or silver
[15] ἔβενος, ἡ – ebony
[16] παντοδαπός, ή, όν – manifold; of every kind
[17] χρῶμα, τό – skin color; complexion of skin
[18] ποικίλλω – I work in various colors; I work in embroidery
[19] βάσις, ἡ – step; sequence; base pedestal, stand
[20] ἀσφαλής, ές – not liable to fall, safe
[21] ἑδράζω – I cause to sit; I settle, establish; I fix
[22] κινέω – I set in motion; I move; I disturb
[23] ὀκλάζω – I squat, crouch down, sink down; I slacken, abate
[24] διάκειμαι – I am served at table; I am stationed; I am settled, fixed, ordered
[25] ἀλαζονεία, ἡ – false pretension; imposter
[26] τρυφή, ἡ – softness, delicacy, daintiness; luxuriousness; wantonness
[27] σκῆπτρον, τό – staff, scepter; symbol of royalty
[28] τιάρα, ἡ – tiara

[79b] καὶ δὴ μιμουμένη[1] τὸ ἐκείνης ἦθος[2] ἀντὶ μὲν τοῦ προσφιλοῦς[3] μειδιάματος[4] ταπεινὸν[5] ἐσεσήρει[6] καὶ ὕπουλον,[7] ἀντὶ δὲ τοῦ σεμνοῦ[8] βλέμματος[9] σκυθρωπὸν[10] ὑφεωρᾶτο[11] καὶ ἄγριον.[12] [80] ἵνα δὲ φαίνοιτο μεγαλόφρων,[13] οὐ προσέβλεπε[14] τοὺς προσιόντας,[15] ἀλλ' ὑπερεώρα[16] καὶ ἠτίμαζεν.[17] ἐκ δὲ τούτου πᾶσιν ἀπηχθάνετο,[18] πάντας δὲ ὑπενόει.[19] καθημένη δὲ ἀτρεμίζειν[20] οὐκ ἐδύνατο, θαμινὰ[21] δὲ κύκλῳ[22] περιέβλεπε[23] καὶ ἀνεπήδα[24] πολλάκις ἐκ τοῦ θρόνου. τὸ δὲ χρυσίον[25] αἴσχιστα[26] ἐφύλαττεν ἐν τοῖς κόλποις,[27] πάλιν δὲ ἐρρίπτει[28] φοβηθεῖσα ἀθρόον,[29] εἶτ'[30] εὐθὺς ἥρπαζεν ὅτι ἔχοι τις τῶν παριόντων καὶ τὸ βραχύτατον.[31] [81a] ἡ δὲ ἐσθὴς[32] παντοδαπή,[33] τοῦτο μὲν ἁλουργίδων,[34] τοῦτο δὲ φοινικῶν,[35] τοῦτο δὲ κροκωτῶν·[36]

---

[1] μιμέομαι – I imitate, represent, portray
[2] ἦθος, τό – custom; disposition, character
[3] προσφιλής, ές – dear, beloved; well-disposed
[4] μειδίαμα, τό – smile, smiling
[5] ταπεινός, ή, όν – humbled, downcast; base, lowly
[6] σαίρω – I part the lips and show the closed teeth; I grin, smile (MH: LAI 3S)
[7] ὕπουλος, ον – extending inwards; under the surface of the flesh; festering
[8] σεμνός, ή, όν – revered, august, holy
[9] βλέμμα, τό – look, glance; eyesight
[10] σκυθρωπός, όν – of sad or angry countenance; sullen; gloomy, melancholy
[11] ὑφοράω – I look at from below; I eye stealthily; I view with suspicion or jealousy
[12] ἄγριος, α, ον – wild; of the fields; uncultivated
[13] μεγαλόφρων, ὁ or ἡ – high-minded; arrogant
[14] προσβλέπω – I look at or upon; I regard
[15] πρόσειμι – I am present; I am attached to
[16] ὑπεροράω – I look over; I despise, disdain
[17] ἀτιμάζω – I treat as unworthy, hold in no honor, dishonor (MH: PAO 3S)
[18] ἀπεχθάνομαι – I am hated; I incur hatred
[19] ὑπονοέω – I suspect, surmise, suppose
[20] ἀτρεμίζω – I keep quiet; I keep still
[21] θαμεινός, ή, όν – crowded; close-set
[22] κύκλος, ὁ – circle, ring; in a circle; round about
[23] περιβλέπω – I look round about, gaze around
[24] ἀναπηδάω – I leap up; I start up
[25] χρυσίον, τό – gold, anything made of gold
[26] αἰσχρός, ά, όν – causing shame; reproachful
[27] κόλπος, ὁ – bosom; lap; genitals
[28] ῥίπτω – I throw, cast, hurl: I prostrate, lie
[29] ἀθρόος, α, ον – in crowds, heaps, masses; in close order, together; in a body
[30] εἶτα – then, next
[31] βραχύς, εῖα, ύ – short; humble, insignificant
[32] ἐσθής, ἡ – clothing
[33] παντοδαπός, ή, όν – manifold; of every kind
[34] ἁλουργίς, ἡ – purple robe
[35] φοινίκεος, α, ον – crimson, purple-red
[36] κροκωτός, ή, όν – saffron-colored

[81b] ἦσαν δὲ καὶ λευκοί τινες φαινόμενοι τῶν πέπλων·[1] πολλὰ δὲ καὶ κατέρρηκτο[2] τῆς στολῆς.[3] χρώματα[4] δὲ παντοδαπὰ[5] ἠφίει,[6] φοβουμένη καὶ ἀγωνιῶσα[7] καὶ ἀπιστοῦσα[8] καὶ ὀργιζομένη,[9] καὶ ποτὲ μὲν ὑπὸ λύπης ταπεινή,[10] ποτὲ δὲ ὑφ' ἡδονῆς[11] μετέωρος[12] ἑωρᾶτο, καὶ νῦν μὲν ἐγέλα[13] τῷ προσώπῳ πάνυ[14] ἀσελγῶς,[15] πάλιν δὲ εὐθὺς ἐθρήνει.[16] [82] ἦν δὲ καὶ ὅμιλος[17] περὶ αὐτὴν γυναικῶν οὐδὲν ἐκείναις ὁμοίων, αἷς ἔφην εἶναι περὶ τὴν Βασιλείαν, ἀλλ' Ὠμότης[18] καὶ Ὕβρις[19] καὶ Ἀνομία[20] καὶ Στάσις,[21] αἳ πᾶσαι διέφθειρον[22] αὐτὴν καὶ κάκιστα ἀπώλλυον. ἀντὶ δὲ Φιλίας,[23] Κολακεία[24] παρῆν, δουλοπρεπὴς[25] καὶ ἀνελεύθερος,[26] οὐδεμιᾶς ἧττον[27] ἐπιβουλεύουσα[28] ἐκείνων, ἀλλὰ μάλιστα[29] δὴ πάντων ἀπολέσαι ζητοῦσα.

---

[1] πέπλος, ὁ – any woven clothes; upper garment worn by women
[2] καταρρήγνυμι – I tear in pieces; I break down (MH: LPI 3S)
[3] στολή, ἡ – equipment in clothes; armament; garment, robe, full dress
[4] χρῶμα, τό – skin color; complexion of skin
[5] παντοδαπός, ή, όν – manifold, of every kind
[6] MH: IAI 3S from ἀφίημι – I send forth; I emit
[7] ἀγωνιάω – I contend eagerly; I am distressed
[8] ἀπιστέω – I am incredulous; I disbelieve
[9] ὀργίζω – I make angry, provoke to anger
[10] ταπεινός, ή, όν – humbled, downcast; base
[11] ἡδονή, ἡ – enjoyment, pleasure
[12] μετέωρος, ον – raised from off the ground; prominent; raised higher than
[13] γελάω – I laugh; I laugh at, deride
[14] πάνυ – altogether, very, exceedingly
[15] ἀσελγής, ές – licentious, wanton; outrageous
[16] θρηνέω – I sing a dirge; I wail, bewail
[17] ὅμιλος, ὁ – crowd; mass of people
[18] ὠμότης, ἡ – crudeness, cruelty, savagery (TH: as a personal name – Cruelty)
[19] ὕβρις, ἡ – wanton violence; insolence; an outrage (TH: as a personal name – Insolence)
[20] ἀνομία, ἡ – lawlessness, lawless conduct (TH: as a personal name – Lawlessness)
[21] στάσις, ἡ – faction, discord, division, dissent (TH: as a personal name – Faction)
[22] διαφθείρω – I destroy, ruin, corrupt
[23] φίλιος, α, ον – friendly, friendship (TH: as a personal name – Friendship)
[24] κολακεία, ἡ – flattery, fawning (TH: as a personal name – Flattery)
[25] δουλοπρεπής, ές – befitting the slave; servile
[26] ἀνελεύθερος, ον – not free; servile; mean
[27] ἥσσων – inferior; weaker; fewer
[28] ἐπιβουλεύω – I plot, contrive against
[29] μάλα – above all; exceedingly; certainly

[83] ὡς δὲ καὶ ταῦτα ἱκανῶς τεθέατο,¹ πυνθάνεται² αὐτοῦ ὁ Ἑρμῆς πότερα³ αὐτὸν ἀρέσειε⁴ τῶν πραγμάτων⁵ καὶ ποτέρα⁶ τῶν γυναικῶν. ἀλλὰ τὴν μὲν ἑτέραν, ἔφη, θαυμάζω καὶ ἀγαπῶ, καὶ δοκεῖ μοι θεὸς ἀληθῶς εἶναι, ζήλου καὶ μακαρισμοῦ⁷ ἀξία, ταύτην δὲ τὴν ὑστέραν⁸ ἐχθίστην⁹ ἔγωγε ἡγοῦμαι¹⁰ καὶ μιαρωτάτην,¹¹ ὥστε ἥδιστα¹² ἂν αὐτὴν ὤσαιμι¹³ κατὰ τούτου τοῦ σκοπέλου¹⁴ καὶ ἀφανίσαιμι.¹⁵ [84a] ταῦτ' οὖν ἐπήνεσεν¹⁶ ὁ Ἑρμῆς καὶ τῷ Διὶ ἔφρασεν.¹⁷ κἀκεῖνος ἐπέτρεψεν αὐτῷ βασιλεύειν τοῦ σύμπαντος¹⁸ ἀνθρώπων γένους, ὡς ὄντι ἱκανῷ. τοιγαροῦν¹⁹ ὅπου μὲν ἴδοι τυραννίδα²⁰ καὶ τύραννον²¹ ἐκόλαζε²² καὶ ἀνῄρει παρά τε Ἕλλησι καὶ βαρβάροις·²³

---

¹ θεάομαι – I behold, view as spectators; I contemplate (MH: LMI 3S)
² πυνθάνομαι – I learn from; I hear from; I inquire about
³ πότερος, α, ον – either of the two; whether of the two; one of the other
⁴ ἀρέσκω – I please, satisfy; I make amends (MH: AAO 3S)
⁵ πρᾶγμα, τό – matter; thing; circumstance
⁶ πότερος, α, ον – either of the two, whether of the two; one of the other
⁷ μακαπισμός, ὁ – pronouncing happy, blessing; praise
⁸ ὕστερος, α, ον – latter; last; inferior; next
⁹ ἔχθιστος, η, ον – most hateful, most hostile; bitterest enemy
¹⁰ ἡγέομαι – I lead, command; I rule, have dominion
¹¹ μιαρός, ά, όν – stained, defiled, polluted; abominable
¹² ἡδύς, ἡδεῖα, ἡδύ – pleasant; welcome (TH: superlative adverb)
¹³ ὠθέω – I thrust, push, force (MH: AAO 1S)
¹⁴ σκόπελος, ὁ – watch-tower, look-out place
¹⁵ ἀφανίζω – I make unseen, hide; I do away with, remove (MH: AAO 1S)
¹⁶ ἐπαινέω – I agree with; I praise, commend
¹⁷ φράζω – I show the way to; I tell, declare
¹⁸ σύμπας – all together; all at once; the whole together, sum; universe
¹⁹ τοιγάρ – therefore; accordingly; well then
²⁰ τυραννίς, ἡ – monarchy; sovereignty; tyranny
²¹ τύραννος, ὁ or ἡ – an absolute ruler; tyrant
²² κολάζω – I chastise, punish, reprove
²³ βάρβαρος, ον – barbarous; non-Greek, foreign

[84b] ὅπου δὲ βασιλείαν καὶ βασιλέα, ἐτίμα καὶ ἐφύλαττεν. καὶ διὰ τοῦτο τῆς γῆς καὶ τῶν ἀνθρώπων Σωτῆρα[1] εἶναι, οὐχ ὅτι τὰ θηρία αὐτοῖς ἀπήμυνεν·[2] πόσον γὰρ ἄν τι καὶ βλάψειε[3] λέων ἢ σῦς[4] ἄγριος;[5] ἀλλ' ὅτι τοὺς ἀνημέρους[6] καὶ πονηροὺς ἀνθρώπους ἐκόλαζε[7] καὶ τῶν ὑπερηφάνων[8] τυράννων[9] κατέλυε καὶ ἀφηρεῖτο[10] τὴν ἐξουσίαν. καὶ νῦν ἔτι τοῦτο δρᾷ,[11] καὶ βοηθός[12] ἐστι καὶ φύλαξ[13] σοι τῆς ἀρχῆς, ἕως ἂν τυγχάνῃς[14] βασιλεύων.

---

[1] σωτήρ – *savior, deliverer* TH: ἀνθρώπων σωτῆρα as a title – *Savior of Humanity*)
[2] ἀπαμύνω – *I keep off, ward off; I defend*
[3] βλάπτω – *I disable, hinder; I damage, hurt* (MH: AAO 3S)
[4] ὗς, ὁ or ἡ – *wild swine, boar*
[5] ἄγριος, α, ον – *wild; of the fields; uncultivated*
[6] ἀνήμερος, ον – *not tame, wild, savage*
[7] κολάζω – *I check, chastise, punish, reprove*
[8] ὑπερήφανος, ον – *overweening, arrogant, proud*
[9] τύραννος, ὁ or ἡ – *an absolute ruler; tyrant*
[10] ἀφαιρέω – *I take away from; I exclude; I cancel, rescind*
[11] δράω – *I do, accomplish; I do some great thing*
[12] βοηθός, όν – *assisting, aiding; hastening to the cry of help, answering the call to arms*
[13] φύλαξ, ὁ or ἡ – *watcher, sentinel, guardian*
[14] τυγχάνω – *I happen to be at; I gain my end*

Περὶ Βασιλείας Β (*De regno ii*)

[1] λέγεταί ποτε Ἀλέξανδρον[1] τῷ πατρὶ Φιλίππῳ[2] μειράκιον[3] ὄντα διαλεχθῆναι[4] περὶ Ὁμήρου[5] μάλα[6] ἀνδρείως[7] καὶ μεγαλοφρόνως·[8] οἱ δὲ αὐτοὶ λόγοι οὗτοι σχεδόν[9] τι καὶ περὶ βασιλείας ἦσαν. ἐτύγχανε[10] μὲν γὰρ ὁ Ἀλέξανδρος στρατευόμενος[11] ἤδη μετὰ τοῦ πατρός, καίτοι[12] τοῦ Φιλίππου κωλύοντος· ὁ δὲ οὐχ οἷός τ' ἦν κατέχειν αὐτόν, ὥσπερ οἱ γενναῖοι[13] σκύλακες[14] οὐχ ὑπομένουσιν ἀπολείπεσθαι[15] τῶν ἐπὶ θήραν[16] ἐξιόντων,[17] ἀλλὰ ξυνέπονται[18] πολλάκις ἀπορρήξαντες[19] τὰ δεσμά. [2a] ἐνίοτε[20] μὲν οὖν ταράττουσιν[21] ἐν τῷ ἔργῳ διὰ τὴν νεότητα[22] καὶ τὴν ἐπιθυμίαν φθεγγόμενοι[23] πρὸ τοῦ καιροῦ καὶ τὸ θηρίον[24] ἀνιστάντες·[25] ἐνίοτέ[26] γε[27] μὴν εἷλον[28] αὐτοὶ προπηδήσαντες.[29]

---

[1] Ἀλέξανδρος, ὁ – Alexander the Great
[2] Φίλιππος, ὁ – Philip (father of Alexander)
[3] μειράκιον, τό – youth, lad
[4] διαλέγω – I converse with; I argue with
[5] Ὅμηρος, ὁ – Homer
[6] μάλα – above all; exceedingly; certainly
[7] ἀνδρεῖος, α, ον – of/for a man, masculine; in a manly way
[8] μεγαλόφρων, ὁ – high-minded, arrogant
[9] σχεδόν – near; about, approximately
[10] τυγχάνω – I happen; I gain my end, purpose
[11] στρατεύω – I wage war; I serve in an army
[12] καίτοι – and indeed; and further (LH: used to mark an objection introduced by the speaker himself, frequently in rhetorical questions)
[13] γενναῖος, α, ον – excellent; high-born, noble
[14] σκύλαξ, ὁ – dog, young dog
[15] ἀπολείπω – I leave behind; I abandon
[16] θήρα, ἡ – hunting of wild beasts; the chase
[17] ἔξειμι – I depart, go out; I march out with an army
[18] συνέπομαι – I accompany, follow along with
[19] ἀπορρήγνυμι – I break away from, sever
[20] ἐνίοτε – at times, sometimes
[21] ταράσσω – I trouble, agitate
[22] νεότης, ἡ – youth; youthfull spirit, impetuosity
[23] φθέγγομαι – I utter a sound, bark
[24] θηρίον, τό – wild beast, creature
[25] ἀνίστημι – I make to stand up; I rouse, stir up
[26] ἐνίοτε – at times, sometimes
[27] γε – at least; at any rate; indeed
[28] αἱρέω – I take up, seize
[29] προπηδάω – I spring forward

[2b] τοιαῦτα ἐκεῖνος ἔπασχε τὸ πρῶτον, ὥστε καὶ τῆς ἐν Χαιρωνείᾳ[1] μάχης[2] τε καὶ νίκης φασὶν αὐτὸν αἴτιον γενέσθαι, τοῦ πατρὸς ὀκνοῦντος[3] τὸν κίνδυνον.[4] τότε δ᾽ οὖν ἀπὸ στρατείας[5] ἥκοντες ἐν Δίῳ[6] τῆς Πιερίας[7] ἔθυον ταῖς Μούσαις,[8] καὶ τὸν ἀγῶνα[9] τῶν Ὀλυμπίων[10] ἐτίθεσαν, ὃν [3] φασιν ἀρχαῖον[11] εἶναι παρ᾽ αὐτοῖς. ἤρετο οὖν αὐτὸν ὁ Φίλιππος ἐν τῇ συνουσίᾳ,[12] Διὰ τί ποτε, ὦ παῖ, σφόδρα[13] οὕτως ἐκπέπληξαι τὸν Ὅμηρον ὥστε διατρίβεις[14] περὶ μόνον τῶν ποιητῶν.[15] ἐχρῆν[16] μέντοι[17] μηδὲ τῶν ἄλλων ἀμελῶς[18] ἔχειν. σοφοὶ γὰρ οἱ ἄνδρες. καὶ ὁ Ἀλέξανδρος ἔφη, Ὅτι δοκεῖ μοι, ὦ πάτερ, οὐ πᾶσα ποίησις[19] βασιλεῖ πρέπειν,[20] ὥσπερ οὐδὲ στολή.[21] [4a] τὰ μὲν οὖν ἄλλα ποιήματα[22] ἔγωγε ἡγοῦμαι τὰ μὲν συμποτικὰ[23] αὐτῶν, τὰ δὲ ἐρωτικά.[24]

---

[1] Χαιρωνεία, ἡ – Chaeronea
[2] μάχη, ἡ – battle, combat; field of battle
[3] ὀκνέω – I shrink from, hesitate
[4] κίνδυνος, ὁ – danger, hazard; venture
[5] στρατεία, ἡ – campaign, expedition
[6] Δῖος, ὁ – Dium
[7] Πιερία, ἡ – Pieria
[8] Μοῦσα, ἡ – the Muses
[9] ἀγών, ὁ – gathering, assembly; contest for a prize
[10] Ὀλύμπια, τά – Olympic Games; Olympia
[11] ἀρχαῖος, α, ον – ancient; former; from the beginning
[12] συνουσία, ἡ – conversation; social intercourse
[13] σφοδρός, ά, όν – vehement, excessive
[14] διατρίβω – I consume, wear away; I pass time
[15] ποιητής, ὁ – inventor, maker; composer of poem, music, speech
[16] χρή – (impersonal) it is necessary; it must do
[17] μέντοι – really, actually; to be sure, indeed
[18] ἀμελής, ές – careless, negligent
[19] ποίησις, εως ἡ – creation, production; poetic composition
[20] πρέπω – I am fitting, beseeming; I am conspicuous
[21] στολή, ἡ – armament; garment, robe; full dress
[22] ποίημα, τό – poem; poetical
[23] συμποτικός, ή, όν – drinking party; convivial
[24] ἐρωτικός, ή, όν – of or caused by love; amorous

[4b] τὰ δὲ ἐγκώμια¹ ἀθλητῶν² τε καὶ ἵππων νικώντων, τὰ δ' ἐπὶ τοῖς τεθνεῶσι³ θρήνους,⁴ τὰ δὲ γέλωτος⁵ ἕνεκεν ἢ λοιδορίας⁶ πεποιημένα, ὥσπερ τὰ τῶν κωμῳδοδιδασκάλων⁷ καὶ τὰ τοῦ Παρίου⁸ ποιητοῦ·⁹ [5] ἴσως¹⁰ δέ τινα αὐτῶν καὶ δημοτικὰ¹¹ λέγοιτ' ἄν, συμβουλεύοντα¹² καὶ παραινοῦντα¹³ τοῖς πολλοῖς καὶ ἰδιώταις,¹⁴ καθάπερ¹⁵ οἶμαι¹⁶ τὰ Φωκυλίδου¹⁷ καὶ Θεόγνιδος·¹⁸ ἀφ' ὧν τί ἂν ὠφεληθῆναι δύναιτο ἀνὴρ ἡμῖν ὅμοιος, πάντων μὲν κρατέειν ἐθέλων,¹⁹ πάντεσσι δ' ἀνάσσειν;²⁰ [6a] τὴν δέ γε²¹ Ὁμήρου ποίησιν μόνην ὁρῶ τῷ ὄντι γενναίαν²² καὶ μεγαλοπρεπῆ²³ καὶ βασιλικήν,²⁴ ᾗ πρέπει²⁵ τὸν νοῦν προσέχειν ἄνδρα μάλιστα²⁶ μὲν ἄρξειν μέλλοντα τῶν ὅποι²⁷ ποτὲ ἀνθρώπων, εἰ δὲ μή, τῶν πλείστων²⁸ καὶ φανερωτάτων, ἀτεχνῶς²⁹ γε³⁰ ἐσόμενον κατ' ἐκεῖνον ποιμένα λαῶν.

---

¹ ἐγκώμιος, ον – encomium, eulogy, panegyric
² ἀθλητής, ὁ – athlete, champion
³ θνῄσκω – I die, am dead
⁴ θρῆνος, ὁ – lament, dirge, complaint
⁵ γέλως, ὁ – laughter; occasion for laughter
⁶ λοιδορία, ἡ – reproach, railing, abuse
⁷ κωμῳδοδιδάσκαλος, ὁ – comic poet
⁸ Πάρος, ἡ – Paros
⁹ ποιητής, ὁ – inventor, maker; composer
¹⁰ ἴσος, η, ον – equal; equally; in like manner
¹¹ δημοτικός, ή, όν – of the people; popular
¹² συμβουλεύω – I advise, counsel; I recommend
¹³ παραινέω – I exhort, advise; I propose
¹⁴ ἰδιώτης, ὁ – private person, individual; common man, plebeian
¹⁵ καθάπερ – just as, exactly as
¹⁶ οἴομαι – I forbode; I think, suppose.
¹⁷ Φωκυλίδης, ὁ – Phocylides
¹⁸ Θέογνις, ὁ – Theognis
¹⁹ θέλω – I wish; I am willing (MH: PAP MNG)
²⁰ ἀνάσσω – I lord over master; I hold sway in
²¹ γε – at least; at any rate; indeed
²² γενναῖος, α, ον – true to one's birth; high-born, noble
²³ μεγαλοπρεπής, ές – befitting a great man
²⁴ βασιλικός, όν – royal, kingly
²⁵ πρέπω – I am fitting, beseeming
²⁶ μάλα – above all; exceedingly; certainly
²⁷ ὅποι – to which place, whither, thither; where; whithersoever
²⁸ πλεῖστος, η, ον – most; greatest; largest
²⁹ ἄτεχνος, ον – without art, unskillful; unprofessional
³⁰ γε – at least; at any rate; indeed

[6b] ἢ πῶς οὐκ ἄτοπον¹ ἵππῳ μὲν μὴ ἐθέλειν² ἢ τῷ ἀρίστῳ³ χρῆσθαι⁴ τὸν βασιλέα, τῶν δὲ ποιητῶν⁵ καὶ τοῖς ἥττοσιν⁶ ἐντυγχάνειν,⁷ ὥσπερ σχολὴν⁸ ἄγοντα; [7] εὖ⁹ ἴσθι,¹⁰ ἔφη, ὦ πάτερ, ἐγὼ οὐ μόνον ποιητὴν¹¹ ἕτερον, ἀλλ' οὐδὲ μέτρον ἄλλο ἢ τὸ Ὁμήρου ἡρῷον¹² ἀκούων ἀνέχομαι.¹³ πάνυ¹⁴ οὖν ὁ Φίλιππος αὐτὸν ἠγάσθη¹⁵ τῆς μεγαλοφροσύνης,¹⁶ ὅτι δῆλος¹⁷ ἦν οὐδὲν φαῦλον¹⁸ οὐδὲ ταπεινὸν¹⁹ ἐπινοῶν,²⁰ ἀλλὰ τοῖς τε ἥρωσι²¹ καὶ τοῖς ἡμιθέοις²² παραβαλλόμενος.²³ [8a] ὅμως²⁴ δὲ κινεῖν²⁵ αὐτὸν βουλόμενος, Τὸν δὲ Ἡσίοδον,²⁶ ὦ Ἀλέξανδρε, ὀλίγου ἄξιον κρίνεις, ἔφη, ποιητήν;²⁷ οὐκ ἔγωγε, εἶπεν, ἀλλὰ τοῦ παντός, οὐ μέντοι²⁸ βασιλεῦσιν οὐδὲ στρατηγοῖς²⁹ ἴσως.³⁰

---

[1] ἄτοπος, ον, *out of place, out of the way, unwanted*
[2] θέλω – *I wish; I am willing* (MH: PAF)
[3] ἄριστος, η, ον – *best, noblest, bravest*
[4] χράω – *I fall upon, attack; I proclaim, declare; I desire, yearn after*
[5] ποιητής, ὁ – *inventor, maker; composer of poem, music, speech*
[6] ἥσσων, ον – *inferior; weaker; lesser*
[7] ἐντυγχάνω – *I meet with; I converse with; I petition, appeal to*
[8] σχολή, ἡ – *leisure, ease; learned discussion, lecture*
[9] εὖ – *well; thoroughly; competent*
[10] οἶδα – *I see; I know* (MH: RAM 2S)
[11] ποιητής, ὁ – *inventor, maker; composer of poem, music, speech*
[12] ἡρῷον, τό – *shrine of a hero; tomb*
[13] ἀνέχω – *I hold up, lift up, exalt*
[14] πάνυ – *altogether; very; exceedingly*
[15] ἄγαμαι – *I wonder, admire, am delighted with*
[16] μεγαλοφροσύνη, ἡ – *greatness of mind; pride*
[17] δῆλος, η, ον – *visible, conspicuous; clear to the mind*
[18] φαῦλος, η, ον – *cheap; mean, evil; low in rank*
[19] ταπεινός, ή, όν – *humbled, downcast*
[20] ἐπινοέω – *I think on or of; I form plans, purpose*
[21] ἥρως, ὁ – *heroes; local deities*
[22] ἡμίθεος, ὁ – *demigod*
[23] παραβάλλω – *I throw or set beside; I compare; I approach*
[24] ὅμως – *all the same; nevertheless; but still*
[25] κινέω – *I set in motion; I move, remove; I call forth*
[26] Ἡσίοδος, ὁ – *Hesiod*
[27] ποιητής, ὁ – *inventor, maker; composer of poem, music, speech*
[28] μέντοι – *really, actually; though; to be sure, indeed*
[29] στρατηγός, ὁ – *leader; army commander, general*
[30] ἴσος, η, ον – *equally; in like manner*

[8b] ἀλλὰ τίσι μήν; καὶ ὁ Ἀλέξανδρος γελάσας,[1] Τοῖς ποιμέσιν, ἔφη, καὶ τοῖς τέκτοσι[2] καὶ τοῖς γεωργοῖς. τοὺς μὲν γὰρ ποιμένας φησὶ φιλεῖσθαι ὑπὸ τῶν Μουσῶν,[3] τοῖς δὲ τέκτοσι[4] μάλα[5] ἐμπείρως[6] παραινεῖ[7] πηλίκον[8] χρή[9] τὸν ἄξονα[10] τεμεῖν,[11] καὶ τοῖς γεωργοῖς, ὁπηνίκα[12] ἄρξασθαι πίθου. [9] τί οὖν; οὐχὶ ταῦτα χρήσιμα,[13] ἔφη, τοῖς ἀνθρώποις, ὁ Φίλιππος; οὐχ ἡμῖν γε,[14] εἶπεν, ὦ πάτερ, οὐδὲ Μακεδόσι[15] τοῖς νῦν, ἀλλὰ τοῖς πρότερον,[16] ἡνίκα[17] νέμοντες[18] καὶ γεωργοῦντες[19] Ἰλλυριοῖς[20] ἐδούλευον[21] καὶ Τριβαλλοῖς.[22] οὐδὲ τὰ περὶ τὸν σπόρον,[23] ἔφη, καὶ τὸν ἀμητόν,[24] ὁ Φίλιππος, ἀρέσκει σοι τοῦ Ἡσιόδου μεγαλοπρεπῶς[25] οὕτως εἰρημένα;[26]

Πληιάδων[27] Ἀτλαγενέων[28] ἐπιτελλομενάων[29]

ἄρχεσθ' ἀμητοῦ,[30] ἀρότοιο[31] δὲ δυσομενάων.[32]

---

[1] γελάω – I laugh; I deride, scorn
[2] τέκτων, ὁ – craftsman; worker in materials
[3] Μοῦσα, ἡ – the Muse
[4] τέκτων, ὁ, craftsman; worker in materials
[5] μάλα – above all; exceedingly; certainly
[6] ἔμπειρος, ον – experienced in a thing
[7] παραινέω – I exhort; I recommend, advise
[8] πηλίκος, η, ον – how great/large a number
[9] χρή – I must, ought to do
[10] ἄξων, ὁ – axle; axis; course, path
[11] τέμνω – I cut, chop; I divide
[12] ὁπηνίκα – at what point of time; on what day
[13] χρήσιμος, η, ον – useful, serviceable; excellent
[14] γε – at least; at any rate; indeed
[15] Μακεδών, ὁ or ἡ – Macedonian
[16] πρότερος, α, ον – formerly, earlier; superior
[17] ἡνίκα – at the time when; at which point
[18] νέμω – I deal out, dispense; I pasture, graze
[19] γεωργέω – I plow, till, cultivate
[20] Ἰλλυριοί, οἱ – Illyrians
[21] δουλεύω – I am a slave; I serve, am subject
[22] Τριβαλλοί, οἱ – the Triballi
[23] σπόρος, ὁ – sowing; seed-time; harvest, crop
[24] ἄμητος, ὁ – reaping, harvesting; harvest-time
[25] μεγαλοπρεπής, ές – befitting a great man; magnificent
[26] ἐρῶ – I say, speak, tell (MH: RPP NNP)
[27] Πλειάδες, αἱ – Pleiads
[28] Ἀτλαγενής, ές – sprung from Atlas
[29] ἐπιτέλλω – I enjoin, command (MH: PPP FGP)
[30] ἄμητος, ὁ – reaping, harvesting; harvest-time
[31] ἄροτος – corn-field; crop, seed; tillage, plowing
[32] δύω – I sink, set (MH: FMP FGP)

[10] πολύ γε¹ μᾶλλον, εἶπεν ὁ Ἀλέξανδρος, τὰ παρ' Ὁμήρῳ γεωργικά.² καὶ ποῦ περὶ γεωργίας³ εἴρηκεν⁴ Ὅμηρος; ἤρετο ὁ Φίλιππος, ἢ τὰ ἐν τῇ ἀσπίδι⁵ μιμήματα⁶ λέγεις τῶν ἀρούντων⁷ καὶ θεριζόντων καὶ τρυγώντων;⁸ ἥκιστά⁹ γε,¹⁰ εἶπεν ὁ Ἀλέξανδρος, ἀλλὰ ἐκεῖνα πολὺ μᾶλλον·

οἱ δ' ὥστ' ἀμητῆρες¹¹ ἐναντίοι¹² ἀλλήλοισιν

ὄγμον¹³ ἐλαύνωσιν¹⁴ ἀνδρὸς μάκαρος¹⁵ κατ' ἄρουραν¹⁶

πυρῶν¹⁷ ἢ κριθῶν·¹⁸ τὰ δὲ δράγματα¹⁹ ταρφέα²⁰ πίπτει·

ὣς Τρῶες²¹ καὶ Ἀχαιοὶ²² ἐπ' ἀλλήλοισι θορόντες²³

δῄουν,²⁴ οὐδ' ἕτεροι μνώοντ'²⁵ ὀλοοῖο²⁶ φόβοιο.

---

[1] γε – *at least; at any rate; indeed*
[2] γεωργικός, ή, όν – *agricultural; skilled in farming*
[3] γεωργία, ἡ – *tillage; agriculture, farming*
[4] ἐρῶ – *I say, speak, tell, proclaim* (MH: RAI 3S)
[5] ἀσπίς, ἡ – *shield; body of men at arms*
[6] μίμημα, τό – *anything imitated; counterfeit, copy*
[7] ἀρόω – *I plough, till*
[8] τρυγάω – *I gather in; I reap* (MH: PAP MGP)
[9] ἥκιστος, η, ον – *least; not at all; above all, more than all*
[10] γε – *at least; at any rate; indeed*
[11] ἀμητήρ, ὁ – *reaper*
[12] ἐναντίος, α, ον – *opposite; adversary, enemy*
[13] ὄγμος, ὁ – *furrow, strip of cultivated land*
[14] ἐλαύνω – *I drive, drive away; I march; I strike*
[15] μάκαρ, ὁ – *blessed, fortunate*
[16] ἄρουρα, ἡ – *tilled* or *arable land*
[17] πυρός, ὁ – *wheat, grain*
[18] κριθή, ἡ – *barleycorns, barley*
[19] δράγμα, τό – *handful; as many stalks of corn as the reaper can grasp*
[20] ταρφύς – *thick, close; ofttimes*
[21] Τρώς, ὁ – *Tros; Trojans*
[22] Ἀχαιός, ά, όν – *Achaean*
[23] θρώσκω – *I leap upon, assault, attack* (MH: AAP MNP)
[24] δῃόω – *I cut down, slay* (MH: IAI 3P)
[25] μνάομαι – *I am mindful of* (MH: IMI 3P)
[26] ὀλοός, ή, όν – *destructive, deadly*

[11] ταῦτα μέντοι¹ ποιῶν Ὅμηρος ἡττᾶτο² ὑπὸ Ἡσιόδου, ὁ Φίλιππος εἶπεν· ἢ οὐκ ἀκήκοας τὸ ἐπίγραμμα³ τὸ ἐν Ἑλικῶνι⁴ ἐπὶ τοῦ τρίποδος·⁵

Ἡσίοδος Μούσαις Ἑλικωνίσι⁶ τόνδ'⁷ ἀνέθηκεν⁸

ὕμνῳ⁹ νικήσας ἐν Χαλκίδι¹⁰ θεῖον¹¹ Ὅμηρον;

[12] καὶ μάλα¹² δικαίως, εἶπεν ὁ Ἀλέξανδρος, ἡττᾶτο·¹³ οὐ γὰρ ἐν βασιλεῦσιν ἠγωνίζετο,¹⁴ ἀλλ' ἐν γεωργοῖς καὶ ἰδιώταις,¹⁵ μᾶλλον δὲ ἐν ἀνθρώποις φιληδόνοις¹⁶ καὶ μαλακοῖς.¹⁷ τοιγαροῦν¹⁸ ἠμύνατο¹⁹ τοὺς Εὐβοέας²⁰ διὰ τῆς ποιήσεως²¹ Ὅμηρος. πῶς; ἤρετο θαυμάσας ὁ Φίλιππος. ὅτι μόνους αὐτοὺς τῶν Ἑλλήνων περιέκειρεν²² αἴσχιστα,²³ κομᾶν²⁴ ὄπισθεν²⁵ ἀφεὶς ὥσπερ οἱ νῦν τοὺς παῖδας τοὺς ἀπαλούς.²⁶

---

[1] μέντοι – *nevertheless; but; except*
[2] ἡσσάομαι – *I am less, weaker, inferior; I am conquered, defeated*
[3] ἐπίγραμμα, τό – *inscription*
[4] Ἑλικών, ὁ – *Mount Helicon*
[5] τρίπους, ὁ or ἡ – *three-footed, of or with three feet*
[6] Ἑλικωνιάδες, αἱ – *dwellers on Helicon*
[7] ὅδε – *this; what is present or before; here*
[8] ἀνατίθημι – *I lay upon; I set up as a votive gift, dedicate* (MH: AAI 3S)
[9] ὕμνος, ὁ – *hymn, ode; in praise of gods or heroes*
[10] Χαλκίς, ἡ – *Chalcis*
[11] θεῖος, α, ον – *divine; godlike*
[12] μάλα – *above all; exceedingly; certainly*
[13] ἡσσάομαι – *I am less, weaker, inferior; I am defeated* (MH: IPI 3S)
[14] ἀγωνίζομαι – *I contend, compete*
[15] ἰδιώτης, ὁ – *individual; private person; countryman*
[16] φιλήδονος, ον – *fond of pleasure*
[17] μαλακός, ή, όν – *soft; feeble; gentle*
[18] τοιγάρ – *for that very reason, therefore; accordingly*
[19] ἀμύνω – *I keep off, ward off; I defend oneself against*
[20] Εὔβοια, ἡ – *Euboea*
[21] ποίησις, ἡ – *creation, production; poetic composition*
[22] περικείρω – *I shear, clip all round*
[23] αἰσχρός, ά, όν – *causing shame; reproachful*
[24] κόμη, ἡ – *hair of the head; wig; foliage*
[25] ὄπισθεν – *behind; after; hereafter; yet to come*
[26] ἀπαλός, ή, όν – *tender, delicate; young; weak*

[13] καὶ ὁ Φίλιππος γελάσας¹ λέγει, ὁρᾷς, ἦ δ' ὅς, ὦ Ἀλέξανδρε, ὅτι δεῖ μὴ λυπεῖν τοὺς ἀγαθοὺς ποιητὰς² μηδὲ τοὺς δεινοὺς³ συγγραφέας,⁴ ὡς κυρίους ὄντας ὅ, τι βούλονται περὶ ἡμῶν λέγειν. οὐ πάντως,⁵ εἶπε, κυρίους. τῷ γοῦν⁶ Στησιχόρῳ⁷ ψευσαμένῳ⁸ κατὰ τῆς Ἑλένης⁹ οὐ συνήνεγκεν. ὁ μέντοι¹⁰ Ἡσίοδος, ὦ πάτερ, δοκεῖ μοι οὐδὲ αὐτὸς ἀγνοεῖν τὴν ἑαυτοῦ δύναμιν ὅσον ἐλείπετο¹¹ Ὁμήρου. [14] πῶς λέγεις; ὅτι ἐκείνου περὶ τῶν ἡρώων¹² ποιήσαντος αὐτὸς ἐποίησε Γυναικῶν κατάλογον,¹³ καὶ τῷ ὄντι τὴν γυναικωνῖτιν¹⁴ ὕμνησε,¹⁵ παραχωρήσας¹⁶ Ὁμήρῳ τοὺς ἄνδρας ἐπαινέσαι.¹⁷ ἐκ τούτου δὲ ἤρετο ὁ Φίλιππος, Ἀλλὰ σύ, ὦ Ἀλέξανδρε, πότερον¹⁸ ἕλοιο¹⁹ ἂν Ἀγαμέμνων²⁰ ἢ Ἀχιλλεὺς²¹ ἢ ἐκείνων τις γεγονέναι τῶν ἡρώων²² ἢ Ὅμηρος;

---

[1] γελάω – *I laugh; I deride, scorn*
[2] ποιητής, ὁ – *inventor, maker; composer of poem, music, speech*
[3] δεινός, ή, όν – *fearful, terrible; skillful*
[4] συγγραφεύς, ὁ – *prose writer; historian; author*
[5] πάντως – *in all ways; especially; at any rate; by all means*
[6] γοῦν or γ' οὖν – *why yes, at least then*
[7] Στησίχορος, ὁ – *Stesichoros*
[8] ψεύδω – *I cheat, deceive, speak lies*
[9] Ἑλένη, ἡ – *Helen*
[10] μέντοι – *really, actually; to be sure, indeed*
[11] λείπω – *I remain; I leave, leave behind*
[12] ἥρως, ὁ – *hero; local diety*
[13] κατάλογος, ὁ – *enrolment; catalogue*
[14] γυναικωνῖτις, ἡ – *woman's court; women's apartment*
[15] ὑμνέω – *I sing of, celebrate in a hymn* (MH: AAI 3S)
[16] παραχωρέω – *I make way; I go aside*
[17] ἐπαινέω – *I approve; I praise, commend*
[18] πότερος, α, ον – *whether of the two; either … or* (with ἤ)
[19] αἱρέω – *I take; I take for oneself; I choose* (MH: AMO 2S)
[20] Ἀγαμέμνων, ὁ – *Agamemnon*
[21] Ἀχιλλεύς, ὁ – *Achilles*
[22] ἥρως, ὁ – *hero; local diety*

[15] οὐ μέντοι,[1] ἦ δ' ὃς ὁ Ἀλέξανδρος, ἀλλὰ ὑπερβάλλειν[2] πολὺ τὸν Ἀχιλλέα καὶ τοὺς ἄλλους. οὔτε γὰρ σὲ χείρονα[3] νομίζω τοῦ Πηλέως[4] οὔτε τῆς Φθίας[5] ἀσθενεστέραν τὴν Μακεδονίαν οὔτε τὸν Ὄλυμπον[6] ἀδοξότερον[7] ὄρους τοῦ Πηλίου[8] φαίην ἄν· ἀλλὰ μὴν οὐδὲ παιδείας[9] φαυλοτέρας[10] ἐπιτετύχηκα[11] ὑπ' Ἀριστοτέλους[12] ἢ ἐκεῖνος ὑπὸ Φοίνικος[13] τοῦ Ἀμύντορος,[14] φυγάδος[15] ἀνδρὸς καὶ διαφόρου[16] τῷ πατρί. πρὸς δὲ αὖ[17] τούτοις ὁ μὲν Ἀχιλλεὺς ὑπήκουεν ἑτέροις, καὶ πέμπεται μετὰ μικρᾶς δυνάμεως οὐ κύριος ἀλλ' ἄλλῳ συστρατευσόμενος·[18] ἐγὼ δὲ οὐκ ἄν ποτε ὑπὸ ἀνθρώπων οὐδενὸς βασιλευθείην.[19] [16a] καὶ ὁ Φίλιππος μικροῦ παροξυνθείς,[20] Ἀλλ' ὑπ' ἐμοῦ γε[21] βασιλεύῃ, ὦ Ἀλέξανδρε. οὐκ ἔγωγε, εἶπεν· οὐ γὰρ ὡς βασιλέως, ἀλλ' ὡς πατρὸς ἀκούω σου. οὐ δήπου[22] καὶ θεᾶς[23] φήσεις μητρὸς γεγονέναι σεαυτόν, ὥσπερ ὁ Ἀχιλλεύς;

---

[1] μέντοι – *really, actually; to be sure, indeed*
[2] ὑπερβάλλω – *I throw over; I surpass, exceed*
[3] χείρων, ὁ or ἡ – *inferior, worse; inferiority*
[4] Πηλεύς, ὁ – *Peleus*
[5] Φθία, ἡ – *Phthia*
[6] Ὄλυμπος, ὁ – *Olympus*
[7] ἄδοξος, ον – *without honor, inglorious, ignoble*
[8] Πήλιον, τό – *Pelion*
[9] παιδεία, ἡ – *training and learning, education,*
[10] φαῦλος, η, ον – *cheap, easy; slight, paltry; inefficient*
[11] ἐπιτυγχάνω – *I fall upon; I meet with; I reach* (MH: RAI 1S)
[12] Ἀριστοτέλης, ὁ – *Aristotle*
[13] φοῖνιξ, ὁ or ἡ – *Phoenix; Phoenician*
[14] Ἀμύντωρ, ὁ – *Amytoros*
[15] φυγάς, ὁ or ἡ – *fugitive, runaway,*
[16] διάφορος, ον – *different, unlike; unpleasant*
[17] αὖ – *again, anew, afresh*
[18] συστρατεύω – *I join/share in an expedition*
[19] βασιλεύω – *I am king; I rule* (MH: APO 1S)
[20] παροξύνω – *I urge, spur on; I provoke, irritate*
[21] γε – *at least; at any rate; indeed*
[22] δήπου – *perhaps, it may be; doubtless*
[23] θεά, ἡ – *goddess*

[16b] εἶπεν ὁ Φίλιππος, ἦ Ὀλυμπιάδα συμβαλεῖν¹ ἀξιοῖς² Θέτιδι;³ καὶ ὁ Ἀλέξανδρος ἡσυχῇ⁴ μειδιάσας,⁵ Ἐμοὶ μέν, εἶπεν, ὦ πάτερ, ἀνδρειοτέρα⁶ δοκεῖ πασῶν τῶν Νηρηίδων. [17] ἐνταῦθα⁷ ὁ Φίλιππος γελάσας,⁸ Οὐκ ἀνδρειοτέρα⁹ μόνον, ἔφη, ὦ παῖ, ἀλλὰ καὶ πολεμικωτέρα.¹⁰ ἐμοὶ γοῦν¹¹ οὐ παύεται πολεμοῦσα.¹² ταῦτα μὲν οὖν ἐπὶ τοσοῦτον ἅμα¹³ σπουδῇ¹⁴ ἐπαιξάτην.¹⁵ πάλιν δὲ ἤρετο αὐτὸν ὁ Φίλιππος, Ἀλλὰ τὸν Ὅμηρον οὕτω σφόδρα,¹⁶ ὦ Ἀλέξανδρε, θαυμάζων, πῶς ὑπεροράς¹⁷ αὐτοῦ τὴν σοφίαν; ὅτι, ἔφη, καὶ τοῦ Ὀλυμπίασι κήρυκος¹⁸ ἥδιστ'¹⁹ ἂν ἀκούοιμι φθεγγομένου²⁰ μέγα καὶ σαφές,²¹ οὐ μέντοι²² κηρύττειν ἐβουλόμην αὐτὸς ἑτέρους νικῶντας, ἀλλὰ πολὺ μᾶλλον κηρύττεσθαι.

---

¹ συμβάλλω – *I throw together; I unite; I meet*
² ἀξιόω – *I deem worthy, esteem, honor* (MH: PAO 2S)
³ Θέτις, ἡ – *Thetis*
⁴ ἡσυχάζω – *I keep quiet; I am at rest*
⁵ μειδιάω – *I smile, laugh aloud*
⁶ ἀνδρεῖος, α, ον – *manly; courageous; strong*
⁷ ἐνταῦθα – *here, there; at the very time, then*
⁸ γελάω – *I laugh; I laugh at, deride*
⁹ ἀνδρεῖος, α, ον – *manly; courageous; strong*
¹⁰ πολεμικός, ή, όν – *warlike, for war*
¹¹ γοῦν or γ' οὖν – *why yes; at least then*
¹² πολεμέω – *I make war, fight*
¹³ ἅμα – *at the same time, together*
¹⁴ σπουδάζω – *I am busy; I am eager*
¹⁵ παίζω – *I play like a child, jest, sport* (MH: AAI 3 Dual) TH: *they both jested together in earnest*
¹⁶ σφοδρός, ά, όν – *vehement, excessive*
¹⁷ ὑπεροράω – *I look over, look down upon; I despise, disdain*
¹⁸ κῆρυξ, ὁ – *herald, public messanger, envoy*
¹⁹ ἡδύς – *pleasant, welcome, pleasing*
²⁰ φθέγγομαι – *I utter a sound; I speak loud and clear*
²¹ σαφής, ές – *clear, plain, distinct*
²² μέντοι – *really, actually; to be sure, indeed*

[18] ταῦτα δὲ λέγων ἐποίει φανερὸν ὅτι τὸν μὲν Ὅμηρον ἐνόμιζε δαιμόνιον καὶ θεῖον¹ τῷ ὄντι κήρυκα² τῆς ἀρετῆς,³ αὐτὸν δὲ καὶ τοὺς ἄνδρας ἐκείνους ἀθλητάς⁴ τε καὶ ἀγωνιστὰς⁵ τῶν καλῶν ἔργων ἡγεῖτο. οὐδὲν μέντοι⁶ ἄτοπον,⁷ εἶπεν, ὦ πάτερ, εἰ καὶ ποιητὴς⁸ ἀγαθὸς εἴην παρεχούσης τῆς φύσεως· ἐπεί τοι καὶ ῥητορικῆς⁹ δέοι ἂν τῷ βασιλεῖ. σὺ γοῦν¹⁰ ἀντιγράφειν¹¹ πολλάκις ἀναγκάζει¹² καὶ ἀντιλέγειν¹³ Δημοσθένει,¹⁴ μάλα¹⁵ δεινῷ¹⁶ ῥήτορι¹⁷ καὶ γόητι,¹⁸ [19a] καὶ τοῖς ἄλλοις τοῖς Ἀθήνησι¹⁹ πολιτευομένοις.²⁰ καὶ ἐβουλόμην γε,²¹ εἶπεν ὁ Φίλιππος παίζων,²² παραχωρῆσαι²³ Ἀθηναίοις Ἀμφιπόλεως²⁴ ἀντὶ τῆς Δημοσθένους δεινότητος.²⁵ ἀλλὰ πῶς Ὅμηρον οἴει²⁶ διανοεῖσθαι²⁷ περὶ ῥητορικῆς;²⁸

---

[1] θεῖος, α, ον – *of* or *from the gods, divine, holy*
[2] κῆρυξ, ὁ – *herald, public messanger, envoy*
[3] ἀρετή, ἡ – *goodness, excellence; valour*
[4] ἀθλητής, ὁ – *combatant, champion*
[5] ἀγωνιστής, ὁ – *combatant, champion; debater*
[6] μέντοι – *really, actually; to be sure, indeed*
[7] ἄτοπος, ον – *out of place, unwanted*
[8] ποιητής, ὁ – *inventor, maker; composer of poem, music, speech*
[9] ῥητορικός, ή, όν – *oratorical, rhetoric; skilled in speaking*
[10] γοῦν or γ' οὖν – *why yes; at least then*
[11] ἀντιγράφω – *I write against; I plead in answer to a charge*
[12] ἀναγκάζω – *I force, compel; I constrain*
[13] ἀντιλέγω – *I speak against, gainsay*
[14] Δημοσθένης, ὁ – *Demosthenes*
[15] μάλα – *above all; exceedingly; certainly*
[16] δεινός, ή, όν, *fearful, terrible; skillful*
[17] ῥήτωρ, ὁ – *public speaker; judge; advocate*
[18] γόης, ὁ – *sorcerer, wizard*
[19] Ἀθήνη, ἡ – *Athene*
[20] πολιτεύω – *I am a citizen; I hold public office*
[21] γε – *at least; at any rate; indeed*
[22] παίζω – *I play, jest; I dance*
[23] παραχωρέω – *I make way; I concede, allow*
[24] Ἀμφίπολις, ὁ – *Amphipolis*
[25] δεινότης, ἡ – *harshness; cleverness, shrewdness*
[26] οἴομαι – *I forbode; I think, suppose*
[27] διανοέομαι – *I have in mind, propose, intend*
[28] ῥητορικός, ή, όν – *oratorical, rhetoric, skilled*

[19b] δοκεῖ μοι, ἔφη, τὸ πρᾶγμα[1] θαυμάζειν, ὦ πάτερ. οὐ γὰρ ἂν τῷ τε Ἀχιλλεῖ διδάσκαλον λόγων ἐπήγετο[2] τὸν Φοίνικα[3] φησὶ γοῦν[4] πεμφθῆναι αὐτὸν ὑπὸ τοῦ πατρὸς μύθων[5] τε ῥητῆρ'[6] ἔμεναι πρηκτῆρά[7] τε ἔργων.

[20] τῶν τε ἄλλων τοὺς ἀρίστους[8] καὶ βασιλικωτάτους[9] ἐποίησεν ἐσπουδακότας[10] οὐχ ἧττον[11] περὶ τὴν τοιαύτην δύναμιν, τόν τε Διομήδην[12] καὶ Ὀδυσσέα[13] καὶ Νέστορα,[14] τοῦτον μὲν ὑπερβάλλοντα[15] τῇ τε συνέσει[16] καὶ τῇ πειθοῖ. φησὶ γοῦν[17] ἐν ἀρχῇ τῆς ποιήσεως,[18]

τοῦ καὶ ἀπὸ γλώσσης μέλιτος[19] γλυκίων[20] ῥέεν[21] αὐδή·[22]

---

[1] πρᾶγμα, τό – *deed, act, circumstance*
[2] ἐπάγω – *I bring on, bring in, invite*
[3] Φοῖνιξ, ἡ – *Phoenix*
[4] γοῦν or γ' οὖν – *why yes; at least then*
[5] μῦθος, ὁ – *word, speech; story, narrative*
[6] ῥητήρ, ὁ – *speaker, rhetor*
[7] πρακτήρ, ὁ – *doer; trader*
[8] ἄριστος, η, ον – *best, most excellent, noblest*
[9] βασιλικός, ή, όν – *royal, kingly*
[10] σπουδάζω – *I am busy; I am eager*
[11] ἥσσων, ον – *inferior; weaker; fewer*
[12] Διομήδης, ὁ – *Diomedes*
[13] Ὀδυσσεύς, ὁ – *Odysseus*
[14] Νέστωρ, ὁ – *Nestor*
[15] ὑπερβάλλω – *I outdo, excel, surpass*
[16] σύνεσις, ἡ – *conscience; comprehension*
[17] γοῦν or γ' οὖν – *why yes; at least then*
[18] ποίησις, ἡ – *creation; poetic composition*
[19] μέλι, τό – *honey; sweet gum*
[20] γλυκιος, α, ον – *sweet; sugary*
[21] ῥέω – *I flow, run, stream, gush*
[22] αὐδή, ἡ – *speech, human voice; sound*

[21] ὥστε καὶ τὸν Ἀγαμέμνονα εὔχεσθαι[1] δέκα γέροντας[2] αὐτῷ τοιούτους εἶναι μᾶλλον συμβούλους[3] ἢ νεανίσκους[4] οἷος ὅ τ' Αἴας[5] καὶ ὁ Ἀχιλλεύς, ὡς θᾶττον ἂν ἁλούσης[6] τῆς Τροίας.[7] καὶ μὴν τὸ μέγεθος[8] τῆς περὶ τοὺς λόγους χρείας ἐδήλωσεν[9] ἐν ἑτέρῳ. [22] τῶν γὰρ Ἑλλήνων διὰ τὸ μῆκος[10] τοῦ πολέμου καὶ τὴν χαλεπότητα[11] τῆς πολιορκίας,[12] ἔτι δὲ οἴμαι[13] διὰ τὴν ἐπιλαβοῦσαν[14] νόσον[15] καὶ τὴν στάσιν τῶν βασιλέων τοῦ τε Ἀγαμέμνονος καὶ τοῦ Ἀχιλλέως, ἀπειρηκότων[16] ἤδη πρὸς τὴν στρατείαν,[17] πρὸς δὲ αὖ[18] τούτοις δημαγωγοῦ[19] τινος ἐπαναστάντος[20] αὐτοῖς καὶ ταράξαντος[21] τὴν ἐκκλησίαν, τὸ πλῆθος ὥρμησεν[22] ἐπὶ τὰς ναῦς,[23] καὶ παραχρῆμα ἐμβάντες ἐβούλοντο φεύγειν, οὐδενὸς δυναμένου κατασχεῖν, οὐδὲ τοῦ Ἀγαμέμνονος ἔχοντος ὅ τι χρήσεται[24] τοῖς παροῦσι πράγμασιν.[25]

---

[1] εὔχομαι – *I pray, profess, declare*
[2] γέρων, ὁ – *old, old man, elder*
[3] σύμβουλος, ὁ – *advisor, counselor*
[4] νεανίσκος, ὁ – *youth; young man*
[5] Αἴας, ὁ – *Ajax*
[6] ἁλίσκομαι – *I am taken, conquered, caught*
[7] Τροία, ἡ – *Troy*
[8] μέγεθος, τό – *greatness, magnitude*
[9] δηλόω – *I make visible; I declare, explain*
[10] μῆκος, τό – *length; a long speech*
[11] χαλεπότος, ἡ – *difficulty; harshness, severity*
[12] πολιορκία, ἡ – *siege of a city*
[13] οἴομαι – *I forbode; I think, suppose*
[14] ἐπιλαμβάνω – *I take, receive; I overtake*
[15] νόσος, ἡ – *sickness, disease; distress*
[16] ἐρῶ – *I say, speak, proclaim* (MH: RAP MGP)
[17] στρατεία, ἡ – *campaign, expedition*
[18] αὖ – *again, anew*
[19] δημαγωγός, ὁ – *popular leader; leader of mob*
[20] ἐπανίστημι – *I set up again; I rise in revolt*
[21] ταράσσω – *I trouble, agitate, disturb*
[22] ὁρμάω – *I set in motion, urge on*
[23] ναῦς, ἡ – *ship*
[24] χράω – *I proclaim, declare; I am in want of; I deal with* (MH: FMS 3S)
[25] πρᾶγμα, τό – *deed, act, circumstance*

[23] οὐκοῦν¹ ἐνταῦθα² μόνος αὐτοὺς ἐδυνήθη μετακαλέσαι³ καὶ μεταβαλεῖν⁴ Ὀδυσσεύς, καὶ τέλος ἔπεισε δημηγορῶν⁵ μετὰ τοῦ Νέστορος μένειν. ὥστε τοῦτο μὲν τὸ ἔργον φανερῶς τῶν ῥητόρων⁶ ἐγένετο. πολλὰ δ' ἄν τις ἐπιδείξειε⁷ καὶ ἕτερα.

[24] φαίνεται δ' οὐ μόνον Ὅμηρος, ἀλλὰ καὶ Ἡσίοδος οὕτω φρονῶν, ὡς φιλοσοφίας⁸ τε ἅμα⁹ καὶ ῥητορικῆς¹⁰ τῆς ἀληθοῦς τῷ βασιλεῖ προσῆκον,¹¹ ἐν οἷς φησι περὶ Καλλιόπης,¹²

ἣ γὰρ καὶ βασιλεῦσιν ἅμ' αἰδοίοισιν¹³ ὀπηδεῖ,¹⁴

ὅντινα τιμήσωσι Διὸς¹⁵ κοῦραι¹⁶ μεγάλοιο

γεινόμενόν τε ἴδωσι διοτρεφέων¹⁷ βασιλήων.

---

[1] οὐκοῦν – *surely then; very well*
[2] ἐνταῦθα – *here, there; at the very time, then*
[3] μετακαλέω – *I summon, recall*
[4] μεταβάλλω – *I turn about, change course*
[5] δημηγορέω – *I give a public speech*
[6] ῥήτωρ, ὁ – *public speaker, orator*
[7] ἐπιδείκνυμι – *I point out, put on display* (MH: AAO 3S)
[8] φιλοσοφία, ἡ – *love of knowledge, pursuit of knowledge, philosophy*
[9] ἅμα – *at once, at the same time*
[10] ῥητορικός, ή, όν – *oratorical, rhetorical, skilled in speaking*
[11] προσήκω – *I am befitting, proper; I am present* (MH: IAI 3P)
[12] Καλλιόπεια, ἡ – *Calliope*
[13] αἰδοῖος, α, ον – *having a claim to reverence, veneration*
[14] ὀπηδέω – *I attend to; I follow, accompany*
[15] Ζεύς, ὁ – *Zeus*
[16] κόρη, ἡ – *girl; daughter*
[17] Διοτρεφής, ές – *born of Zeus, cherished by Zeus*

[25] ἔπη[1] μὲν οὖν ποιεῖν, ὦ πάτερ, ἢ λόγους πεζοὺς[2] συγγράφειν,[3] ὁποίας[4] σὺ τὰς ἐπιστολάς, ἀφ' ὧν σφόδρα[5] σέ φασιν εὐδοκιμεῖν,[6] οὐ πάντως[7] ἀναγκαῖον[8] τοῖς βασιλεῦσιν, εἰ μή γε[9] νέοις οὖσιν ἔτι καὶ σχολὴν[10] ἄγουσιν, ὥσπερ καὶ σὲ λέγουσιν ἐν Θήβαις[11] διαπονῆσαι[12] τὰ περὶ τοὺς λόγους· [26] οὐδ' αὖ[13] φιλοσοφίας[14] ἅπτεσθαι πρὸς τὸ ἀκριβέστατον,[15] ἀπλάστως[16] δὲ καὶ ἁπλῶς[17] ἐνδεικνύμενον[18] αὐτοῖς τοῖς ἔργοις φιλάνθρωπον[19] ἦθος[20] καὶ πρᾶον[21] καὶ δίκαιον, ἔτι δὲ ὑψηλὸν[22] καὶ ἀνδρεῖον,[23] καὶ μάλιστα[24] δὴ χαίροντα εὐεργεσίαις,[25] ὅπερ[26] ἐστὶν ἐγγυτάτω τῆς τῶν θεῶν φύσεως· τῶν γε[27] μὴν λόγων ἡδέως[28] ἀκούοντα τῶν ἐκ φιλοσοφίας,[29] ὁπόταν[30] καιρός, ἅτε[31] οὐκ ἐναντίων[32] φαινομένων,

---

[1] ἔπος, τό – song, poetry
[2] πεζός, ή, όν – without musical accompaniment
[3] συγγράφω – I compose a work in writing
[4] ὁποῖος, α, ον – of what sort, kind, quality
[5] σφοδρός, ά, όν – vehement, excessive
[6] εὐδοκιμέω – I am highly esteemed, held in honor
[7] πάντως – especially; in all ways; by all means
[8] ἀναγκαῖος, α, ον – necessary, indispensable; by force
[9] γε – at least; at any rate; indeed
[10] σχολή, ἡ – leisure, rest, ease
[11] Θηβαΐς, ἡ – Thebes
[12] διαπονέω – I cultivate, work out with labor
[13] αὖ – again, anew, afresh
[14] φιλοσοφία, ἡ – love of knowledge, pursuit of knowledge, philosophy
[15] ἀκριβής, ές – exact, accurate, precise
[16] ἄπλαστος, ον – natural; unaffected
[17] ἁπλῶς – singly; absolutely; generally
[18] ἐνδείκνυμι – I exhibit, display
[19] φιλάνθρωπος, ὁ – humane, benevolent
[20] ἦθος, τό – disposition, character, bearing
[21] πρᾶος, ον – mild, gentle, meek
[22] ὑψηλός, ή, όν – proud, stately; high, lofty
[23] ἀνδρεῖος, α, ον – manly; courageous
[24] μάλα – above all, exceedingly, certainly
[25] εὐεργεσία, ἡ – good deed, benefaction
[26] ὅσπερ – the very man who; the very thing which
[27] γε – at least; at any rate; indeed
[28] ἡδύς – pleasant, welcome
[29] φιλοσοφία, ἡ – love of knowledge, pursuit of knowledge, philosophy
[30] ὁπόταν – when so ever; as soon as
[31] ἅτε – just as, inasmuch as
[32] ἐναντίος, α, ον – opposite; adversary, enemy

[27] ἀλλὰ συμφώνων¹ τοῖς αὑτοῦ τρόποις· τέρπεσθαι² δὲ ποιήσει καὶ προσέχειν τὸν νοῦν³ οὐχ ἁπάσῃ, τῇ δὲ καλλίστῃ καὶ μεγαλοπρεπεστάτῃ,⁴ συμβουλεύσαιμ'⁵ ἂν τῷ γενναίῳ⁶ καὶ βασιλικῷ⁷ τὴν ψυχήν, οἵαν μόνην ἴσμεν τὴν Ὁμήρου καὶ τῶν Ἡσιόδου τὰ τοιαῦτα, καὶ [28] εἴ τις ἄλλο τι λέγει χρηστόν.⁸ οὐδὲ γὰρ μουσικήν,⁹ ἔφη, πᾶσαν μανθάνειν ἐθέλοιμ' ἄν, ἀλλὰ κιθάρᾳ¹⁰ μόνον ἢ λύρᾳ¹¹ χρῆσθαι¹² πρὸς θεῶν ὕμνους¹³ καὶ θεραπείας,¹⁴ ἔτι δὲ οἶμαι¹⁵ τῶν ἀγαθῶν ἀνδρῶν τοὺς ἐπαίνους·¹⁶ οὐδέ γε¹⁷ ᾄδειν¹⁸ τὰ Σαπφοῦς¹⁹ ἢ Ἀνακρέοντος²⁰ ἐρωτικὰ²¹ μέλη πρέπον²² ἂν εἴη²³ τοῖς βασιλεῦσιν, ἀλλ', εἴπερ²⁴ ἄρα, τῶν Στησιχόρου²⁵ [29a] μελῶν ἢ Πινδάρου,²⁶ ἐὰν ᾖ τις ἀνάγκη. τυχὸν²⁷ δὲ καὶ πρὸς τοῦτο ἱκανὸς Ὅμηρος. ἢ γάρ, εἶπεν ὁ Φίλιππος, πρὸς κιθάραν²⁸ ἢ λύραν²⁹ συμφωνῆσαί³⁰ τινά σοι δοκεῖ ἂν τῶν Ὁμήρου;

---

[1] σύμφωνος, ον – *harmonious, agreeing in sound*
[2] τέρπω – *I have full enjoyment of*
[3] νόος, ὁ – *mind, sense*
[4] μεγαλοπρεπής, ές – *befitting a great man*
[5] συμβουλεύω – *I advise, give counsel* (MH: AAO 1S)
[6] γενναῖος, α, ον – *true to one's birth; highborn, noble*
[7] βασιλικός, ή, όν – *royal, kingly*
[8] χρηστός, ή, όν – *useful, good; deserving*
[9] μουσική, ἡ – *any art over which the Muses presided; poetry sung to music*
[10] κιθάρα, ἡ – *cithara; lyre*
[11] λύρα, ἡ – *lyre; lyric poetry; music*
[12] χράω – *I make use of; I treat, deal with*
[13] ὕμνος, ὁ – *hymn in praise of gods or heroes*
[14] θεραπεία, ἡ – *service, worship*
[15] οἴομαι – *I forbode; I think, suppose*
[16] ἔπαινος, ὁ – *approval, praise, commendation*
[17] γε – *at least; at any rate; indeed*
[18] ἀείδω – *I sing, chant*
[19] Σαπφώ, ὁ – *Sappho*
[20] Ἀνακρέων, ὁ – *Anacreon*
[21] ἐρωτικός, ή, όν – *caused by love; amorous*
[22] πρέπω – *I am befitting, beseeming*
[23] εἰμί – *I am; I exist* (PAO 3S)
[24] εἴπερ – *if indeed, if really; if you must*
[25] Στησίχορος, ὁ – *Stesichorus*
[26] Πίνδαρος, ὁ – *Pindar*
[27] τυχόν – *perchance, perhaps*
[28] κιθάρα, ἡ – *cithara; lyre*
[29] λύρα, ἡ – *lyre; lyric poetry, music*
[30] συμφωνέω – *I sound with, am in harmony with*

[29b] καὶ ὁ Ἀλέξανδρος γοργὸν[1] ἐμβλέψας[2] ὥσπερ λέων, Ἐγὼ μέν, εἶπεν, ὦ πάτερ, οἶμαι[3] πρέπειν[4] πολλὰ τῶν Ὁμήρου ἐπῶν[5] πρὸς σάλπιγγα[6] ἄδεσθαι,[7] μὰ[8] Δί᾽ οὐ τὴν ἀνακαλοῦσαν,[9] ἀλλὰ τὴν ἐποτρύνουσαν[10] καὶ παρακελευομένην,[11] οὐχ ὑπὸ γυναικείου[12] χοροῦ[13] λεγόμενα ἢ παρθένων, ἀλλ᾽ ὑπὸ φάλαγγος[14] ἐνόπλου,[15] πολὺ μᾶλλον ἢ τὰ Τυρταίου[16] παρὰ τοῖς Λάκωσιν.[17] [30a] ἐνταῦθα[18] ἐπῄνεσεν[19] ὡς καλῶς αὐτὸν εἰπόντα ὁ Φίλιππος καὶ ἀξίως τοῦ ποιητοῦ.[20] οὐκοῦν,[21] ἦ δ᾽ ὅς, καὶ τοῦτο, οὗπερ[22] νῦν ἐμνήσθημεν,[23] Ὅμηρος ἐπιδείκνυσιν.[24] τὸν γοῦν[25] Ἀχιλλέα πεποίηκεν ὑστερίζοντα[26] ἐν τῷ στρατοπέδῳ[27] τῶν Ἀχαιῶν[28] οὐκ ἔκλυτα[29] οὐδὲ ἐρωτικὰ[30] μέλη ἄδοντα.[31] καίτοι[32] φησί γε[33] ἐρᾶν[34] αὐτὸν τῆς Βρισηίδος.[35]

---

[1] γοργός, ή, όν – grim, fierce, terrible
[2] ἐμβλέπω – I look in the face, look at
[3] οἴομαι – I forbode; I think, suppose
[4] πρέπω – I am clearly seen, conspicuous
[5] ἔπος, τό – epic poetry; lines, verses
[6] σάλπιγξ, ἡ – trumpet, war-trumpet
[7] ἀείδω – I sing, chant
[8] μά– most assuredly! (LH: μά in affirmations and oaths with the deity in the accusative)
[9] ἀνακαλέω – I call back; I sound a retreat
[10] ἐποτρύνω – I urge on; I give the signal for engagement to the men-at-arms
[11] παρακελεύομαι – I prescribe, exhort
[12] γυναικεῖος, α, ον – belonging to women, feminine
[13] χορός, ὁ – dance, band of dancers and singers
[14] φάλαγξ, ἡ – ranks of battle, phalanx
[15] ἔνοπλος, ον – armed, in arms
[16] Τυρταῖος, ὁ – Tyrtaeus
[17] Λάκων, ὁ – Laconian
[18] ἐνταῦθα – here, there; at the very time, then
[19] ἐπαινέω – I approve, commend (MH: AAI 3S)
[20] ποιητής, ὁ – inventor, maker; composer of poem, music, speech
[21] οὐκοῦν – surely then; very well
[22] οὗπερ – where
[23] μιμνήσκω – I remind myself of a thing
[24] ἐπιδείκνυμι – I display, exhibit
[25] γοῦν or γ᾽ οὖν – why yes; at least then
[26] ὑστερίζω – I come after, lag, am late
[27] στρατόπεδον, τό – camp, encampment; encamped army
[28] Ἀχαιός, ά, όν – Achaean
[29] ἔκλυτος, ον – relaxed; unbridled, lascivious
[30] ἐρωτικός, ή, όν – caused by love; amorous
[31] ἀείδω – I sing, chant (MH: PAP MAS)
[32] καίτοι – and indeed; and further
[33] γε – at least; at any rate; indeed
[34] ἐράω – I love, desire passionately
[35] Βρισηίς, ἡ – Briseis

[30b] ἀλλὰ κιθάρᾳ¹ μὲν χρῆσθαι,² μὰ³ Δί' οὐκ ὠνησάμενον⁴ οὐδὲ οἴκοθεν⁵ ἄγοντα παρὰ τοῦ πατρός, ἀλλὰ ἐκ τῶν λαφύρων⁶ ἐξελόμενον,⁷ ὅτε εἷλε τὰς⁸ Θήβας⁹ καὶ τὸν Ἠετίωνα¹⁰ ἀπέκτεινε τὸν τοῦ Ἕκτορος¹¹ κηδεστήν.¹²

[31] τῇ ὅγε,¹³ φησί, θυμὸν ἔτερπεν·¹⁴ ἄειδε¹⁵ δ' ἄρα κλέα¹⁶ ἀνδρῶν. ὡς οὐδέποτε ἐκλανθάνεσθαι¹⁷ δέον τῆς ἀρετῆς¹⁸ οὐδὲ τῶν εὐκλεῶν¹⁹ πράξεων, οὔτε πίνοντα οὔτε ᾄδοντα,²⁰ τὸν γενναῖον²¹ ἄνδρα καὶ βασιλικὸν,²² ἀλλ' ἀεὶ²³ διατελεῖν²⁴ ἢ πράττοντα αὐτὸν μέγα τι καὶ θαυμαστὸν²⁵ ἢ μεμνημένον²⁶ τῶν ὁμοίων. [32a] ταῦτα δὲ ἔλεγε πρὸς τὸν πατέρα, ἐπιδεικνύμενος²⁷ τὴν αὑτοῦ διάνοιαν.²⁸

---

[1] κιθάρα, ἡ – *cithara; lyre*
[2] χράω – *I make use of; I treat, deal with*
[3] μά – *most assuredly!* (LH: μά is used in affirmations and oaths with the deity in the accusative)
[4] ὠνέομαι – *I buy, purchase, bid for* (MH: AMP MAS)
[5] οἴκοθεν – *from one's house, one's own expense*
[6] λάφυρα, τά – *spoils from war*
[7] ἐξαιρέω – *I take out, remove* (MH: AMP MAS)
[8] αἱρέω – *I seize; I take a city* (MH: AAI 3S)
[9] Θῆβαι, αἱ – *Thebes*
[10] Ἠετίων, ὁ – *Eetion*
[11] Ἕκτωρ, ὁ – *Hector*
[12] κηδεστής, ὁ – *connection by marriage, in-law*
[13] ὅσγε – *who or which*
[14] τέρπω – *I delight in, gladden, cheer*
[15] ἀείδω – *I sing, praise, chant* (MH: IAI 3S)
[16] κλέος, τό – *rumor, report; fame*
[17] ἐκλανθάνω – *I escape notice utterly; I forget utterly*
[18] ἀρετή, ἡ – *goodness, excellence, virtue*
[19] εὐκλεής, ές – *of good report; famous*
[20] ἀείδω – *I sing, chant* (MH: PAP MAS)
[21] γενναῖος α, ον – *true to one's birth; high-born, noble*
[22] βασιλικός, ή, όν – *royal, kingly*
[23] ἀεί – *ever, always*
[24] διατελέω – *I continue being or doing so and so*
[25] θαυμαστός, ή, όν – *wonderful, marvellous*
[26] μιμνήσκω – *I remind, recall, call to mind*
[27] ἐπιδείκνυμι – *I exhibit, show off, display*
[28] διάνοια, ἡ – *thought; intention, inclination*

[32b] καὶ γὰρ δὴ ἐτύγχανε[1] τὸν μὲν Ὅμηρον ἀγαπῶν, τὸν Ἀχιλλέα δὲ οὐ μόνον ἐθαύμαζεν, ἀλλὰ καὶ ἐζηλοτύπει[2] τῆς Ὁμήρου ποιήσεως,[3] ὥσπερ οἱ καλοὶ παῖδες ζηλοτυποῦσι[4] τοὺς καλοὺς ἐνίοτε,[5] κρειττόνων ἐραστῶν[6] τυγχάνοντας.[7] τὸν δὲ Ἀγαμέμνονα οὐκ ἐμακάριζεν·[8] [33a] ἤλπιζε γὰρ πολὺ πλειόνων ἄρξειν αὐτὸς ἢ ὁπόσων[9] ἐκεῖνος. τῶν δὲ ἄλλων ποιητῶν οὐ σφόδρα[10] ἐφρόντιζε.[11] Στησιχόρου[12] δὲ καὶ Πινδάρου ἐπεμνήσθη,[13] τοῦ μὲν ὅτι μιμητὴς[14] Ὁμήρου γενέσθαι δοκεῖ καὶ τὴν ἅλωσιν[15] οὐκ ἀναξίως[16] ἐποίησε τῆς Τροίας, τοῦ δὲ Πινδάρου διά τε τὴν λαμπρότητα[17] τῆς φύσεως καὶ ὅτι τὸν πρόγονον[18] αὐτοῦ καὶ ὁμώνυμον[19] ἐπῄνεσεν[20] Ἀλέξανδρον τὸν φιλέλληνα[21] ἐπικληθέντα ποιήσας εἰς αὐτόν,

ὀλβίων[22] ἐπώνυμε[23] Δαρδανιδᾶν.[24]

---

[1] τυγχάνω – I happen; I happen to be
[2] ζηλοτυπέω – I am jealous of, begrudge
[3] ποίησις, ἡ – creation; poetic composition
[4] ζηλοτυπέω – I am jealous of, begrudge
[5] ἐνίοτε – at times, sometimes
[6] ἐραστής, ὁ – lover, admirer
[7] τυγχάνω – I attain to; I happen to be at
[8] μακαρίζω – I bless, congratulate
[9] ὁπόσος, η, ον – how great, how many
[10] σφοδρός, ά, όν – vehement, excessive
[11] φροντίζω – I consider, reflect, ponder
[12] Στησίχορος, ον – Stesichorus
[13] ἐπιμιμνήσκομαι – I bethink myself of; I make mention of (MH: API 3S)
[14] μιμητής, ὁ – imitator, impersonator, imposter
[15] ἅλωσις, ἡ – capture; conquest; taking
[16] ἀνάξιος, ον – unworthy, not deemed worthy
[17] λαμπρότης, ἡ – brilliancy, splendor
[18] πρόγονος, ον – early-born; ancestor
[19] ὁμώνυμος, ον – having the same name
[20] ἐπαινέω – I approve, praise (MH: AAI 3S)
[21] φιλέλλην, ὁ or ἡ – fond of the Hellenes
[22] ὄλβιος, ον – happy, blessed, prosperous
[23] ἐπώνυμος, ον – given as a significant name, named after
[24] Δάρδανος, ὁ – Dardanus

[33b] διὰ τοῦτο γὰρ καὶ Θήβας ὕστερον[1] πορθῶν[2] μόνην κατέλιπε[3] τὴν οἰκίαν τὴν ἐκείνου κελεύσας ἐπιγράψαι,[4]

Πινδάρου τοῦ μουσοποιοῦ[5] τὴν στέγην[6] μὴ κάετε.[7]

ἦπου[8] πολλὴν ἠπίστατο χάριν τοῖς αὐτὸν ἐγκωμιάζουσι[9] μὴ φαύλως,[10] οὕτως ἄγαν[11] φιλότιμος[12] ὤν. [34a] τί δέ; εἶπεν ὁ Φίλιππος, ὦ παῖ, πάνυ[13] γὰρ ἡδέως[14] ἀκούω σου τὰ τοιαῦτα λέγοντος, οὐδὲ οἴκησιν[15] ἀξιοῖς κατεσκευάσθαι[16] τὸν βασιλέα πρὸς ἡδονὴν[17] κεκοσμημένην[18] χρυσῷ[19] καὶ ἠλέκτρῳ[20] καὶ ἐλέφαντι[21] τοῖς πολυτίμοις;[22] οὐδαμῶς,[23] εἶπεν, ὦ πάτερ, πολὺ δὲ μᾶλλον σκύλοις[24] τε καὶ ὅπλοις[25] πολεμίων[26] ἀνδρῶν·

---

[1] ὕστερος, α, ον – *latter, last; late; inferior*
[2] πορθέω – *I destroy, ravage, plunder*
[3] καταλιμπάνω – *I leave behind, forsake, abandon* (MH: AAI 3S)
[4] ἐπιγράφω – *I mark the surface; I write upon, inscribe*
[5] μουσοποιός, όν – *making poetry, poet*
[6] στέγη, ἡ – *roof, ceiling; chambered room*
[7] καίω – *I kindle, set on fire*
[8] ἦπου – *much more; much less; surely*
[9] ἐγκωμιάζω – *I praise, laud, extol*
[10] φαῦλος, η, ον – *cheap; easy; slight, paltry*
[11] ἄγαν – *very much*
[12] φιλότιμος, ον – *loving honor* or *distinction*
[13] πάνυ – *altogether; very exceedingly*
[14] ἡδύς – *pleasant, welcome*
[15] οἴκησις, ἡ – *house, dwelling; family, household*
[16] κατασκευάζω – *I equip, furnish with*
[17] ἡδονή, ἡ – *enjoyment, pleasure*
[18] κοσμέω – *I order, arrange, rule*
[19] χρυσός, ὁ – *gold, golden*
[20] ἤλεκτρον, τό – *electrum; an alloy of gold and silver*
[21] ἐλέφας, ὁ – *elephant; elephant's tusk, ivory*
[22] πολύτιμος, ον – *much-revered; highly priced, costly*
[23] οὐδαμός, ἡ, όν – *not any one; in no wise*
[24] σκῦλον, τό – *arms gained as spoils*
[25] ὅπλον, τό – *tool, implement; military arms, armour*
[26] πολέμιος, α, ον – *enemy; of war; hostility*

[34b] καὶ τά γε¹ ἱερὰ τοιούτοις κόσμοις ἱλάσκεσθαι² καθάπερ³ ὁ Ἕκτωρ ἠξίου,⁴ προκαλούμενος⁵ τὸν ἄριστον⁶ τῶν Ἀχαιῶν· ὅτι κρατήσας τὸ μὲν σῶμα ἀποδώσει τοῖς συμμάχοις,⁷ τὰ δὲ ὅπλα⁸, ἔφη, σκυλεύσω,⁹

καὶ κρεμόω¹⁰ ποτὶ νηὸν Ἀπόλλωνος ἑκάτοιο.¹¹

[35] τῷ παντὶ γὰρ κρείττων¹² οὗτος κόσμος τῶν ἱερῶν ἢ σμαράγδων¹³ καὶ σαρδίων¹⁴ καὶ ὀνύχων,¹⁵ οἷος ἦν ὁ Σαρδαναπάλου¹⁶ περὶ Νίνον.¹⁷ οὐ γὰρ βασιλέως τὰ τοιαῦτα φιλοτιμήματα¹⁸ οὐδαμῶς,¹⁹ ἀλλ' ἀνοήτου²⁰ μὲν παίγνια²¹ κόρης,²² ἀκολάστου²³ δὲ γυναικός. [36a] οὔκουν²⁴ οὐδὲ Ἀθηναίους²⁵ οὕτως, ἔφη, ζηλῶ τῆς δαπάνης²⁶ καὶ πολυτελείας²⁷ τῆς περὶ τὴν πόλιν καὶ τὰ ἱερὰ ὅσον τῶν ἔργων ἃ ἔπραξαν οἱ πρότερον²⁸·

---

¹ γε – at least; at any rate; indeed
² ἱλάσκομαι – I appease; I am merciful, gracious
³ καθάπερ – just as, exactly as
⁴ ἀξιόω – I esteem, honor, think fit
⁵ προκαλέω – I call forth, challenge, summon
⁶ ἄριστος, η, ον – best, most excellent; chief
⁷ σύμμαχος, ον – fighting along with, allies
⁸ ὅπλον, τό – tool, implement; military arms
⁹ σκυλεύω – I strip or despoil a slain enemy
¹⁰ κρεμάννυμι – I hang up, suspend (MH: FAI 1S)
¹¹ ἑκατηβόλος, ὁ – far-darting (LH: a shortned form here) (TH: an epithet of Apollo – the acher-god)
¹² κρείσσων, ον – stronger, mightier
¹³ σμάραγδος, ἡ – emerald
¹⁴ σάρδιον, τό – the Sardian stone
¹⁵ ὄνυξ, ὁ – talons, claws; gem, onyx, sardonyx
¹⁶ Σαρδαναπάλος, ὁ – Sardanapalus
¹⁷ Νίνος, ὁ = Νινευή, ἡ – Nineveh
¹⁸ φιλοτίμημα, τό – an act of ambition or ostentation
¹⁹ οὐδαμός, ή, όν – not any one; in no wise
²⁰ ἀνόητος, ον – not thought on, unheard of, unthinkable
²¹ παίγνιος, ον – playful
²² κόρη, ἡ – girl, maiden, daughter; puppet, doll
²³ ἀκόλαστος, ον – undisciplined, unbridled, licentious
²⁴ οὐκοῦν – certainly not; however; at any rate … not
²⁵ Ἀθήναιος, ὁ – Athenian
²⁶ δαπάνη, ἡ – cost, expenditure
²⁷ πολυτέλεια, ἡ – great expense, extravagance
²⁸ πρότερος, α, ον – formerly, earlier, previously

[36b] τὸν γὰρ ἀκινάκην¹ τὸν Μαρδονίου² πολὺ σεμνότερον³ καὶ κρεῖττον⁴ ἀνάθημα⁵ ἔχουσιν καὶ τὰς Λακώνων⁶ ἀσπίδας⁷ τῶν ἐν Πύλῳ⁸ ποτὲ ἁλόντων⁹ ἢ τὰ προπύλαια¹⁰ τῆς ἀκροπόλεως¹¹ καὶ τὸ Ὀλύμπιον ἀπὸ πλειόνων¹² ἢ μυρίων¹³ ταλάντων. [37] οὐκοῦν,¹⁴ ἦ δ' ὃς ὁ Φίλιππος, ἐνταῦθα¹⁵ τὸν Ὅμηρον οὐκ ἂν ἔχοις ἐπαινεῖν.¹⁶ τὰ γὰρ τοῦ Ἀλκίνου¹⁷ βασίλεια, ἀνδρὸς Ἕλληνος καὶ νησιώτου,¹⁸ διεκόσμησεν¹⁹ οὐ μόνον κήποις²⁰ καὶ φυτοῖς²¹ καὶ ὕδασιν, ὡς ἥδιστα²² ἐνοικεῖν,²³ ἀλλὰ καὶ ἀγάλμασι²⁴ χρυσοῖς. ἔτι δὲ μᾶλλον τὴν τοῦ Μενελάου²⁵ οἴκησιν,²⁶ καὶ ταῦτα ἀπὸ στρατείας²⁷ ἥκοντος, ἆρ' οὐ Περσικήν²⁸ τινα καὶ Μηδικὴν²⁹ ἐξηγεῖται, σχεδόν³⁰ τε οὐ πολὺ ἀποδέουσαν³¹ Σεμιράμιδος³² ἢ Δαρείου³³ τε καὶ Ξέρξου³⁴ τῶν βασιλείων;

---

¹ ἀκινάκης, ὁ – Persian sword
² Μαρδόνιος, ὁ – Mardonius
³ σεμνός, ή, όν – revered, august, holy
⁴ κρείσσων, ον – strong, mighty
⁵ ἀνάθημα, τό – that which is set up; votive offering; ornament
⁶ Λάκων, ὁ – a Laconian
⁷ ἀσπίς, ἡ – shield; body of men at arms
⁸ Πύλος, ὁ or ἡ – Pylos
⁹ ἁλίσκομαι – I am taken, conquered; I am convicted and condemned
¹⁰ προπύλαιος, α, ον – before the gate; gateway
¹¹ ἀκρόπολις, ἡ – upper or higher city; citadel
¹² πλείων, ὁ or ἡ – the majority, the greater number; mass, crowd
¹³ μυρίος, α, ον – numberless, measureless, infinite
¹⁴ οὐκοῦν – surely then, very well
¹⁵ ἐνταῦθα – here, there; at the very time, then
¹⁶ ἐπαινέω – I commend, approve, praise
¹⁷ Ἀλκίωοος, ὁ – Alcinous
¹⁸ νησιώτης, ὁ – islander; swimmer
¹⁹ διακοσμέω – I divide and marshal; I order
²⁰ κῆβος, ὁ, – a long-tailed monkey
²¹ φυτόν, τό – plant, garden plant, tree; creature
²² ἡδύς – pleasant, welcome
²³ ἐνοικέω – I dwell in, inhabit
²⁴ ἄγαλμα, τό – glory, delight, honor
²⁵ Μενέλαος, ὁ – Menelaus
²⁶ οἴκησις, ἡ – dwelling; family, household
²⁷ στρατεία, ἡ – campaign, military service
²⁸ Περσικός, ή, όν – Persian
²⁹ Μηδικός, ή, όν – Median
³⁰ σχεδόν – near, about; more or less
³¹ ἀποδέω – I bind fast, tie up; I am in want of
³² Σεμίραμις, ὁ – Semiramis
³³ Δαρεῖος, ὁ – Darius
³⁴ Ξέρξης, ὁ – Xerxes

[38] φησὶ γοῦν,[1]

ὥστε γὰρ ἠελίου αἴγλη[2] πέλεν[3] ἠὲ σελήνης[4]

δῶμα[5] καθ' ὑψερεφὲς[6] Μενελάου κυδαλίμοιο[7]

χρυσοῦ[8] τ' ἠλέκτρου[9] τε καὶ ἀργύρου[10] ἠδ'[11] ἐλέφαντος.[12]

[39] τοῖς γὰρ Τρωικοῖς[13] σκύλοις[14] ἐχρῆν[15] μᾶλλον λάμπειν[16] αὐτὸ ἢ τούτοις κατά γε[17] τὴν σὴν διάνοιαν.[18] καὶ ὁ Ἀλέξανδρος ἐπισχών,[19] Οὐκ ἔγωγε, εἶπε, τὸν Ὅμηρον ἐάσειν[20] μοι δοκῶ ἀναπολόγητον·[21] ἴσως[22] γὰρ πρὸς τὸν τοῦ Μενελάου τρόπον ἐποίησε τὰ βασίλεια, ὃν φησι μόνον εἶναι τῶν Ἀχαιῶν[23] μαλθακὸν[24] αἰχμητήν.[25]

---

[1] γοῦν or γ' οὖν – *why yes; at least then*
[2] αἴγλη, ἡ – *the light of the sun or the moon*
[3] πέλω and πέλομαι – *I come into existence, become* (MH: IAI 3S)
[4] σελήνη, ἡ – *the moon, moonlight*
[5] δῶμα, τό – *house, hall*
[6] ὑψερεφής, ές – *high-roofed, high-vaulted*
[7] κυδάλιμος, η, ον – *glorious, renowned*
[8] χρυσός, ὁ – *gold, golden*
[9] ἤλεκτρον, τό – *of amber; an alloy of gold and silver*
[10] ἄργυρος, ὁ – *silver; white metal*
[11] ἠδέ – *and* (LH: conjunctive particle, sometimes with τε)
[12] ἐλέφας, ὁ – *elephant, elephant tusk; ivory*
[13] Τρωικός, ή, όν – *Trojan*
[14] σκῦλον, τό – *arms gained as spoils, spoils*
[15] χρή – *it is necessary; one must* or *ought to do* (MH: IAI 3S)
[16] λάμπω – *I give light, shine*
[17] γε – *at least; at any rate; indeed*
[18] διάνοια, ἡ – *thought, intention, inclination*
[19] ἐπίσχω – *I hold; I direct towards; I reach; I restrain*
[20] ἐάω – *I suffer, permit, allow* (MH: FAN)
[21] ἀναπολόγητος, ον – *undefended, without defense*
[22] ἴσος, η, ον – *equal; fair, impartial*
[23] Ἀχαια, ἡ – *Achaia*
[24] μαλθακός, ή, όν – *soft; gentle; weak*
[25] αἰχμητής, ὁ – *spearman, warrior*

[40] σχεδὸν¹ γὰρ οὖν ἔοικεν² οὐδὲ τῶν ἄλλων οὐδὲν μάτην³ ὁ ποιητὴς⁴ οὗτος λέγειν, ἀλλὰ καὶ στολὴν⁵ καὶ οἴκησιν⁶ καὶ δίαιταν⁷ πρὸς τὸ τῶν ἀνθρώπων ἦθος⁸ πολλάκις ἀπεικάζει.⁹ [41a] διὰ τοῦτο τὰ μὲν ἐν Φαίαξι¹⁰ βασίλεια ἐκόσμησεν¹¹ ἄλσεσί¹² τε καὶ ὀπώραις¹³ δι' ἔτους καὶ κρήναις¹⁴ ἀενάοις,¹⁵ ἔτι δὲ μᾶλλον τὸ τῆς Καλυψοῦς,¹⁶ ἄτε¹⁷ ὡραίας¹⁸ καὶ φιλανθρώπου¹⁹ θεᾶς,²⁰ ἐν νήσῳ²¹ καθ' αὑτὴν ἀπῳκισμένης·²² τοῦτο μὲν γὰρ εὐώδη²³ διαφερόντως²⁴ φησὶ τὴν νῆσον²⁵ τῶν ἡδίστων²⁶ ἐν αὐτῇ καιομένων²⁷ θυμιαμάτων,²⁸ τοῦτο δὲ σύσκιον²⁹ δένδροις εὐθαλέσι,³⁰ κύκλῳ³¹ δὲ περὶ τὸ σπήλαιον³² ἄμπελον³³ περιήκουσαν³⁴ ὡραίαν,³⁵ βότρυσι³⁶ βριθομένην,³⁷

---

¹ σχεδὸν – *near, hard by, approximately*
² ἔοικα – *I am like; I beseem* (MH: RAI 3S)
³ μάτην – *in vain; without reason*
⁴ ποιητής, ὁ – *inventor, maker; composer of poem, music, speech*
⁵ στολή, ἡ, – *garment, robe, full dress*
⁶ οἴκησις, ἡ – *dwelling; family; household*
⁷ δίαιτα, ἡ – *mode of life, way of living*
⁸ ἦθος, τό – *custom; character*
⁹ ἀπεικάζω – *I represent, copy*
¹⁰ φαίαξ, ὁ – *Phaeacian*
¹¹ κοσμέω – *I order, arrange*
¹² ἄλσος, τό – *grove; sacred grove*
¹³ ὀπώρα, ἡ – *the latter part of summer, autumn*
¹⁴ κρήνη, ἡ – *spring, fountain*
¹⁵ ἀέναος, ον – *ever-flowing; everlasting*
¹⁶ Καλυψώ, ἡ – *Calypso*
¹⁷ ἄτε – *just as, inasmuch as*
¹⁸ ὡραῖος α, ον – *seasonable, ripe; youthful*
¹⁹ φιλάνθρωπος, ον – *humane, benevolent*
²⁰ θεά, ἡ – *goddess*
²¹ νῆσος, ἡ – *island*
²² ἀποικίζω *I am settled in a far away land, dwell apart from* (MH: RMP FGS)
²³ εὐώδης, ες – *fragrant, sweetsmelling*
²⁴ διαφερόντως – *differently, especially*
²⁵ νῆσος, ἡ – *island*
²⁶ ἡδύς – *pleasant, welcome*
²⁷ καίω – *I kindle, set on fire*
²⁸ θυμίαμα, τό – *incense*
²⁹ σύσκιος, ον – *closely/thickly shaded*
³⁰ εὐθαλής, ές – *blooming, flourishing*
³¹ κύκλος, ὁ – *circle, ring; round about*
³² σπήλαιον, τό – *grotto, cavern*
³³ ἄμπελος, ἡ – *grape-vine; vineyard*
³⁴ περιήκω – *I come around to; I surround* (MH: PAP FAS)
³⁵ ὡραῖος, α, ον – *seasonable, ripe, youthful*
³⁶ βότρυς, ὁ – *bunch of grapes*
³⁷ βρίθω – *I am heavy, burdened, loaded down*

[41b] ἔμπροσθεν δὲ λειμῶνας¹ ἁπαλοὺς² ἀναμὶξ³ σελίνων⁴ τε καὶ ἑτέρων, ἐν δὲ τῷ μέσῳ κρήνας⁵ τέτταρας λαμπροῦ⁶ καὶ διαφανοῦς⁷ ὕδατος πάντοσε⁸ ἀπορρέοντος,⁹ ἅτε¹⁰ οὐκ ὄντος ἑτεροκλινοῦς¹¹ οὐδὲ ἀνίσου¹² τοῦ χωρίου.¹³ πάντα γὰρ ταῦτα ὑπερφυῶς¹⁴ ἐρωτικὰ¹⁵ καὶ ἡδέα,¹⁶ κατὰ τὸν τρόπον οἶμαι¹⁷ τῆς θεᾶς.¹⁸ [42a] τὴν δέ γε¹⁹ τοῦ Μενελάου πολυχρήματον²⁰ καὶ πολύχρυσον²¹ αὐλήν,²² καθάπερ²³ οἶμαι²⁴ τῶν Ἀσιαγενῶν²⁵ τινος βασιλέων. καὶ γὰρ οὗτος ἦν οὐ μακρὰν²⁶ τοῦ τε Ταντάλου²⁷ καὶ Πέλοπος,²⁸ ὅθεν οἶμαι²⁹ καὶ τὸν χορὸν³⁰ Εὐριπίδης³¹ εἰς τοῦτο αἰνιττόμενον³² πεποίηκεν ἐν τῇ προσόδῳ³³ τοῦ βασιλέως,

---

[1] λειμών, ὁ – grassy place, meadow; flowers
[2] ἁπαλός, ή, όν – soft, tender
[3] ἀναμίξ – promiscuously; recklessly
[4] σέλινον, τό – celery
[5] κρήνη, ἡ – spring, fountain
[6] λαμπρός, ά, όν – bright, radiant; clear
[7] διαφανής, ές – translucent, transparent
[8] πάντοσε – in all directions, every way
[9] ἀπορρέω – I flow, run off, stream forth
[10] ἅτε – just as, inasmuch as
[11] ἑτεροκλινής, ές – leaning to one side, uneven
[12] ἄνισος, ον – unequal
[13] χωρίον, τό – place, area
[14] ὑπερφυής, ές – strangely, marvelously
[15] ἐρωτικός, ή, όν – of or caused by love, amorous
[16] ἡδύς – pleasant, welcome
[17] οἴομαι – I forbode; I think, suppose
[18] θεά, ἡ – goddess
[19] γε – at least; at any rate; indeed
[20] πολυχρήματος, ον – very wealthy
[21] πολύχρυσος, ον – rich in gold
[22] αὐλή, ἡ – court, hall
[23] καθάπερ – just as, exactly as
[24] οἴομαι – I forbode; I think, suppose
[25] Ἀσιαγενής, ές – Asiatic
[26] μακράν – far; at length
[27] Τάνταλος, ὁ – Tantalus
[28] Πέλοψ, ὁ – Pelops
[29] οἴομαι – I forbode; I think, suppose
[30] χορός, ὁ – dance; band of dancers and singers, choir
[31] Εὐριπίδης, ὁ – Euripides
[32] αἰνίσσομαι – I speak in riddles; I foreshadow, hint of
[33] πρόσοδος, ἡ – going or coming; approach, onset

[42b] Μενέλαος δὲ πολὺ δ' ἁβροσύνῃ¹ δῆλος² ὁρᾶσθαι

τοῦ Τανταλιδᾶν ἐξ αἵματος ὤν.

[43] οὐ μὴν τήν γε³ τοῦ Ὀδυσσέως οἴκησιν⁴ οὐδαμῶς⁵ τούτοις ὁμοίαν, ἀλλ' ὡς ἂν ἀσφαλοῦς⁶ ἀνδρὸς πεποίηκε πρὸς αὐτὸ τοῦτο παρεσκευασμένην.⁷ λέγει γὰρ οὕτως·

ἐξ ἑτέρων ἕτερ' ἐστίν, ἐπήσκηται⁸ δέ οἱ αὐλὴ⁹

τοίχῳ¹⁰ καὶ θριγκοῖσι·¹¹ θύραι δ' εὐεργέες¹² εἰσὶ

δίκλιδες·¹³ οὐκ ἄν τίς μιν¹⁴ ἀνὴρ ὑπεροπλίσσαιτο.¹⁵

[44a] δεῖ δὲ τοῦ ποιητοῦ¹⁶ τὰ μὲν ὡς συμβουλεύοντος¹⁷ καὶ παραινοῦντος¹⁸ ἀποδέχεσθαι,¹⁹ τὰ δὲ ὡς ἐξηγουμένου²⁰ μόνον, πολλὰ δὲ ὡς ὀνειδίζοντος²¹ καὶ καταγελῶντος.²²

---

¹ ἁβρότης, ἡ – splendor, luxury
² δῆλος, ἡ – clear, visible, manifest
³ γε – at least; at any rate; indeed
⁴ οἴκησις, ἡ – house, dwelling; family household
⁵ οὐδάμος, ἡ, όν – not anyone, no one
⁶ ἀσφαλής, ές – not liable to fall, safe.
⁷ παρασκευάζω – I provide, procure; I contrive, adapt; I prepare myself
⁸ ἐπασκέω – I prepare or finish carefully; I adorn
⁹ αὐλή, ἡ – court, hall
¹⁰ τοῖχος, ὁ – wall, enclosure
¹¹ θριγκός, ὁ – topmost stones in a wall, parapet; fence
¹² εὐεργής, ές – well-made, well-wrought
¹³ δικλίς, ἡ – double-folding
¹⁴ μιν – him, her, it
¹⁵ ὑπεροπλίζομαι – I vanquish by force of arms (MH: AMO 3S)
¹⁶ ποιητής, ὁ – inventor, maker; composer of poem, music, speech
¹⁷ συμβουλεύω – I advise, counsel, recommend.
¹⁸ παραινέω – I exhort, recommend or advise
¹⁹ ἀποδέχομαι – I accept, approve, acknowledge
²⁰ ἐξηγέμαι – I am a leader of; I expound, interpret
²¹ ὀνειδίζω – I reproach, upbraid, chide
²² καταγελάω – I laugh down, deride

[44b] ἔοικέ[1] γε[2] μὴν καὶ τὰ περὶ κοίτην[3] καὶ τὴν καθ' ἡμέραν δίαιταν[4] ἱκανὸς εἶναι παιδεύειν Ὅμηρος ἡρωικήν[5] τινα καὶ βασιλικὴν[6] τῷ ὄντι παίδευσιν,[7] ὡς τὰς Λακωνικὰς ἑστιάσεις[8] τῶν φιλιτίων[9] δείπνων μαθόντα παρ' ἐκείνου Λυκοῦργον[10] νομοθετῆσαι[11] τοῖς Σπαρτιάταις.[12] [45a] ἐπεί τοι καί φασιν αὐτὸν ἐπαινέτην[13] Ὁμήρου γενέσθαι, καὶ πρῶτον ἀπὸ Κρήτης[14] ἢ τῆς Ἰωνίας[15] κομίσαι[16] τὴν ποίησιν εἰς τὴν Ἑλλάδα.[17] τὸν γοῦν[18] Διομήδην[19] πάνυ[20] στερεῶς[21] κατέκλινεν[22] ἐπὶ βύρσης[23] ἀγραύλου[24] βοός,[25] κύκλῳ[26] περιστήσας[27] τὰ δόρατα[28] ὀρθὰ[29] ἐπὶ σαυρωτῆρος,[30] οὐ κόσμου χάριν, ἀλλ' ἕτοιμα λαβεῖν·

---

[1] ἔοικα – I am like; I bessem, befit
[2] γε – at least; at any rate; indeed
[3] κοίτη, ἡ – act of going to bed; sexual connection
[4] δίαιτα, ἡ – mode of life, way of living
[5] ἡρωικός, ή, όν – of the heroes, of heroic stature, heroic verse
[6] βασιλικός, ή, όν – royal, kingly
[7] παίδευσις, ἡ – process or system of education, culture, learning
[8] ἑστιάω – I recieve at one's hearth, entertain, feast
[9] φιλίτιον, τό – common hall, dining-hall
[10] Λυκοῦργος, ὁ – Lycurgus
[11] νομοθετέω – I frame a code of laws, ordain by law
[12] Σπάρτη, ἡ – Spartan
[13] ἐπαινέτης, ὁ – praiser, commender
[14] Κρήτη, ἡ – Crete
[15] Ἰώνιος, α, ον – Ionian
[16] κομίζω – I take care of, provide for, attend
[17] Ἑλλάς, ἡ – Greece
[18] γοῦν or γ' οὖν – why yes; at least then
[19] Διομήδης, ὁ – Diomedes
[20] πάνυ – altogether; very; exceedingly
[21] στερεός, ά, όν – firm, solid; standard, of full value; stiff, stubborn
[22] κατακλίνω – I lay down, recline, lie at table
[23] βύρσα, ἡ – skin stripped off, hide
[24] ἄγραυλος, ον – dwelling in a field
[25] βοῦς, ὁ and ἡ – bull, ox
[26] κύκλος, ὁ – circle, ring; round about
[27] περιίστημι – I place round, bring round
[28] δόρυ, τό – shaft of spear, spear
[29] ὀρθός, ή, όν – upright, true, correct
[30] σαυρωτήρ, ὁ – ferrule, spike

[45b] εὐωχεῖ[1] γε[2] μὴν ἀπὸ κρεῶν[3] τοὺς ἥρωας,[4] καὶ τούτων βοείων,[5] δῆλον[6] ὅτι ἰσχύος,[7] οὐχ ἡδονῆς[8] ἕνεκεν. [46] τὸν γοῦν[9] Ἀγαμέμνονα τὸν ξυμπάντων[10] βασιλέα καὶ πλουσιώτατον βοῦν[11] ἀεί[12] φησι θύειν, καὶ ἐπὶ τοῦτον καλεῖν τοὺς ἀρίστους.[13] καὶ τὸν Αἴαντα[14] μετὰ τὴν νίκην φιλοφρονεῖται[15] τοῖς νώτοις[16] τοῦ βοός.[17] [47] ἰχθύων δὲ οὐδέποτε γευομένους[18] αὐτοὺς ἐποίησεν, καὶ ταῦτα ἐπὶ θαλάττῃ στρατοπεδεύοντας,[19] καίτοι[20] τὸν Ἑλλήσποντον,[21] ὥσπερ ἐστίν, ἰχθυόεντα[22] ἑκάστοτε[23] καλῶν· πάνυ[24] γὰρ ὀρθῶς[25] αὐτὸ τοῦτο ἀπεμνημόνευσεν[26] ὁ Πλάτων·[27] ἀλλ' οὐδὲ τοὺς μνηστῆρας[28] ἰχθύσιν ἑστιᾷ,[29] σφόδρα[30] ἀσελγεῖς[31] καὶ τρυφεροὺς[32] ὄντας, καὶ ταῦτα ἐν Ἰθάκῃ[33] ἑστιωμένους.[34]

---

[1] εὐωχέω – *I entertain sumptuously, feed well*
[2] γε – *at least; at any rate; indeed*
[3] κρέας, τό – *flesh, meat*
[4] ἥρως, ὁ – *heroes, local deities*
[5] βόειος, α, ον – *of an ox, of ox-hide*
[6] δῆλος, η, ον – *visible, conspicuous, plain, manifest*
[7] ἰσχύς, ἡ – *strength, might, power, force*
[8] ἡδονή, ἡ – *enjoyment, pleasure*
[9] γοῦν or γ' οὖν – *why yes; at least then*
[10] σύμπας, α, αν – *all together, all at once.*
[11] βοῦς, ὁ and ἡ – *bull, ox, cow*
[12] ἀεί – *ever, always; from of old*
[13] ἄριστος, η, ον – *best, most excellent, noblest*
[14] Αἴας, ὁ – *Ajax*
[15] φιλοφρονέομαι – *I treat or deal with kindly, show favor to*
[16] νῶτον, τό – *back; any wide surface*
[17] βοῦς, ὁ and ἡ – *bullock, bull, ox*
[18] γεύω – *I give a taste of, taste, take food, dine*
[19] στρατοπεδεύω – *I encamp, am stationed*
[20] καίτοι – *and indeed; and further*
[21] Ἑλλήσποντος, ὁ – *Hellespont or sea of Helle*
[22] ἰχθυόεις, εσσα, εν – *full of fish, fishy*
[23] ἑκάστοτε – *each time, on every occasion*
[24] πάνυ – *altogether; very; exceedingly*
[25] ὀρθός, ἡ, όν – *upright, true, correct*
[26] ἀπομνημονεύω – *I relate from memory, remember, call to mind*
[27] Πλάτων, ὁ – *Plato*
[28] μνηστήρ, ὁ – *wooer, suiter*
[29] ἑστιάω – *I receive at my hearth, entertain, feast*
[30] σφοδρός, ά, όν – *vehement, excessive*
[31] ἀσελγής, ές – *licentious, wanton, outrageous*
[32] τρυφερός, ά, όν – *delicate; effeminate; luxurious*
[33] Ἰθάκη, ἡ – *Ithaca*
[34] ἑστιάω – *I receive at my hearth, entertain, feast*

[48] ὅτι γε¹ μὴν οὐκ ἄλλως² διέξεισι³ ταῦτα, φανερῶς αὐτὸς ἀποφαίνεται⁴ ποίαν τινὰ δεῖ τὴν τροφὴν εἶναι καὶ πρὸς τί γιγνομένην. ἣν γὰρ ἂν θέλῃ ἐπαινέσαι,⁵ μενοεικέα⁶ δαῖτά⁷ φησιν, τὴν οἵαν τε παρέχειν μένος,⁸ τοῦτ' ἔστιν ἰσχύν.⁹ ταῦτα δὲ λέγει διδάσκων καὶ παραινῶν¹⁰ ὡς δεῖ καὶ τραπέζης ἐπιμελεῖσθαι¹¹ τοὺς ἀγαθούς, ἐπεὶ τροφῆς γε¹² παντοίας¹³ καὶ πολυτελείας¹⁴ οὐκ ἐτύγχανεν¹⁵ ἄπειρος¹⁶ ὤν, ὥστε τοὺς περὶ ταῦτα νῦν ἐπτοημένους¹⁷ Πέρσας¹⁸ καὶ Σύρους¹⁹ καὶ τῶν Ἑλλήνων Ἰταλιώτας²⁰ καὶ Ἴωνας μηδὲ ἐγγὺς ἐφικνεῖσθαι²¹ τῆς παρ' Ὁμήρῳ χορηγίας²² καὶ ἁβρότητος²³. [49a] τί δέ, εἶπεν ὁ Φίλιππος, οὐ δίδωσιν ἐσθῆτα²⁴ ὡς οἷόν²⁵ τε καλλίστην τοῖς ἥρωσι²⁶; νὴ²⁷ Δία γε²⁸, ἦ δ' ὅς ὁ Ἀλέξανδρος, οὐ μέντοι²⁹ γυναικείαν³⁰ οὐδὲ ποικίλην³¹, ἀλλὰ πορφύρᾳ³² μόνον ἐκόσμησε³³ τὸν Ἀγαμέμνονα, καὶ τὸν Ὀδυσσέα δὲ μιᾷ χλαίνῃ³⁴ τῇ οἴκοθεν.³⁵

---

¹ γε – at least; at any rate; indeed
² ἄλλως – otherwise
³ διέξειμι – I go through, pass through
⁴ ἀποφαίνω – I show forth, display, prove
⁵ ἐπαινέω – I approve, praise, commend
⁶ μενοεικής, ές – satisfying, to one's taste
⁷ δαίτη, ἡ – feast, banquet
⁸ μένος, τό – might, force, strength
⁹ ἰσχύς, ἡ – strength, might, power
¹⁰ παραινέω – I exhort, recommend, advise
¹¹ ἐπιμελέομαι – I take care of, attend to
¹² γε – at least; at any rate; indeed
¹³ παντοῖος, α, ον – of all sorts; manifold
¹⁴ πολυτέλεια, η – great expense, extravagance
¹⁵ τυγχάνω – I attain to, happen to be
¹⁶ ἄπειρος, ον – boundless, countless, infinite
¹⁷ πτοέω – I terrify, scare; metaph. flutter, excite
¹⁸ Περσεύς, ὁ – Perseus
¹⁹ Σύρος, ὁ – Syrian
²⁰ Ἰταλικός, ή, όν – Italian
²¹ ἐφικνέομαι – I reach at, aim at
²² χορηγία, ἡ – expense, means, fortune
²³ ἁβρότης, ἡ – splendor, luxury
²⁴ ἐσθής, ἡ – clothing
²⁵ οἷος – such as; of what sort
²⁶ ἥρως, ὁ – heroes, local deities
²⁷ νή – srtong affirmation (TH: νὴ Δία by Zeus!)
²⁸ γε – at least; at any rate; indeed
²⁹ μέντοι – really, actually; to be sure, indeed
³⁰ γυναικεῖος, α, ον – feminine, effeminate
³¹ ποικίλος, η, ον – of many colors; manifold
³² πορφύρα, ἡ – purple
³³ κοσμέω – I adorn, equip, dress
³⁴ χλαῖνα, ἡ – cloak
³⁵ οἴκοθεν – from one's house, one's own expense

[49b] οὐδὲ γὰρ οἴεται¹ δεῖν Ὅμηρος τὸν ἡγεμόνα φαίνεσθαι ταπεινὸν² οὐδὲ τοῖς πολλοῖς καὶ ἰδιώταις³ ὅμοιον, ἀλλὰ καὶ στολῇ⁴ καὶ ὁπλίσει⁵ διαφέρειν παρὰ τοὺς ἄλλους ἐπὶ τὸ μεῖζον καὶ σεμνότερον,⁶ οὐ μὴν τρυφῶντά⁷ γε⁸ [50] οὐδὲ σπουδάζοντα.⁹ τὸν γοῦν¹⁰ Κᾶρα¹¹ τὸν χρυσῷ¹² καλλωπιζόμενον¹³ εἰς τὸν πόλεμον μάλα¹⁴ ὑβριστικῶς¹⁵ ἐλοιδόρησεν,¹⁶ εἰπών,

ὃς καὶ χρυσὸν¹⁷ ἔχων πόλεμόν δ' ἴεν¹⁸ ἠΰτε¹⁹ κούρη²⁰

νήπιος, οὐδ' ἄρα οἱ τό γ' ἐπήρκεσε²¹ λυγρὸν²² ὄλεθρον²³

ἀλλ' ἐδάμη²⁴ ὑπὸ χερσὶ ποδώκεος²⁵ Αἰακίδαο²⁶

ἐν ποταμῷ· χρυσὸν²⁷ δ' Ἀχιλεὺς ἐκόμισσε²⁸ δαΐφρων·²⁹

---

[1] οἴομαι – I forbode, think, suppose
[2] ταπεινός, ή, όν – humbled, downcast, base, lowly
[3] ἰδιώτης, ὁ – private person, individual; common person, plebian
[4] στολή, ἡ – equipment, armament, garment, robe, full dress
[5] ὅπλισις, ἡ – armor
[6] σεμνός, ή, όν – revered, august, holy
[7] τρυφάω – I am effeminate, live softly, luxuriously
[8] γε – at least; at any rate; indeed
[9] σπουδάζω – I do hastily, eagerly
[10] γοῦν or γ' οὖν – why yes; at least then
[11] Κάρ, ὁ – Carian
[12] χρυσός, ὁ – gold, golden
[13] καλλωπίζω – I adorn myself, make myself fine
[14] μάλα – above all; exceedingly; certainly
[15] ὑβριστικος, ή, όν – insolent, given to wantonness
[16] λοιδορέω – I rebuke, rail, reproach
[17] χρυσός, ὁ – gold, golden
[18] εἶμι – I am; I exist (MH: IAI 3S)
[19] ἠΰτε – as, like as, even as
[20] κούρη, ἡ – girl, maiden, daughter
[21] ἐπαρκέω – I ward off, am strong enough for
[22] λυγρός, ά, όν – baneful, mournful
[23] ὄλεθρος, ὁ – death, destruction
[24] δαμάζω – I overpower, kill
[25] ποδώκης, ες – swift-footed, quick
[26] Αἰακίδης, ὁ – Aeacides
[27] χρυσός, ὁ – gold, golden
[28] κομίζω – I carry off as a prize, aquire
[29] δαΐφρων, ον – warlike, fiery; wise, prudent

[51] καταγελῶν[1] αὐτοῦ τῆς τρυφῆς[2] ἅμα[3] καὶ τῆς ἀφροσύνης,[4] ὅτι τοῖς πολεμίοις[5] ἆθλα[6] ἐκόμιζε[7] τοῦ θανάτου σχεδόν.[8] οὔκουν[9] φαίνεται χρυσοφορίας[10] ἐπαινῶν[11] ὁ Ὅμηρος, καὶ ταῦτα εἰς πόλεμον, ψελίων[12] τε καὶ στρεπτῶν,[13] ἔτι δὲ χρυσῶν[14] φαλάρων[15] καὶ χαλινῶν,[16] ὁποῖα[17] τοὺς Πέρσας φασὶν ἐπιτηδεύειν·[18] οὐ γὰρ ἔχουσιν ἐπιτιμητὴν[19] Ὅμηρον τῶν πολεμικῶν.[20] [52a] ἐκ δὲ τούτων τῶν ἐπιτηδευμάτων[21] τούς τε ἄρχοντας πεποίηκεν. ἀγαθοὺς καὶ τὸ πλῆθος εὔτακτον.[22] προιασι[23] γοῦν[24] αὐτῷ σιγῇ,[25] δειδιότες[26] σημάντορας,[27] οἱ δὲ βάρβαροι[28] μετὰ πολλοῦ θορύβου[29] καὶ ἀταξίας,[30] ταῖς γεράνοις[31] ὁμοίως· ὡς τοῦτο μάλιστα[32] σωτήριον[33] ὂν καὶ νικηφόρον[34] ἐν τοῖς κινδύνοις,[35] τὸ μὴ ἀδεεῖς[36] εἶναι τῶν ἡγεμόνων τοὺς στρατιώτας.

---

[1] καταγελάω – *I mock, laugh, jeer at*
[2] τρυφή, ἡ – *dainty, effeminate, luxurious*
[3] ἅμα – *at the same time, together*
[4] ἀφροσύνη, ἡ – *folly, thoughtlessness*
[5] πολέμιος, α, ον – *enemy, war-like, hostile*
[6] ἆθλον, τό – *prize of contest*
[7] κομίζω – *I carry off as a prize, booty*
[8] σχεδόν – *roughly speaking, approximately*
[9] οὔκουν – *certainly not; at any rate ... not*
[10] χρυσοφορία, ἡ – *wearing golden ornaments*
[11] ἐπαινέω – *I commend, praise, exhort*
[12] ψέλιον, το – *armlet, anklet*
[13] στρεπτός, ή, όν – *(linked) necklace*
[14] χρυσός, ὁ – *gold, golden*
[15] φάλαρον, τό – *part of a horse's bridle*
[16] χαλινός, ὁ – *a horse's bit*
[17] ὁποῖος, α, ον – *of what sort or quality*
[18] ἐπιτηδεύω – *I practice, pursue, train*
[19] ἐπιτιμητής, ὁ – *appraiser, overseer; chastiser*
[20] πολεμικός, ή, όν – *warlike, for war*
[21] ἐπιτήδευμα, τό – *custom, ; pursuit, business*
[22] εὔτακτος, ον – *well disciplined, orderly*
[23] πρόειμι – *I advance, continue*
[24] γοῦν or γ' οὖν – *why yes, at least then*
[25] σιγή, ἡ – *silence, whisper*
[26] δείδω – *I fear, am alarmed, anxious*
[27] σημάντωρ, ορος, ὁ – *commander, leader*
[28] βάρβαρος, ον – *barbarous; non-Greek, foreign*
[29] θόρυβος, ὁ – *uproar, clamor*
[30] ἀταξία, ἡ – *indiscipline, disorder*
[31] γέρανος, ἡ – *crane*
[32] μάλα – *above all; exceedingly; certainly*
[33] σωτήριος, ον – *safety, deliverance*
[34] νικήφορος, ον – *victory*
[35] κίνδυνος, ὁ – *danger, battle*
[36] ἀδεής, ές – *fearless; causing no fear*

[52b] ὅσοι δ' ἂν ὦσιν ἄφοβοι[1] τῶν σφετέρων[2] ἀρχόντων, οὗτοι τάχιστα ἂν φοβοῖντο τοὺς πολεμίους.[3] [53] καὶ μέντοι[4] καὶ νικῶντας τοὺς Ἀχαιοὺς[5] καθ' ἡσυχίαν[6] φησὶ στρατοπεδεύειν·[7] παρὰ δὲ τοῖς Τρωσὶν[8] ἐπειδή τι πλεονεκτεῖν[9] ἔδοξαν, εὐθὺς εἶναι δι' ὅλης τῆς νυκτὸς

αὐλῶν[10] συρίγγων[11] τ' ἐνοπὴν[12] ὅμαδόν[13] τ' ἀνθρώπων·

ὡς καὶ τοῦτο ἱκανὸν ὂν σημεῖον ἀρετῆς[14] ἢ κακίας,[15] οἵτινες ἂν ἐγκρατῶς[16] τὰς εὐτυχίας[17] ἢ τοὐναντίον[18] μεθ' ὕβρεως[19] φέρωσιν. [54] ἐμοὶ μὲν οὖν, ὦ πάτερ, ἱκανώτατος σωφρονιστὴς[20] Ὅμηρος καὶ ὁ τούτῳ πειρώμενος τὸν νοῦν[21] προσέχειν εὐτυχέστατός[22] τε καὶ ἄριστος[23] βασιλεύς. αὐτὸς γὰρ σαφῶς[24] ὑποτίθεται[25] δύο τὰς βασιλικωτάτας[26] ἀρετὰς[27] τήν τε ἀνδρείαν[28] καὶ δικαιοσύνην, ὅπου φησίν,

ἀμφότερον,[29] βασιλεύς τ' ἀγαθὸς κρατερός[30] τ' αἰχμητής,[31]

---

[1] ἄφοβος, ον – *fearless, intrepid*
[2] σφέτερος, α, ον – *their own people*
[3] πολέμιος, α, ον – *enemy, hostile; war-like*
[4] μέντοι – *really, actually; to be sure, indeed*
[5] Ἀχαιός, ά, όν – *Achaean*
[6] ἡσυχία, ἡ – *rest; quiet, stillness*
[7] στρατοπεδεύω – *I encamp; I am stationed*
[8] Τρώς, ὁ – *Troy*
[9] πλεονεκτέω – *I am greedy; I take advantage of*
[10] αὐλός, ὁ – *flute, reed-instrument, aulos*
[11] σῦριγξ, ἡ – *Shepard's pipe, pan pipe. whistle*
[12] ἐνόπη, ἡ – *sound, crying, shouting*
[13] ὅμαδος, ὁ – *noisy-throng, din, mob of warriors*
[14] ἀρετή, ἡ – *goodness, excellence, virtue*
[15] κακία, ἡ – *badness, cowardice, ill-repute*
[16] ἐγκρατής, ές – *self-possessed; self-controlled*
[17] εὐτυχής, ές – *successful, fortunate*
[18] ἐναντίος, α, ον – *opposite, contrary*
[19] ὕβρις, ἡ – *wanton violence, lewdness, violence*
[20] σωφρονιστής, ὁ – *disciplinarian; making temperate, teaching morality*
[21] νόος, ὁ – *mind, sense, sensibility* (TH: with προσέχειν – *I turn my mind to* something)
[22] εὐτυχής, ές – *fortunate, successful*
[23] ἄριστος, η, ον – *best, most excellent, noblest*
[24] σαφής, ές – *clear, manifest, plain*
[25] ὑποτίθημι – *I demonstrate, instruct, enjoin*
[26] βασιλικός, ή, όν – *kingly, royally*
[27] ἀρετή, ἡ – *goodness, excellence, virtue*
[28] ἀνδρεία, ἡ – *manliness, bravery*
[29] ἀμφότερος, α, ον – *both, together*
[30] κρατερός, ά, όν – *strong, stout, mighty*
[31] αἰχμητής, ὁ – *spearman, warrior*

[55] ὡς τῶν ἄλλων ταύταις συνεπομένων.[1] οὐ μέντοι[2] μόνον αὐτὸν οἶμαι[3] δεῖν διαφέρειν τὸν βασιλέα πρὸς τὸ ἀνδρεῖον[4] καὶ σεμνόν,[5] ἀλλὰ μηδὲ τῶν ἄλλων ἀκούειν μήτ' αὐλούντων[6] μήτε κιθαριζόντων[7] μήτε ᾀδόντων[8] ἀνειμένα[9] μέλη καὶ τρυφερά,[10] μηδὲ αὖ[11] λόγων διεφθορότων[12] κακοὺς ζήλους παραδέχεσθαι,[13] πρὸς ἡδονὴν[14] τῶν ἀμαθεστάτων[15] γεγονότας, [56a] ἀλλὰ πάντα τὰ τοιαῦτα πρῶτον μὲν καὶ μάλιστα[16] ἐκβαλεῖν[17] ὡς πορρωτάτω[18] καὶ ἀποπέμψαι[19] τῆς αὐτοῦ ψυχῆς, ἔπειτα τῆς βασιλευούσης πόλεως, γέλωτάς[20] τε ἀκράτους[21] καὶ τοιούτου γέλωτος[22] ποιητὰς[23] μετὰ σκωμμάτων,[24] ἐμμέτρου[25] τε καὶ ἀμέτρου,[26]

---

[1] συνέπομαι – I follow along with, accompany, am in accordance with
[2] μέντοι – really, actually; to be sure, indeed
[3] οἴομαι – I forbode; I think, suppose
[4] ἀνδρεῖος, α, ον – manliness, bravery
[5] σεμνός, ή, όν – revered, august, holy
[6] αὐλέω – I play the flute, aulos
[7] κιθαρίζω – I play the cithara
[8] ἀείδω – I sing, chant, praise, celebrate
[9] ἀνίημι – I have become effete, powerless
[10] τρυφερός, ά, όν – delicate, dainty, effeminate
[11] αὖ – again, anew, afresh
[12] διαφθείρω – I corrupt, ruin, falsify
[13] παραδέχομαι – I allow, admit, take upon oneself
[14] ἡδονή, ἡ – enjoyment, pleasure
[15] ἀμαθής, ές – ignorant, lacking or incapable of understanding
[16] μάλα – above all; exceedingly; certainly
[17] ἐκβάλλω – I cast out, drive out
[18] προσωτέρω – furthest, furthest from
[19] ἀποπέμπω – I send off, send away
[20] γέλως, ὁ – joke, laughter
[21] ἄκρατος, όν – intemperate, violent
[22] γέλως, ὁ – joke, laughter
[23] ποιητής, ὁ – inventor, maker; composer of poem, music, speech
[24] σκῶμμα, τό – jest, gibe
[25] ἔμμετρος, ον – in measure, proportion
[26] ἄμετρος, ον – without metre, unmetrical, without measure

[56b] ὀρχήσεις[1] τε πρὸς τούτοις καταλύειν ἀσελγεῖς[2] καὶ σχήματα[3] ἑταιρικὰ[4] γυναικῶν ἐν ὀρχήσεσιν[5] ἀκολάστοις,[6] αὐλημάτων[7] τε ὀξεῖς[8] καὶ παρανόμους ῥυθμοὺς[9] καὶ κατεαγότα[10] μέλη ἀμούσοις[11] καμπαῖς[12] καὶ πολυφώνων[13] ὀργάνων[14] ποικιλίας.[15] [57a] μόνην δὲ ᾠδὴν[16] μὲν ᾄσεται[17] καὶ παραδέξεται[18] τὴν τῷ Ἐνυαλίῳ[19] πρέπουσαν[20] μάλα[21] ἰσχυρὰν καὶ διάτορον,[22] οὐχ ἡδονὴν[23] οὐδὲ ῥᾳθυμίαν[24] φέρουσαν τοῖς ἀκούουσιν, ἀλλ' ἀμήχανον[25] φόβον καὶ θόρυβον,[26] οἵαν ὅ τε Ἄρης αὐτὸς ἤγειρεν,

ὀξὺ[27] κατ' ἀκροτάτης[28] πόλιος Τρώεσσι κελεύων,

---

[1] ὄρχησις, ἡ – *dancing, dance, dancer*
[2] ἀσελγής, ές – *licentious, wanton, unconstrained*
[3] σχῆμα, τό – *form, shape; appearance, bearing*
[4] ἑταιρικός, ή, όν – *meretricious* (LH: apparently attractive but having in reality no value or integrity; relating to or characteristic of a prostitute)
[5] σχῆμα, τό – *form, shape; appearance, bearing*
[6] ἀκόλαστος, ον – *licentious, undisciplined, unbridled*
[7] αὔλημα, τό – *performance on the aulos*
[8] ὀξύς, εῖα, ύ – *sharp, keen; piercing; high-pitched*
[9] ῥυθμός, ὁ – *regular motion; rhythm*
[10] κατάγνυμι – *I shatter, break*
[11] ἄμουσος, ον – *unmusical, discordant*
[12] καμπή, ἡ – *turn, sudden change*
[13] πολύφωνος, ον – *having many tones, having many voices*
[14] ὄργανον, τό – *instrument, implement, tool*
[15] ποικιλία, ἡ – *complexity, variety, intricacy*
[16] ἀοιδή, ἡ – *song*
[17] ἀείδω – *I sing* (MH: FMI 3S)
[18] παραδέχομαι – *I admit, allow*
[19] Ἐνυάλιος, ὁ – *the Warlike* (TH: in Iliad as epithet for Ares)
[20] πρέπω – *I am conspicuously fitting, seemly*
[21] μάλα – *above all; exceedingly; certainly*
[22] διάτορος, ον – *piercing, thrilling*
[23] ἡδονή, ἡ – *enjoyment, pleasure*
[24] ῥᾳθυμία, ἡ – *recreation, relaxation*
[25] ἀμήχανος, ον – *incapable, helpless; irresistible, extraordinary*
[26] θόρυβος, ὁ, – *noise, uproar, clamour*
[27] ὀξύς, εῖα, ύ – *sharp, keen; piercing; high-pitched*
[28] ἄκρος, α, ον – *at the farthest point or end, highest*

[57a] ὅ τε Ἀχιλλεὺς ὅτε φθεγξάμενος¹ μόνον, πρὶν ὀφθῆναι, τροπὴν² ἐποίησε τῶν Τρώων, καὶ δώδεκα ἀνδράσιν αἴτιος³ ὑπῆρξεν ὀλέθρου⁴ περὶ τοῖς αὐτῶν ἅρμασι⁵ καὶ ὅπλοις·⁶ [58] καὶ τὴν ἐπὶ ταύτῃ ποιηθεῖσαν ὑπὸ τῶν Μουσῶν τὴν ἐπινίκιον,⁷ οἷον ἐκέλευεν Ἀχιλλεὺς, τοῖς Ἀχαιοῖς τὸν παιᾶνα⁸ λέγειν ἅμα⁹ τῇ τοῦ Ἕκτορος ἀγωγῇ¹⁰ πρὸς τὰς ναῦς¹¹ αὐτὸς ἐξάρχων,¹²

νῦν δ' ἄγ' ἀείδοντες¹³ παιήονα¹⁴ κοῦροι¹⁵ Ἀχαιῶν

νηυσὶν¹⁶ ἐπὶ γλαφυρῇσι¹⁷ νεώμεθα,¹⁸ τόνδε¹⁹ δ' ἄγωμεν.

ἠράμεθα μέγα κῦδος,²⁰ ἐπέφνομεν²¹ Ἕκτορα δῖον,

ᾧ Τρῶες κατὰ ἄστυ²² θεῷ ὣς εὐχετόωντο.²³

---

[1] φθέγγομαι – I utter a sound, speak loud and clear
[2] τροπή, ἡ – turning, the routing of the enemy
[3] αἴτιος, α, ον – culpable, responsible
[4] ὄλεθρος, ὁ – ruin, destruction, death
[5] ἅρμα, τό – chariot
[6] ὅπλον, τό – tool, implement, military arms, armour
[7] ἐπινίκιος, ον – of victory, honors of triumph, song of victory
[8] παιάν, ὁ – paean, song of triumph
[9] ἅμα – at the same time, at once, together
[10] ἀγωγή, ἡ – carrying away; leading; bringing to
[11] ναῦς, ἡ – ship
[12] ἐξάρχω – I begin, take the lead in, initiate
[13] ἀείδω – I sing, chant
[14] παιάν, ὁ – paean, song of triumph
[15] κόρος, ὁ – boy, lad, son
[16] ναῦς, ἡ – ship
[17] γλαφυρός, ά, όν – hollow, hollowed
[18] νέομαι – I go back, return
[19] ὅδε – this; what is present or before; here
[20] κῦδος, τό – glory, renown
[21] θείνω – I strike, dash, slay
[22] ἄστυ, τό – town, lower town
[23] εὐχετάομαι – I pray, profess

[59] ἔτι δὲ οἶμαι¹ τὴν παρακλητικήν,² οἵα ἡ τῶν Λακωνικῶν ἐμβατηρίων,³ μάλα⁴ πρέπουσα⁵ τῇ Λυκούργου⁶ πολιτείᾳ⁷ καὶ τοῖς ἐπιτηδεύμασιν⁸ ἐκείνοις·

    ἄγετ', ὦ Σπάρτας εὐάνδρου⁹

    κοῦροι¹⁰ πατέρων πολιητᾶν,¹¹

    λαιᾷ¹² μὲν ἴτυν¹³ προβάλεσθε,¹⁴

    δόρυ¹⁵ δ' εὐτόλμως¹⁶ πάλλοντες,¹⁷

    μὴ φειδόμενοι¹⁸ τᾶς ζωᾶς·

    οὐ γὰρ πάτριον¹⁹ τᾷ Σπάρτᾳ.

[60a] χορεύματα²⁰ δὲ καὶ χοροὺς²¹ ἀνάλογον²² τούτοις οὐ σφαλλομένους²³ οὐδὲ ἀκρατεῖς,²⁴ ἀλλὰ ὡς οἷόν²⁵ τε ἰσχυροὺς καὶ σώφρονας²⁶ ἐπάγειν²⁷ ἐν καθεστῶτι ῥυθμῷ²⁸·

---

¹ οἴομαι – *I forbode; I think, suppose*
² παρακλητικός, ή, όν – *hortatory; stimulating*
³ ἐμβατήριος, ον – *marching tune*
⁴ μάλα – *above all; exceedingly; certainly*
⁵ πρέπω – *I am conspicuous, fitting, seemly*
⁶ Λυκοῦργος, ὁ – *Lycurgus*
⁷ πολιτεία, ἡ – *citizenship, governmen*
⁸ ἐπιτήδευμα, τό – *pursuit, business, custom*
⁹ εὔανδρος, ον – *abounding in good and true men*
¹⁰ κόρος, ὁ – *boy, lad, son*
¹¹ πολίτης, ὁ – *citizen, freeman, fellow-citizen*
¹² λαιός, ά, όν – *left, left hand*
¹³ ἴτυς, ἡ – *felloe of a wheel; the round shield*
¹⁴ προβάλλω – *I throw, put forward*
¹⁵ δόρυ, τό – *shaft of spear, spear*
¹⁶ εὔτολμος, ον – *brave-spirited, heroic*
¹⁷ πάλλω – *I sway; I brandish; I drive furiously*
¹⁸ φείδομαι – *I spare; I refrain from*
¹⁹ πάτριος, α, ον – *belong to one's father; hereditary custom*
²⁰ χόρευμα, τό – *choral dance*
²¹ χορός, ὁ – *dance; band of dancers and singers*
²² ἀνάλογος, ον – *suitable, conformable*
²³ σφάλλω – *I reel, stagger*
²⁴ ἀκρατής, ές – *uncontrolled, without command over oneself*
²⁵ οἷος – *such as, of the sort*
²⁶ σώφρων, ὁ or ἡ – *of sound mind, moderate*
²⁷ ἐπάγω – *I bring on, apply, supply*
²⁸ ῥυθμός, ὁ – *regular motion; rhythm*

[60b] ὄρχησίν¹ γε² μὴν τὴν ἐνόπλιον,³ τὴν γιγνομένην τοῖς θεοῖς ἀπαρχὴν⁴ ἅμα⁵ καὶ μελέτην⁶ τῶν πολεμικῶν,⁷ ἧς φησιν ὁ ποιητὴς⁸ καὶ τὸν Μηριόνην⁹ ἔμπειρον¹⁰ εἶναι· τῶν γὰρ Τρώων τινὰ πεποίηκε λέγοντα,

Μηριόνη, τάχα κέν σε καὶ ὀρχηστήν¹¹ περ¹² ἐόντα

ἔγχος¹³ ἐμὸν κατέπαυσε¹⁴ διαμπερές,¹⁵ εἴ σ' ἔβαλόν περ.¹⁶

[61] ἢ σὺ οἴει¹⁷ ἄλλην τινὰ λέγειν ἐπίστασθαι τὸν τοῦ Μόλου¹⁸ υἱόν, ἀριθμούμενον¹⁹ ἐν τοῖς ἀρίστοις²⁰ τῶν Ἀχαιῶν, ἢ τὴν ἐνόπλιον,²¹ τὴν Κουρητικήν,²² ἥπερ ἦν ἐπιχώριος²³ τοῖς Κρησίν,²⁴ τὴν ὀξεῖαν²⁵ καὶ ἐλαφρὰν²⁶ κίνησιν²⁷ πρὸς τὸ διακλῖναι²⁸ καὶ φυλάξασθαι ῥᾳδίως²⁹ τὸ βέλος;³⁰

---

[1] ὄρχησις, ἡ – *dancing, pantomimic dancing*
[2] γε – *at least; at any rate; indeed*
[3] ἐνόπλιος, ὁ – *martial rhythm*
[4] ἀπαρχή, ἡ – *sacrifice, primal offering; a banquet for the gods with sacrifice*
[5] ἅμα – *at the same time, at once, together*
[6] μελέτη, ἡ – *military drill; oratorical rehearsal*
[7] πολεμικός, ή, όν – *warlike, for war*
[8] ποιητής, ὁ – *inventor, maker; composer of poem, music, speech*
[9] Μηριόνης, ὁ – *Meriones*
[10] ἔμπειρος, ον – *experienced, skilled*
[11] ὀρχηστής, ὁ – *dance, pantomimic dancer*
[12] πέρ – *very much; though*
[13] ἔγχος, τό – *spear*
[14] καταπαύω – *I put an end to, kill*
[15] διαμπερής, ές – *piercing; through and through*
[16] πέρ – *very much; though*
[17] οἴομαι – *I forbode; I think, suppose*
[18] Μόλος, ὁ – *Molus*
[19] ἀριθμέω – *I reckon, account, number*
[20] ἄριστος, η, ον – *best, most excellent, noblest*
[21] ἐνόπλιος, ὁ – *martial rhythm*
[22] Κουρητικός, ή, όν – *of* or *concerning the Kouretes*
[23] ἐπιχώριος, α, ον – *the people of a country, natives*
[24] Κρής, ὁ – *Cretan*
[25] ὀξύς, εῖα, ύ – *sharp, keen; piercing; high-pitched*
[26] ἐλαφρός, ά, όν – *nimble; light troops*
[27] κίνησις, ἡ – *motion, dance*
[28] διακλίνω – *I turn away, evade*
[29] ῥᾴδιος, α, ον – *easy; easily understood and followed*
[30] βέλος, τό – *arrow*

Kingship 2.62

[62] τούτοις γε¹ μὴν ξυνέπεται² μηδὲ εὐχὰς³ εὔχεσθαι⁴ τὸν βασιλέα τοῖς ἄλλοις ὁμοίας μηδὲ αὖ⁵ τοὺς θεοὺς καλεῖν οὕτως εὐχόμενον⁶ ὥσπερ ὁ Ἰώνων ποιητής⁷ Ἀνακρέων,⁸

    ὦναξ,⁹ ᾧ δαμάλης¹⁰ Ἔρως¹¹
    καὶ Νύμφαι¹² κυανώπιδες¹³
    πορφυρέη¹⁴ τ' Ἀφροδίτη¹⁵
    συμπαίζουσιν,¹⁶ ἐπιστρέφεαι δ'
    ὑψηλὰς¹⁷ ὀρέων κορυφάς,¹⁸
    γουνοῦμαί¹⁹ σε, σὺ δ' εὐμενὴς²⁰
    ἔλθοις μοι, κεχαρισμένης δ'
    εὐχωλῆς²¹ ἐπακούειν·²²
    Κλευβούλῳ²³ δ' ἀγαθὸς γενεῦ
    σύμβουλος,²⁴ τὸν ἐμὸν δ' ἔρωτ',
    ὦ Δεύνυσε,²⁵ δέχεσθαι.

---

¹ γε – *at least; at any rate; indeed*
² συνέπομαι – *I follow, accompany; I comply*
³ εὐχή, ἡ – *prayer*
⁴ εὔχομαι – *I pray, profess, declare*
⁵ αὖ – *again, anew, once more*
⁶ εὔχομαι – *I pray, profess, declare*
⁷ ποιητής, ὁ – *inventor, maker; composer of poem, music, speech*
⁸ Ἀνακρέων, ὁ – *Anachreon*
⁹ ἄναξ, ὁ – *lord, master, master of the house*
¹⁰ δαμάλης, ὁ – *subduer* (LH: epithet of *Eros*)
¹¹ ἔρως, ὁ – *love, desire; Eros*
¹² Νύμφη, ἡ – *Nymph*
¹³ κυανώπης, ες – *dark-eyed*
¹⁴ πορφύρεος, η, ον – *rosy complexion, flushing*
¹⁵ Ἀφροδίτη, ἡ – *Aphrodite*
¹⁶ συμπαίζω – *I play, sport with*
¹⁷ ὑψηλός, ή, όν – *high, lofty, stately, proud*
¹⁸ κορυφή, ἡ – *head, top; peak, summit*
¹⁹ γουνάζομαι – *I grab another's knees; I entreat*
²⁰ εὐμενής, ές – *well-disposed, kindly*
²¹ εὐχωλή, ἡ – *prayer, vow*
²² ἐπακούω – *I hear, overhear, listen*
²³ Κλεόβουλος, ὁ – *Cleobulus*
²⁴ σύμβουλος, ὁ – *advisor, counselor*
²⁵ Δεύνυσος, ὁ – *Dionysus*

[63] ἦ νὴ[1] Δία τὰς τῶν Ἀττικῶν[2] σκολιῶν[3] τε καὶ ἐποινίων[4] εὐχάς,[5] οὐ βασιλεῦσι πρεπούσας,[6] ἀλλὰ δημόταις[7] καὶ φράτορσιν[8] ἱλαροῖς[9] καὶ σφόδρα[10] ἀνειμένοις,[11]

εἴθε[12] λύρα[13] καλὴ γενοίμαν ἐλεφαντίνη,[14]

καὶ με καλοὶ παῖδες φορέοιεν[15] Διονύσιον ἐς χορόν.[16]

εἴθ᾽[17] ἄπυρον[18] καλὸν γενοίμαν μέγα χρυσίον,[19]

καί με γυνὴ καλὴ φοροίη.[20]

[64a] πολὺ δὲ μᾶλλον ὡς Ὅμηρος πεποίηκεν εὐχόμενον[21] τὸν βασιλέα τῶν πάντων Ἑλλήνων,

---

[1] νὴ – particle of srtong affirmation (TH: νή Δία – by Zeus!)
[2] Ἀττικός. ή, όν – Attic, of Attica
[3] σκολιός, ά, όν – curved, bent, winding
[4] ἐποίνιος, ον – given to drunken revelry, riotously drunken
[5] εὐχή, ἡ – prayer
[6] πρέπω – I am conspicuously seen; I am fitting, beseeming
[7] δημότης, ὁ – one of the people, commoner
[8] φράτηρ, ὁ – member of a brotherhood or association
[9] ἱλαρός, ά, όν – cheerful, merry
[10] σφοδρός, ά, όν – vehement, excessive
[11] ἀνίημι – I send up or forth; I produce; I allow
[12] εἴθε – would that?
[13] λύρα, ἡ – lyre
[14] ἐλεφάντινος, η, ον – of ivory; as white as ivory
[15] φορέω – I am borne along, carried away
[16] χορός, ὁ – dance; band of dancers and singers, choir
[17] εἴθε – would that?
[18] ἄπυρος, ον – without fire; brand-new pots
[19] χρυσίον, τό – gold, golden
[20] φορέω – I bear constantly, wear
[21] εὔχομαι – I pray, profess, declare

Kingship 2.64b

[64b] Ζεῦ κύδιστε,[1] μέγιστε, κελαινεφές,[2] αἰθέρι[3] ναίων,[4]

μὴ πρὶν ἐπ' ἠέλιον δῦναι καὶ ἐπὶ κνέφας[5] ἐλθεῖν,

πρίν με καταπρηνὲς[6] βαλέειν Πριάμοιο[7] μέλαθρον[8]

αἰθαλόεν,[9] πρῆσαι[10] δὲ πυρὸς δηίοιο[11] θύρετρα·[12]

Ἑκτόρεον δὲ χιτῶνα[13] περὶ στήθεσσι[14] δαΐξαι,[15]

χαλκῷ[16] ῥωγαλέον,[17] πολέες δ' ἀμφ'[18] αὐτὸν ἑταῖροι[19]

πρηνέες[20] ἐν κονίῃσιν[21] ὀδὰξ[22] λαζοίατο[23] γαῖαν.[24]

---

[1] κύδιστος, η, ον – *most honored, noblest, greatest*
[2] κελαινεφής, ές – *black with clouds, shrouded in black clouds, cloud-wrapped* (LH: epithet for Zeus)
[3] αἰθήρ, ἡ – *ether, the heaven, air*
[4] ναίω – *I dwell, abide*
[5] κνέφας, τό – *darkness, evening dusk, twilight*
[6] καταπρηνής, ές – *down-turned*
[7] Πρίαμος, ὁ – *Priam*
[8] μέλαθρον, τό – *halls, house*
[9] αἰθαλόεις, όεσσα, όεν – *smoky, sooty, burning, blazing*
[10] πρήθω – *I burn, blow into a flame*
[11] δάιος, α, ον – *destructive, burning, consuming*
[12] θύρετρα, τά – *door, frame*
[13] χιτών, ὁ – *garment, tunic, coat of mail*
[14] στῆθος, τό – *breast*
[15] δαΐζω – *I cleave asunder, rend, tear*
[16] χαλκός, ὁ – *copper; bronze; anything made of metal*
[17] ῥωγαλέος, η, ον – *broken, torn, ragged*
[18] ἀμφί – *about, on both* or *all sides of*
[19] ἑταῖρος, ὁ – *comrade, companion; pupil, disciple*
[20] πρηνής, ές – *falling forward, with the face downwards, fall headlong*
[21] κονία, ἡ – *dust, sand, ashes*
[22] ὀδάξ – *bite, biting with the teeth*
[23] λάζομαι – *I take, seize* (TH: ὀδὰξ λαζοίατο γαῖαν – *may they bite the dust*) (MH: PMO 3P)
[24] γαῖα, ἡ – *land, country, earth*

[65] πολλὰ δὲ καὶ ἄλλα ἔχοι τις ἂν εἰπεῖν παρ' Ὁμήρῳ παιδεύματα[1] καὶ διδάγματα[2] ἀνδρεῖα[3] καὶ βασιλικά,[4] ὑπὲρ ὧν ἴσως[5] μακρότερον[6] τοῦ νῦν ἐπεξιέναι.[7] πλὴν ὅτι γε[8] τὴν αὐτοῦ γνώμην[9] ἅπασαν ἀποδείκνυται[10] σαφῶς,[11] ὅτι πάντων ἄριστον[12] οἴεται[13] δεῖν τὸν βασιλέα εἶναι, μάλιστα[14] δὲ ἐπὶ τοῦ Ἀγαμέμνονος, ὅτε τὸ πρῶτον παρατάττει[15] τὴν στρατιὰν[16] καὶ τοὺς ἡγεμόνας σύμπαντας[17] καταλέγει[18] καὶ τὸ πλῆθος τῶν νεῶν. [66a] ἐκεῖ γὰρ οὐδὲ ἅμιλλαν[19] τῶν ἄλλων οὐδενὶ καταλέλοιπεν[20] ἡρώων[21] πρὸς αὐτόν, ἀλλ' ὅσον ταῦρος[22] ἀγέλης[23] ὑπερφέρει[24] κατὰ ῥώμην[25] καὶ μέγεθος,[26] τοσοῦτον διαφέρειν φησὶ τὸν βασιλέα, οὕτως λέγων·

---

[1] παίδευμα, τό – what is educated (pupil, student); subject of instruction
[2] δίδαγμα, τό – lesson, instruction
[3] ἀνδρεῖος, α, ον – manly, courageous, strong
[4] βασιλικός, ή, όν – royal, kingly
[5] ἴσως – equally, in like manner; probably, perhaps
[6] μακρός, ά, όν – long; far, remote
[7] ἐπέξειμι – I go over, traverse
[8] γε – at least; at any rate; indeed
[9] γνώμη, ἡ – means of knowing, thought, judgment
[10] ἀποδείκνυμι – I point out, display, make known
[11] σαφής, ές – clear, plain, distinct
[12] ἄριστος, η, ον – best, most excellent, noblest
[13] οἴομαι – I forbodes; I think, suppose
[14] μάλα – above all; exceedingly; certainly
[15] παρατάσσω – I place side by side; I draw up in battle-order
[16] στρατιά, ἡ – army, host, company
[17] σύμπας – all-together, all at once
[18] καταλέγω – I recount, tell at length and in order
[19] ἅμιλλα, ἡ – contest for superiority, struggle, race
[20] καταλείπω – I leave behind, forsake, abandon (MH: RAI 3S)
[21] ἥρως, ὁ – hero, local deity
[22] ταῦρος, ὁ – bull
[23] ἀγέλη, ἡ – herd
[24] ὑπερφέρω – I bear, carry over; I am prominent, surpass, excel
[25] ῥώμη, ἡ – bodily, strength, might
[26] μέγεθος, τό – greatness, magnitude, stature

[66b] ἠΰτε¹ βοῦς² ἀγέληφι³ μέγ' ἔξοχος⁴ ἔπλετο⁵ πάντων

ταῦρος·⁶ ὁ γάρ τε βόεσσι⁷ μεταπρέπει⁸ ἀγρομένῃσι·⁹

τοῖον¹⁰ ἄρ' Ἀτρείδην¹¹ θῆκε Ζεὺς ἤματι¹² κείνῳ,

ἐκπρεπέ'¹³ ἐν πολλοῖσι καὶ ἔξοχον¹⁴ ἡρώεσσιν.¹⁵

[67a] τοῦτο δὲ οὐχ ἁπλῶς¹⁶ εἴρηκεν,¹⁷ ἐμοὶ δοκεῖν, τὴν ἰσχὺν¹⁸ αὐτοῦ μόνον ἐπαινῶν¹⁹ καὶ ἐπιδεῖξαι²⁰ βουλόμενος· οὕτω μὲν γὰρ δὴ καὶ λέοντι²¹ παραβαλὼν²² καλῶς ἂν αὐτὸν ἐδόκει ἀφομοιῶσαι·²³ τὸ δὲ ἥμερον²⁴ τῆς φύσεως ἐνδεικνύμενος²⁵ καὶ τὴν ὑπὲρ τῶν ἀρχομένων προθυμίαν.²⁶

---

¹ ἠΰτε – *as, like as, even as*
² βοῦς, ὁ and ἡ – *bull, ox, cow*
³ ἀγέλη, ἡ – *herd*
⁴ ἔξοχος, ον – *eminent, excellent, beyond compare*
⁵ πέλω – *I come into existence, become, be* (MH: IMI 3S)
⁶ ταῦρος, ὁ – *bull*
⁷ βοῦς, ὁ or ἡ – *bull, ox, cow*
⁸ μεταπρέπω – *I distinguish myself, am distinguished among*
⁹ ἀγείρω – *I gather together, collect, herd*
¹⁰ τοῖος – *such, such as, thus, so much*
¹¹ Ἀτρείδης, ου – *son of Atreus*
¹² ἦμαρ, τό – *day, the day*
¹³ ἐκπρεπής, ές – *distinguished out of all, pre-eminent, remarkable*
¹⁴ ἔξοχος, ον – *eminent, excellent, beyond compare, especially*
¹⁵ ἥρως, ὁ – *hero, local deity*
¹⁶ ἁπλῶς – *singly; absolutely; foolishly*
¹⁷ ἐρῶ – *I will say, speak, proclaim* (MH: RAI 3S)
¹⁸ ἰσχύς, ἡ – *strength, might, power*
¹⁹ ἐπαινέω – *I approve, applaud, commend*
²⁰ ἐπιδείκνυμι – *I exhibit, display, show off*
²¹ λέων, ὁ – *lion*
²² παραβάλλω – *I throw beside, set aside; I compare*
²³ ἀφομοιόω – *I make like, compare, portray*
²⁴ ἥμερος, α, ον – *kind, gentle, tame*
²⁵ ἐνδείκνυμι – *I exhibit, display, show off*
²⁶ προθυμία, ἡ – *readiness, willingness, eagerness*

[67b] ὁ γὰρ ταῦρος¹ οὐκ ἔστι τῶν γενναίων² μόνον ζῴων οὐδὲ αὐτοῦ χάριν χρῆται³ τῇ ἀλκῇ,⁴ καθάπερ⁵ ὅ τε λέων καὶ σῦς⁶ οἵ τε ἀετοί,⁷ διώκοντες τὰ λοιπὰ ζῷα καὶ κρείττους⁸ γιγνόμενοι τροφῆς ἕνεκα τῆς αὑτῶν· διὸ δὴ καὶ μᾶλλον ἄν τις αὐτοὺς φαίη⁹ τυραννίδος¹⁰ παράδειγμα¹¹ ἢ βασιλείας γεγονέναι. [68] ὁ δὲ ταῦρος¹² σαφῶς,¹³ ἐμοὶ δοκεῖν, πρὸς βασιλείαν καὶ βασιλέως εἰκόνα πεποίηται. τροφῇ τε γὰρ ἑτοίμῃ καὶ διαίτῃ¹⁴ χρῆται¹⁵ νεμόμενος,¹⁶ ὥστε μηδὲν δεῖν βιάζεσθαι¹⁷ μηδὲ πλεονεκτεῖν¹⁸ ταύτης ἕνεκεν, ἀλλ' ὥσπερ τοῖς ὀλβίοις¹⁹ βασιλεῦσιν ἀνελλιπῆ²⁰ καὶ ἄφθονα²¹ ὑπάρχει τὰ τῆς ἀναγκαίου²² κτήσεως.²³

---

[1] ταῦρος, ὁ – bull
[2] γενναῖος α, ον – true to one's birth; high-born, noble
[3] χράω – I declare, proclaim; I consult a god or oracle
[4] ἀλκή, ἡ – strength as displayed in action, prowess, courage
[5] καθάπερ – just as, exactly as
[6] ὗς, ὁ or ἡ – the wild swine, boar
[7] ἀετός, ὁ – eagle
[8] κρείσσων, ον – stronger, mightier; better
[9] φημί – I say, speak (MH: PAO 3S)
[10] τυραννίς, ἡ – monarchy, sovereignty; despotic rule
[11] παράδειγμα, τό – precedent, example, argument, proof
[12] ταῦρος, ὁ – bull
[13] σαφής, ές – clear, plain, distinct
[14] δίαιτα, ἡ – way of living, mode of life
[15] χράω – I furnish, am furnished
[16] νέμω – I deal out, dispense
[17] βιάζω – I constrain; I use force
[18] πλεονεκτέω – I have or claim more than my due
[19] ὄλβιος, ον – happy, blessed
[20] ἀνελλιπής, ές – unfailing, unceasing
[21] ἄφθονος, ον – without envy, unbegrudging
[22] ἀναγκαῖος, α, ον – of, with, or by force; constraining
[23] κτῆσις, ἡ – acquisition

Kingship 2.69–70a

[69] βασιλεύει δὲ καὶ ἄρχει τῶν ὁμοφύλων[1] μετ' εὐνοίας,[2] ὡς ἂν εἴποι[3] τις, καὶ κηδεμονίας,[4] τοῦτο μὲν ἐξηγούμενος[5] νομῆς,[6] τοῦτο δὲ θηρίου φανέντος οὐ φεύγων, ἀλλὰ πάσης τῆς ἀγέλης[7] προμαχόμενος[8] καὶ τοῖς ἀσθενέσι βοηθῶν,[9] προθυμούμενος[10] σῴζειν τὸ πλῆθος ἀπὸ τῶν χαλεπῶν[11] καὶ ἀγρίων[12] θηρίων· ὥσπερ καὶ τὸν ἄρχοντα χρὴ[13] καὶ βασιλέα τῷ ὄντι καὶ τῆς μεγίστης ἐν ἀνθρώποις οὐκ ἀνάξιον τιμῆς. [70a] ἐνίοτέ[14] γε[15] μὴν ἄλλης ἀγέλης[16] ἐπιφανείσης[17] ἀγωνίζεται[18] πρὸς τὸν ἐκείνης ἡγεμόνα νίκης ἕνεκα, ὡς κρείττω[19] μὲν αὐτὸν δόξαι, κρείττω[20] δὲ τὴν αὐτοῦ ἀγέλην.[21] καὶ μὴν τό γε[22] ἀνθρώποις μὴ πολεμεῖν,[23] ἀλλὰ τῶν ἀφρόνων[24] ζῴων ἡγεμονικώτατόν[25] τε καὶ ἄριστον[26] πεφυκότα[27] ὅμως[28] προσίεσθαι[29] τὴν τοῦ κρείττονος[30] ἡγεμονίαν,[31]

---

[1] ὁμόφυλος, ον – *of the same race* or *stock; akin*
[2] εὔνοια, ἡ – *goodwill, favor*
[3] εἶπον – *I said* (MH: AAO 3S)
[4] κηδεμονία, ἡ – *care, solicitude*
[5] ἐξηγέομαι – *I am a leader of, lead, govern*
[6] νομή, ἡ – *pasturage*
[7] ἀγέλη, ἡ – *herd*
[8] προμάχομαι – *I fight before, fight in front rank*
[9] βοηθόος, ον – *aiding, helping*
[10] προθυμέομαι – *I am ready, eager to do*
[11] χαλεπός, ή, όν – *difficult; dangerous*
[12] ἄγριος, α, ον – *living in the fields, wild, savage*
[13] χρή – *I must, ought*
[14] ἐνίοτέ – *at times, sometimes*
[15] γε – *at least; at any rate; indeed*
[16] ἀγέλη, ἡ – *herd*
[17] ἐπιφαίνω – *I show forth, display, make manifest* (MH: APP FGS)
[18] ἀγωνίζομαι – *I contend for a prize; I fight*
[19] κρείσσων, ον – *stronger, mightier; better*
[20] κρείσσων, ον – *stronger, mightier; better*
[21] ἀγέλη, ἡ – *herd*
[22] γε – *at least; at any rate; indeed*
[23] πολεμέω – *I make war, fight, do battle*
[24] ἄφρων, ον – *crazed, frantic; silly, foolish*
[25] ἡγεμονικός, ή, όν – *of* or *for a leader, ready to lead* or *guide*
[26] ἄριστος, η, ον – *best, noblest, finest*
[27] φύω – *I am begotten, born, become* (MH: RAP MAS)
[28] ὅμως – *all the same, however; in spite of all*
[29] προσίημι – *I admit, accept* (MH: PMN)
[30] κρείσσων, ον – *stronger, mightier; better*
[31] ἡγεμονία, ἡ – *authority, rule*

[70b] ἰσχύι¹ μὲν καὶ θυμῷ καὶ βίᾳ² μηδενὸς ἡττώμενον³ μηδὲ ὑπείκοντα,⁴ λογισμῷ⁵ δὲ καὶ φρονήσει ἑκόντα⁶ ὑποταττόμενον,⁷ πῶς οὐχὶ καὶ τοῦτο θείη⁸ τις ἂν παίδευμα⁹ καὶ δίδαγμα¹⁰ βασιλικὸν¹¹ τῶν σωφρόνων¹² βασιλέων, [71] τὸ δεῖν ἀνθρώπων μὲν τῶν ὁμοίων κρείττονα¹³ φαινόμενον ἄρχειν, δικαίως¹⁴ καὶ κατὰ φύσιν ἔχοντα τὴν ἡγεμονίαν,¹⁵ καὶ τὸ μὲν πλῆθος σῴζειν¹⁶ τῶν ὑπηκόων,¹⁷ προβουλεύοντα¹⁸ καὶ προπολεμοῦντα,¹⁹ ὅταν δέῃ, καὶ φυλάττοντα ἀπὸ τῶν ἀγρίων²⁰ καὶ παρανόμων²¹ τυράννων,²² πρὸς δὲ τοὺς ἄλλων βασιλέας, εἴ τινες ἄρα εἶεν, ἁμιλλᾶσθαι²³ περὶ τῆς ἀρετῆς²⁴ καὶ ζητεῖν, εἰ δυνατὸν εἴη, ἐπ' ὠφελείᾳ τῶν ὅποι²⁵ ποτὲ ἀνθρώπων κρατεῖν·

---

[1] ἰσχύς, ἡ – strength
[2] βία, ἡ – bodily strength, force
[3] ἡσσάομαι – I am conquered, give way, yield (MH: PMP MAS)
[4] ὑπείκω – I retire, withdraw, depart
[5] λογισμός, ὁ – counting, calculation; argument, reasoning
[6] ἑκών, ά, όν – wittingly, purposely
[7] ὑποτάσσω – I subject, make subject, subordinate
[8] τίθημι – I place to account, reckon (MH: AAO 3S)
[9] παίδευμα, τό – training, learning, education
[10] δίδαγμα, τό – lesson, instruction
[11] βασιλικός, ή, όν – royal, kingly
[12] σώφρων, ὁ or ἡ – of sound mind, moderate
[13] κρείσσων, ον – stronger, mightier; better
[14] δίκαιος, α, ον – observant of custom or rule; equal, well-balanced
[15] ἡγεμονία, ἡ – leading the way; authority, rule
[16] σῴζω – I save, keep, spare
[17] ὑπήκοος, ον – hearkening, obey, subject
[18] προβουλεύω – I deliberate for; I consider
[19] προπολεμέω – I make war for, in defene of
[20] ἄγριος, α, ον – living in the fields, wild, savage
[21] παράνομος, ον – lawless, violent
[22] τύραννος, ὁ or ἡ – an absolute ruler, tyrant
[23] ἁμιλλάομαι – I compete, vie, contend
[24] ἀρετή, ἡ – goodness, excellence, virtue
[25] ὅποι – to which place, whither, thither; whithersoever

[72] θεοῖς γε¹ μὴν τοῖς ἀμείνοσιν² ἕπεσθαι,³ καθάπερ⁴ οἶμαι⁵ νομεῦσιν⁶ ἀγαθοῖς, καὶ τὴν κρείττω⁷ καὶ μακαριωτέραν φύσιν προτιμᾶν,⁸ δεσπότας⁹ αὑτοῦ καὶ ἄρχοντας νομίζοντα ἐκείνους, καὶ τοῦ μεγίστου καὶ πρώτου βασιλέως θεοῦ κτῆμα¹⁰ ἀποφαίνοντα¹¹ τιμιώτατον πρῶτον μὲν αὑτόν, ἔπειτα τοὺς ἄλλους τοὺς ὑπ' αὐτῷ τεταγμένους.¹² [73a] καὶ γὰρ δὴ ὥσπερ οἱ σώφρονες¹³ νομεῖς,¹⁴ ἐπειδὰν¹⁵ χαλεπὸς¹⁶ καὶ ἄγριος¹⁷ ταῦρος¹⁸ γενόμενος ἄρχῃ ἀσελγῶς¹⁹ παρὰ φύσιν, τῆς μὲν αὑτοῦ καταφρονῶν²⁰ ἀγέλης²¹ καὶ λυμαινόμενος,²² τοὺς δὲ ἔξωθεν ἐπιβουλεύοντας²³ ὑποχωρῶν²⁴ καὶ προβαλλόμενος²⁵ τὸ ἀδύνατον²⁶ πλῆθος, μηδενὸς δὲ χαλεποῦ²⁷ παρόντος ὑβρίζων²⁸ καὶ θρασυνόμενος,²⁹ τοῦτο μὲν ὀξὺ³⁰ καὶ ἀπειλητικὸν³¹ μυκώμενος,³² τοῦτο δὲ ὀρθοῖς³³ τοῖς κέρασι³⁴ παίων³⁵ τὸν οὐκ ἀνθιστάμενον,³⁶

---

¹ γε – *at least; at any rate; indeed*
² ἀμείνων, ον – *better, stronger*
³ ἕπω – *I come afte; I am in company with*
⁴ καθάπερ – *just as, exactly as*
⁵ οἴομαι – *I forbode; I think, suppose*
⁶ νομεύς, ὁ – *herdsman*
⁷ κρείσσων, ον – *stronger, mightier; better*
⁸ προτιμάω – *I prefer in honor, esteem*
⁹ δεσπότης, ὁ – *master, lord, emperor*
¹⁰ κτῆμα, τό – *possession, piece of property*
¹¹ ἀποφαίνω – *I show forth, display, make known*
¹² τάσσω – *I draw up in order of battle, marshall*
¹³ σώφρων, ὁ or ἡ – *of sound mind, moderate*
¹⁴ νομεύς, ὁ – *herdsman*
¹⁵ ἐπειδάν – *whenever*
¹⁶ χαλεπός, ή, όν – *difficult; dangerous*
¹⁷ ἄγριος, α, ον – *living in the fields, wild, savage*
¹⁸ ταῦρος, ὁ – *bull*
¹⁹ ἀσελγής, ές – *licentious, wanton, outrageous*
²⁰ καταφρονέω – *I look down upon*
²¹ ἀγέλη, ἡ – *herd*
²² λυμαίνομαι – *I maltreat, injure, harm*
²³ ἐπιβουλεύω – *I plot, contrive against*
²⁴ ὑποχωρέω – *I go back, retire, withdraw*
²⁵ προβάλλω – *I throw, put forward*
²⁶ ἀδύνατος, ον – *unable, without ability*
²⁷ χαλεπός, ή, όν – *difficult; dangerous*
²⁸ ὑβρίζω – *I wax wanton, run riot*
²⁹ θρασύνω – *I embolden, encourage*
³⁰ ὀξύς, εῖα, ύ – *sharp, keen; piercing*
³¹ ἀπειλητήριος, α, ον – *of or for threatening*
³² μυκάομαι – *I low, bellow*
³³ ὀρθός, ή, όν – *straight, upright, standing*
³⁴ κέρας, τό – *the horn of an animal, horn*
³⁵ παίω – *I strike, smite, drive, dash against*
³⁶ ἀνθίστημι – *I withstand, resist, set against*

[73b] ἐπιδεικνύμενος¹ δὲ τὴν ἰσχὺν² ἐν τοῖς ἥττοσι³ καὶ τοῖς οὐ μαχομένοις,⁴ τὸ δὲ τῶν βοῶν⁵ πλῆθος οὐκ ἐῶν νέμεσθαι⁶ καθ' ἡσυχίαν⁷ δι' ἔκπληξιν⁸ καὶ φόβον· τότε τοῦτον οἱ δεσπόται⁹ καὶ βουκόλοι¹⁰ μετέστησαν¹¹ καὶ ἠφάνισαν,¹² ὡς οὐκ ἐπιτήδειον¹³ [74] οὐδὲ συμφέροντα ἡγεῖσθαι τῆς ἀγέλης·¹⁴ τὸν δὲ πρᾷον¹⁵ μὲν ταῖς ἑπομέναις¹⁶ βουσίν,¹⁷ εὔψυχον¹⁸ δὲ καὶ ἄφοβον¹⁹ πρὸς τὰ θηρία, σεμνὸν²⁰ δὲ καὶ μεγαλοπρεπῆ²¹ καὶ δυνατὸν φυλάττειν καὶ προηγεῖσθαι²² τῆς ἀγέλης,²³ τοῖς δέ γε²⁴ νομεῦσιν²⁵ εἴκοντα²⁶ καὶ πειθόμενον, ἐῶσι μέχρι γήρως²⁷ ὑστάτου,²⁸ κἂν ἤδη βαρύτερος²⁹ τὸ σῶμα γένηται.

---

[1] ἐπιδείκνυμι – *I exhibit, show off, display*
[2] ἰσχύς, ἡ – *strength, might, power, force*
[3] ἥσσων – *inferior, weaker; fewer*
[4] μάχομαι – *I fight with, fight against*
[5] βοῦς, ὁ or ἡ – *cow, ox, bullock*
[6] νέμω – *I pasture, graze*
[7] ἡσυχία, ἡ – *rest, quiet, peace, still*
[8] ἔκπληξις, ἡ – *consternation*
[9] δεσπότης, ὁ – *master, lord, owner*
[10] βουκολος, ὁ – *tending cattle, herding*
[11] μεθίστημι – *I place in another way, give another instead, depose*
[12] ἀφανίζω – *I do away with, destroy, remove*
[13] ἐπιτήδειος, α, ον – *made for a purpose, fit/adapted for it, suitable*
[14] ἀγέλη, ἡ – *herd*
[15] πρᾶος, ον – *mild, gentle, meek*
[16] ἕπω – *I come after, follow; I am in company with*
[17] βοῦς, ὁ or ἡ – *cow, ox, bullock*
[18] εὔψυχος, ον – *of good courage, stout of heart*
[19] ἄφοβος, ον – *without fear*
[20] σεμνός, ή, όν – *revered, august, holy, stately*
[21] μεγαλοπρεπής, ές – *befitting a great man, magnificent*
[22] προηγέομαι – *I lead, go first and lead the way*
[23] ἀγέλη, ἡ – *herd*
[24] γε – *at least; at any rate; indeed*
[25] νομεύς, ὁ – *herdsman*
[26] εἴκω – *I yield, give way*
[27] γῆρας, τό – *old age*
[28] ὕστερος, η, ον – *latter, last* (TH: when as a substantive – *posterity*)
[29] βαρύς, εῖα, ύ, – *heavy (with weight); greivous*

Kingship 2.75

[75] ὁμοίως δὲ καὶ οἱ θεοὶ καὶ ὁ δὴ μέγας βασιλεὺς βασιλέων, ὅτε κηδεμὼν[1] καὶ πατὴρ κοινὸς ἀνθρώπων καὶ θεῶν, Ζεύς ὃς ἂν ἀνθρώπων γένηται βίαιος[2] καὶ ἄδικος[3] καὶ παράνομος[4] ἄρχων, τὴν ἰσχὺν[5] οὐ τοῖς πολεμίοις[6] ἐνδεικνύμενος,[7] ἀλλὰ τοῖς ὑπηκόοις[8] καὶ τοῖς φίλοις, ἄπληστος[9] μὲν ἡδονῶν,[10] ἄπληστος[11] δὲ χρημάτων,[12] ὑπονοῆσαι[13] ταχύς, ἀμείλικτος[14] ὀργισθείς,[15] ὀξὺς[16] πρὸς διαβολάς,[17] ἀπειθὴς λόγοις, πανοῦργος,[18] ἐπίβουλος,[19] ταπεινός,[20] αὐθάδης,[21] τοὺς κακοὺς αὔξων τοῖς κρείττοσι[22] φθονῶν,[23] παιδείας[24] ἀσύνετος,[25] φίλον οὐδένα νομίζων οὐδ' ἔχων, ὡς ἔλαττον[26] αὐτοῦ τὸ κτῆμα,[27] ἐκεῖνον ἐκποδὼν[28] ἐποιήσατο καὶ μετέστησεν,[29]

---

[1] κηδεμών, ὁ – *one that has charge of a person or thing, guardian, protector*
[2] βίαιος, α, ον – *forcible, violent*
[3] ἄδικος, ον – *wrongdoing, unrighteous, unjust*
[4] παράνομος, ον – *lawless, violent, unlawful*
[5] ἰσχύς, ἡ – *strength, might, power*
[6] πολέμιος, α, ον – *of* or *belonging to war, enemy, hostile*
[7] ἐνδείκνυμι – *I exhibit, display, show, make plain*
[8] ὑπήκοος, ον – *hearkening, hearing, obeying*
[9] ἄπληστος, ον – *insatiate, greedy*
[10] ἡδονή, ἡ – *enjoyment, pleasure*
[11] ἄπληστος, ον – *insatiate, greedy*
[12] χρῆμα, τό – *good, property, treasure, money*
[13] ὑπονοέω – *I suspect, feel suspicious of*
[14] ἀμείλικτος, ον – *unsoftened, harsh, cruel, pitiless*
[15] ὀργίζω – *I am inclined to anger, provoked to anger*
[16] ὀξύς, εῖα, ύ – *sharp, keen; piercing* (TH: *here, swift*)
[17] διαβολή, ἡ – *false accusation, slander; enmity*
[18] πανοῦργος, ον – *wicked, knavish*
[19] ἐπίβουλος, ον – *plotting against, treacherous, prey on*
[20] ταπεινός, ή, όν – *abased in power* or *pride*
[21] αὐθάδης, ες – *acting to please oneself, unconcerned for others*
[22] κρείσσων, ον – *stronger, mightier; better*
[23] φθονέω – *I envy, begrudge, bear ill-will*
[24] παιδεία, ἡ – *training, learning, education*
[25] ἀσύνετος, ον – *void of understanding, witless, stupid*
[26] ἐλάσσων, ον – *smaller, less, worse than*
[27] κτῆμα, τό – *possession, piece of property, anything gotten*
[28] ἐκποδών – *away from the feet, out of the way, away*
[29] μεθίστημι – *I place in another way; I give another instead, depose*

[76] ὡς οὐκ ἄξιον ὄντα βασιλεύειν οὐδὲ κοινωνεῖν[1] τῆς αὑτοῦ τιμῆς καὶ ἐπωνυμίας,[2] μετά τε αἰσχύνης[3] καὶ προπηλακισμοῦ,[4] καθάπερ[5] οἶμαι[6] Φάλαριν[7] τε καὶ Ἀπολλόδωρον[8] καὶ πολλοὺς ἄλλους τῶν ὁμοίων. [77] τὸν δέ γε[9] ἀνδρεῖον[10] καὶ φιλάνθρωπον[11] καὶ τοῖς ὑπηκόοις[12] εὔνουν[13] καὶ τιμῶντα μὲν τὴν ἀρετὴν καὶ συναγωνιῶντα[14] μή τινος τῶν ἀγαθῶν δόξῃ φαυλότερος,[15] τοὺς δὲ ἀδίκους[16] μετανοεῖν ἀναγκάζοντα,[17] τοῖς δὲ ἀσθενέσιν ἀρήγοντα,[18] τῆς ἀρετῆς[19] ἀγάμενος[20] ὡς τὸ πολὺ μὲν ἄγει πρὸς γῆρας,[21] καθάπερ[22] ἀκούομεν Κῦρόν[23] τε καὶ Δηιόκην[24] τὸν Μῆδον[25] καὶ Ἰδάνθυρσον[26] τὸν Σκύθην[27] καὶ Λεύκωνα[28] καὶ πολλοὺς τῶν Λακωνικῶν[29] βασιλέων καὶ τῶν ἐν Αἰγύπτῳ πρότερόν[30] τινας·

---

[1] κοινωνέω – I have, share, take part in
[2] ἐπωνυμία, ἡ – significant name, title
[3] αἰσχύνη, ἡ – shame, dishonor
[4] προπηλακισις, ἡ – scornful and insulting treatment
[5] καθάπερ – just as, exactly as
[6] οἴομαι – I forbode; I think, suppose
[7] Φάλαρις, ὁ – Phalaris
[8] Ἀπολλόδωρος, ὁ – Apollodorus
[9] γε – at least; at any rate; indeed
[10] ἀνδρεῖος, α, ον – manly; courageous; strong
[11] φιλάνθρωπος, ὁ – humane, benevolent
[12] ὑπήκοος, ον – hearkening, obeying; subject
[13] εὔνοος, ον – well-disposed, favorably
[14] συναγωνιάω – I share in anxiety
[15] φαῦλος, η, ον – cheap, easy; inefficient
[16] ἄδικος, ον – unrighteous, unjust
[17] ἀναγκάζω – I force, compel
[18] ἀρήγω – I aid, help
[19] ἀρετή, ἡ – goodness, excellence, virtue
[20] ἄγαμαι – I wonder, admire, honor
[21] γῆρας, τό – old age
[22] καθάπερ – just as, exactly as
[23] Κῦρος, ὁ – Cyrus
[24] Δηιόκης, ὁ – Deioces
[25] Μῆδος, ὁ – Mede, Median
[26] Ἰδάνθυρσος, ὁ – Idanthyrsus
[27] Σκύθης, ὁ – Scythian
[28] Λεύκων, ὁ – Leucon
[29] Λακωνικός, ή, όν – Laconian
[30] πρότερος, α, ον – formerly, earlier, previously

[78] ἐὰν δὲ τὸ τῆς εἱμαρμένης¹ ἀναγκαῖον² ἐπείγῃ³ πρὸ τοῦ γήρως,⁴ ἀλλ' οὖν μνήμης⁵ γε⁶ ἀγαθῆς καὶ παρὰ πᾶσιν εὐφημίας⁷ εἰς τὸν ἀεὶ⁸ χρόνον ἠξίωσε,⁹ καθάπερ,¹⁰ εἶπεν ὁ Ἀλέξανδρος, τὸν ἡμέτερον¹¹ πρόγονον,¹² τὸν νομισθέντα τοῦ Διὸς διὰ τὴν ἀρετὴν¹³ Ἡρακλέα.¹⁴ [79] ταῦτα δὲ ἀκούσας ὁ Φίλιππος, ἡσθείς,¹⁵ Οὐ μάτην,¹⁶ εἶπεν, Ἀλέξανδρε, περὶ πολλοῦ ποιούμεθα τὸν Ἀριστοτέλη, καὶ τὴν πατρίδα¹⁷ αὐτῷ συνεχωρήσαμεν¹⁸ ἀνακτίζειν,¹⁹ Στάγειρα²⁰ τῆς Ὀλυνθίας²¹ οὖσαν. ὁ γὰρ ἀνὴρ ἄξιος πολλῶν καὶ μεγάλων δωρεῶν,²² εἰ τοιαῦτά σε διδάσκει περί τε ἀρχῆς καὶ βασιλείας εἴτε Ὅμηρον ἐξηγούμενος²³ εἴτε ἄλλον τρόπον.

---

[1] μείρομαι – *I receive as one's portion; it is allotted by fate* (MH: RPP FGS)
[2] ἀναγκαῖος, α, ον – *place of constraint, prison*
[3] ἐπείγω – *I press hard, urge forward* (MH: PAS 3S)
[4] γῆρας, τό – *old age*
[5] μνήμη, ἡ – *remembrance, memory*
[6] γε – *at least; at any rate; indeed*
[7] εὐφημία, ἡ – *use of words of good omen, worship, praise*
[8] ἀεί – *ever, always*
[9] ἀξιόω – *I think worthy, deem worthy*
[10] καθάπερ – *just as, exactly as*
[11] ἡμέτερος, α, ον – *our*
[12] πρόγονος, ον – *early-born; ancestor*
[13] ἀρετή, ἡ – *goodness, excellence, virtue*
[14] Ἡρακλέης, ὁ – *Heracles*
[15] ἥδομαι – *I enjoy, take pleasure, glad*
[16] μάτην – *in vain, fruitless*
[17] πάτριος, α, ον – *of one's father*
[18] συγχωρέω – *I grant, display willingness to cooperate*
[19] ἀνακτίζω – *I rebuild*
[20] Στάγειρα, ἡ – *Stagira*
[21] Ὄλυνθος, ὁ – *Olynthus*
[22] δωρεά, ἡ – *gift, present*
[23] ἐξηγέομαι – *I am the leader of; I lead, govern*

Περὶ Βασιλείας Γ (*De regno iii*)

[1] Σωκράτης[1] Ἀθήνησι,[2] πρεσβύτης[3] ἀνὴρ καὶ πένης,[4] ὃν καὶ σὺ γιγνώσκεις ἀκοῇ πρὸ πάνυ[5] πολλῶν ἐτῶν γενόμενον, πυθομένου[6] τινὸς εἰ εὐδαίμονα[7] νομίζοι τὸν Περσῶν[8] βασιλέα, Τυχόν,[9] εἶπεν, εὐδαίμων.[10] οὐκ ἔφη δὲ αὐτὸς εἰδέναι διὰ τὸ μὴ συγγενέσθαι[11] αὐτῷ μηδὲ γιγνώσκειν ὁποῖός[12] ἐστι τὴν διάνοιαν,[13] ὡς οὐκ ἀλλαχόθεν[14] οἶμαι[15] γιγνόμενον τὸ εὐδαιμονεῖν,[16] ἀπὸ χρυσωμάτων[17] ἢ πόλεων ἢ χώρας ἢ ἄλλων ἀνθρώπων, ἑκάστῳ δὲ παρά τε αὐτοῦ καὶ τῆς αὐτοῦ διανοίας.[18] [2] ὁ μὲν οὖν Σωκράτης, ὅτι ἐτύγχανεν[19] ἄπειρος[20] ὢν τοῦ Πέρσου τῆς ψυχῆς, ἄπειρος[21] ἡγεῖτο εἶναι καὶ τῆς εὐδαιμονίας[22] αὐτοῦ. ἐγὼ δέ, ὦ γενναῖε[23] αὐτοκράτορ,[24] παραγέγονά[25] σοι, καὶ τυχὸν[26] οὐδενὸς ἧττον[27] ἔμπειρός[28] εἰμι τῆς σῆς φύσεως, ὅτι τυγχάνεις[29] χαίρων ἀληθείᾳ καὶ παρρησίᾳ μᾶλλον ἢ θωπείᾳ[30] καὶ ἀπάτῃ.[31]

---

[1] Σωκρατης, ὁ – Socrates
[2] Ἀθῆναι, ἀι – Athens
[3] πρεσβύτης, ἡ – age, seniority
[4] πένης, ὁ – day-labourer, poor person
[5] πάνυ – altogether; very; exceedingly
[6] πυνθάνομαι – I learn; I inquire
[7] εὐδαίμων, ον – blessed with a good genius; fortunate, happy
[8] Περσεῖος, α, ον – Persian
[9] τυχόν – perchance, perhaps
[10] εὐδαίμων, ον – blessed with a good genius; fortunate, happy
[11] συγγίγνομαι – I am born with; I become acquainted or conversant with
[12] ὁποῖος, α, ον – of what sort, kind
[13] διάνοια, ἡ – thought, intention, inclination
[14] ἀλλαχόθεν – from another place, source
[15] οἴομαι – I forbode; I think, suppose
[16] εὐδαιμονέω – I am prosperous, truly happy
[17] χρύσωμα, τό – that which is made of gold
[18] διάνοια, ἡ – thought, intention, inclination
[19] τυγχάνω – I happen to be; It may happen
[20] ἄπειρος, ον – without experience, unacquainted with, ignorant
[21] ἄπειρος, ον – without experience, unacquainted with, ignorant
[22] εὐδαιμονία, ἡ – prosperity; strength
[23] γενναῖος α, ον – true to one's birth or descent; high-born, noble; excellent
[24] αὐτοκράτωρ, ὁ or ἡ – one's own master; complete master of
[25] παραγίγνομαι – I am beside, by, near
[26] τυχόν – perchance, perhaps
[27] ἥσσων – inferior; weaker; fewer
[28] ἔμπειρος, ον – experienced; acquainted with
[29] τυγχάνω – I happen to be; it may happen
[30] θωπεία, ἡ – flattery
[31] ἀπάτη, ἡ – deceit, trick

[3] αὐτίκα¹ τὰς μὲν ἀλόγους² ἡδονὰς³ ὑποπτεύεις,⁴ καθάπερ⁵ ἀνθρώπους κόλακας,⁶ τοὺς δὲ πόνους⁷ ὑπομένεις, ἐλέγχους⁸ ὑπολαμβάνων⁹ εἶναι τῆς ἀρετῆς.¹⁰ ἐπειδὴ δὲ ὁρῶ σε, αὐτοκράτορ,¹¹ ἐντυγχάνοντα¹² τοῖς παλαιοῖς ἀνδράσι καὶ συνιέντα¹³ φρονίμων καὶ ἀκριβῶν¹⁴ λόγων, φημὶ δὴ σαφῶς¹⁵ ἄνδρα εἶναι μακάριον, τὸν μεγίστην μὲν ἔχοντα δύναμιν μετὰ τοὺς θεούς, κάλλιστα δὲ τῷ δύνασθαι χρώμενον.¹⁶ [4] ᾧ γὰρ ἐξὸν¹⁷ ἁπάντων μὲν ἀπολαύειν¹⁸ τῶν ἡδέων,¹⁹ μηδενὸς δὲ πειρᾶσθαι τῶν ἐπιπόνων,²⁰ ῥαθυμοῦντα²¹ δὲ ὡς οἷόν²² τε βιοτεύειν,²³ συνελόντι²⁴ δὲ εἰπεῖν, πράττοντα ὅ, τι βούλεται, οὐ μόνον κωλύοντος οὐδενὸς ὅ, τι βούλεται ἀλλὰ καὶ ἐπαινούντων²⁵ ἁπάντων, οὗτος ὁ ἀνήρ,

---

[1] αὐτίκα – *at once, immediately; for example; at any rate*
[2] ἄλογος, ον – *speechless; without eloquence; irrational*
[3] ἡδονή, ἡ – *enjoyment, pleasure*
[4] ὑποπτεύω – *I suspect, am suspicious of*
[5] καθάπερ – *just as, exactly as*
[6] κόλαξ, ὁ – *flatterer, fawner*
[7] πόνος, ὁ – *work, toil; struggle labor*
[8] ἔλεγχος, ὁ – *cross-examining, testing, scrutiny*
[9] ὑπολαμβάνω – *I bear up, support; I assume, suppose*
[10] ἀρετή, ἡ – *goodness, excellence, virtue*
[11] αὐτοκράτωρ, ὁ or ἡ – *one's own master; complete master of*
[12] ἐντυγχάνω – *I fall upon, light upon; I meet with, converse with*
[13] συνίημι – *I bring or set together; I perceive, understand*
[14] ἀκριβής, ἡ – *exact, accurate, precise*
[15] σαφής, ἐς – *clear, plain, distinct*
[16] χράω – *I use, furnish for the use of*
[17] ἔξεστι – *It is possible; It is allowed*
[18] ἀπολαύω – *I have enjoyment of, have the benefit of*
[19] ἡδύς – *pleasant, pleasurable, agreeable*
[20] ἐπίπονος, ον – *painful, toilsome, laborious*
[21] ῥαθυμέω – *I leave off work, am idle, neglect*
[22] οἷος – *such as; of what sort*
[23] βιοτεύω – *I live, reside*
[24] συναιρέω – *I speak concisely, briefly, in a word*
[25] ἐπαινέω – *I approve, appland, commend, praise*

[5] ὅταν ᾖ νομιμώτερος¹ μὲν δικαστὴς² τῶν κατὰ κλῆρον³ δικαζόντων,⁴ ἐπιεικέστερος⁵ δὲ βασιλεὺς τῶν ὑπευθύνων⁶ ἐν ταῖς πόλεσιν ἀρχόντων, δικαιότερος δὲ στρατηγὸς⁷ τῶν ἑπομένων⁸ στρατιωτῶν, φιλοπονώτερος⁹ δὲ ἐν ἅπασι τοῖς ἔργοις τῶν ὑπ' ἀνάγκης πονούντων,¹⁰ ἔλαττον¹¹ δὲ βουλόμενος τρυφᾶν¹² τῶν μηδεμιᾶς εὐπορούντων¹³ τρυφῆς,¹⁴ εὐνούστερος¹⁵ δὲ τοῖς ὑπηκόοις¹⁶ τῶν φιλοτέκνων¹⁷ πατέρων, φοβερώτερος¹⁸ δὲ τοῖς πολεμίοις¹⁹ τῶν ἀνικήτων²⁰ καὶ ἀμάχων²¹ θεῶν, πῶς οὐκ ἂν εἴποι τις τοῦδε²² τοῦ ἀνδρὸς ἀγαθὸν εἶναι τὸν δαίμονα,²³ οὐκ αὐτῷ μόνον, ἀλλὰ καὶ τοῖς ἄλλοις ἅπασι;

---

¹ νόμιμος, η, ον – *conformable to law* or *custom*
² δικαστής, ὁ – *judge; juror*
³ κλῆρος, ὁ – *lot, piece of land, inheritance*
⁴ δικάζω – *I give judgement on, decide, determine*
⁵ ἐπιεικής, ές – *fitting, meet, suitable; reasonable, fair*
⁶ ὑπεύθυνος, ον – *liable to give account for, responsible, answerable for*
⁷ στρατηγός, ὁ – *leader or commander of an army, general*
⁸ ἕπομαι – *I come after, follow*
⁹ φιλόπονος, ον – *laborious; industrious*
¹⁰ πονέω – *I work hard, toil, labor*
¹¹ ἐλάσσων, ον – *smaller; less; inferior*
¹² τρυφή, ἡ – *dainty, effeminate; luxurious*
¹³ εὐπορέω – *I prosper, thrive, have plenty*
¹⁴ τρυφή, ἡ – *dainty, effeminate; luxurious*
¹⁵ εὔνους, ον – *well-disposed, kindly, friendly*
¹⁶ ὑπήκοος, ον – *hearkening, obeying, subject to*
¹⁷ φιλότεκνος, ον – *loving one's children* or *offspring*
¹⁸ φοβερός, ά, όν – *fearful, terrible, frightful*
¹⁹ πολέμιος, α, ον – *warlike, hostile*
²⁰ ἀνίκητος, ον – *unconquered, unconquerable*
²¹ ἄμαχος, ον – *without battle, with whom no one fights*
²² ὅδε – *this* (LH: demonstrative pronoun that refers distinctly to what is present or near)
²³ δαίμων, ὁ or ἡ – *god, deity, divine power controlling one's destiny, spirit*

[6] τῶν μὲν γὰρ πολλῶν ἀνθρώπων καὶ ἰδιωτῶν[1] μικράν τινα ἀρχὴν ἐχόντων ὀλίγος ὁ δαίμων[2] καὶ μόνου τοῦ ἔχοντος· ὅτου δ' ἂν παμπληθεῖς[3] μὲν ὑπακούωσι πόλεις, πάμπολλα[4] δὲ ἔθνη κυβερνᾶται[5] διὰ τῆς ἐκείνου γνώμης,[6] ἀνήριθμα[7] δὲ φῦλα ἀνθρώπων καὶ ἄμικτα[8] ἀλλήλοις ἀποβλέπῃ[9] πρὸς τὴν φρόνησιν, πάντων οὗτος ἀνθρώπων γίγνεται σωτὴρ καὶ φύλαξ,[10] ἄνπερ ᾖ τοιοῦτος. τοῦ γὰρ πάντων ἄρχοντος καὶ κρατοῦντος ἡ μὲν φρόνησις[11] ἱκανὴ καὶ τοὺς ἄφρονας[12] ὠφελεῖν·[13] βουλεύεται[14] γὰρ ὁμοίως ὑπὲρ πάντων. [7] ἡ δὲ σωφροσύνη[15] καὶ τοὺς ἀκολαστοτέρους[16] σωφρονεστέρους[17] ποιεῖ· ἐφορᾷ[18] γὰρ ὁμοίως ἅπαντας. ἡ δὲ δικαιοσύνη καὶ τοῖς ἀδίκοις αὑτῆς μεταδίδωσιν,[19] ἡ δὲ ἀνδρεία[20] καὶ τοὺς ἧττον[21] εὐψύχους[22] οὐ μόνον σῴζειν,[23] ἀλλὰ καὶ θαρραλεωτέρους[24] ποιεῖν δύναται.

---

[1] ἰδιώτης, ὁ – *private person, individual; commoner, plebian*
[2] δαίμων, ὁ or ἡ – *god, diety, divine power controlling one's destiny, spirit*
[3] παμπληθής, ές – *in* or *with their whole multitude*
[4] πάμπολυς – *very great, numerous; very much*
[5] κυβερνάω – *I steer, drive, guide, govern*
[6] γνώμη, ἡ – *means of knowing, thought, judgment*
[7] ἀνάριθμος, ον – *without number, countless*
[8] ἄμικτος, ον – *unmingled; that which will not blend* or *harmonize*
[9] ἀποβλέπω – *I look away from; I gaze steadfastly, pay attention to*
[10] φύλαξ, ὁ – *watcher, guard, sentinel*
[11] φρόνησις, ἡ – *purpose, intention; sense; judgment*
[12] ἄφρων, ον – *senseless, crazed, frantic, foolish*
[13] ὠφελέω – *I receive help, service,* or *benefit*
[14] βουλεύω – *I take counsel, deliberate, devise*
[15] σωφροσύνη, ἡ – *soundness of mind; prudence, temperance*
[16] ἀκόλαστος, ον – *undisciplined, unbridled, licentious*
[17] σώφρων, ὁ or ἡ – *of sound mind, moderate*
[18] ἐφοράω – *I oversee, observe, behold* (MH: PAI 3S)
[19] μεταδίδωμι – *I give part of; I communicate*
[20] ἀνδρεία, ἡ – *manliness; bravery*
[21] ἥσσων – *inferior; weaker; fewer*
[22] εὔψυχος, ον – *of good courage, stout of heart*
[23] σῴζω – *I save, keep, spare*
[24] θαρσαλέος, α, ον – *daring; confident*

[8] οὔτε γὰρ δειλὸς¹ οὕτως ἄγαν² οὐδεὶς ὥστε μὴ θαρρεῖν³ ἑπόμενος⁴ μεθ' οὗ νικᾶν ἕτοιμον,⁵ οὔτε ἐπὶ τοσοῦτον ἀνειμένος⁶ ὥστε ῥᾳθυμεῖν⁷ παραταττόμενον⁸ ὁρῶν ᾧ μόνῳ τὸ προστάττειν⁹ ἔνειμεν¹⁰ ὁ θεός, οὐδ' αὖ¹¹ σφόδρα¹² οὕτως ἀναίσχυντος¹³ ὥστε περὶ ἑτέρου πονεῖν¹⁴ ἀναγκαῖον,¹⁵ τούτῳ δὲ μὴ συμπονεῖν ἐθέλειν. [9] δοκεῖ δέ μοι καὶ Ὅμηρος¹⁶ αὐτὸ τοῦτο φράζειν·¹⁷ μνησθεὶς¹⁸ γὰρ τοῦ χρηστοῦ¹⁹ βασιλέως ἐπὶ πᾶσιν εἴρηκεν,²⁰

ἀρετῶσι²¹ δὲ λαοὶ ὑπ' αὐτοῦ.

ὁ γὰρ τοιοῦτος βασιλεὺς τοῖς μὲν ἄλλοις καλὸν κτῆμα²² τὴν ἀρετὴν νενόμικεν, αὐτῷ δὲ καὶ ἀναγκαῖον.²³

---

¹ δειλός, ή, όν – *cowardly; vile, worthless, wretched*
² ἄγαν – *very much*
³ θαρσέω – *I am of good courage*
⁴ ἕπομαι – *I come after, follow*
⁵ ἑτοῖμος, ον – *at hand, ready, prepared*
⁶ ἀνίημι – *I slaken, relax, neglegt* (MH: RMP MNS)
⁷ ῥᾳθυμέω – *I leave off work, am remiss, idle*
⁸ παρατάσσω – *I place or post side by side; I draw up in battle-order*
⁹ προστάσσω – *I place or post side by side; I draw up in battle-order*
¹⁰ νέμω – *I dispense, distribute, bestow* (MH: AAI 3S)
¹¹ αὖ – *again, once more; on the other hand*
¹² σφοδρός, ά, όν – *vehement; excessive*
¹³ ἀναίσχυντος, ον – *shameless, impudent*
¹⁴ πονέω – *I work hard, toil, labor*
¹⁵ ἀναγκαῖος, α, ον – *constraining, applying force*
¹⁶ Ὅμηρος, ὁ – *Homer*
¹⁷ φράζω – *I point out, show, declare*
¹⁸ μιμνήσκω – *I remind; I recall, remember*
¹⁹ χρηστός, ή, όν – *useful, serviceable; good, valiant, true*
²⁰ ἐρῶ – *I will say, speak* (MH: RAI 3S)
²¹ ἀρετάω – *I thrive, prosper* (MH: PAS 3P)
²² κτῆμα, τό – *possession, piece of property*
²³ ἀναγκαῖος, α, ον – *constraining, applying force*

[10] τίνι μὲν γὰρ δεῖ πλείονος φρονήσεως[1] ἢ τῷ βουλευομένῳ[2] περὶ τῶν μεγίστων; τίνι δὲ ἀκριβεστέρας[3] δικαιοσύνης ἢ τῷ μείζονι τῶν νόμων; τίνι δὲ σωφροσύνης[4] ἐγκρατεστέρας[5] ἢ ὅτῳ πάντα ἔξεστι;[6] [11] τίνι δὲ ἀνδρείας[7] ἰσχυροτέρας ἢ ὑφ' οὗ πάντα σῴζεται; τίνα δὲ μᾶλλον εὐφραίνει τὰ ἔργα τῆς ἀρετῆς[8] ἢ τὸν σύμπαντας[9] ἀνθρώπους θεατὰς[10] καὶ μάρτυρας ἔχοντα τῆς αὑτοῦ ψυχῆς; ὥστε μήποτε πράξαντι μηδὲν οἷόν τε λαθεῖν,[11] οὐ μᾶλλον ἢ τῷ ἡλίῳ πορεύεσθαι διὰ σκότους· πάντα γὰρ τἆλλα ἀναφαίνων[12] πρῶτον ἑαυτὸν ἐπιδείκνυσι.[13] [12] λέγω δὲ ταῦτα οὐκ ἀγνοῶν ὅτι τὰ ῥηθέντα[14] νῦν ὑπ' ἐμοῦ ἐν πλείονι[15] χρόνῳ ἀνάγκη λέγεσθαι· ἀλλ' οὐκ ἔστι δέος[16] μήποτε ἐγὼ φανῶ τι κολακείᾳ[17] λέγων.

---

[1] φρόνησις, ἡ – *purpose, intention; sense; judgement*
[2] βουλεύω – *I take counsel, deliberate, devise*
[3] ἀκριβής, ές – *exact, accurate, precise*
[4] σωφροσύνη, ἡ – *soundness of mind; prudence, temperance*
[5] ἐγκρατής, ές – *in possession of power; self-controlled*
[6] ἔξεστι – *It is possible; It is allowed*
[7] ἀνδρεία, ἡ – *manliness; bravery*
[8] ἀρετή, ἡ – *goodness, excellence, virtue*
[9] σύμπας, α, αν – *all together; the whole together; the sum of the matter*
[10] θεατής, ὁ – *one who sees, a spectator*
[11] λανθάνω – *I escape notice, am unseen*
[12] ἀναφαίνω – *I bring to light, show forth, make known*
[13] ἐπιδείκνυμι – *I display, exhibit, show off*
[14] εἴρω – *I say, speak, tell* (MH: APP NAP)
[15] πλείων, ὁ or ἡ – *the greater number; the crowd; more*
[16] δέος, τό – *fear, alarm; reason for fear*
[17] κολακεία, ἡ – *flattery, fawning*

[13] οὐ γὰρ ὀλίγην οὐδὲ ἐν ὀλίγῳ χρόνῳ δέδωκα βάσανον[1] τῆς ἐλευθερίας.[2] εἰ δὲ ἐγὼ πρότερον[3] μέν, ὅτε πᾶσιν ἀναγκαῖον[4] ἐδόκει ψεύδεσθαι[5] διὰ φόβον, μόνος ἀληθεύειν[6] ἐτόλμων, καὶ ταῦτα κινδυνεύων[7] ὑπὲρ τῆς ψυχῆς, νῦν δέ, ὅτε πᾶσιν ἔξεστι[8] τἀληθῆ λέγειν, ψεύδομαι,[9] μηδενὸς κινδύνου[10] παρεστῶτος, οὐκ ἂν εἰδείην οὔτε παρρησίας οὔτε κολακείας[11] καιρόν. [14] καίτοι[12] σύμπαντες[13] οἱ πράττοντες ὁτιοῦν[14] ἑκόντες[15] ἢ χρημάτων[16] ἕνεκα πράττουσιν ἢ δόξης ἢ δι' ἡδονήν[17] τινα ἄλλην ἢ λοιπὸν οἶμαι[18] δι' ἀρετὴν καὶ τὸ καλὸν αὐτὸ τιμῶντες. [15] ἐγὼ δὲ χρήματα[19] μὲν λαβεῖν παρ' οὐδενὸς πώποτε[20] ἠξίωσα,[21] πολλῶν δοῦναι βουλομένων, τῶν ἐμαυτοῦ δὲ ὀλίγων ὑπαρχόντων οὐ μόνον μεταδιδοὺς[22] ἑτέροις, ἀλλὰ καὶ ῥίπτων[23] φανήσομαι πολλάκις.

---

[1] βασανος, ἡ – *test, trial of genuineness, torture, examination*
[2] ἐλευθερία, ἡ – *freedom, liberty*
[3] πρῶτος, α, ον – *former, earlier, before*
[4] ἀναγκαῖος, α, ον – *constraining, applying force*
[5] ψεύδω – *I cheat by lies, deceive, lie*
[6] ἀληθεύω – *I speak truth, prove true*
[7] κινδυνεύω – *I make a venture, take a risk; I am in peril*
[8] ἔξεστι – *It is possible; It is allowed*
[9] ψεύδω – *I cheat by lies, deceive, lie*
[10] κίνδυνος, ὁ – *danger, hazard, venture*
[11] κολακεία, ἡ – *flattery, fawning*
[12] καίτοι – *and indeed, and further*
[13] σύμπας, α, αν – *all together; the whole together;* the *sum* of *the matter*
[14] ὁστισοῦν, ὁτιοῦν – *anybody* (*anything*) *whatsoever* (LH: derivation of ὅστις)
[15] ἑκών, α, όν – *wittingly, purposely*
[16] χρῆμα, τό – *need; good, property; money*
[17] ἡδονή, ἡ – *enjoyment, pleasure*
[18] οἴομαι – *I forbode; I think, suppose*
[19] χρῆμα, τό – *need; good, property; money*
[20] πώποτε – *ever yet*
[21] ἀξιόω – *consider it worthy, esteem, honor*
[22] μεταδίδωμι – *I give a part, give a share*
[23] ῥίπτω – *I throw off, throw away, cast off*

Kingship 3.16–18

[16] ἡδονὴν[1] δὲ ποίαν ἐθηρώμην,[2] ὁπότε[3] καὶ τῶν κολάκων[4] οἱ φανερῶς πεποιημένοι τέχνην[5] ταύτην ὁμολογοῦσιν ἁπάντων ἀηδέστερον[6] τὸ κολακεύειν;[7] πῶς γὰρ ἡδύ,[8] ἵν' ἄλλον ἀδίκως[9] ἐπαινῇ[10] τις, αὐτὸν δικαίως ψέγεσθαι;[11] [17] καὶ μὴν οὐδὲ ἔνδοξον[12] οὐδὲ καλὸν εἶναι δοκεῖ τὸ κολακεύειν,[13] ἵνα τιμῆς ἕνεκεν ἢ δι' ἀρετήν τις τοῦτο ἐπιτηδεύῃ.[14] πασῶν γάρ, ὡς ἔπος[15] εἰπεῖν, τῶν κακιῶν αἰσχίστην[16] τις ἂν εὕροι τὴν κολακείαν.[17] [18] πρῶτον μὲν γὰρ τὸ κάλλιστον καὶ δικαιότατον διαφθείρει,[18] τὸν ἔπαινον,[19] ὥστε μηκέτι δοκεῖν πιστὸν μηδὲ ἀληθῶς γιγνόμενον, καὶ τό γε[20] πάντων δεινότατον,[21] τὰ τῆς ἀρετῆς[22] ἔπαθλα[23] τῇ κακίᾳ[24] δίδωσιν. ὥστε πολὺ χεῖρον[25] δρῶσι[26] τῶν διαφθειρόντων[27] τὸ νόμισμα·[28] οἱ μὲν γὰρ ὕποπτον[29] ποιοῦσι τὸ νόμισμα,[30] οἱ δὲ τὴν ἀρετὴν ἄπιστον.

---

[1] ἡδονή, ἡ – enjoyment, pleasure
[2] θηράω – I seek after a thing, pursue it eagerly (MH: IMI 1S)
[3] ὁπότε – when, in circumstances in which/when
[4] κόλαξ, ὁ – flatterer, fawner
[5] τέχνη, ἡ – art, skill, craft
[6] ἀηδής, ές – unpleasant, nauseous, odious
[7] κολακεύω – I am a flatterer; I flatter
[8] ἡδύς – pleasant, pleasurable, agreeable
[9] ἄδικος, ον – unrighteous, unjust
[10] ἐπαινέω – I praise, commend, approve (MH: PAS 3S)
[11] ψέγω – I blame, censure, condemn
[12] ἔνδοξος, ον – held in esteem or honour
[13] κολακεύω – I am a flatterer; I flatter
[14] ἐπιτηδεύω – I pursue or practice a thing (MH: PAS 3S)
[15] ἔπος, τό – epic poetry, lines, verses
[16] αἰσχρός, ά, όν – shameful, dishonorable
[17] κολακεία, ἡ – flattery, fawning
[18] διαφθείρω – I corrupt, ruin, destroy utterly
[19] ἔπαινος ὁ – approval, praise, commendation
[20] γε – at least; at any rate; indeed (LH: enclitic particle giving emphasis to the word or words it follows)
[21] δεινός, ή, όν – fearful, terrible
[22] ἀρετή, ἡ – goodness, excellence, virtue
[23] ἔπαθλον, τό – prize of a contest, reward
[24] κακία, ἡ – badness, ill-repute, dishonour
[25] χείρων, ὁ or ἡ – meaner, inferior, harm
[26] δράω – I do, accomplish; I offer sacrifice
[27] διαφθείρω – I corrupt, ruin, destroy
[28] νόμισμα, τό – coin, currency, current coin
[29] ὕποπτος, ον – viewed with suspicion or jealousy
[30] νόμισμα, τό – coin, currency

[19] ἔπειτα δὲ οἶμαι¹ ἀεί² ποτε μὲν ὁ πονηρὸς ἀνόητος³ λέγεται καὶ ἔστιν ὄντως,⁴ τῷ δὲ ἄφρονι⁵ πάντας ὑπερβέβληκεν⁶ ὁ κόλαξ.⁷ μόνος γὰρ τῶν ἀφανιζόντων⁸ τὴν ἀλήθειαν πρὸς ἐκείνους θαρρεῖ⁹ τὰ ψευδῆ¹⁰ λέγειν τοὺς μάλιστα¹¹ εἰδότας ὅτι ψεύδεται.¹² τίς γὰρ ἄπειρός¹³ ἐστι τῶν ἑαυτοῦ πραγμάτων;¹⁴ ἢ τίς ἠλίθιος¹⁵ οὕτως ὅστις οὐκ οἶδεν πότερον¹⁶ πόνοις¹⁷ ἢ ῥαθυμίᾳ¹⁸ χαίρει καὶ πότερον¹⁹ ἥδεται²⁰ πλέον²¹ ἔχων ἢ τὰ δίκαια πράττων καὶ πότερον²² ἡδονῶν²³ ἥττων²⁴ ἐστὶν ἢ τῶν καλῶν πράξεων ἐραστής;²⁵ [20] καὶ τοίνυν²⁶ ὃ μάλιστα²⁷ οἴεται,²⁸ χαρίζεσθαι τοῖς ἐπαινουμένοις,²⁹ ἐμοὶ δοκεῖ τούτου καὶ μάλιστα³⁰ ἀποτυγχάνειν·³¹ τοὐναντίον³² γὰρ ἀπεχθάνεσθαι³³ μᾶλλον ἢ χαρίζεσθαι ³⁴τοῖς μὴ τελέως κούφοις.³⁵

---

[1] οἴομαι – *I forbode; I think, suppose*
[2] ἀεί – *ever, always, for ever, immortals*
[3] ἀνόητος, ον – *unheard of; unintelligent*
[4] ὄντως – *really, actually, verily*
[5] ἄφρων, ον – *senseless, crazed, frantic*
[6] ὑπερβάλλω – *I throw over; I excel, surpass* (MH: RAI 3S)
[7] κόλαξ, ὁ – *flatterer, fawn*
[8] ἀφανίζω – *I hide, obscure, conceal*
[9] θαρσέω – *I am of good courage, have confidence in* (MH: PAI 3S)
[10] ψευδής, ές – *lying, false, untrue*
[11] μάλα – *above all, exceedingly, certainly*
[12] ψεύδω – *I lie, deceive*
[13] ἄπειρος, ον – *without experience, unacquanted with, ignorant*
[14] πρᾶγμα, τό – *deed, act, affair, matter*
[15] ἠλίθιος, α, ον – *idle, vain, foolish, silly*
[16] πότερος – *either; whether of the two?*
[17] πόνος, ὁ – *work, toil; struggle, labor*
[18] ῥαθυμία, ἡ – *recreation, relaxation*
[19] πότερος – *either; whether of the two?*
[20] ἥδομαι – *I enjoy myself; I am pleased*
[21] πλείων, ὁ or ἡ – *the greater number; the crowd; more*
[22] πότερος – *either; whether of the two?*
[23] ἡδονή, ἡ – *enjoyment, pleasure*
[24] ἥσσων – *inferior; weaker; fewer*
[25] ἐραστής, ὁ – *lover, admirer*
[26] τοίνυν – *therefore, accordingly*
[27] μάλα – *above all, exceedingly, certainly*
[28] οἴομαι – *I forbode; I think, suppose*
[29] ἐπαινέω – *I approve, praise, commend*
[30] μάλα – *above all, exceedingly, certainly*
[31] ἀποτυγχάνω – *I fail, miss my object*
[32] ἐναντίος, α, ον – *opposite; adversary; enemy*
[33] ἀπεχθάνομαι – *I am hated, incur hatred*
[34] πότερος – *either; whether of the two?*
[35] κοῦφος, η, ον – *light, nimble; unsubstantial; vain*

[21] αὐτίκα¹ ὁ τὸν πένητα² μακαρίζων³ ὡς πλούσιον αὐτὸς μὲν ψεύδεται,⁴ τῷ δὲ μακαριζομένῳ⁵ τὴν πενίαν⁶ ὀνειδίζει.⁷ πάλιν ὁ τὸν αἴσχιστον⁸ ὡς καλὸν ἐπαινῶν⁹ ἄλλο τι ἢ προφέρει¹⁰ τὸ αἶσχος¹¹ αὐτῷ; ἢ ὁ τὸν ἀνάπηρον¹² ὁλόκληρον¹³ εἶναι λέγων πῶς ἂν χαρίζοιτο¹⁴ ὑπομιμνήσκων¹⁵ τῆς ἀτυχίας;¹⁶ ὁ δὲ αὖ¹⁷ τὸν ἀνόητον¹⁸ ὡς φρόνιμον ὑμνῶν,¹⁹ οὗτος ἂν τυχὸν²⁰ ἁπάντων εἴη²¹ πιθανώτερος²² διὰ τὴν ἄνοιαν²³ τοῦ ἀκούοντος καὶ τοσούτῳ γε²⁴ μείζονα ἐργάζεται βλάβην·²⁵ ἀναπείθει²⁶ γὰρ ὑπὲρ ἑαυτοῦ βουλεύεσθαι²⁷ καὶ μὴ τοῖς φρονίμοις ἐπιτρέπειν. [22] ὁ μὲν γὰρ τὸν δειλὸν²⁸ ὡς ἀνδρεῖον²⁹ θαυμάζων, οὗτος δικαιότατα χρῆται³⁰ τῇ ἀνοίᾳ³¹ τοῦ κολακευομένου·³² τάχιστα γὰρ ὃν οἶμαι³³ ἀπόλοιτο πειθόμενος αὐτῷ καὶ τῆς ἀνδρείας³⁴ τὰ ἔργα ἐπιχειρῶν.³⁵

---

¹ αὐτίκα – immediately; for example; at any rate
² πένης, ὁ – day-laborer, poor person
³ μακαρίζω – I bless, deem happy; I congratulate
⁴ ψεύδω – I lie, deceive
⁵ μακαρίζω – I bless, deem happy; I congratulate
⁶ πενία, ἡ – poverty, need, lack
⁷ ὀνειδίζω – I make a reproach, chide
⁸ αἰσχρός, ά, όν – shameful, dishonorable
⁹ ἐπαινέω – I approve, commend, praise
¹⁰ προφέρω – I bring before, present, display
¹¹ αἶσχος, τό – shame, disgrace; ugliness,
¹² ἀνάπηρος, ον – maimed, mutilated
¹³ ὁλόκληρος, ον – complete, entire; perfect; uncastrated, whole
¹⁴ MH: PMO 3S (χαρίζω)
¹⁵ ὑπομιμνήσκω – I mention, provoke, remember
¹⁶ ἀτυχία, ἡ – ill-luck, misfortune
¹⁷ αὖ – again, once more; on the other hand
¹⁸ ἀνόητος, ον – unheard of; unintelligent
¹⁹ ὑμνέω – I sing, celebrate in a hymn
²⁰ τυγχάνω – I happen to be; It may happen
²¹ MH: PAO 3S (εἰμί)
²² πιθανός, ἡ, όν – persuasive, plausible; credible
²³ ἄνοια, ἡ – folly, want of understanding, fool
²⁴ γε – at least; at any rate; indeed
²⁵ βλάβη, ἡ – harm, damage, mischief,
²⁶ ἀναπείθω – I persuade, convince, seduce
²⁷ βουλεύω – I take counsel, deliberate, devise
²⁸ δειλός, ή, όν – cowardly, vile, worthless
²⁹ ἀνδρεῖος, α, ον – manly; courageous; strong
³⁰ χράομαι – I use, make use of
³¹ ἄνοια, ἡ – folly; want of understanding, fool
³² κολακεύω – I am a flatterer; I flatter
³³ οἴομαι – I forbode; I think, suppose
³⁴ ἀνδρεία, ἡ – manliness; bravery
³⁵ ἐπιχειρέω – I attempt, endeavor

[23] καθόλου[1] δὲ φωραθεὶς[2] μὲν ὁ κόλαξ[3] οὐ καταγιγνώσκεται[4] μόνον, ἀλλὰ καὶ μισεῖται· δοκεῖ γὰρ καταγελῶν[5] λέγειν· πείσας δὲ ὡς ἀληθῶς λέγει οὐ μεγάλης τινὸς τυγχάνει[6] χάριτος. τί γὰρ καὶ δοκεῖ χαρίζεσθαι τἀληθῆ λέγων; [24] πολύ γε[7] μὴν πονηρότερός ἐστι τῶν ψευδομένων[8] μαρτύρων. οἱ μὲν γὰρ οὐ διαφθείρουσι[9] τὸν δικαστήν,[10] ἀλλὰ μόνον ἐξαπατῶσιν·[11] ὁ δὲ κολακεύων[12] ἅμα[13] δεκάζει[14] τῷ ἐπαίνῳ.[15] [25] ἵνα δὲ μήτε ἐγὼ κολακείας[16] αἰτίαν ἔχω τοῖς θέλουσι διαβάλλειν[17] μήτε σὺ τοῦ κατ' ὀφθαλμοὺς ἐθέλειν ἐπαινεῖσθαι,[18] ποιήσομαι τοὺς λόγους ὑπὲρ τοῦ χρηστοῦ[19] βασιλέως, ὁποῖον[20] εἶναι δεῖ καὶ τίς ἡ διαφορὰ[21] τοῦ προσποιουμένου[22] μὲν ἄρχοντος εἶναι, πλεῖστον[23] δὲ ἀπέχοντος ἀρχῆς καὶ βασιλείας. [26] εἰ δέ τις φήσει με τοὺς αὐτοὺς ποιεῖσθαι λόγους, τοῦτο ἂν εἴη κοινὸν ἐμοὶ τὸ ἔγκλημα[24] καὶ Σωκράτει. φασὶ γάρ ποτε Ἱππίαν τὸν Ἠλεῖον,[25] διὰ χρόνου πλείονος[26] ἀκούοντα τοῦ Σωκράτους περὶ δικαιοσύνης καὶ ἀρετῆς[27] λέγοντος,

---

[1] καθόλου – *on the whole, entirely; in general*
[2] φωράω – *I detect, discover*
[3] κόλαξ, ὁ – *flatterer, fawn*
[4] καταγιγνώσκω – *I remark, observe; I condemn*
[5] καταγελάω – *I jeer at, laugh scornfully, mock*
[6] τυγχάνω – *I happen to be; It may happen*
[7] γε – *at least; at any rate; indeed*
[8] ψεύδω – *I cheat, deceive, falsify, lie*
[9] διαφθείρω – *I destroy utterly, ruin, spoil*
[10] δικαστής, ὁ – *judge, juror*
[11] ἐξαπατάω – *I deceive, beguile into believing*
[12] κολακεύω – *I am a flatterer; I flatter*
[13] ἅμα – *at the same time*
[14] δεκάζω – *I bribe; I corrupt*
[15] ἔπαινος, ὁ – *approval, praise, commendation*
[16] κολακεία, ἡ – *flattery, fawning*
[17] διαβάλλω – *I throw or carry over or across*
[18] ἐπαινέω – *I praise, commend, applaud*
[19] χρηστός, ή, όν – *useful, serviceable, effective*
[20] ὁποῖος, α, ον – *of what sort, kind*
[21] διαφορά, ἡ – *difference, variance, distinction*
[22] προσποιέω – *I attach to; I pretend*
[23] πλεῖστος, η, ον – *most; greatest; largest*
[24] ἔγκλημα, τό – *accusation, charge, complaint*
[25] Ἱππίας ὁ Ἠλεῖος – *Hippias of Elis*
[26] πλείων, ὁ or ἡ – *the greater, majority; crowd*
[27] ἀρετή, ἡ – *goodness, excellence, virtue*

[27] καὶ παραβάλλοντος,[1] ὥσπερ εἰώθει,[2] τοὺς κυβερνήτας[3] καὶ ἰατροὺς[4] καὶ σκυτοτόμους[5] καὶ κεραμέας,[6] εἰπεῖν, ἅτε[7] σοφιστήν,[8] Πάλιν σὺ ταὐτά,[9] Σώκρατες; καὶ ὃς γελάσας[10] ἔφη, Καὶ περὶ τῶν αὐτῶν. σὺ μὲν γάρ, ὡς ἔοικεν,[11] ὑπὸ σοφίας οὐδέποτε ταὐτὰ[12] περὶ τῶν αὐτῶν λέγεις, ἡμῖν δὲ ἓν τοῦτο δοκεῖ τῶν καλλίστων εἶναι. [28] τοὺς μὲν γὰρ ψευδομένους[13] οἴδαμεν πολλὰ καὶ ἀνόμοια[14] λέγοντας· τοῖς δὲ ἀληθεύουσιν[15] οὐχ οἷόν τε ἕτερα εἰπεῖν τῶν ἀληθῶν. ἐγὼ δὲ εἰ μὲν ἑώρων ἄλλην ὑπόθεσιν[16] σπουδαιοτέραν[17] ἢ σοὶ μᾶλλον προσήκουσαν,[18] ἐκείνην ἂν ἐπεχείρουν[19] ποιήσασθαι. νῦν δὲ οὔτε ἰατρὸν[20] ἄλλους τινὰς ἀκούειν ἢ set λέγειν λόγους φαίην ἂν ὀρθῶς[21] ἢ τοὺς περὶ ὑγιείας[22] σώματος καὶ νόσου·[23] οὗτοι γὰρ ὑγιεινοὶ[24] καλοῦνται ἰατροῖς·[25] οὔτε κυβερνήτην[26] ἢ τοὺς περὶ ὡρῶν καὶ ἀνέμων καὶ ἄστρων·[27] οὗτοι γὰρ κυβερνητικοὶ[28] δικαίως λέγονται·

---

[1] παραβάλλω – I throw beside, set beside
[2] ἔθω – I am accustomed to, am wont to
[3] κυβερνήτης, ὁ – steersman, pilot
[4] ἰατρός, ὁ – one who heals, physician, surgeon
[5] σκυτότομος, ὁ – leather-cutter or worker
[6] κεραμεοῦς, ὁ – of clar or earth, earthen
[7] ἅτε – just as, inasmuch as
[8] σοφιστής, ὁ – sophist
[9] ταὐτός, ή, όν – identical
[10] γελάω – I laugh at, scorn, deride
[11] ἔοικα – I seem, seem like (MH: RAI 3S)
[12] ταὐτός, ή, όν – identical
[13] ψεύδω – I cheat by lies, beguile, deceive
[14] ἀνόμοιος, α, ον – dissimilar, different
[15] ἀληθεύω – I speak truth; I am proven true
[16] ὑπόθεσις, ἡ – proposal, suggestion; intention, purpose
[17] σπουδαῖος, α, ον – quick; earnest, serious
[18] προσήκω – I am suited to, fit to
[19] ἐπιχειρέω – I attempt, endeavor, put my hand to
[20] ἰατρός, ὁ – one who heals, physician, surgeon
[21] ὀρθός, ή, όν – upright, true; correct
[22] ὑγίεια, ἡ – health, soundness
[23] νόσος, ἡ – sickness, disease; distress, anguish
[24] ὑγίεια, ἡ – health, soundness
[25] ἰατρός, ὁ – one who heals, physician, surgeon
[26] κυβερνήτης, ὁ – steersman, pilot
[27] ἄστρον, τό – the stars; brilliant, admirable
[28] κυβερνήτης, ὁ – steersman, pilot

[29] οὔτε ἄρχοντα καὶ βασιλέα ἢ τοὺς περὶ ἀρχῆς τε καὶ διοικήσεως[1] ἀνθρώπων. ὡς δὲ καὶ περὶ τούτων ἐνόμιζε Σωκράτης πειράσομαι εἰπεῖν. [30] μετὰ γὰρ τὴν ἀπόκρισιν[2] τὴν περὶ τῆς εὐδαιμονίας[3] ἐπύθετο[4] τοῦ Σωκράτους ὁ ἐκεῖνο τὸ ἐρώτημα[5] ἐρωτήσας, ὦ Σώκρατες, ἔφη, τοῦτο μὲν ἐπίστασαι παντὸς μᾶλλον, ὅτι τῶν ὑπὸ τὸν ἥλιον ἀνθρώπων ἐκεῖνός ἐστιν ἰσχυρότατος καὶ μηδὲ τῶν θεῶν αὐτῶν ἥττονα[6] ἔχων δύναμιν, ᾧ γε[7] ἔνεστι καὶ τὰ ἀδύνατα[8] δοκοῦντα ποιῆσαι δυνατά, εἰ βούλοιτο πεζεύεσθαι[9] μὲν τὴν θάλατταν, πλεῖσθαι[10] δὲ τὰ ὄρη, τοὺς δὲ ποταμοὺς ἐκλείπειν[11] ὑπὸ ἀνθρώπων πινομένους.[12] [31a] ἢ οὐκ ἀκήκοας ὅτι Ξέρξης[13] ὁ τῶν Περσῶν βασιλεὺς τὴν μὲν γῆν ἐποίησε θάλατταν, διελὼν[14] τὸ μέγιστον τῶν ὀρῶν καὶ διαστήσας[15] ἀπὸ τῆς ἠπείρου[16] τὸν Ἄθω,[17] διὰ δὲ τῆς θαλάττης τὸν πεζὸν[18] στρατὸν[19] ἄγων ἤλαυνεν[20] ἐφ' ἅρματος;[21]

---

[1] διοίκησις, ἡ – housekeeping, internal administration
[2] ἀπόκρισις, ἡ – separation; excretion, secretion
[3] εὐδαιμονία, ἡ – prosperity; strength
[4] πύθω – I cause to rot; I become rotten, decay
[5] ἐρώτημα, τό – that which is asked, question
[6] ἥσσων – inferior; weaker; fewer
[7] γε – at least; at any rate; indeed
[8] ἀδύνατος, ον – unable; without strength, power, or skill
[9] πεζεύω – I go or travel on foot, walk
[10] πλέω – I sail, go by sea; I swim, float
[11] ἐκλείπω – I leave out; I forsake, abandon
[12] πίνω – I to drink
[13] Ξέρξης, ὁ – Xerxes
[14] διαιρέω – I take apart, divide (MH: AAP MNS)
[15] διιστημι – I set apart, separate
[16] ἤπειρο, ἡ – mainland (referring the mainland in western Greece)
[17] Ἄθως, ὁ – Athos
[18] πεζός, ἡ, όν – on foot, walking
[19] στρατός, ὁ – army, host
[20] ἐλαύνω – I drive, set in motion
[21] ἅρμα, τό – chariot, war chariot

[31b] ὥσπερ οἶμαι¹ τὸν Ποσειδῶνά² φησιν Ὅμηρος· καὶ τυχὸν³ ὁμοίως οἵ τε δελφῖνες⁴ καὶ τὰ κήτη⁵ κάτωθεν⁶ ὑπέπλει⁷ τὴν σχεδίαν,⁸ ὁπότε⁹ ἐκεῖνος ἤλαυνεν.¹⁰ [32] καὶ ὁ Σωκράτης, Οὐδὲ τοῦτό σοι ἔχω εἰπεῖν, εἴτε μέγιστον ὁ ταῦτα ποιῶν δύναται, καθάπερ¹¹ σὺ λέγεις, εἴτε ἐλάχιστον ἢ τὸ παράπαν¹² οὐδέν. αὐτίκα¹³ εἰ μὲν ἦν σώφρων¹⁴ καὶ ἀνδρεῖος¹⁵ καὶ δίκαιος καὶ μετὰ γνώμης¹⁶ ἔπραττεν ὅσα ἔπραττεν, ἰσχυρὸν αὐτὸν ἡγοῦμαι καὶ μεγίστην ἔχειν τῷ ὄντι δύναμιν· [33] εἰ δὲ αὖ¹⁷ δειλὸς¹⁸ καὶ ἀνόητος¹⁹ καὶ ἀσελγὴς²⁰ καὶ παράνομος²¹ καὶ δι' ὕβριν²² ταῦτα ἐπιχειρῶν,²³ τοὐναντίον²⁴ ἔμοιγε²⁵ ἀσθενέστερος εἶναι δοκεῖ τῶν σφόδρα²⁶ πενήτων²⁷ καὶ μηδὲ ἕνα γῆς κεκτημένων²⁸ βῶλον,²⁹ ὥστε διαθρύψαι³⁰ μακέλλῃ³¹ τροφῆς ἕνεκεν, οὐχ ὅπως τὰ μέγιστα διαθρύπτειν³² ὄρη, καθάπερ³³ σὺ φῄς.

---

¹ οἴομαι – *I forbode; I think, suppose*
² Ποσειδῶν, ὁ – *Poseidon*
³ τυχόν – *perchance, perhaps*
⁴ δελφίς, ὁ – *dolphin*
⁵ κῆτος, τό – *sea monster, huge fish*
⁶ κάτωθεν – *from below, up from below*
⁷ ὑποπλέω – *I sail under* (MH: IAI 3S)
⁸ σχεδία, ἡ – *raft, boat*
⁹ ὁπότε – *when; because, since; often*
¹⁰ ἐλαύνω – *I drive, ride, row*
¹¹ καθάπερ – *just as, exactly as*
¹² παράπαν – *altogether, absolutely*
¹³ αὐτίκα – *at once; for example; at any rate*
¹⁴ σώφρων, ὁ or ἡ – *of sound mind, moderate*
¹⁵ ἀνδρεῖος, α, ον – *manly; courageous; strong*
¹⁶ γνώμη, ἡ – *means of knowing; judgment, opinion*
¹⁷ αὖ – *again, once more; on the other hand*
¹⁸ δειλός, ή, όν – *cowardly; vile, wretched*
¹⁹ ἀνόητος, ον – *unheard of; unintelligent*
²⁰ ἀσελγής, ές – *licentious, wanton, outrageous*
²¹ παράνομος, ον – *lawless, violent*
²² ὕβρις, ἡ – *insolence, lust*
²³ ἐπιχειρέω – *I put my hand to, attempt*
²⁴ ἐναντίος, α, ον – *opposite; adversary; enemy*
²⁵ TH: ἔμοι γε – *to/for me indeed*
²⁶ σφοδρός, ά, όν – *vehement; excessive*
²⁷ πένης, ὁ – *day-laborer, poor person*
²⁸ κτάομαι – *I procure, acquire*
²⁹ βῶλος, ἡ – *lump* or *clod of earth; land, soil*
³⁰ διαθρύπτω – *I break in pieces, crush, break down*
³¹ μάκελλα, ἡ – *mattock, pick*
³² διαθρύπτω – *I break in pieces, crush, break down*
³³ καθάπερ – *just as, exactly as*

[34] ὁ γὰρ ἀδύνατος[1] μὲν ὀργὴν ἐπικατασχεῖν[2] πολλάκις ὑπὲρ μικρῶν γιγνομένην, ἀδύνατος[3] δὲ ἐπιθυμίαν παῦσαι τῶν αἰσχίστων,[4] ἀδύνατος[5] δὲ ἀπώσασθαι[6] λύπην, ἐνίοτε[7] μηδενὸς λυπηροῦ[8] παρόντος, οὐ δυνάμενος δὲ ὑπομεῖναι πόνους,[9] οὐδὲ τοὺς ἡδονῆς[10] ἕνεκεν γιγνομένους, ἀδύνατος[11] δὲ τῆς ψυχῆς ἀπελάσαι[12] φόβον, οὐδὲν ὠφελοῦντα ἐν τοῖς δεινοῖς,[13] ἀλλὰ τὰ μέγιστα βλάπτοντα,[14] πῶς οὐκ ἄνανδρος[15] σφόδρα,[16] ἡττώμενος[17] μὲν γυναικῶν, ἡττώμενος[18] δὲ εὐνούχων;[19] [35] ἢ σὺ τὸν ἰσχυρὸν εἶναι λέγεις τὸν καὶ τοῦ μαλακωτάτου[20] πάντων ἀσθενέστερον, ὕπνου;[21] ὑφ' οὗ ξυμποδισθεὶς[22] πολλάκις ἄνευ[23] δεσμῶν οὐχ ὅπως ἄλλοις, ἀλλ' οὐδ' ἑαυτῷ δύναται βοηθεῖν[24] οὐδὲ ἐπίκουρον[25] οὐδένα καλέσαι τῶν βουλομένων ἀμύνειν;[26]

---

[1] ἀδύνατος, ον – *unable; without strength, power, or skill*
[2] ἐπικατέχω – *I detain, restrain*
[3] ἀδύνατος, ον – *unable; without strength, power, or skill*
[4] αἰσχρός, ά, όν – *shameful, dishonorable*
[5] ἀδύνατος, ον – *unable; without strength, power, or skill*
[6] ἀπωθέω – *I push back, drive away*
[7] ἐνίοτε – *at times, sometimes*
[8] λυπηρός, ά, όν – *painful, distressing*
[9] πόνος, ὁ – *work, toil; struggle, labor*
[10] ἡδονή, ἡ – *enjoyment, pleasure*
[11] ἀδύνατος, ον – *unable; without strength, power, or skill*
[12] ἀπελαύνω – *I drive away, expel from*
[13] δεινός, ή, όν – *fearful, terrible*
[14] βλάπτω – *I disable, hinder, damage*
[15] ἄνανδρος, ον – *husbandless; cowardly; unworthy of a man*
[16] σφοδρός, ά, όν – *vehement; excessive*
[17] ἡσσάομαι – *I am weaker, inferior; I am conquered*
[18] ἡσσάομαι – *I am weaker, inferior; I am conquered*
[19] εὐνοῦχος, ὁ – *eunuch*
[20] μαλακός, ή, όν – *soft, gentle, mild*
[21] ὕπνος, ὁ – *sleep; dream*
[22] συμποδίζω – *I bind hand and foot, entangle, enchain*
[23] ἄνευ – *without; except*
[24] βοηθέω – *I come to help, assist*
[25] ἐπίκουρος, ὁ – *helper, ally*
[26] ἀμύνω – *I ward off, keep off, defend*

[36] ταῦτα δὲ ἀκούσας εἶπεν, Ἐκεῖνο μέντοι¹ οἶσθα δήπου,² ὦ Σώκρατες, ὅτι τῆς ἁπάσης οἰκουμένης τοῦ πλείστου³ καὶ ἀρίστου⁴ βασιλεύει μέρους. ἔξω γὰρ τῆς Ἑλλάδος⁵ καὶ τῆς Ἰταλίας⁶ καί τινων ὀλίγων ἐθνῶν ἄλλων τῶν κατὰ τὴν Εὐρώπην⁷ ξύμπαντα⁸ τἆλλα ὑφ᾽ ἑαυτῷ πεποίηται, καὶ τῆς μὲν καλουμένης Ἀσίας ὅλης ἄρχει μέχρις Ἰνδῶν.⁹ [37] πολλοὺς δὲ καὶ αὐτῶν φασιν ὑπακούειν· τῆς δὲ Λιβύης¹⁰ τοῦ πλείονος¹¹ μέρους· ἐν δὲ τῇ Εὐρώπῃ Θρᾴκης¹² καὶ Μακεδονίας· ἁπάντων τούτων κρατεῖ· ὅθεν δὴ καὶ μέγας βασιλεὺς κέκληται μόνος ἐκεῖνος. [38] καὶ ὁ Σωκράτης εἶπεν, Ἀλλ᾽ οὐδὲ τοῦτο οἶδα ὅλως γε,¹³ εἰ βασιλεύς ἐστι τὴν ἀρχὴν οὐδεμιᾶς πόλεως ἢ κώμης. σὺ ἄρα, εἶπε, μόνος ἀνήκοος¹⁴ εἶ τούτων ἃ πάντες ἴσασιν; ἀκούω, ἔφη, πολλῶν λεγόντων ἃ σὺ λέγεις καὶ Ἑλλήνων καὶ βαρβάρων·¹⁵ ὃ δὲ οὐκ ἐᾷ¹⁶ με γιγνώσκειν ὃ λέγω τοιοῦτόν ἐστιν·

---

¹ μέντοι – *really, actually*; adversitive *though*
² δήπου – *perhaps, it may be*
³ πλεῖστος, η, ον – *most; greatest; largest*
⁴ ἄριστος, η, ον – *best, noblest, finest*
⁵ Ἑλλάς, ἡ – *Greece*
⁶ Ἰταλια, ἡ – *Italy*
⁷ Εὐρώπη, ἡ – *Europe*
⁸ σύμπας, α, αν – *all together; the whole together;* the *sum* of the matter
⁹ Ἰνδός, ἡ, όν – *Indian* (TH: perhaps referring to the Indies, or the subcontinent generally)
¹⁰ Λιβύη, ἡ – *Libya*
¹¹ πλείων, ὁ or ἡ – *the greater number; the crowd; more*
¹² Θράκη, ἡ – *Thrace*
¹³ γε – *at least; at any rate; indeed* (LH: enclitic particle giving emphasis to the word or words it follows)
¹⁴ ἀνήκοος, ον – *ignorant, untaught; unwilling to learn*
¹⁵ βάρβαρος, ον – *barbarous; non-Greek; foreign*
¹⁶ ἐάω – *I suffer, permit, allow* (MH: PAI 3S)

[39] οὐκ οἶδα, ὦ ἄριστε,¹ εἰ νομίμως² καὶ δικαίως τούτων ἁπάντων προέστηκεν³ καὶ τοιοῦτος ὢν ὁποῖον⁴ εἴρηκα⁵ πολλάκις· εἰ μὲν γὰρ εὐγνώμων⁶ καὶ φιλάνθρωπος⁷ καὶ νόμιμος⁸ ὢν ἐπὶ σωτηρίᾳ καὶ τῷ συμφέροντι τῶν ἀρχομένων ἐπιμελεῖται,⁹ αὐτὸς πρῶτος εὐδαίμων καὶ φρόνιμος ὤν, καθάπερ¹⁰ εἶπον, καὶ τοῖς ἄλλοις μεταδιδοὺς¹¹ καὶ τῆς αὑτοῦ εὐδαιμονίας,¹² οὐ δίχα¹³ θεὶς τό τε αὑτοῦ καὶ τὸ τῶν ἀρχομένων συμφέρον, ἀλλὰ τότε χαίρων μάλιστα¹⁴ καὶ τότε νομίζων ἄριστα¹⁵ πράττειν, ὅταν ὁρᾷ καλῶς πράττοντας τοὺς ἀρχομένους, δυνάμει τε μέγιστός ἐστιν καὶ βασιλεὺς ἀληθῶς· [40] εἰ δὲ φιλήδονος¹⁶ καὶ φιλοχρήματος¹⁷ καὶ ὑβριστὴς¹⁸ καὶ παράνομος,¹⁹ αὑτὸν οἰόμενος²⁰ αὔξειν μόνον, ὡς ἂν πλεῖστα²¹ μὲν χρήματα²² κεκτημένος,²³ μεγίστας δὲ καὶ πλείστας²⁴ καρπούμενος²⁵ ἡδονάς,²⁶ ῥᾳθύμως²⁷ δὲ διάγων²⁸ καὶ ἀπόνως.²⁹

---

¹ ἄριστος, η, ον – *best, noblest, finest*
² νομίμως, η, ον – *customarily, lawfully*
³ προΐστημι – *I set forth* (MH: RAN)
⁴ ὁποῖος, α, ον – *of what sort, kind*
⁵ ἐρῶ – *I will say, speak* (MH: RAI 1S)
⁶ εὐγνώμων, ον – *reasonable, prudent*
⁷ φιλάνθρωπος, ον – *humane, benevolent*
⁸ νόμιμος, η, ον – *conformable to law* or *custom*
⁹ ἐπιμελέομαι – *I take care of, attend to*
¹⁰ καθάπερ – *just as, exactly as*
¹¹ μεταδίδωμι – *I give a part, give a share* (PAP MNS)
¹² εὐδαιμονία, ἡ – *prosperity; strength*
¹³ δίχα – *in two; asunder; apart from*
¹⁴ μάλα – *above all, exceedingly, certainly*
¹⁵ ἄριστος, η, ον – *best, noblest, finest*
¹⁶ φιλήδονος, ον – *fond of pleasure*
¹⁷ φιλοχρήματος, ον – *loving money*
¹⁸ ὑβριστός, η, ον – *wanton, insolent, outrageous*
¹⁹ παράνομος, ον – *lawless, violent*
²⁰ οἴομαι – *I forbod; I think, suppose*
²¹ πλεῖστος, η, ον – *most; greatest; largest*
²² χρῆμα, τό – *need; good, property; money*
²³ κτάομαι – *I procure for myself, get, acquire*
²⁴ πλεῖστος, η, ον – *most; greatest; largest*
²⁵ καρπόω – *I bear fruit; I offer*
²⁶ ἡδονή, ἡ – *enjoyment, pleasure*
²⁷ ῥᾴθυμος, ον – *light-hearted; frivolous; careless*
²⁸ διάγω – *I carry over* or *across; I draw through*
²⁹ ἄπονος, ον – *without toil; untroubled, quiet*

Kingship 3.41

[41] τοὺς δὲ ὑπηκόους[1] ἅπαντας ἡγούμενος δούλους καὶ ὑπηρέτας τῆς αὑτοῦ τρυφῆς,[2] οὐδὲ ποιμένος ἐπιεικοῦς[3] ἔχων ἦθος,[4] σκέπης[5] καὶ νομῆς[6] προνοούμενος[7] τοῖς αὑτοῦ κτήνεσιν,[8] ἔτι δὲ θῆρας[9] ἀπαμύνων[10] καὶ φῶρας[11] προφυλάττων,[12] ἀλλ' αὐτὸς πρῶτος διαρπάζων[13] τε καὶ φθείρων[14] καὶ τοῖς ἄλλοις ἐπιτρέπων, καθάπερ,[15] οἶμαι,[16] πολεμίων[17] λείαν,[18] οὐκ ἄν ποτε εἴποιμι τὸν τοιοῦτον ἄρχοντα ἢ αὐτοκράτορα[19] ἢ βασιλέα, πολὺ δὲ μᾶλλον τύραννον[20] καὶ λευστῆρα,[21] ὥς ποτε προσεῖπεν[22] ὁ Ἀπόλλων[23] τὸν Σικυώνιον[24] τύραννον,[25] εἰ καὶ πολλὰς μὲν ἔχοι τιάρας,[26] πολλὰ δὲ σκῆπτρα[27] ὑπακούοιεν[28] αὐτῷ.

---

[1] ὑπήκοος, ον – subject; hearkening, obeying
[2] τρυφή, ἡ – softness, daintiness, delicacy
[3] ἐπιεικής, ές – fitting, suitable
[4] ἦθος, τό – custom; disposition; abode
[5] σκέπη, ἡ – covering, shelter, protection
[6] νομή, ἡ – pasturage
[7] προνοέω – I provide for, take thought for
[8] κτῆνος, τό – herd, flock
[9] θήρ, ὁ or ἡ – beast
[10] ἀπαμύνω – I ward off, defend, keep off
[11] φώρ, ὁ – thief, robber
[12] προφυλάσσω – I keep guard, am on lookout
[13] διαρπάζω – I snatch, plunder
[14] φθείρω – I destroy; I corrupt, spoil
[15] καθάπερ – just as, exactly as
[16] οἴομαι – I forbode; I think, suppose
[17] πολέμιος, α, ον – warlike, hostile
[18] λαία, ἡ (Doric of λεία), booty, plunder
[19] αὐτοκράτωρ, ὁ or ἡ – absolute ruler, emperor
[20] τύραννος, ὁ or ἡ – absolute ruler, tyrant
[21] λευστήρ, ὁ – an oppressor
[22] προσεῖπον – I speak to, address
[23] Ἀπόλλων, ὁ – Apollo
[24] Σικυώνιος, α, ον – Sicyonian
[25] τύραννος, ὁ or ἡ – absolute ruler, tyrant
[26] τιάρα, ἡ – tiara
[27] σκῆπτρον, τό – staff, scepter, symbol of royal power
[28] ὑπακούω – I obey, submit to

[42] τοιαῦτα μὲν ἐκεῖνος εἰώθει[1] λέγειν, προτρέπων[2] ἀεὶ[3] πρὸς ἀρετὴν καὶ βελτίους[4] ποιῶν καὶ ἄρχοντας καὶ ἰδιώτας.[5] ὅμοια δὲ εἰρήκασι[6] περὶ ἀρχῆς καὶ βασιλείας οἱ μετ' αὐτόν, ὡς οἷόν[7] τε ἑπόμενοι[8] τῇ σοφωτάτῃ γνώμῃ.[9] αὐτὰ δὲ πρῶτα δηλοῖ[10] τὰ ὀνόματα τὴν διαφορὰν[11] τῶν πραγμάτων.[12] [43] λέγεται γὰρ ἡ μὲν ἀρχὴ νόμιμος[13] ἀνθρώπων διοίκησις[14] καὶ πρόνοια[15] ἀνθρώπων κατὰ νόμον, βασιλεία δὲ ἀνυπεύθυνος[16] ἀρχή, βασιλεὺς δὲ καὶ αὐτοκράτωρ[17] ὁ αὐτὸς ἀνυπεύθυνος[18] ἄρχων ὁ δὲ νόμος βασιλέως δόγμα.[19] [44] ὁ δὲ τύραννος[20] καὶ ἡ τυραννὶς[21] ἐναντίον[22] τούτοις βίαιος[23] καὶ παράνομος[24] χρῆσις[25] ἀνθρώπων τοῦ δοκοῦντος ἰσχύειν πλέον.[26]

---

[1] ἔθω – *I am accustomed to, wont to* (MH: LAI 3S)
[2] προτρέπω – *I urge forward, impel*
[3] ἀεί – *ever, always*
[4] βελτίων, ον – *fitting; better*
[5] ἰδιώτης, ὁ – *private person, individual; commoner, plebian*
[6] ἐρῶ – *I will say, speak* (MH: RAI 3P)
[7] οἷος – *such as; of what sort*
[8] ἕπομαι – *I follow, attend, am in company with*
[9] γνώμη, ἡ – *means of knowing, judgment*
[10] δηλόω – *I manifest, disclose, reveal*
[11] διαφορά, ἡ – *difference, variance*
[12] πρᾶγμα, τό – *deed, act, affair, matter*
[13] νόμιμος, η, ον – *conformable to law* or *custom*
[14] διοίκησις, ἡ – *administration*
[15] πρόνοια, ἡ – *foresight, foreknowledge*
[16] ἀνυπεύθυνος, ον – *not liable to; beyond human control* or *criticism*
[17] αὐτοκράτωρ, ὁ or ἡ – *absolute ruler, emperor*
[18] ἀνυπεύθυνος, ον – *not liable to; beyond human control* or *criticism*
[19] δόγμα, τό – *opinion, belief*
[20] τύραννος, ὁ or ἡ – *absolute ruler, tyrant*
[21] τυραννίς, ἡ – *tyranny*
[22] ἐναντίος, α, ον – *opposite; adversary; enemy*
[23] βίαιος, α, ον – *forcible, violent*
[24] παράνομος, ον – *lawless, violent*
[25] χρῆσις, ἡ – *use, acquaintance*
[26] πλέως – *full, complete*

[45] οὕτω δὲ καὶ ἡμεῖς διανοούμεθα¹ καὶ φαμὲν περὶ τοῦ θείου² καὶ θεοφιλοῦς³ αὐτοκράτορος⁴ καὶ βασιλέως τρία γὰρ εἴδη,⁵ τὰ φανερώτατα, πολιτειῶν⁶ ὀνομάζεται⁷ γιγνομένων κατὰ νόμον καὶ δίκην⁸ μετὰ δαίμονός⁹ τε ἀγαθοῦ καὶ τύχης¹⁰ ὁμοίας· μία μὲν ἡ πρώτη καὶ μάλιστα¹¹ συμβῆναι¹² δυνατή, περὶ ἧς ὁ νῦν λόγος, εὖ¹³ διοικουμένης¹⁴ πόλεως ἢ πλειόνων¹⁵ ἐθνῶν ἢ ξυμπάντων¹⁶ ἀνθρώπων ἑνὸς ἀνδρὸς ἀγαθοῦ γνώμῃ¹⁷ καὶ ἀρετῇ·¹⁸ [46] δευτέρα δὲ ἀριστοκρατία¹⁹ καλουμένη, οὔτε ἑνὸς οὔτε πολλῶν τινων, ἀλλὰ ὀλίγων τῶν ἀρίστων²⁰ ἡγουμένων, πλεῖον²¹ ἀπέχουσα ἤδη τοῦ δυνατοῦ καὶ τοῦ συμφέροντος· τοῦτο ἔμοιγε²² δοκεῖ καὶ Ὅμηρος εἰπεῖν διανοηθείς,²³

οὐκ ἀγαθὸν πολυκοιρανίη·²⁴ εἷς κοίρανος²⁵ ἔστω,

εἷς βασιλεύς, ᾧ ἔδωκε Κρόνου²⁶ παῖς ἀγκυλομήτεω.²⁷

---

¹ διανοέω – I intend, purpose
² θεῖος, α, ον – divine, of the gods
³ θεοφιλής, ές – favored by the gods
⁴ αὐτοκράτωρ, ὁ or ἡ – absolute ruler, emperor
⁵ εἶδος, τό – what is seen, appearance, form
⁶ πολιτεία, ἡ – citizenship, government, policy
⁷ ὀνομάζω – I name, call
⁸ δίκη, ἡ – order; justice
⁹ δαίμων, ὁ – spirit; spiritual beings
¹⁰ τύχη, ἡ – fate, providence
¹¹ μάλα – above all, exceedingly, certainly
¹² συμβαίνω – I agree with; I correspond with
¹³ εὖ – well; thoroughly, competent
¹⁴ διοικέω – I manage, administer
¹⁵ πλείων, ὁ or ἡ – the greater; crowd; more
¹⁶ σύμπας, α, αν – all together; the whole together; the sum of the matter
¹⁷ γνώμη, ἡ – means of knowing; judgment
¹⁸ ἀρετή, ἡ – goodness, excellence, virtue
¹⁹ ἀριστοκρατία, ἡ – aristocracy
²⁰ ἄριστος, η, ον – best, noblest, finest
²¹ πλείων, ὁ or ἡ – the greater; crowd; more
²² TH: ἔμοι γε – to/for me indeed
²³ διανοέω – I purpose, intend
²⁴ πολυκοιρανία, ἡ – rule of many
²⁵ κοίρανος, ὁ – king, leader, commander, master
²⁶ Κρόνος, ὁ – Cronos
²⁷ ἀγκυλομήτης, ὁ – crooked of counsel (LH: epithet of Cronos)

[47] τρίτη δὲ πασῶν ἀδυνατωτάτη¹ σχεδὸν² ἡ σωφροσύνῃ³ καὶ ἀρετῇ⁴ δήμου⁵ προσδοκῶσά ποτε εὑρήσειν κατάστασιν ἐπιεικῆ⁶ καὶ νόμιμον,⁷ δημοκρατία⁸ προσαγορευομένη,⁹ ἐπιεικὲς¹⁰ ὄνομα καὶ πρᾷον,¹¹ εἴπερ¹² ἦν δυνατόν. [48] τρισὶ δὲ ταύταις, ὥσπερ εἴρηται,¹³ πολιτείαις¹⁴ τρεῖς ἐναντίαι¹⁵ καὶ παράνομοι¹⁶ διαφθοραί,¹⁷ ἡ μὲν πρώτη τε καὶ ἀρίστη¹⁸ καὶ μόνη δυνατή, τυραννίς,¹⁹ ἑνὸς ὕβρει²⁰ καὶ βίᾳ²¹ τοῦ κακίστου τῶν ἄλλων ἀπολλυμένων· ἡ δὲ μετ' ἐκείνην ὀλιγαρχία,²² σκληρὰ²³ καὶ ἄδικος²⁴ πλεονεξίᾳ²⁵ πλουσίων τινῶν καὶ πονηρῶν ὀλίγων ἐπὶ τοὺς πολλοὺς καὶ ἀπόρους²⁶ συστᾶσα·

---

¹ ἀδύνατος, ον – *unable; powerless; impossible*
² σχεδὸν – *near, hard by, approximately, nearly*
³ σωφροσύνη, ἡ – *soundness of mind; prudence, temperance*
⁴ ἀρετή, ἡ – *goodness, excellence, virtue*
⁵ δῆμος, ὁ – *common people; popular government*
⁶ ἐπιεικής, ές – *fitting, suitable*
⁷ νόμιμος, η, ον – *conformable to law* or *custom*
⁸ δημοκρατία, ἡ – *democracy, popular governmen*
⁹ προσαγορεύω – *I address, greet, call by name*
¹⁰ ἐπιεικής, ές – *fitting, suitable*
¹¹ πρᾷος, ον – *gentle*
¹² εἴπερ – *if indeed, if really; if you must*
¹³ εἴρω – *I say, speak, tell*
¹⁴ πολιτεία, ἡ – *citizenship, government, civil polity*
¹⁵ ἐναντίος, α, ον – *opposite; adversary; enemy*
¹⁶ παράνομος, ον – *lawless, violent*
¹⁷ διαφθορά, ἡ – *destruction, ruin*
¹⁸ ἄριστος, η, ον – *best, noblest, finest*
¹⁹ τυραννίς, ἡ – *tyranny; monarchy, sovereign*
²⁰ ὕβρις, ἡ – *wanton violence; insolence, arrogance*
²¹ βία, ἡ – *bodily strength, force*
²² ὀλιγαρχία, ἡ – *oligarchy*
²³ σκληρός, ά, όν – *hard, harsh, austere*
²⁴ ἄδικος, ον – *unrighteous, unjust*
²⁵ πλεονεξία, ἡ – *greediness, assumption, arrogance*
²⁶ ἄπορος, ον – *impassable; impracticable, unmanageable*

[49] ἡ δὲ ἑξῆς ποικίλη¹ καὶ παντοδαπὴ² φορὰ³ πλήθους οὐδὲν εἰδότος ἁπλῶς,⁴ ταραττομένου δὲ ἀεὶ⁵ καὶ ἀγριαίνοντος⁶ ὑπὸ ἀκολάστων⁷ δημαγωγῶν,⁸ ὥσπερ κλύδωνος⁹ ἀγρίου¹⁰ καὶ χαλεποῦ¹¹ ὑπὸ ἀνέμων σκληρῶν¹² μεταβαλλομένου.¹³ τούτων μὲν οὖν ὁ λόγος ἄλλως ἐπεμνήσθη,¹⁴ πολλὰ παθήματα καὶ συμφορὰς¹⁵ ἑκάστης αὐτῶν ἐκ τοῦ πρότερον¹⁶ χρόνου δεῖξαι δυνάμενος· [50] περὶ δὲ τῆς εὐδαίμονός¹⁷ τε καὶ θείας¹⁸ καταστάσεως¹⁹ τῆς νῦν ἐπικρατούσης²⁰ χρὴ²¹ διελθεῖν ἐπιμελέστερον.²² πολλαὶ μὲν οὖν εἰκόνες ἐναργεῖς²³ καὶ παραδείγματα²⁴ οὐκ ἀμυδρὰ²⁵ τῆσδε²⁶ τῆς ἀρχῆς, ἔν τε ἀγέλαις²⁷ καὶ σμήνεσι²⁸ διασημαινούσης²⁹ τῆς φύσεως τὴν κατὰ φύσιν τοῦ κρείττονος³⁰ τῶν ἐλαττόνων³¹ ἀρχὴν καὶ πρόνοιαν.³²

---

[1] ποικίλος, η, ον – *many-coloured; manifold*
[2] παντοδαπός, ή, όν – *manifold; of every kind*
[3] φορά, ἡ – *an act; carrying; impulse*
[4] ἁπλῶς – *singly; absolutely; generally*
[5] ἀεί – *ever, always*
[6] ἀγριαίνω – *I am angered; I become wild*
[7] ἀκόλαστος, ον – *undisciplined, unbridled; licentious*
[8] δημαγωγός, ὁ – *popular leader; leader of the mob, demagogue*
[9] κλύδων, ὁ – *wave, surf, rough water*
[10] ἄγριος, α, ον – *living in the fields, wild, savage*
[11] χαλεπός, ή, όν – *difficult; dangerous*
[12] σκληρός, ά, όν – *hard, harsh, austere*
[13] μεταβάλλω – *I throw into a different position; I turn quickly or suddenly*
[14] ἐπιμιμνήσκομαι – *I remember, think of, make mention of*
[15] συμφορά, ἡ – *event; mishap, misfortune*
[16] πρῶτος, α, ον – *former, earlier, before*
[17] εὐδαίμων, ον – *blessed with a good genius; fortunate, happy*
[18] θεῖος, α, ον – *of the gods, divine*
[19] κατάστασις, ἡ – *settlement, establishment, institution*
[20] ἐπικρατέω – *I rule over, prevail over*
[21] χρή – *It is neccesary; One must or ought to do*
[22] ἐπιμελής, ές – *careful or anxious about; attentive*
[23] ἐναργής, ές – *manifest; clear, distinct*
[24] παράδειγμα, τό – *pattern, model; precedent, example*
[25] ἀμυδρός, ά, όν – *dim, faint, obscure*
[26] ὅδε – *this*
[27] ἀγέλη, ἡ – *herd*
[28] σμῆνος, τό – *beehive; swarm, crowd*
[29] διασημαίνω – *I mark out, point out clearly*
[30] κρείσσων, ον – *stronger, mightier; better*
[31] ἐλάσσων, ον – *smaller; less; inferior*
[32] πρόνοια, ἡ – *foresight, foreknowledge*

[51] οὐ μὴν φανερώτερον οὐδὲ κάλλιον ἕτερον ἂν γένοιτο τῆς τοῦ παντὸς ἡγεμονίας,[1] ἢ ὑπὸ τῷ πρώτῳ τε καὶ ἀρίστῳ[2] θεῷ· τοιοῦτος δὲ ὢν πρῶτον μέν ἐστι θεοφιλής,[3] ἅτε[4] τῆς μεγίστης τυγχάνων[5] παρὰ θεῶν τιμῆς καὶ πίστεως. καὶ πρῶτόν γε καὶ μάλιστα[6] θεραπεύσει τὸ θεῖον,[7] οὐχ ὁμολογῶν μόνον, ἀλλὰ καὶ πεπεισμένος εἶναι θεούς, ἵνα δὴ καὶ αὐτὸς ἔχῃ τοὺς κατ' ἀξίαν ἄρχοντας. [52] ἡγεῖται δὲ τοῖς ἄλλοις ἀνθρώποις συμφέρειν τὴν αὑτοῦ πρόνοιαν[8] οὕτως ὡς αὑτῷ τὴν ἐκείνων ἀρχήν. καὶ μὴν ἐκεῖνο ἑαυτῷ συνειδὼς[9] ὡς οὔποτε[10] δῶρον δέξεται παρὰ κακῶν ἀνδρῶν, οὐδὲ τοὺς θεοὺς ἀναθήμασιν[11] οὐδὲ θυσίαις οἴεται[12] χαίρειν τῶν ἀδίκων ἀνδρῶν, παρὰ μόνων δὲ τῶν ἀγαθῶν προσίεσθαι[13] τὰ διδόμενα. τοιγαροῦν[14] θεραπεύειν ἀφθόνως[15] αὐτοὺς σπουδάσει[16] καὶ τούτοις· ἐκείνοις γε[17] μὴν οὐδέποτε παύσεται τιμῶν, τοῖς καλοῖς ἔργοις καὶ ταῖς δικαίαις πράξεσιν.[18] ἕκαστόν γε[19] μὴν τῶν θεῶν ἱλάσκεται[20] κατὰ τὴν τοῦ θεοῦ δύναμιν.

---

[1] ἡγεμονία, ἡ – *authority, rule; political leadership*
[2] ἄριστος, η, ον – *best, noblest, finest*
[3] θεοφιλής, ές – *favored by the gods*
[4] ἅτε – *just as, inasmuch as*
[5] τυγχάνω – *I happen to be; It may happen*
[6] μάλα – *above all, exceedingly, certainly*
[7] θεῖος, α, ον – *divine; godlike*
[8] πρόνοια, ἡ – *foresight, foreknowledge*
[9] σύνοιδα – *I know something, testify* (MH: RAP MNS)
[10] οὔποτε – *not ever, never*
[11] ἀνάθημα, τό – *votive offering; delight; ornament*
[12] οἴομαι – *I forbode; I think, suppose*
[13] προσίημι – *I admit, allow, let come to*
[14] τοιγάρ – *therefore; accordingly*
[15] ἄφθονος, ον – *without envy, ungrudged*
[16] σπουδάζω – *I am eager, earnest*
[17] γε – *at least; at any rate; indeed*
[18] πρᾶξις, ἡ – *transaction, business, action*
[19] γε – *at least; at any rate; indeed*
[20] ἱλάσκομαι – *to appease, conciliate*

[53] ἡγεῖται δὲ τὴν μὲν ἀρετὴν ὁσιότητα,[1] τὴν δὲ κακίαν[2] πᾶσαν ἀσέβειαν.[3] εἶναι γὰρ ἐναγεῖς[4] καὶ ἀλιτηρίους[5] οὐ μόνον τοὺς τὰ ἱερὰ συλῶντας[6] ἢ λέγοντάς τι βλάσφημον[7] περὶ τῶν θεῶν, ἀλλὰ πολὺ μᾶλλον τούς τε δειλοὺς[8] καὶ ἀδίκους[9] καὶ ἀκρατεῖς[10] καὶ ἀνοήτους[11] καὶ καθόλου[12] τοὺς ἐναντίον[13] τι πράττοντας τῇ τε δυνάμει καὶ βουλήσει τῶν θεῶν. [54] οὐ μόνον δὲ ἡγεῖται θεούς, ἀλλὰ καὶ δαίμονας[14] καὶ ἥρωας[15] ἀγαθοὺς τὰς τῶν ἀγαθῶν ἀνδρῶν ψυχὰς μεταβαλούσας[16] ἐκ τῆς θνητῆς[17] φύσεως· [55a] τοῦτο δὲ βεβαιοῖ[18] τὸ δόγμα[19] οὐχ ἥκιστα[20] χαριζόμενος αὐτῷ. τήν τε τῶν ἀνθρώπων ἐπιμέλειαν[21] οὐ πάρεργον[22] οὐδὲ ἀσχολίαν[23] ἄλλως νενόμικεν, βαρυνόμενος[24] οἶμαι[25] τὰς φροντίδας,[26] ἀλλὰ ἔργον αὐτοῦ καὶ τέχνην[27] ταύτην.

---

[1] ὁσιότης, ἡ – *disposition to observe divine law, piety*
[2] κακία, ἡ – *ill-repute, dishonor, badness*
[3] ἀσέβεια, ἡ – *ungodliness, impiety*
[4] ἐναγής, ές – *under a curse, cursed*
[5] ἀλιτήριος, ον – *sinning, offending against*
[6] συλάω – *I strip off, take off, carry off*
[7] βλάσφημος, ον – *slanderous, libellous, blasphemous*
[8] δειλός, ή, όν – *cowardly, vile, worthless*
[9] ἄδικος, ον – *unrighteous, unjust*
[10] ἀκρατής, ές – *uncontrolled; powerless, impotent*
[11] ἀνόητος, ον – *unheard of, not thought on; unintellegent*
[12] καθόλου – *in general; entirely, completely*
[13] ἐναντίος, α, ον – *opposite; adversary; enemy*
[14] δαίμων, ὁ or ἡ – *god, goddess; spiritual or semi-divine being*
[15] ἥρως, ὁ – *heroes, local deities*
[16] μεταβάλλω – *I turn about, change, alter*
[17] θνητός, ή, όν – *mortal; befitting mortals*
[18] βεβαιόω – *I confirm, establish, make good*
[19] δόγμα, τό – *opinion, belief*
[20] ἥκιστος, η, ον – *least; worst*
[21] ἐπιμέλεια, ἡ – *attention paid, diligence*
[22] πάρεργος, ον – *subordinate, incidental subjects*
[23] ἀσχολία, ἡ – *occupation, business*
[24] βαρύνω – *I weigh down, oppress, depress*
[25] οἴομαι – *I forbode; I think, suppose*
[26] φροντίς, ἡ – *thoughts, anxieties*
[27] τέχνη, ἡ – *art, skill, craft*

[55b] καὶ ὅταν μὲν ἄλλο τι ποιῇ, οὐδὲν ἡγεῖται σπουδαῖον[1] οὐδὲ τῶν αὑτοῦ πράττειν· ὅταν δὲ ἀνθρώπους ὠφελῇ, τότε νομίζει τὸ προσῆκον[2] ἀποτελεῖν,[3] ἅτε[4] ὑπὸ τοῦ μεγίστου θεοῦ ταχθεὶς[5] ἐπὶ τοῦτο τὸ ἔργον, ᾧ ἀπειθεῖν οὐ θέμις[6] οὐδὲν οὐδὲ ἄχθεσθαι.[7] [56] ἅτε[8] προσηκούσας[9] αὑτῷ νομίζων τὰς εὐεργεσίας.[10] οὐδεὶς γὰρ οὕτω μαλακὸς[11] οὐδὲ φιλήδονος[12] ὃς οὐχ ἥδεται[13] τῇ αὑτοῦ πράξει, κἂν τύχῃ[14] ἐπίπονος·[15] ὡς ἥκιστα[16] μὲν κυβερνήτης[17] ἂν ἀχθεσθείη[18] τοῖς ἐν θαλάττῃ πόνοις,[19] ἥκιστα[20] δὲ γεωργὸς τοῖς περὶ γεωργίαν[21] ἔργοις, ἥκιστα[22] δὲ κυνηγέτης[23] οἷς δεῖ θηρῶντα[24] κάμνειν·[25] καίτοι[26] σφόδρα[27] μὲν ἐπίπονον[28] γεωργία,[29]

---

[1] σπουδαῖος, α, ον – *quick; earnest; serious*
[2] προσήκω – *I belong to, am related to; I am suited to* (MH: RAP NAS)
[3] ἀποτελέω – *I bring to an end, complete, perfect*
[4] ἅτε – *just as, inasmuch as*
[5] τάσσω – *I draw up in order for battle, am positioned, am stationed*
[6] θέμις, ἡ – *that which is laid down* or *established; custom*
[7] ἄχθομαι – *I am vexed, grieved*
[8] ἅτε – *just as, inasmuch as*
[9] προσήκω – *I belong to, am related to; I am befitting*
[10] εὐεργεσία, ἡ – *good deed, benefaction*
[11] μαλακός, ή, όν – *soft; gentle, mild*
[12] φιλήδονος, ον – *fond of pleasure*
[13] ἥδομαι – *I enjoy myself; I am pleased*
[14] τυγχάνω – *I happen to be; It may happen* (MH: AAS 3S)
[15] ἐπίπονος, ον – *painful; toilsome, laborious*
[16] ἥκιστος, η, ον – *least; worst*
[17] κυβερνήτης, ὁ – *steersman, pilot*
[18] ἄχθομαι – *I am vexed, grieved* (MH: APO 3S)
[19] πόνος, ὁ – *work, toil; struggle, labor*
[20] ἥκιστος, η, ον – *least; worst*
[21] γεωργία, ἡ – *tilled land; agriculture; farming*
[22] ἥκιστος, η, ον – *least; worst*
[23] κυνηγέτης, ὁ – *hunter*
[24] θηράω – *I hunt; I catch, capture*
[25] κάμνω – *I work, toil; I am weary*
[26] καίτοι – *and indeed, and further*
[27] σφοδρός, ά, όν – *vehement; excessive*
[28] ἐπίπονος, ον – *painful, toilsome*
[29] γεωργία, ἡ – *tilled land; agriculture; farming*

[57] σφόδρα¹ δὲ κυνηγεσία.² οὐ μὴν ἀπαξιοῖ³ τὸ κάμνειν⁴ καὶ ἐνοχλεῖσθαι⁵ τῶν ἄλλων ἕνεκεν, οὐδὲ ταύτῃ χεῖρον⁶ πράττειν νενόμικεν, ἐὰν δέῃ πλείστους⁷ αὐτὸν ἀνέχεσθαι⁸ πόνους⁹ καὶ πλεῖστα¹⁰ πράγματα¹¹ ἔχειν. [62] ὁρᾷ γὰρ ὅτι πανταχοῦ¹² τὸ βέλτιον¹³ τοῦ ἥττονος¹⁴ ἔταξεν¹⁵ ὁ θεὸς προνοεῖν¹⁶ τε καὶ ἄρχειν, οἷον τέχνην¹⁷ μὲν ἀτεχνίας,¹⁸ ἀσθενείας δὲ δύναμιν, τοῦ δὲ ἀνοήτου¹⁹ τὸ φρόνιμον προνοεῖν²⁰ καὶ προβουλεύειν²¹ ἐποίησεν. ἐν πάσαις δὲ ταύταις ταῖς ἐπιμελείαις²² τὸ ἄρχειν οὐδαμῶς²³ ῥᾴθυμον,²⁴ ἀλλὰ ἐπίπονον,²⁵ οὐδὲ πλεονεκτοῦν²⁶ ἀνέσεως²⁷ καὶ σχολῆς,²⁸ ἀλλὰ φροντίδων²⁹ καὶ πόνων.³⁰

---

¹ σφοδρός, ά, όν – vehement; excessive
² κυνηγέτης, ὁ – hunter
³ ἀπαξιόω – I disown, declare unworthy
⁴ κάμνω – I work, toil, am weary
⁵ ἐνοχλέω – I trouble, worry about
⁶ χείρων, ὁ, ἡ – inferior, worse, bad
⁷ πλεῖστος, η, ον – most; greatest; largest
⁸ ἀνέχω – I hold up, bear up, sustain
⁹ πόνος, ὁ – work, toil; struggle, labor
¹⁰ πλεῖστος, η, ον – most, greatest, largest
¹¹ πρᾶγμα, τό – deed, act, affair, matter
¹² πανταχοῦ – everywhere, altogether, absolutely
¹³ βελτίων, ον – fitting; better
¹⁴ ἥσσων – inferior; weaker; fewer
¹⁵ τάσσω – I appoint; I station, place in an order
¹⁶ προνοέω – I provide for, take thought for
¹⁷ τέχνη, ἡ – art, skill, craft
¹⁸ ἀτεχνία, ἡ – lack of skill
¹⁹ ἀνόητος, ον – unintelligent
²⁰ προνοέω – I provide for, take thought for
²¹ προβουλεύω – I contrive; I have the chief voice in counsel
²² ἐπιμέλεια, ἡ – careful attention
²³ οὐδαμῶς – in no way
²⁴ ῥᾴθυμος, ον – frivolous, careless
²⁵ ἐπίπονος, ον – painful, toilsome
²⁶ πλεονεκτέω – I claim more than is due
²⁷ ἄνεσις, ἡ – loosening, relaxation, indulgence
²⁸ σχολή, ἡ – leisure, rest
²⁹ φροντίς, ἡ – thoughts, anxieties
³⁰ πόνος, ὁ – work, toil; struggle, labor

[63] αὐτίκα¹ ἐν νηὶ² ἐπιβάταις³ ἔξεστιν⁴ ἀμελεῖν καὶ⁵ μηδὲ ὁρᾶν τὴν θάλατταν, ἀλλὰ μηδὲ ὅποι⁶ γῆς εἰσι, τὸ τοῦ λόγου, τοῦτο εἰδέναι· καὶ πολλοὶ τὸν τρόπον τοῦτον πλέουσι⁷ ταῖς εὐδίαις,⁸ οἱ μὲν πεττεύοντες,⁹ οἱ δὲ ᾄδοντες,¹⁰ οἱ δὲ εὐωχούμενοι¹¹ δι' ἡμέρας· ὅταν δὲ καταλάβῃ χειμών,¹² ἐγκαλυψάμενοι¹³ περιμένουσι¹⁴ τὸ συμβησόμενον.¹⁵ οἱ δέ τινες καθυπνώσαντες¹⁶ οὐδὲ ἀνέστησαν, ἕως ἐγένοντο ἐν τῷ λιμένι.¹⁷ [64] τῷ κυβερνήτῃ¹⁸ δὲ ἀνάγκη μὲν ὁρᾶν πρὸς τὸ πέλαγος,¹⁹ ἀνάγκη δὲ ἀποβλέπειν²⁰ εἰς τὸν οὐρανόν, ἀνάγκη δὲ προσκοπεῖν²¹ τὴν γῆν· οὐ μὴν οὐδὲ τὰ ἐν τῷ βυθῷ²² χρὴ²³ λανθάνειν²⁴ αὐτόν, ἢ λήσεται²⁵ περιπεσὼν²⁶ ὑφάλοις²⁷ πέτραις ἢ ἀδήλοις²⁸ ἕρμασι.²⁹

---

[1] αὐτίκα – *at once, immediately; for example; at any rate*
[2] ναῦς, ἡ – *ship*
[3] ἐπιβάτης, ὁ – *one who embarks a ship*
[4] ἔξεστι – *It is possible; It is allowed*
[5] ἀμελέω – *I have no care for*
[6] ὅποι – *to which place, withersoever*
[7] πλέω – *I sail, am conveyed by sea*
[8] εὐδία, ἡ – *fair weather; tranquility, peace*
[9] πεσσεύω – *I gamble*
[10] ἀείδω – *I sing, chant*
[11] εὐωχέω – *I feast; I entertain; I enjoy*
[12] χειμών, ὁ – *winter, wintry weather; storm*
[13] ἐγκαλύπτω – *I veil, wrap up; I wrap up for sleep*
[14] περιμένω – *I wait for, endure*
[15] συμβαίνω – *I agree with; I correspond with*
[16] καθυπνόω – *I fall asleep*
[17] λιμήν, ὁ – *harbor; haven, refuge*
[18] κυβερνήτης, ὁ – *steersman, pilot*
[19] πέλαγος, τό – *open sea*
[20] ἀποβλέπω – *I gaze steadfastly, pay attention to*
[21] προσκοπέω – *I watch for*
[22] βυθός, ὁ – *depth, bottom*
[23] χρή – *It is necessary; One must* or *ought to do*
[24] λανθάνω – *I escape notice, am unseen*
[25] λανθάνω – *I escape notice, am unseen*
[26] περιπίπτω – *I fall in with, fall upon*
[27] ὕφαλος, ον – *under the sea*
[28] ἄδηλος, ον – *unseen, unknown*
[29] ἕρμα, τό – *sunken rock, reef*

[65] μόνῳ δὲ ἐκείνῳ τῆς μὲν νυκτὸς ἧττον[1] ἔξεστι[2] καθυπνῶσαι[3] ἢ τοῖς νηχομένοις·[4] ἡμέρας δὲ εἴ πού τι βραχὺ[5] κλέψειε[6] τοῦ ὕπνου,[7] καὶ τοῦτο μετέωρον[8] καὶ ἀμφίβολον,[9] ὡς ἀναβοᾶν[10] πολλάκις ἢ τὸ ἱστίον[11] στέλλειν[12] ἢ παράγειν[13] τὸ πηδάλιον[14] ἢ ἄλλο τι τῶν ναυτικῶν·[15] ὥστε καὶ κοιμώμενος ἐκεῖνος μᾶλλον ἐπιμελεῖται[16] τῆς νεὼς ἢ τῶν ἄλλων οἱ σφόδρα[17] ἐγρηγορότες. [66] ἔν γε[18] μὴν τῷ στρατεύεσθαι[19] τῶν μὲν στρατιωτῶν ἕκαστος αὑτῷ μόνῳ ἐπιμελεῖται[20] καὶ ὅπλων[21] καὶ τροφῆς, καὶ ταῦτα οὐ πορίζων,[22] ἀλλ' ἕτοιμα ἀξιῶν ἔχειν· μόνης δὲ φροντίζει[23] τῆς ὑγιείας[24] τῆς ἑαυτοῦ, μόνης δὲ τῆς σωτηρίας. [67a] τῷ στρατηγῷ[25] δὲ ἔργον ἐστὶν ἅπαντας μὲν ὡπλίσθαι[26] καλῶς, ἅπαντας δὲ εὐπορεῖν[27] σκέπης,[28] οὐ μόνον δὲ τὰς τῶν ἀνθρώπων γαστέρας[29] πληροῦν, ἀλλὰ καὶ τὰς τῶν ἵππων·

---

[1] ἥσσων – inferior; weaker; fewer
[2] ἔξεστι – It is possible; It is allowed
[3] καθυπνόω – I fall asleep
[4] νήχω – I swim
[5] βραχύς, εῖα – short, small; a short time
[6] κλέπτω – I do secretly
[7] ὕπνος, ὁ – sleep; dream
[8] μετέωρος, ον – shallow
[9] ἀμφίβολος, ον – encircling, doubtful
[10] ἀναβοάω – I cry, shout aloud
[11] ἱστίον, τό – sail
[12] στέλλω – I make ready, furnish
[13] παράγω – I lead aside, divert
[14] πηδάλιον, τό – rudder
[15] ναυτικός, ή, όν – sea-faring
[16] ἐπιμελέομαι – I take care of, have charge of, attend to
[17] σφοδρός, ά, όν – vehement; excessive
[18] γε – at least; at any rate; indeed
[19] στρατεύω – I advance with an army or fleet, wage war
[20] ἐπιμελέομαι – I take care of, have charge of, attend to
[21] ὅπλον, τό – tool, implement; military arms, armour
[22] πορίζω – I bring about, furnish, provide
[23] φροντίζω – I consider, reflect, take thought
[24] ὑγίεια, ἡ – health, soundness
[25] στρατηγός, ὁ – commander of an army, general
[26] ὁπλίζω – I make ready, equip, arm (MH: RPN)
[27] εὐπορέω – I supply, furnish, provide
[28] σκέπη, ἡ – covering, shelter, protection
[29] γαστήρ, ἡ – paunch, belly

[67b] ἐὰν δὲ μὴ πάντες ἔχωσι τὰ ἐπιτήδεια,[1] πολὺ μᾶλλον ἄχθεται[2] ἢ αὐτὸς νοσῶν·[3] σωτηρίαν γε[4] μὴν τὴν ἐκείνων οὐ περὶ ἐλάττονος[5] ποιεῖται τῆς αὑτοῦ. καὶ γὰρ δὴ νικᾶν μὲν ἀδύνατον[6] ἄνευ[7] σωτηρίας τῶν στρατιωτῶν· ὑπὲρ δὲ τῆς νίκης πολλοὶ τῶν ἀγαθῶν καὶ ἀποθνῄσκειν[8] αἱροῦνται.[9] [68] πάλιν δὲ καθ' ἕκαστον ἡμῶν τὸ μὲν σῶμα, ἅτε[10] ἀνόητον,[11] οὐδὲ αὑτῷ βοηθεῖν[12] ἱκανόν ἐστιν οὐδὲ ὑπὲρ αὑτοῦ φροντίζειν[13] πέφυκεν,[14] ὅ γε[15] τῆς ψυχῆς ἀπολιπούσης[16] οὐδὲ ὀλίγον δύναται διαμένειν,[17] ἀλλὰ παραχρῆμα λύεται καὶ ἀπόλλυται· ἡ ψυχὴ δὲ ὑπὲρ ἐκείνου πάσας μὲν φροντίδας[18] φροντίζει,[19] πάσας δὲ ἐπινοίας[20] σκύλλει[21] καὶ πολλὰ μὲν ἀνιᾶται[22] λυπουμένη. [69a] καὶ τὸ μὲν σῶμα παρούσης αὐτὸ μόνον αἰσθάνεται[23] τῆς ἀλγηδόνος·[24] ἡ ψυχὴ δὲ πρὶν ἢ γενέσθαι τὴν ἀλγηδόνα[25] ἀνιᾶται,[26] πολλάκις δὲ καὶ μὴ μελλούσης γίγνεσθαι δι' ὀρρωδίαν.[27] θανάτου δὲ σῶμα μὲν οὐδέποτε ᾔσθετο·[28]

---

[1] ἐπιτήδειος, α, ον – provisions, necessaries
[2] ἄχθομαι – I am vexed, grieved
[3] νοσέω – I am sick, diseased, suffering
[4] γε – at least; at any rate; indeed
[5] ἐλάσσων, ον – smaller; less; inferior
[6] ἀδύνατος, ον – unable; without power, or skill
[7] ἄνευ – without; except
[8] ἀποθνῄσκω – I die, am ready to die
[9] αἱρέω – I grasp, seize, take
[10] ἅτε – just as, inasmuch as
[11] ἀνόητος, ον – unheard of; unintelligent,
[12] βοηθέω – I assist, aid, come to the rescue
[13] φροντίζω – I consider, reflect, take thought
[14] φύω – I am so; I am by nature; I become (MH: RAI 3S)
[15] γε – at least; at any rate; indeed
[16] ἀπολείπω – I leave behind, abandon
[17] διαμένω – I maintain, persevere, endure
[18] φροντίς, ἡ – thought, anxiety
[19] φροντίζω – I consider, reflect, take thought
[20] ἐπίνοια, ἡ – thought, notion, purpose, design
[21] σκύλλω – I maltreat, trouble, annoy
[22] ἀνιάω – I grieve, distress, vex
[23] αἰσθάνομαι – I perceive, have perception of
[24] ἀλγηδών, ἡ – pain, suffering
[25] ἀλγηδών, ἡ – pain, suffering
[26] ἀνιάω – I am grieved, distressed
[27] ὀρρωδία, ἡ, – terror
[28] αἰσθάνομαι – I perceive, have perception of

[69b] ψυχὴ δὲ καὶ τούτου συνίησι, καὶ πολλὰ πάσχει ῥυομένη μὲν ἐκ νόσων[1] τὸ σῶμα, ῥυομένη δὲ ἐκ πολέμων, ῥυομένη δὲ ἐκ χειμῶνος,[2] ῥυομένη δὲ ἐκ θαλάσσης. οὕτω πανταχῇ[3] ἐπιπονώτερον[4] ψυχὴ καὶ ταλαιπωρότερον[5] σώματος, ὅμως[6] δὲ θειότερον[7] καὶ βασιλικώτερον.[8] [70] καὶ μὴν τῶν γε[9] ἀνθρώπων πᾶς ἂν ὁμολογήσειεν[10] ὡς ἰσχυρότερον καὶ ἡγεμονικώτερον[11] ἀνὴρ γυναικός. ἀλλ' ἐκείναις μὲν τὰ πολλὰ τῶν ἔργων κατ' οἰκίαν ἐστί, καὶ ἄπειροι[12] μὲν ὡς τὸ πολὺ χειμώνων[13] διατελοῦσιν,[14] ἄπειροι[15] δὲ πολέμων, ἄπειροι[16] δὲ κινδύνων.[17] [71] τοῖς δὲ ἀνδράσι προσήκει[18] μὲν στρατεύεσθαι,[19] προσήκει[20] δὲ ναυτιλίας[21] προσήκει[22] δὲ πλεῖν,[23] ἀνάγκη δὲ ἐν ὑπαίθρῳ[24] τὰ ἔργα διαπονεῖν.[25] ἀλλ' οὐ διὰ τοῦτο μᾶλλον ἄν τις μακαρίσειε[26] τῶν ἀνδρῶν τὰς γυναῖκας.

---

[1] νόσος, ἡ – sickness; distress; anguish
[2] χειμών, ὁ – winter, wintry weather; storm
[3] πανταχοῦ – everywhere, altogether, absolutely
[4] ἐπίπονος, ον – painful; toilsome, laborious
[5] ταλαίπωρος, ον – suffering, distressed, miserable
[6] ὅμως – all the same, nevertheless, still, however, after all, in spite of all
[7] θεῖος, α, ον – of or from the gods, divine, holy
[8] βασιλικός, ή, όν – royal, kingly
[9] γε – at least; at any rate; indeed
[10] MH: AAO 3S (ὁμολογέω)
[11] ἡγεμονικός, ή, όν – of or for a leader
[12] ἄπειρος, ον – without experience, unacquanted with, ignorant
[13] χειμών, ὁ – winter, wintry weather; storm
[14] διατελέω – I bring to an end, accomplish
[15] ἄπειρος, ον – without experience, unacquanted with, ignorant
[16] ἄπειρος, ον – without experience, unacquanted with, ignorant
[17] κίνδυνος, ὁ – danger, hazard, venture
[18] προσήκω – I am related to; I am suited to
[19] στρατεύω – I advance with an army, wage war
[20] προσήκω – I am related to; I am suited to
[21] ναυτιλία, ἡ – sailing, seamanship
[22] προσήκω – I am related to; I am suited to
[23] πλέω – I sail, go by sea; I swim
[24] ὕπαιθρος, ον – public, open, in the public view
[25] διαπονέω – I cultivate, practice with labor
[26] μακαρίζω – I bless, pronounce happy, congratulate (MH: AAO 3S)

[72] ὅσοι δ' αὖ¹ δι' ἀσθένειάν τε καὶ μαλακίαν² ἐζήλωσαν τὸν ἐκείνων βίον,³ ὥσπερ Σαρδανάπαλλος,⁴ διαβόητοι⁵ μέχρι νῦν εἰσιν ἐπὶ τοῖς αἰσχροῖς.⁶ [73] τὸ δὲ μέγιστον, ὁρᾷς τὸν ἥλιον, πόσῳ μὲν τῶν ἀνθρώπων ὑπερέχει⁷ μακαριότητι⁸ θεὸς ὤν· ὅτι δὲ οὐκ ἀναίνεται⁹ δι' αἰῶνος ἡμῖν ὑπουργῶν¹⁰ καὶ τῆς ἡμετέρας¹¹ ἕνεκα σωτηρίας πράττων ἅπαντα. [74] τί γὰρ ἂν ἄλλο τις εἴποι¹² τὸν ἥλιον ἐργάζεσθαι δι' αἰῶνος ἢ ὁπόσων¹³ ἄνθρωποι δέονται; ποιοῦντα μὲν καὶ διακρίνοντα τὰς ὥρας, αὔξοντα δὲ καὶ τρέφοντα¹⁴ πάντα μὲν τὰ ζῷα, πάντα δὲ τὰ φυτά,¹⁵ χορηγοῦντα¹⁶ δὲ τὸ κάλλιστον καὶ ἥδιστον¹⁷ ὁραμάτων,¹⁸ φῶς, οὗ χωρὶς οὐδὲ τῶν ἄλλων ὄφελος¹⁹ οὐδὲν τῶν καλῶν, οὔτε οὐρανίων²⁰ οὔτε ἐπιγείων,²¹ ἀλλ' οὐδὲ τοῦ ζῆν· καὶ ταῦτα οὐδέποτε κάμνει²² χαριζόμενος.

---

¹ αὖ – *again, once more; on the other hand*
² μαλακός, ή, όν, *soft; feeble*
³ βίος, ὁ – *life; mode of life, manner of living*
⁴ Σαρδανάπαλλος, ὁ – *Sardanapallus*
⁵ διαβόητος, ον – *famous*
⁶ αἰσχρός, ά, όν – *shameful, dishonorable*
⁷ ὑπερέχω – *I rise above, excel*
⁸ μακαριότης, ἡ – *happiness, bliss*
⁹ ἀναίνομαι – *I refuse* or *reject with contempt*
¹⁰ ὑπουργέω – *I render service* or *help, assist*
¹¹ ἡμέτερος, α, ον – *our*
¹² MH: AAO 3S (εἶπον)
¹³ ὁπόσος – *as much as; as amny as; as great as*
¹⁴ τρέφω – *I grow, bring up, support*
¹⁵ φυτόν, τό – *garden plant* or *tree; creature*
¹⁶ χορηγέω – *I furnish abundantly, supply*
¹⁷ ἡδύς – *pleasant, pleasurable, agreeable*
¹⁸ ὅραμα, τό – *that which is seen, visible object, sight*
¹⁹ ὄφελος, τό – *furtherance, advantage, help*
²⁰ οὐράνιος, α, ον – *heavenly, dwelling in heaven, of heaven*
²¹ ἐπίγειος, ον – *on* or *of the earth, terrestrial*
²² κάμνω – *I work, toil, am weary*

[75] ἦπού[1] γε[2] δουλείαν[3] δουλεύειν φαίη[4] τις ἂν πάνυ[5] ἰσχυράν. εἰ γὰρ καὶ σμικρὸν[6] ἀμελήσειε[7] καὶ παραβαίη[8] τῆς αὑτοῦ τάξεως,[9] οὐδὲν κωλύει πάντα μὲν οὐρανόν, πᾶσαν δὲ γῆν, πᾶσαν δὲ θάλατταν οἴχεσθαι,[10] πάντα δὲ τοῦτον τὸν εὐειδῆ[11] καὶ μακάριον κόσμον τὴν αἰσχίστην[12] καὶ χαλεπωτάτην[13] ἀκοσμίαν[14] φανῆναι. [76] νῦν δέ, ὥσπερ ἐν λύρᾳ[15] φθόγγων[16] ἁπτόμενος ἐμμελῶς,[17] οὐδέποτε ἐξίσταται τῆς καθαρᾶς τε καὶ ἄκρας[18] ἁρμονίας,[19] μίαν ἀεὶ[20] καὶ τὴν αὐτὴν ἀπιὼν[21] ὁδόν. [77a] ἐπεὶ δὲ δεῖται μὲν ἀλέας[22] ἡ γῆ ὥστε γεννῆσαι τὰ φυόμενα[23] καὶ ὥστε αὐξῆσαι καὶ ὥστε ἐπιτελέσαι,[24] δεῖται δὲ τὰ ζῷα καὶ σωτηρίας ἕνεκα τῶν σωμάτων καὶ ἡδονῆς[25] τῆς κατὰ φύσιν,

---

[1] ἦπου – *much more; much less; surely*
[2] γε – *at least; at any rate; indeed* (LH: enclitic particle giving emphasis to the word or words it follows)
[3] δουλεία, ἡ – *slavery, bondage*
[4] MH: PAO 3S (φημί)
[5] πάνυ – *altogether; very; exceedingly*
[6] MH: alternate form of μικρός, ά, όν
[7] ἀμελέω – *I have no care for* (MH: AAO 3S)
[8] παραβαίνω – *I stand beside; I trespass; overstep* (MH: AAO 3S)
[9] τάξις, ἡ – *arranging, arrangement*
[10] οἴχομαι – *I go or come*
[11] εὐειδής, ές – *beautiful, shapely*
[12] αἰσχρός, ά, όν – *shameful, dishonorable*
[13] χαλεπός, ή, όν – *difficult; dangerous*
[14] ἀκοσμία, ἡ – *disorder*
[15] λύρα, ἡ – *lyre*
[16] φθόγγος, ὁ – *any clear and distinct sound*
[17] ἐμμελής, ές – *in tune, harmonious*
[18] ἄκρος, α, ον – *at the farthest point* or *end; highest, topmost*
[19] ἁρμονία, ἡ – *means of joining, fastening* (TH: here – *harmony*)
[20] ἀεί – *ever, always*
[21] ἄπειμι – *I go away, depart*
[22] ἀλέα, ἡ – *avoiding, escape; shelter from*
[23] φύω – *I am so; I am by nature; I become*
[24] ἐπιτελέω – *I complete, finish, accomplish*
[25] ἡδονή, ἡ – *enjoyment, pleasure*

[77b] δεόμεθα δὲ πάντων μάλιστα[1] ἡμεῖς, ἅτε[2] πλείστης[3] χρῄζοντες[4] βοηθείας,[5] θέρος[6] ἐποίησεν ἀεὶ[7] καὶ μᾶλλον, ἐγγυτέρω προσιὼν[8] τῆς ἡμετέρας[9] οἰκήσεως,[10] ἵνα πάντα μὲν φύσῃ, πάντα δὲ θρέψῃ,[11] πάντα δὲ τελειώσῃ,[12] θείαν.[13] δὲ καὶ θαυμαστὴν[14] παράσχῃ τοῖς ἀνθρώποις εὐφροσύνην[15] τε καὶ ἑορτήν. [78] ἐπεὶ δὲ αὖ[16] πάλιν τἆλλα τε καὶ ἡμεῖς ἐν χρείᾳ γιγνόμεθα τῆς ἐναντίας[17] κράσεως·[18] δεῖται μὲν γὰρ ὑπὸ τοῦ ψύχους[19] τὰ σώματα συνίστασθαι, δεῖται δὲ πυκνώσεως[20] τὰ φυτά,[21] δεῖται δὲ ὄμβρων[22] ἡ γῆ· πάλιν ἄπεισιν ἀφ' ἡμῶν ἀφιστάμενος[23] τὸ μέτριον.[24] [79] οὕτω δὲ πάνυ[25] ἀσφαλῶς[26] καὶ ἀραρότως[27] τηρεῖ τοὺς ὅρους[28] πρὸς τὸ ἡμῖν συμφέρον, ὥστε εἴτε προσιὼν[29] ὀλίγον ἐγγυτέρω γένοιτο,[30] πάντα ἂν συμφλέξειεν,[31] εἴτε ἀπιὼν[32] μικρὸν ὑπερβάλοι,[33] πάντα ἂν ἀποψυγείη[34] τῷ κρύει.[35]

---

[1] μάλα – above all, exceedingly, certainly
[2] ἅτε – just as, inasmuch as
[3] πλεῖστος, η, ον – most; greatest; largest
[4] χρῄζω – I want, desire; I have need
[5] βοήθεια, ἡ – help, aid
[6] θέρος, τό – summer; summer fruits, harvests
[7] ἀεί – ever, always
[8] πρόσειμι – I am added to; I am present
[9] ἡμέτερος, α, ον – our
[10] οἴκησις, ἡ – the act of dwelling; residence
[11] θρέψις, ἡ – nourishing
[12] τελειόω – I make perfect, complete
[13] θεῖος, ὁ – divine, of/from the gods
[14] θαυμαστός, ή, όν – wonderful, marvellous
[15] εὐφρόσυνος, η, ον – cheery, merry
[16] αὖ – again, once more; on the other hand
[17] ἐναντίος, α, ον – opposite; adversary; enemy
[18] κρᾶσις, ἡ – temperature, climate
[19] ψῦχος, τό – cold, wintertime, frost
[20] πύκνωσις, ἡ – condensed or hardnened matter
[21] φυτόν, τό – garden plant or tree; creature
[22] ὄμβρος, ὁ – thunderstorm, heavy rain
[23] ἀφίστημι – I put away, remove, keep out of the way
[24] μέτριος, α, ον – moderate, temperate
[25] πάνυ – altogether; very; exceedingly
[26] ἀσφαλής, ές – not liable to fall, safe
[27] ἀραρότως – complactly, closely, strongly
[28] ὅρος, ὁ – boundary, landmark
[29] πρόσειμι – I am added to; I am present
[30] MH: AMO 3S (γίνομαι)
[31] συμφλέγω – I burn up, burn to cinders
[32] ἄπειμι – I am away, far from, absent
[33] ὑπερβάλλω – I throw over; I excel, surpass
[34] ἀποψύχω – I leave off breathing, faint, swoon
[35] κρυος, τό – icy cold, frost

[80] ἐπεὶ δὲ ἀσθενέστεροι φέρειν ἐσμὲν τὴν μεταβολὴν¹ ἀθρόαν² γιγνομένην, κατ' ὀλίγον ταῦτα μηχανᾶται,³ καὶ τρόπον τινὰ λανθάνει⁴ συνεθίζων⁵ μὲν ἡμᾶς διὰ τοῦ ἦρος⁶ ὑπενεγκεῖν⁷ τὸ θέρος,⁸ προγυμνάζων⁹ δὲ διὰ τοῦ μετοπώρου¹⁰ χειμῶνα¹¹ ἀνέχεσθαι,¹² ἐκ μὲν τοῦ χειμῶνος¹³ θάλπων¹⁴ κατ' ὀλίγον, ἐκ δὲ τοῦ θέρους¹⁵ ἀναψύχων,¹⁶ ὥστε ἀλύπως¹⁷ ἀφικνεῖσθαι¹⁸ πρὸς ἑκατέραν¹⁹ τὴν ὑπερβολήν.²⁰

[81a] ἐπεὶ δὲ αὖ²¹ τὸ φῶς²² ὁρᾶσθαι μὲν ἥδιστον,²³ πράττειν δὲ ἀδύνατον²⁴ ὁτιοῦν²⁵ χωρὶς αὐτοῦ, κοιμώμενοι δὲ πᾶσαν μὲν ἡσυχίαν²⁶ ἄγομεν, οὐδὲν δὲ χρώμεθα²⁷ τῷ φωτί,²⁸ ὅσον μὲν ἱκανὸν ἐγρηγορέναι χρόνον, ἡμέραν ἐποίησεν, ὅσον δὲ κοιμᾶσθαι ἀναγκαῖον,²⁹ νύκτα ἀπέδειξε,³⁰ περὶ πᾶσαν ἰὼν γῆν, ἄλλοτε³¹ ἄλλους ἀναπαύων³² τε καὶ ἀνιστάς,

---

¹ μεταβολή, ἡ – change, changing; exchange
² ἀθρόος, α, ον – in close order, together
³ μηχανάομα – I construct, build; I contrive, devise
⁴ λανθάνω – I escape notice, am unseen
⁵ συνεθίζω – I am accustomed to, used to
⁶ ἔαρ, τό – spring, prime
⁷ ὑποφέρω – I carry away, bear out of danger; I endure
⁸ θέρος, τό – summer; summer fruits, harvests
⁹ προγυμνάζω – I exercise, train
¹⁰ μετόπωρον, τό – late autumn
¹¹ χειμών, ὁ – winter, wintry weather; storm
¹² ἀνέχω – I hold up, bear up, sustain
¹³ χειμών, ὁ – winter, wintry weather; storm
¹⁴ θάλπω – I heat, soften by heat
¹⁵ θέρος, τό – summer; summer fruits, harvests
¹⁶ ἀναψύχω – I cool, refresh, revive
¹⁷ ἄλυπος, ον – without pain, causing no grief
¹⁸ ἀφικνέομαι – I come to, arrive at
¹⁹ ἑκάτερος, α, ον – each of two, both
²⁰ ὑπερβολή, ἡ – a throwing beyond, overshooting; superiority
²¹ αὖ – again, once more; on the other hand
²² φάος, τό – light, daylight
²³ ἡδύς – pleasant, pleasurable, agreeable
²⁴ ἀδύνατος, ον – unable; without power or skill
²⁵ ὅστις – anybody, anything
²⁶ ἡσυχία, ἡ – rest, quiet, silence, stillness
²⁷ χράομαι – I use, make use of
²⁸ φάος, τό – light, daylight
²⁹ ἀναγκαῖος, α, ον – constraining, applying force
³⁰ ἀποδείκνυμι – I point out, make known
³¹ ἄλλοτε – at another time; at one time
³² ἀναπαύω – I make to cease, stop; I hinder

[81b] ἀφιστάμενος[1] μὲν ἀπὸ τῶν μηκέτι δεομένων φωτός,[2] τοῖς δὲ ἀεὶ[3] δεομένοις ἐπιφαινόμενος.[4] καὶ ταῦτα μηχανώμενος[5] δι' αἰῶνος οὐδέποτε κάμνει.[6] [82] ὅπου δὲ θεὸς ὁ πάντων κάλλιστος καὶ φανερώτατος οὐχ ὑπερορᾷ[7] τὸν ἅπαντα χρόνον ἀνθρώπων ἐπιμελούμενος,[8] ἦπού[9] γε[10] ἄνθρωπον θεοφιλῆ[11] καὶ φρόνιμον χρὴ[12] βαρύνεσθαι[13] τὸ τοιοῦτον, ἀλλὰ μὴ καθ' ὅσον οἷός[14] τέ ἐστι μιμεῖσθαι[15] τὴν ἐκείνου δύναμιν καὶ φιλανθρωπίαν;[16] [83a] ταῦτα δὴ λογιζόμενος οὐκ ἄχθεται[17] καρτερῶν.[18] κατανοεῖ[19] δὲ τοὺς μὲν πόνους[20] ὑγίειάν[21] τε παρέχοντας καὶ σωτηρίαν ἔτι δὲ δόξαν ἀγαθήν, τὴν δὲ αὖ[22] τρυφὴν[23] ἅπαντα τούτων τἀναντία.[24] ἔτι δὲ οἱ μὲν πόνοι[25] αὐτοὺς ἐλάττους[26] ἀεὶ[27] ποιοῦσι καὶ φέρειν ἐλαφροτέρους,[28] τὰς δὲ ἡδονὰς[29] μείζους καὶ ἀβλαβεστέρας,[30] ὅταν γίγνωνται μετὰ τοὺς πόνους.[31]

---

[1] ἀφίστημι – I put away, remove
[2] φάος, τό – light, daylight
[3] ἀεί – ever, always
[4] ἐπιφαίνω – I show forth, display;
[5] μηχανάομα – I construct, build; I contrive
[6] κάμνω – I work, toil, labour
[7] ὑπεροράω – I look over, look down upon, overlook (MH: PAS 3S)
[8] ἐπιμελέομαι – I take care, have charge of
[9] ἦπου – much more; much less; surely
[10] γε – at least; at any rate; indeed
[11] θεοφιλής, ές – favored by the gods
[12] χρή – It is necessary; One must or ought to
[13] βαρύνω – I weigh down, oppress, depress
[14] οἷος – such as; of what sort
[15] μιμέομα – I imitate, represent, portray
[16] φιλανθρωπία, ἡ – humanity, benevolence, kind-heartedness
[17] ἄχθομαι – I am vexed, grieved
[18] καρτερέω – I endure, am patient
[19] κατανοέω – I observe well, understand, apprehend
[20] πόνος, ὁ – work, toil; struggle, labor
[21] ὑγίεια, ἡ – health, soundness
[22] αὖ – again, once more; on the other hand
[23] τρυφή, ἡ – dainty, effeminate, luxurious
[24] ἐναντίος, α, ον – opposite; adversary; enemy (MH: NAP)
[25] πόνος, ὁ – work, toil; struggle, labor
[26] ἐλάσσων, ον – smaller; less; inferior
[27] ἀεί – ever, always
[28] ἐλαφρός, ά, όν – light in weight, easy, shallow
[29] ἡδονή, ἡ – enjoyment, pleasure
[30] ἀβλαβής, ές – without harm, harmless
[31] πόνος, ὁ – work, toil; struggle, labor

[83b] ἡ δέ γε¹ τρυφὴ² τοὺς μὲν πόνους³ ἀεὶ⁴ χαλεπωτέρους⁵ ποιεῖ φαίνεσθαι, τὰς δὲ ἡδονὰς⁶ ἀπομαραίνει⁷ καὶ ἀσθενεῖς ἀποδείκνυσιν.⁸ [84] ὁ γὰρ ἀεὶ⁹ τρυφῶν¹⁰ ἄνθρωπος, μηδέποτε¹¹ δὲ ἁπτόμενος πόνου¹² μηδενός, τελευτῶν¹³ πόνον¹⁴ μὲν οὐκ ἂν οὐδένα ἀνάσχοιτο,¹⁵ ἡδονῆς¹⁶ δὲ οὐδεμιᾶς ἂν αἴσθοιτο,¹⁷ οὐδὲ τῆς σφοδροτάτης.¹⁸ ὥστε ὁ φιλόπονος¹⁹ καὶ ἐγκρατὴς²⁰ οὐ μόνον βασιλεύειν ἱκανώτερός ἐστιν, ἀλλὰ καὶ ἥδιον²¹ βιοτεύει²² πολὺ τῶν ἐναντίων.²³ [85] ἐγρηγόρσεως²⁴ δὲ καὶ ὕπνου²⁵ τοῖς μὲν στρατιώταις ἐξ ἴσου²⁶ μέτεστι,²⁷ τῶν μὲν φυλαττόντων ἐν μέρει, τῶν δὲ ἀναπαυομένων·²⁸ ὁ δὲ στρατηγὸς²⁹ ἀγρυπνότερός³⁰ ἐστι τῶν ἀεὶ³¹ φυλαττόντων.

---

[1] γε – *at least; at any rate; indeed* (LH: enclitic particle giving emphasis to the word or words it follows)
[2] τρυφή, ἡ – *dainty, effeminate, luxurious*
[3] πόνος, ὁ – *work, toil; struggle, labor*
[4] ἀεί – *ever, always*
[5] χαλεπός, ή, όν – *difficult; dangerous*
[6] ἡδονή, ἡ – *enjoyment, pleasure*
[7] ἀπομαραίνω – *I cause to waste away, wither away*
[8] ἀποδείκνυμι – *I point out, dislay, make known*
[9] ἀεί – *ever, always*
[10] τρυφή, ἡ – *dainty, effeminate, luxurious*
[11] μηδέποτε – *never*
[12] πόνος, ὁ – *work, toil; struggle, labor*
[13] τελευτάω – *I bring to pass, accomplish*
[14] πόνος, ὁ – *work, toil; struggle, labor*
[15] ἀνέχω – *I hold up, bear up, sustain* (MH: AMO 3S)
[16] ἡδονή, ἡ – *enjoyment, pleasure*
[17] αἰσθάνομαι – *I perceive, apprehend, understand* (MH: AMO 3S)
[18] σφοδρός, ά, όν – *vehement; excessive*
[19] φιλόπονος, ον – *laborious; industrious*
[20] ἐγκρατής, ές – *in possession of power; self-controlled*
[21] ἡδύς – *pleasant, pleasurable, agreeable*
[22] βιοτεύω – *I live, reside*
[23] ἐναντίος, α, ον – *opposite; adversary; enemy*
[24] ἐγρήγορσις, ἡ – *waking, wakefulness*
[25] ὕπνος, ὁ – *sleep; dream*
[26] ἴσος, η, ον – *equal; like*
[27] μέτειμι – *I am among; I have a share*
[28] ἀναπαύω – *I make to cease, stop; I hinder*
[29] στρατηγός, ὁ – *leader or commander of an army, general*
[30] ἄγρυπνος, ον – *wakeful; vigilant*
[31] ἀεί – *ever, always*

[58] καὶ τοίνυν¹ τὴν μὲν ἀνδρείαν² καὶ τὴν ἐγκράτειαν³ καὶ τὴν φρόνησιν⁴ ἀναγκαίας νομίζει καὶ τοῖς ἀμελοῦσι⁵ τοῦ δικαίου καὶ βουλομένοις τυραννεῖν,⁶ εἰ μὴ τάχιστα ἀπολοῦνται, ἀλλὰ καὶ μᾶλλον ἔτι τούτων ὁρᾷ δεομένους αὐτούς, [59] ὅσῳ δὲ πλείους⁷ μὲν ἔχει τοὺς μισοῦντας, πλείους⁸ δὲ τοὺς ἐπιβουλεύοντας,⁹ οὐδένα δὲ πιστὸν οὐδὲ κηδόμενον,¹⁰ τοσούτῳ γε μᾶλλον, εἰ σωθήσεταί¹¹ τινα χρόνον, καὶ ἀγρυπνητέον¹² εἶναι καὶ φροντιστέον,¹³ ὡς ἀμυνόμενόν¹⁴ τε μὴ ἡττᾶσθαι¹⁵ τῶν πολεμίων¹⁶ καὶ ἐπιβουλευόμενον¹⁷ μὴ ἀγνοεῖν τοὺς ἐπιβουλεύοντας,¹⁸ καὶ τῶν ἡδονῶν¹⁹ ἀφεκτέον²⁰ καὶ γαστρὶ²¹ καὶ ὕπνῳ²² καὶ ἀφροδισίοις²³ ἐλάχιστα προσεκτέον,²⁴ ἢ τῷ φιλουμένῳ μὲν ὑπὸ πάντων, μηδένα δὲ ἔχοντι ἐπιβουλεύοντα.²⁵

---

[1] τοίνυν – *therefore, accordingly*
[2] ἀνδρεία, ἡ – *manliness; bravery*
[3] ἐγκράτεια, ἡ – *mastery over, self-control*
[4] φρόνησις, ἡ – purpose, *intention; sense; judgement*
[5] ἀμελέω – *I have no care for*
[6] τυραννεύω – *I am monarch, absolute ruler*
[7] πλείων, ὁ or ἡ – *the greater number; the crowd; more*
[8] πλείων, ὁ or ἡ – *the greater number; the crowd; more*
[9] ἐπιβουλεύω – *I plot, contrive against*
[10] κήδω – *I am in trouble, distress; I care for*
[11] σῴζω – *I save, keep, spare*
[12] ἀγρυπνητέον – *one must watch*
[13] φροντιστέον – *one must take heed*
[14] ἀμύνω – *I keep off, ward of*
[15] ἡσσάομαι – *I am less, weaker, inferior; I am conquered*
[16] πολέμιος, α, ον – *warlike, hostile*
[17] ἐπιβουλεύω – *I plot, contrive against*
[18] ἐπιβουλεύω – *I plot, contrive against*
[19] ἡδονή, ἡ – *enjoyment, pleasure*
[20] ἀφεκτέον – *one must abstain from*
[21] γαστήρ, ἡ – *paunch, belly; gluttony*
[22] ὕπνος, ὁ – *sleep; dream*
[23] ἀφροδίσιος, α, ον – *belonging to the goddess of love; carnal pleasure*
[24] προσεκτέος, α, ον – *one must apply; one must attend to* or *consider something*
[25] ἐπιβουλεύω – *I plot, contrive against*

[60] εἰ δὲ δεῖ τὰς αὐτὰς μὲν φροντίδας¹ ἔχειν ἢ καὶ πλείους,² πολὺ δὲ μείζους ἀσχολίας,³ ὁμοίως δὲ εὐλαβεῖσθαι⁴ τὰς ἡδονάς,⁵ ὁμοίως δὲ τοὺς κινδύνους⁶ ὑπομένειν, πόσῳ γε⁷ κρεῖττον⁸ μετὰ δικαιοσύνης καὶ ἀρετῆς⁹ ἢ μετὰ πονηρίας¹⁰ καὶ ἀδικίας πάντα ταῦτα ἐπιτηδεύειν,¹¹ καὶ μετὰ ἐπαίνου¹² φαίνεσθαι τοιοῦτον ἢ μετὰ ψόγου,¹³ ἀγαπώμενον μὲν ὑπὸ ἀνθρώπων, ἀγαπώμενον δὲ ὑπὸ θεῶν, ἢ τοὐναντίον¹⁴ μισούμενον; [61] καὶ τοίνυν¹⁵ τὸ μὲν παρὸν βραχύ¹⁶ τι τῷ ἀνθρώπῳ καὶ ἀσυλλόγιστον,¹⁷ κατέχει δὲ τοῦ βίου¹⁸ τὸ πλεῖστον¹⁹ ἡ μνήμη²⁰ τῶν προγεγονότων²¹ καὶ ἡ τῶν μελλόντων ἐλπίς. πότερον²² οὖν τοῖν ἀνδροῖν ἡγώμεθα εὐφραίνειν τὴν μνήμην²³ καὶ πότερον²⁴ ἀνιᾶν,²⁵ καὶ πότερον²⁶ θαρρύνειν²⁷ τὰς ἐλπίδας καὶ πότερον²⁸ ἐκπλήττειν; οὐκοῦν²⁹ καὶ ἡδίονα³⁰ ἀνάγκη τὸν βίον³¹ εἶναι τοῦ ἀγαθοῦ βασιλέως.

---

¹ φροντίς, ἡ – thoughts, anxieties
² πλείων, ὁ or ἡ – the greater number; the crowd; more
³ ἀσχολία, ἡ – occupation, business
⁴ εὐλαβέομαι – I take care, am cautious, beware
⁵ ἡδονή, ἡ – enjoyment, pleasure
⁶ κίνδυνος, ὁ – danger, hazard; venture
⁷ γε – at least; at any rate; indeed (LH: enclitic particle giving emphasis to the word or words it follows)
⁸ κρείσσων, ον – stronger, mightier; better
⁹ ἀρετή, ἡ – goodness, excellence, virtue
¹⁰ πονηρία, ἡ – wickedness, vice
¹¹ ἐπιτηδεύω – I pursue or practice a thing
¹² ἔπαινος, ὁ – approval, praise, commendation
¹³ ψόγος, ὁ – blame, censure
¹⁴ ἐναντίος, α, ον, opposite; adversary, enemy
¹⁵ τοίνυν – therefore, accordingly
¹⁶ βραχύς, εῖα – short, small; a short time
¹⁷ ἀσυλλόγιστος, ον – non-syllogistic; formally or materially invalid
¹⁸ βίος, ὁ – life; mode of life, manner of living
¹⁹ πλεῖστος, η, ον – most; greatest; largest
²⁰ μνήμη, ἡ – remembrance, memory
²¹ προγίγνομαι – I am born before, exist before
²² πότερος – either; whether of the two?
²³ μνήμη, ἡ – remembrance, memory
²⁴ πότερος – either; whether of the two?
²⁵ ἀνιάζω – I am grieved, distressed
²⁶ πότερος – either; whether of the two?
²⁷ θαρσέω – I am of good courage, have confidence
²⁸ πότερος – either; whether of the two?
²⁹ οὐκοῦν – surely then
³⁰ ἡδύς – pleasant, pleasurable, agreeable
³¹ βίος, ὁ – life; mode of life, manner of living

[86] φιλίαν[1] γε[2] μὴν ἁπάντων νενόμικε τῶν αὑτοῦ κτημάτων[3] κάλλιστον καὶ ἱερώτατον.[4] οὐ γὰρ οὕτως αἰσχρὸν[5] εἶναι τὸ βασιλεύειν οὐδὲ ἐπικίνδυνον[6] χρημάτων[7] ἀπορεῖν[8] ὡς φίλων, οὐδ' ἂν οὕτως τῇ χορηγίᾳ[9] καὶ τοῖς στρατοπέδοις[10] καὶ τῇ ἄλλῃ δυνάμει διαφυλάττειν[11] τὴν εὐδαιμονίαν[12] ὡς τῇ πίστει τῶν φίλων. [87] μόνος μὲν γὰρ οὐδεὶς πρὸς οὐδὲν οὐδὲ τῶν ἰδίων ἱκανός ἐστι· τοῖς δὲ βασιλεῦσιν ὅσῳ πλείω[13] τε καὶ μείζω πράττειν ἀνάγκη, πλειόνων[14] δεῖ καὶ τῶν συνεργούντων[15] καὶ μετ' εὐνοίας[16] πλείονος.[17] ἀνάγκη γὰρ τὰ μέγιστα καὶ σπουδαιότατα[18] τῶν πραγμάτων[19] ἢ πιστεύειν ἑτέροις ἢ προΐεσθαι.[20]

---

[1] φίλιος, α, ον – *friendly; friendship*
[2] γε – *at least; at any rate; indeed*
[3] κτῆμα, τό – *possesion, piece of property*
[4] ἱερός, ά, όν – *filled with* or *manifesting divine power; hallowed, consecrated*
[5] αἰσχρός, ά, όν – *shameful, dishonorable*
[6] ἐπικίνδυνος, ον – *in danger, insecure; dangerous*
[7] χρῆμα, τό – *need; good, property; money*
[8] ἀπορρέω – *I perish, decline*
[9] χορηγία, ἡ – *abundance of external means, fortune*
[10] στρατόπεδον, τό – *army, Roman legion; encampment*
[11] διαφυλάδδω – *I observe, maintain; I remember, retain*
[12] εὐδαιμονία, ἡ – *prosperity; strength*
[13] πλείων, ὁ or ἡ – *the greater number; the crowd; more*
[14] πλείων, ὁ or ἡ – *the greater number; the crowd; more*
[15] συνεργέω – *I work together with, co-operate*
[16] εὔνοια, ἡ – *goodwill, favor*
[17] πλείων, ὁ or ἡ – *the greater number; the crowd; more*
[18] σπουδαῖος, α, ον – *quick; earnest, serious*
[19] πρᾶγμα, τό – *deed, act, affair, matter*
[20] προιημι – *I confide, entrust to*

[88] καὶ τοίνυν¹ τοῖς μὲν ἰδιώταις² οἱ νόμοι παρέχουσι τὸ μὴ ἀδικεῖσθαι ῥᾳδίως³ ὑπὸ τούτων οἷς ἂν συμβάλωσιν⁴ ἢ χρήματα⁵ πιστεύσαντες ἢ οἶκον ἐπιτρέψαντες ἢ ἔργου τινὸς κοινωνήσαντες,⁶ ζημιοῦντες⁷ τὸν ἀδικοῦντα· τοῖς δὲ βασιλεῦσι τὸ μὴ ἀδικεῖσθαι πιστεύσαντας οὐκ ἔστι παρὰ τῶν νόμων ζητεῖν, ἀλλὰ παρὰ τῆς εὐνοίας.⁸

[89] καὶ γὰρ ἰσχυροτάτους μὲν εἰκὸς⁹ ἁπάντων εἶναι τοὺς ἐγγὺς τῶν βασιλέων καὶ τὴν ἀρχὴν συνδιοικοῦντας.¹⁰ ἀπὸ δὲ τούτων οὐκ ἔστιν ἄλλη φυλακὴ πλὴν τὸ ἀγαπᾶσθαι· καὶ τοῖς μὲν τυχοῦσιν¹¹ οὐκ ἀσφαλὲς¹² εἰκῇ¹³ μεταδιδόναι¹⁴ δυνάμεως, ὅσῳ δ' ἄν τις τοὺς φίλους ἰσχυροτέρους ποιῇ, τοσούτῳ ἰσχυρότερος αὐτὸς γίγνεται.

[90] ὅρα δὲ ὅτι τῶν μὲν ἄλλων κτημάτων¹⁵ τὰ μὲν ἀναγκαῖα μόνον καὶ χρήσιμα¹⁶ δοκεῖ πᾶσι, τέρψιν¹⁷ δὲ οὐδεμίαν παρέχεται· τὰ δὲ ἡδέα¹⁸ μόνον, συμφέροντα δὲ οὔ· τοὐναντίον¹⁹ δὲ τὰ πλεῖστα²⁰ τῶν ἡδέων²¹ ἀσύμφορα²² εὑρίσκεται.

---

¹ τοίνυν – *therefore, accordingly*
² ἰδιώτης, ὁ – *private person, individual; commoner, plebian*
³ ῥᾴδιος, α, ον – *easy; ready; reckless*
⁴ συμβάλλω – *I throw together, unite; I meet*
⁵ χρῆμα, τό – *need; good, property; money*
⁶ κοινωνέω – *I have, share,* or *take part in*
⁷ ζημιόω – *I punish, fine, penalize*
⁸ εὔνοια, ἡ – *goodwill, favor*
⁹ εἰκός – *likely, probable; reasonable*
¹⁰ συνδιοικέω – *I administer together*
¹¹ τυγχάνω – *I happen to be; It may happen*
¹² ἀσφαλής, ές – *not liable to fall, safe*
¹³ εἰκῇ – *without plan* or *purpose*
¹⁴ μεταδίδωμι – *I give part of; I communicate*
¹⁵ κτῆμα – *possession, piece of property*
¹⁶ χρήσιμος, η, ον – *useful, serviceable; excellent*
¹⁷ τέρψις, ἡ – *enjoyment, delight*
¹⁸ ἡδύς – *pleasant, pleasurable, agreeable*
¹⁹ ἐναντίος, α, ον, *opposite; adversary; enemy*
²⁰ πλεῖστος, η, ον – *most; greatest; largest*
²¹ ἡδύς – *pleasant, pleasruable, agreeable*
²² ἀσύμφορος, ον – *inconvenient; prejudicial*

[91] καὶ τοίνυν[1] ὅσα μὲν ἀναγκαῖα καὶ χρήσιμα[2] τῶν κτημάτων,[3] οὐ πάντως[4] ἡδονήν[5] τινα ἔχει τοῖς κεκτημένοις·[6] ὅσα δὲ τερπνά,[7] οὐκ εὐθὺς διὰ τοῦτο καὶ συμφέροντα· τοὐναντίον[8] γὰρ πολλὰ τῶν ἡδέων[9] ἀξύμφορα[10] ἐξελέγχεται.[11] [92] αὐτίκα[12] τείχη[13] μὲν καὶ ὅπλα[14] καὶ μηχανήματα[15] καὶ στρατόπεδα[16] τῶν ἀναγκαίων ἐστὶ κτημάτων[17] τοῖς κρατοῦσιν· ἄνευ[18] γὰρ τούτων οὐχ οἷόν τε σώζεσθαι[19] τὴν ἀρχήν· τέρψιν[20] δὲ οὐχ ὁρῶ ποίαν δίχα[21] γε[22] τῆς ὠφελείας[23] ἔχει. [93a] καλὰ δὲ ἄλση[24] καὶ οἰκίαι πολυτελεῖς[25] καὶ ἀνδριάντες[26] καὶ γραφαὶ τῆς παλαιᾶς τε καὶ ἄκρας[27] τέχνης[28] καὶ χρυσοῖ[29] κρατῆρες[30]

---

[1] τοίνυν – *therefore, accordingly*
[2] χρήσιμος, η, ον – *useful, serviceable; excellent*
[3] κτῆμα, τό – *piece of property, possession*
[4] πάντως – *in all ways, entirely* (TH: with οὐ – *by no means*)
[5] ἡδονή, ἡ – *enjoyment, pleasure*
[6] κτάομαι – *I procure, acquire*
[7] τερπνός, ή, όν – *delightful, pleasant*
[8] ἐναντίος, α, ον – *opposite; adversary; enemy*
[9] ἡδύς – *pleasant, pleasurable, agreeable*
[10] ἀσύμφορος, ον – *inconvenient; prejudicial*
[11] ἐξελέγχω – *I convict, confute, refute*
[12] αὐτίκα – *at once; for example; at any rate*
[13] τεῖχος, τό – *wall*, esp. *city-wall; fortification*
[14] ὅπλον, τό – *tool, implement; military arms*
[15] μηχάνημα, τό – *mechanical device; engine of war; subtle contrivance*
[16] στρατόπεδον, τό – *army, Roman legion; encampment*
[17] κτῆμα, τό – *possession, piece of property*
[18] ἄνευ – *without; except*
[19] σώζω – *I save, keep, spare*
[20] τέρψις, ἡ – *enjoyment, delight*
[21] δίχα – *in two; asunder; apart from*
[22] γε – *at least; at any rate; indeed*
[23] ὠφέλεια, ἡ – *help, aid; profit, advantage*
[24] ἄλσος, τό – *grove; sacred grove*
[25] πολυτελής, ές – *very expensive, costly; lavish*
[26] ἀνδριάς, ὁ – *image of a man, statue*
[27] ἄκρα, ἡ – ***highest** or farthest point; headland, hill-top*
[28] τέχνη, ἡ – *art, skill, craft*
[29] χρύσεος, η, ον – *golden; adorned with gold*
[30] κρατήρ, ὁ – *mixing vessel, basin; a bowl of wine*

[93b] καὶ ποικίλαι¹ τράπεζαι καὶ πορφύρα² καὶ ἐλέφας³ καὶ ἤλεκτρος⁴ καὶ μύρων ὀσμαὶ⁵ καὶ θεαμάτων⁶ παντοίων⁷ καὶ ἀκουσμάτων⁸ τέρψεις⁹ διά τε φωνῆς καὶ ὀργάνων,¹⁰ πρὸς δὲ αὖ¹¹ τούτοις γυναῖκες ὡραῖαι¹² καὶ παιδικὰ¹³ ὡραῖα¹⁴ ξύμπαντα¹⁵ ταῦτα οὐδεμιᾶς ἕνεκα χρείας, ἀλλ' ἡδονῆς¹⁶ εὑρημένα φαίνεται. [94] μόνη δὲ τῇ φιλίᾳ¹⁷ συμβέβηκεν¹⁸ ἁπάντων μὲν εἶναι συμφορώτατον,¹⁹ ἁπάντων δὲ ἥδιστον.²⁰ εὐθὺς οἶμαι²¹ τῶν ἀναγκαίων τὰ μέγιστα, ὅπλα²² καὶ τείχη²³ καὶ στρατεύματα²⁴ καὶ πόλεις, ἄνευ²⁵ τῶν διοικούντων²⁶ φίλων οὔτε χρήσιμα²⁷ οὔτε συμφέροντα, ἀλλὰ καὶ λίαν²⁸ ἐπισφαλῆ·²⁹ οἱ δέ γε³⁰ φίλοι καὶ δίχα³¹ τούτων ὠφέλιμοι.³²

---

¹ ποικίλος, η, ον – *many-coloured; manifold; complex*
² πορφύρα, ἡ – *purple dye, clothing,* or *adornment*
³ ἐλέφας, ὁ – *elephant; tusk, ivory*
⁴ ἤλεκτρον, τό – *amber; alloy of gold and silver*
⁵ ὀσμή, ἡ – *smell, odour, scent*
⁶ θέαμα, τό – *sight, spectacle*
⁷ παντοῖος, α, ον – *of all sorts* or *kinds; manifold*
⁸ ἄκουσμα, τό – *thing heard, rumour, report*
⁹ τέρψις, ἡ – *enjoyment, delight*
¹⁰ ὄργανον, τό – *instrument, implement, tool*
¹¹ αὖ – *again, once more; on the other hand*
¹² ὡραῖος, α, ον – *seasonable, timely; ripe* or *mature; youthful*
¹³ παιδικός, ή, όν – *of, for,* or *like a child*
¹⁴ ὡραῖος, α, ον – *seasonable, timely; ripe* or *mature; youthful*
¹⁵ σύμπας, α, αν – *all together; the whole together;* the *sum* of the matter
¹⁶ ἡδονή, ἡ – *enjoyment, pleasure*
¹⁷ φίλιος, α, ον – *friendly; friendship*
¹⁸ συμβαίνω – *I agree with; I correspond with*
¹⁹ σύμφορος, ον – *suitable, useful, profitable*
²⁰ ἡδύς – *pleasant, pleasurable, agreeable*
²¹ οἴομαι – *I forbode; I think, suppose*
²² ὅπλον, τό – *tool, implement; military arms, armour*
²³ τεῖχος, τό – *wall,* esp. *city-wall; fortification*
²⁴ στράτευμα, τό – *expedition, campaign; army, host*
²⁵ ἄνευ – *without; except*
²⁶ διοικέω – *I manage, administer*
²⁷ χρήσιμος, η, ον – *useful, serviceable; excellent*
²⁸ λίαν – *very, exceedingly*
²⁹ ἐπισφαλής, ές – *prone to fall, unstable; precarious, dangerous*
³⁰ γε – *at least; at any rate; indeed* (LH: enclitic particle giving emphasis to the word or words it follows)
³¹ δίχα – *in two; asunder; apart from*
³² ὠφέλιμος, η, ον – *helpful, useful, beneficial*

[95] καὶ ταῦτα μὲν ἐν πολέμῳ μόνον χρήσιμα,[1] τοῖς δὲ ἀεὶ[2] βιωσομένοις[3] ἐν εἰρήνῃ, [96] ἂν ᾖ δυνατόν, ἀχρεῖα[4] καὶ βαρέα·[5] ἄνευ[6] δὲ φιλίας[7] οὐδ' ἐν εἰρήνῃ ζῆν ἀσφαλές.[8] καὶ μὴν ὧν εἶπον ἡδέων[9] τὸ μὲν κοινωνεῖν[10] φίλοις τερπνότερον,[11] μόνον δὲ ἀπολαύειν[12] ἐν ἐρημίᾳ[13] πάντων ἀηδέστατον,[14] καὶ οὐδεὶς ἂν ὑπομείνειεν· ἔτι δὲ λυπηρότερον,[15] εἰ δεήσειε κοινωνεῖν[16] [97] τοῖς μὴ ἀγαπῶσιν. ποία μὲν γὰρ εὐφροσύνη[17] προσφιλής,[18] εἰ μὴ καὶ πάντα παρείη τὰ μέγιστα,[19] ποῖον δὲ συμπόσιον[20] ἡδὺ[21] χωρὶς εὐνοίας[22] τῶν παρόντων; ποία δὲ θυσία κεχαρισμένη θεοῖς ἄνευ[23] τῶν συνευωχουμένων;[24] [98] οὐ γὰρ καὶ τὰ ἀφροδίσια[25] ταῦτα ἥδιστα[26] καὶ ἀνυβριστότατα[27] ὅσα γίγνεται μετὰ φιλίας[28] τῶν συνόντων[29] καὶ ὅσα μαστεύουσιν[30] εὔνοιαν[31] ἀνθρώποις ἐπῆλθε[32] παρὰ παιδικῶν[33] ἢ παρὰ γυναικῶν;

---

[1] χρήσιμος, η, ον – *useful, serviceable; excellent*
[2] ἀεί – *ever, always*
[3] βιόω – *I live, exist, survive* (MH: FMP MDP)
[4] ἀχρεῖος, α, ον – *useless, unprofitable, unserviceable*
[5] βαρύς, εῖα – *grievous, burdensome*
[6] ἄνευ – *without; except*
[7] φίλιος, α, ον – *friendly; friendship*
[8] ἀσφαλής, ές – *not liable to fall, safe*
[9] ἡδύς – *pleasant, pleasurable, agreeable*
[10] κοινωνέω – *I have, share,* or *take part in*
[11] τερπνός, ή, όν – *delightful, pleasant*
[12] ἀπολαύω – *I have enjoyment of, have the benefit of*
[13] ἐρημία, ἡ – *solitude; desert, wilderness*
[14] ἀηδής, ές – *unpleasant, distasteful, odious*
[15] λυπηρός, ά, όν, – *painful, distressing*
[16] κοινωνέω – *I have, share,* or *take part in*
[17] εὐφροσύνη, ἡ – *mirth, merriment, festivities*
[18] προσφιλής, ές – *dear, beloved; pleasing*
[19] μέγας – *great, mighty; weighty, important*
[20] συμπόσιον, τό – *drinking-party; symposium*
[21] ἡδύς – *pleasant, pleasurable agreeable*
[22] εὔνοια, ἡ – *goodwill, favor*
[23] ἄνευ – *without; except*
[24] συνευωχέομαι – *I feast together*
[25] ἀφροδίσια, τά – *sexual pleasures, relations*
[26] ἡδύς – *pleasant, pleasurable, agreeable*
[27] ἀνύβριστος, ον – *not insulted, free from outrage, inviolate, decorous*
[28] φίλιος, α, ον – *friendly; friendship*
[29] σύνειμι – *I am with, joined with, live with*
[30] μαστεύω – *I seek, strive*
[31] εὔνοια, ἡ – *goodwill, favor*
[32] ἐπέρχομαι – *I come, come upon, approach*
[33] παιδικός, ή, όν – *of, for,* or *like a child*

[99] πολλαὶ μὲν γὰρ ἐπωνυμίαι[1] τῆς φιλίας,[2] ὥσπερ ἀμέλει[3] καὶ χρεῖαι· ἡ δὲ μετὰ κάλλους[4] καὶ ὥρας γιγνομένη φιλία[5] δικαίως ἔρως[6] ὠνόμασται,[7] καὶ δοκεῖ κάλλιστος τῶν θεῶν. [100] καὶ μὴν τά γε ὠφέλιμα[8] φάρμακα[9] τοῖς μὲν νοσοῦσιν[10] ὠφέλιμα,[11] τοῖς δὲ ὑγιαίνουσι[12] περιττά.[13] φιλίας[14] δὲ καὶ τοῖς ὑγιαίνουσιν[15] ἀεὶ[16] σφόδρα[17] δεῖ καὶ τοῖς νοσοῦσιν·[18] ἡ συμφυλάττει[19] μὲν πλοῦτον, ἐπαρκεῖ[20] δὲ πενίᾳ,[21] λαμπρύνει[22] μὲν δόξαν, ἀμαυροῖ[23] δὲ ἀδοξίαν.[24] [101] μόνον δὲ τοῦτο τὰ μὲν δυσχερῆ[25] πάντα μειοῖ,[26] τὰ δὲ ἀγαθὰ πάντα αὔξει. ποία μὲν γὰρ συμφορὰ[27] δίχα[28] φιλίας[29] οὐκ ἀφόρητος,[30] ποία δὲ εὐτυχία[31] χωρὶς φίλων[32] οὐκ ἄχαρις;[33] εἰ δὲ σκυθρωπὸν[34] ἐρημία[35] καὶ πάντων φοβερώτατον,[36] οὐ τὴν ἀνθρώπων ἐρημίαν[37] χρὴ[38] τοιοῦτον νομίζειν, ἀλλὰ τὴν τῶν φίλων·

---

[1] ἐπωνυμία, ἡ – significant name, title
[2] φίλιος, α, ον – friendly, friendship
[3] ἀμέλει – doubtless, undoubtedly; by all means
[4] κάλλος, τό – beauty, beautiful things
[5] φίλιος, α, ον – friendly, friendship
[6] ἔρως, ὁ – love, passionate joy; object of love
[7] ὀνομάζω – I name, call, addres (MH: RPI 3S)
[8] ὠφέλιμος, η, ον – helpful, useful, beneficial
[9] φάρμακον, τό – drug, remedy, medicine
[10] νοσέω – I am sick, ail, suffer
[11] ὠφέλιμος, η, ον – helpful, useful, beneficial
[12] ὑγιαίνω – I am sound, healthy, in good health
[13] περισσός, ή, όν – extraordinary, superfluous
[14] φίλιος, α, ον – friendly, friendship
[15] ὑγιαίνω – I am sound, healthy, in good health
[16] ἀεί – ever, always
[17] σφοδρός, ά, όν – vehement; excessive
[18] νοσέω – I am sick, ail, suffer
[19] συμφυλάσσω – I keep guard along with
[20] ἐπαρκέω – I ward off, prevent, help, assist
[21] πενία, ἡ – poverty, need, lack
[22] λαμπρύνω – I make bright, make brilliant
[23] ἀμαυρόω – I make dim, make faint
[24] ἀδοξία, ἡ – ill repute, obscurity, contempt
[25] δυσχερής, ές – hard to manage, annoying
[26] μειόω – I lessen, diminish, degrade
[27] συμφορά, ἡ – event; mishap, misfortune
[28] δίχα – in two; asunder; apart from
[29] φίλιος, α, ον – friendly, friendship
[30] ἀφόρητος, ον – unendurable, intolerable
[31] εὐτυχής, ές – successful, fortunate
[32] φίλιος, α, ον – friendly, friendship
[33] ἄχαρις, ὁ, ἡ, τό – unpleasant, disagreeable
[34] σκυθρωπός, ή, όν – gloomy, sad, melancholy
[35] ἐρημία, ἡ – solitude; desert, wilderness
[36] φοβερός, ά, όν – fearful, terrible, frightful
[37] ἐρημία, ἡ – solitude; desert, wilderness
[38] χρή – It is neccesary; One must or needs to

[102] ἐπεὶ τῶν γε μὴ εὐνοούντων¹ πολλάκις ἡ ἐρημία² κρείττων.³ ἐγὼ μὲν γὰρ οὐδ' εὐτυχίαν⁴ ἐκείνην νενόμικα, ἧ μηδένα ἔχει τὸν συνηδόμενον.⁵ ῥᾷον⁶ γὰρ ἄν τις συμφορὰν⁷ τὴν χαλεπωτάτην⁸ φέροι μετὰ φίλων ἢ μόνος εὐτυχίαν⁹ τὴν μεγίστην. ὡς ἐκεῖνον ἀθλιώτατον¹⁰ ἐγὼ κρίνω δικαίως ὃς ἐν μὲν ταῖς συμφοραῖς πλείστους¹¹ ἔχει τοὺς ἐφηδομένους,¹² ἐν δὲ ταῖς εὐτυχίαις¹³ οὐδένα τὸν συνηδόμενον.¹⁴ [103] ᾧ γὰρ πλεῖστοι¹⁵ μὲν καὶ ἄριστοι¹⁶ φίλοι, δυσμενὴς¹⁷ δὲ φαυλότατος,¹⁸ εἴ τις ἄρα ἐστί, καὶ πολλοὶ μὲν οἱ ἀγαπῶντες, πλείους¹⁹ δὲ οἱ ἐπαινοῦντες,²⁰ ψέγειν²¹ δὲ οὐδεὶς δυνάμενος, πῶς ὁ τοιοῦτος οὐ τελέως εὐδαίμων;²² ὁ γὰρ τοιοῦτος ἀνὴρ πολλοὺς μὲν ἔχει τοὺς συνηδομένους,²³ οὐδένα δὲ ἐφηδόμενον²⁴ καὶ διὰ τὸ εὐτυχεῖν²⁵ ἐφ' ἅπασι καὶ διὰ τὸ πολλοὺς μὲν ἔχειν φίλους, μηδένα δὲ ἐχθρόν.

---

[1] εὐνοέω – *I am well-inclined, favorable*
[2] ἐρημία, ἡ – *solitude; desert, wilderness*
[3] κρείσσων, ον – *stronger, mightier; better*
[4] εὐτυχής, ές – *successful, fortunate*
[5] συνήδομαι – *I rejoice together with, celebrate together with*
[6] ῥᾴδιος, α, ον – *easy; ready; reckless*
[7] συμφορά, ἡ – *event; mishap, misfortune*
[8] χαλεπός, ἡ, όν – *difficult; dangerous*
[9] εὐτυχία, ἡ – *good luck, successes*
[10] ἄθλιος, α, ον – *unhappy, wretched, miserable*
[11] πλεῖστος, η, ον – *most, greatest, largest*
[12] ἐφήδομαι – *I exult over*
[13] εὐτυχία, ἡ – *good luck, successes*
[14] συνήδομαι – *I rejoice together; I sympathize with*
[15] πλεῖστος, η, ον – *most, greatest, largest*
[16] ἄριστος, η, ον – *best, noblest, finest*
[17] δυσμενής, ές – *hostile, enemies*
[18] φαῦλος, η, ον – *cheap; slight, paltry; low, common*
[19] πλείων, ὁ or ἡ – *the greater number; the crowd; more*
[20] ἐπαινέω – *I approve, applaud, commend, praise*
[21] ψέγω – *I blame, censure, find fault with*
[22] εὐδαίμων, ον – *blessed with a good genius; fortunate, happy*
[23] συνήδομαι – *I rejoice together; I sympathize with*
[24] ἐφήδομαι – *I exult over*
[25] εὐτυχέω – *I am prosperous, fortunate*

[104] εἰ δὲ ὀφθαλμοὶ καὶ ὦτα καὶ γλῶττα καὶ χεῖρες ἀνθρώπῳ τοῦ παντὸς ἄξια οὐ μόνον πρὸς τὸ ἥδεσθαι¹ ζῶντα, ἀλλὰ δύνασθαι ζῆν, τούτων οὐκ ἔλαττον,² ἀλλὰ καὶ μᾶλλον φίλοι χρήσιμοι.³ [105] διὰ μὲν γὰρ τῶν ὀφθαλμῶν μόλις⁴ ὁρᾶν ἔστι τὰ ἐμποδών,⁵ διὰ δὲ τῶν φίλων καὶ τὰ ἐπὶ γῆς πέρασι⁶ θεᾶσθαι. καὶ διὰ μὲν τῶν ὤτων οὐκ ἄν τις ἀκούσαι ἢ τῶν σφόδρα⁷ ἐγγύθεν,⁸ διὰ δὲ τῶν εὐνοούντων⁹ οὐδενὸς τῶν ἀναγκαίων ὅπου δήποτε¹⁰ ἀνήκοός¹¹ ἐστι. [106] καὶ τῇ μὲν γλώττῃ μόνοις τοῖς παροῦσι σημαίνει,¹² καὶ ταῖς χερσίν, εἰ καὶ σφόδρα¹³ εἴη¹⁴ καρτερός,¹⁵ οὐκ ἂν ἐργάσαιτο¹⁶ πλεῖον¹⁷ ἔργον ἢ δύ' ἀνδρῶν· διὰ δὲ τῶν φίλων δύναται καὶ πᾶσιν ἀνθρώποις διαλέγεσθαι¹⁸ καὶ πάντων ἔργων ἐφικνεῖσθαι.¹⁹ οἱ γὰρ εὐνοοῦντες²⁰ πάντα ἐκείνῳ συμφέροντα καὶ λέγουσι καὶ δρῶσι.²¹

---

[1] ἥδομαι – I enjoy oneself; I am pleased
[2] ἐλάσσων, ον – smaller; less; inferior
[3] χρήσιμος, η, ον – useful, serviceable; excellent
[4] μόλις – only just, scarcely; utterly
[5] ἐμποδών – in the way, hindrance
[6] πέρας, τό – end, limit, boundry
[7] σφόδρα – very much, exceedingly
[8] ἐγγύθεν – from nigh at hand, hard by
[9] εὐνοέω – I am favourable to, at peace with
[10] δήποτε – at some time; once upon a time; at length
[11] ἀνήκοος, ον – ignorant, untaught; unwilling to learn
[12] σημαίνω – I show by a sign, give signs
[13] σφόδρα – very much, exceedingly
[14] MH: PAO 3S (εἰμί)
[15] καρτερός, ά, όν – strong, staunch
[16] ἐργάζομαι – I do, perform, work (MH: AMO 3S)
[17] πλείων, ὁ or ἡ – the greater number; the crowd; more
[18] διαλέγω – I pick out; I examine; I discuss
[19] ἐφικνέομαι – I reach at, aim at, attain to
[20] εὐνοέω – I am favourable, at peace with
[21] δράω – I do, accomplish (MH: PAI 3P)

[107] τὸ δὲ δὴ πάντων παραδοξότατον,[1] ἕνα γὰρ ὄντα ἐγχωρεῖ,[2] ὅστις πολύφιλος,[3] πολλὰ μὲν ἐν ταὐτῷ χρόνῳ πράττειν, περὶ πολλῶν δὲ ἅμα[4] βουλεύεσθαι,[5] πολλὰ δὲ ὁρᾶν, πολλὰ δὲ ἀκούειν, ἐν πολλοῖς δὲ ἅμα[6] εἶναι τόποις, ὃ καὶ τοῖς θεοῖς χαλεπόν,[7] ὡς μηδαμοῦ[8] μηδὲν ἔρημον[9] ἀπολείπεσθαι[10] τῆς ἐκείνου προνοίας.[11] [108] καὶ τοίνυν[12] οὐχ ἧττον[13] αἱ τῶν φίλων εὐπάθειαι[14] τὸν ἀγαθὸν πεφύκασιν[15] εὐφραίνειν τῆς αὐτοῦ τινος τέρψεως.[16] πῶς γὰρ οὐ μακαριστόν,[17] ὅτῳ πάρεστι πολλοῖς μὲν σώμασιν ἡδόμενον[18] εὐφραίνεσθαι, πολλαῖς δὲ διανοίαις[19] φροντίζοντα[20] βουλεύεσθαι[21] πολλαῖς δὲ ψυχαῖς εὐτυχοῦντα[22] χαίρειν; [109] εἰ δὲ δόξα τοῖς φιλοτίμοις[23] περισπούδαστον,[24] πολλάκις ἂν εὐδοξεῖν[25] εἴη τῶν φίλων ἐπαινουμένων.[26] εἰ δὲ πλοῦτος πέφυκεν[27] εὐφραίνειν τοὺς κτωμένους,[28] πολλάκις ἂν εἴη πλούσιος ὁ τοῖς φίλοις μεταδιδούς[29]

---

[1] παράδοξος, ον – *contrary to expectation, incredible*
[2] ἐγχωρέω – *I allow; It is possible or allowable*
[3] πολύφιλος, ον – *having friends, dear to many*
[4] ἅμα – *at the same time*
[5] βουλεύω – *I take counsel, deliberate, devise*
[6] ἅμα – *at the same time*
[7] χαλεπός, ή, όν – *difficult; dangerous*
[8] μηδαμός, ή, όν – *not even one, not any one*
[9] ἔρημος, ον – *desolate, lonely, solitary, empty*
[10] ἀπολείπω – *I leave behind, abandon*
[11] πρόνοια, ἡ – *foresight, foreknowledge*
[12] τοίνυν – *therefore, accordingly*
[13] ἥσσων – *inferior; weaker; fewer*
[14] εὐπάθεια, ἡ – *comfort, ease; luxuries*
[15] φύω – *I am by nature; I become* (MH: RAI 3P)
[16] τέρψις, ἡ – *enjoyment, delight*
[17] μακαριστός, ή, όν – *deemed to be happy*
[18] ἥδομαι – *I enjoy myself; I am pleased*
[19] διάνοια, ἡ – *thought, intention, inclination*
[20] φροντίζω – *I consider, reflect, take thought*
[21] βουλεύω – *I take counsel, deliberate, devise*
[22] εὐτυχέω – *I am prosperous, fortunate*
[23] φιλότιμος, ον – *loving honor; ambitious*
[24] περισπούδαστος, ον – *much sought after*
[25] εὐδοξέω – *I am in good repute, famous*
[26] ἐπαινέω – *I approve, appland, commend*
[27] φύω – *I am by nature; I become* (MH: RAI 3S)
[28] κτάομαι – *I procure, acquire*
[29] μεταδίδωμι, – *I give a part, give a share*

[110] τῶν παρόντων. καὶ τοίνυν¹ ἡδὺ² μὲν χαρίζεσθαι τοῖς ἐλευθέροις, ἀφθόνων³ ὄντων, ἡδὺ⁴ δὲ λαμβάνειν δῶρα, δικαίως λαμβάνοντα καὶ δι' ἀρετήν· ὁ τοίνυν⁵ τοῖς φίλοις χαριζόμενος ἥδεται⁶ ἅμα⁷ μὲν ὡς διδούς, ἅμα⁸ δὲ ὡς αὐτὸς κτώμενος.⁹ καὶ γὰρ δὴ παλαιός ἐστιν ὁ λόγος ὁ κοινὰ ἀποφαίνων¹⁰ τὰ τῶν φίλων. [111] οὐκοῦν¹¹ ἀγαθῶν παρόντων τοῖς ἀγαθοῖς οὐχ ἥκιστα¹² ἂν εἴη ταῦτα κοινά. ἐν μὲν οὖν τοῖς ἄλλοις οὐ πάντως¹³ ὑπερβάλλειν¹⁴ τοὺς ἰδιώτας¹⁵ ὁ τοιοῦτος βασιλεὺς βούλεται, πολλαχοῦ¹⁶ δὲ καὶ ἔλαττον¹⁷ ἐκείνων ἔχειν, οἷον σχολῆς,¹⁸ ῥᾳθυμίας,¹⁹ ἀνέσεως·²⁰ ἐν μόνῃ δὲ φιλίᾳ²¹ βούλεται πλεονεκτεῖν.²² [128] οὐχ οὕτως δ' ἡγεῖται μακάριον ὅτι ἔξεστι²³ κεκτῆσθαι²⁴ καλλίστους μὲν ἵππους,²⁵ κάλλιστα δὲ ὅπλα,²⁶ καλλίστην δὲ ἐσθῆτα,²⁷ καὶ τἄλλα ὁμοίως, ἀλλ' ὅτι φίλους τοὺς καλλίστους, καὶ πολύ γε²⁸ αἴσχιον²⁹ φιλίας³⁰ ἐνδεέστερον³¹ ἔχειν τῶν ἰδιωτῶν³² ἢ τούτων τινός.

---

¹ τοίνυν – *therefore, accordingly*
² ἡδύς – *pleasant, pleasurable, agreeable*
³ ἄφθονος, ον – *without envy, ungrudgingly*
⁴ ἡδύς – *pleasant, pleasurable, agreeable*
⁵ τοίνυν – *therefore, accordingly*
⁶ ἥδομαι – *I enjoy myself; I am pleased*
⁷ ἅμα – *at the same time*
⁸ ἅμα – *at the same time*
⁹ κτάομαι – *I procure, acquire*
¹⁰ ἀποφαίνω – *I display, make known, prove*
¹¹ οὐκοῦν – *surely then*
¹² ἥκιστος, η, ον – *least; worst*
¹³ πάντως – *in all ways, at any rate,*
¹⁴ ὑπερβάλλω – *I throw over; I excel, surpass*
¹⁵ ἰδιώτης, ὁ – *commoner, plebeian*
¹⁶ πολλαχοῦ – *in many places, on many grounds*
¹⁷ ἐλάσσων, ον – *smaller; less; worse than*
¹⁸ σχολή, ἡ – *leisure, rest*
¹⁹ ῥᾳθυμία, ἡ – *recreation, relaxation*
²⁰ ἄνεσις, ἡ – *loosening, relaxation, indulgence*
²¹ φίλιος, α, ον – *friendly, friendship*
²² πλεονεκτέω – *I am greedy; I defraud*
²³ ἔξεστι – *It is possible; It is allowed*
²⁴ κτῆμα, τό – *possession, piece of property,*
²⁵ ἵππος, ὁ – *horse*
²⁶ ὅπλον, τό – *tool, implement; military arms,*
²⁷ ἐσθής, ἡ – *clothing*
²⁸ γε – *at least; at any rate; indeed*
²⁹ αἰσχρός, ά, όν – *shameful, dishonorable*
³⁰ φίλιος, α, ον – *friendly, friendship*
³¹ ἐνδεής, ές – *wanting, lacking; inadequate*
³² ἰδιώτης, ὁ – *commoner, plebeian*

[129] ᾧ γὰρ ἐξ ἁπάντων ἀνθρώπων ἐκλέξασθαι[1] τοὺς πιστοτάτους ὑπάρχει, καὶ σχεδὸν[2] οὐδείς ἐστιν ὃς οὐκ ἂν ἄσμενος[3] ὑπακούσειεν[4] αὐτῷ βουλομένῳ χρῆσθαι, πῶς οὐ καταγέλαστον[5] τοῦτον μὴ χρῆσθαι[6] τοῖς σπουδαιοτάτοις;[7] οἱ μὲν γὰρ πολλοὶ τῶν δυναστῶν[8] τοὺς ὅπως δήποτε[9] πλησίον γενομένους καὶ τοὺς κολακεύειν[10] ἐθέλοντας, τούτους μόνους ὁρῶσι, τοὺς δὲ ἄλλους πάντας ἀπελαύνουσι,[11] καὶ τούς γε[12] βελτίστους[13] ἔτι μᾶλλον. [130] ὁ δὲ ἐξ ἁπάντων ποιεῖται τὴν ἐκλογήν,[14] ἄτοπον[15] ἡγούμενος[16] Νισαίους[17] μὲν ἵππους μεταπέμπεσθαι,[18] ὅτι βελτίους[19] εἰσὶ τῶν Θετταλῶν,[20] καὶ κύνας[21] Ἰνδικάς, ἀνθρώποις δὲ μόνοις χρῆσθαι[22] τοῖς ἐγγύς. πάντα γὰρ ὑπάρχει τούτῳ, δι' ὧν ἐστι φιλία[23] κτητόν.[24]

---

[1] ἐκλέγω – I pick out, choose, elect
[2] σχεδόν – near; approximately, nearly
[3] ἄσμενος, η, ον – well-pleased, glad
[4] ὑπακούω – I obey, submit to
[5] καταγέλαστος, ον – ridiculous, absurd
[6] χράω – I use, furnish for the use of
[7] σπουδαῖος, α, ον – quick; earnest; serious
[8] δυνάστης, ὁ – lord master, ruler
[9] δήποτε – at some time; once upon a time; at length
[10] κολακεύω – I am a flatterer; I flatter
[11] ἀπελαύνω – I drive away, expel from
[12] γε – at least; at any rate; indeed (LH: enclitic particle giving emphasis to the word or words it follows)
[13] βέλτιστος, η, ον – best; most excellent
[14] ἐκλογή, ἡ – choice, selection
[15] ἄτοπος, ον – out of place, unnatural, strange
[16] ἡγέομαι – I believe, hold, think fit
[17] Νίσαιος, α, ον – of or from the Nisaean Plains
[18] μεταπέμπω – I send after or for
[19] βελτίων, ον – fitting; better
[20] Θεσσαλός, ή, όν – of or from Thessaly
[21] κύων, ὁ and ἡ – dog
[22] χράω – I use, furnish for the use of
[23] φίλιος, α, ον – friendly, friendship
[24] κτητός, ή, όν – that which may be gotten or acquired

[131] προσάγεται¹ γὰρ εἰς εὔνοιαν² τοὺς μὲν φιλοτίμους³ ἔπαινος,⁴ τοὺς δὲ ἡγεμονικοὺς⁵ τὸ ἀρχῆς μεταλαμβάνειν,⁶ τοὺς δὲ αὖ⁷ πολεμικοὺς⁸ τὸ πράττειν τι τῶν πολεμικῶν,⁹ τοὺς δὲ ἐπιμελεῖς¹⁰ τὸ πράγματα¹¹ διοικεῖν·¹² [132] τούς γε¹³ μὴν φιλοστόργους¹⁴ ἡ συνήθεια.¹⁵ τίς οὖν δύναται μᾶλλον ἄρχοντας ἀποδεικνύειν;¹⁶ τίς δὲ πλειόνων¹⁷ δεῖται τῶν ἐπιμελουμένων;¹⁸ τίς δὲ κύριος μειζόνων μεταδοῦναι¹⁹ πραγμάτων;²⁰ τίνι δὲ μᾶλλον ἔξεστιν²¹ ἑτέρῳ πιστεύειν τὰ πρὸς πόλεμον; αἱ παρὰ τίνος δὲ τιμαὶ φανερώτεραι;²² ἡ παρὰ τίνι δὲ εὐδοξοτέρα²³ τράπεζα; εἰ δὲ ὠνητὸν²⁴ ὑπῆρχε φιλία,²⁵ τίς εὐπορώτερος²⁶ χρημάτων,²⁷ ὥστε μηδένα ἔχειν τὸν ἀντιποιησόμενον;²⁸

---

1. προσάγω – *I furnish, supply*
2. εὔνοια, ἡ – *goodwill, favor*
3. φιλότιμος, ον – *loving honor* or *distinction, ambitious*
4. ἔπαινος, ὁ – *approval, praise, commendation*
5. ἡγεμονικός, ή, όν – *of* or *for a leader*
6. μεταλαμβάνω – *I have* or *get a share of, partake of*
7. αὖ – *again, once more; on the other hand*
8. πολεμικός, ή, όν – *warlike, for war*
9. πολεμικός, ή, όν – *warlike, for war*
10. ἐπιμελής, ές – *careful* or *anxious about; attentive*
11. πρᾶγμα, τό – *deed, acts, affair, matter*
12. διοικέω – *I manage, administer*
13. γε – *at least; at any rate; indeed* (LH: enclitic particle giving emphasis to the word or words it follows)
14. φιλόστοργος, ον – *loving tenderly, affectionate*
15. συνήθης, ες – *well-acquainted*
16. ἀποδείκνυμι – *I point out, display, make known*
17. πλείων, ὁ or ἡ – *the greater number; the crowd; more*
18. ἐπιμελέομαι – *I take care of, have charge of, attend to*
19. μεταδίδωμι – *I give part of; I communicate*
20. πρᾶγμα, τό – *deed, act, affair, matter*
21. ἔξεστι – *It is possible; It is allowed*
22. φανερός, ά, όν – *visible, manifest*
23. εὔδοξος, ον – *of good repute, honoured*
24. ὠνητός, ή, όν – *bought, to be bought*
25. φίλιος, α, ον – *friendly, friendship*
26. εὔπορος, ον – *easily done, easily got, easy*
27. χρῆμα, τό – *need; good, property; money*
28. ἀντιποιέω – *I do in return, to have done in return* (TH: in middle – *I contend with, am a rival*)

[112] καὶ οὐ μόνον οὐδὲν ἡγεῖται ποιεῖν ἄτοπον,[1] ἀλλὰ καὶ ἀγάλλεται[2] μᾶλλον μὲν ὑπὸ τῶν νεωτέρων ἀγαπώμενος ἢ οἱ γονεῖς, μᾶλλον δὲ ὑπὸ τῶν πρεσβυτέρων[3] ἢ τοὺς παῖδας ἀγαπῶσι, μᾶλλον δὲ ὑπὸ τῶν συνόντων[4] ἢ τοὺς ἐξ ἴσου[5] συνόντας[6] ἀγαπῶσι, μᾶλλον δὲ ὑπὸ τῶν ἀκοῇ μόνον ἀκουόντων ἢ οἱ σφόδρα[7] ἐγγὺς ὄντες ἀγαπῶσι·

[113] φιλοσυγγενέστατος[8] δὲ ὢν καὶ φιλοικειότατος[9] ἔσθ' ὅπῃ[10] μεῖζον ἀγαθὸν νενόμικε τὴν φιλίαν[11] τῆς συγγενείας.[12] ἄνευ[13] μὲν γὰρ συγγενείας[14] οἱ φίλοι χρήσιμοι,[15] ἄνευ[16] δὲ φιλίας[17] οὐδὲ οἱ σφόδρα[18] ἐγγὺς ὠφέλιμοι.[19] τοσούτου δὲ ἀξίαν κρίνει τὴν φιλίαν,[20] ὥστε οὐδένα ἡγεῖται τῶν πώποτε[21] ἠδικῆσθαι ὑπὸ φίλου, ἀλλὰ τοῦτο δὴ ἓν τῶν λεγομένων ἀδυνάτων[22] εἶναι ὥστε καὶ παθεῖν ὑπὸ φίλου κακῶς τῶν ἀδυνάτων[23] εἶναι κέκρικεν.

---

[1] ἄτοπος, ον – *out of place, unnatural, strange*
[2] ἀγάλλω – *I glorify, pay honour to, exalt*
[3] πρέσβυς, ὁ – *old man, elder*
[4] σύνειμι – *I am with, am joined with*
[5] ἴσος, η, ον – *equal; like*
[6] σύνειμι – *I am with, am joined with*
[7] σφοδρός, ά, όν – *vehement; excessive*
[8] φιλοσυγγενής, ές – *loving one's relatives*
[9] φιλοίκειος, ον – *loving one's relations*
[10] ὅπῃ – *in which* or *what direction* or *part*
[11] φίλιος, α, ον – *friendly, friendship*
[12] συγγένεια, ἡ – *kinship, kin, relationship*
[13] ἄνευ – *without; except*
[14] συγγένεια, ἡ *kinship, kin, relationship*
[15] χρήσιμος, η, ον – *useful, serviceable; excellent*
[16] ἄνευ – *without; except*
[17] φίλιος, α, ον – *friendly, friendship*
[18] σφοδρός, ά, όν – *vehement; excessive*
[19] ὠφέλιμος, η, ον – *helpful, useful, beneficial*
[20] φίλιος, α, ον – *friendly, friendship*
[21] πώποτε – *ever yet*
[22] ἀδύνατος, ον – *incapable, unable*
[23] ἀδύνατος, ον – *incapable, unable*

[114] ἅμα¹ γάρ τις ἀδικῶν πεφώραται² καὶ δῆλον³ πεποίηκεν ὅτι οὐκ ἦν φίλος. ὅσοι δὲ πεπόνθασι δεινόν,⁴ ὑπ' ἐχθρῶν πεπόνθασι, λεγομένων μὲν φίλων, ἀγνοουμένων δὲ ὅτι ἦσαν ἐχθροί. δεῖ οὖν καταμέμφεσθαι⁵ τὴν αὐτῶν ἄγνοιαν,⁶ ἀλλὰ μὴ ψέγειν⁷ τὸ τῆς φιλίας⁸ ὄνομα. [115] καίτοι⁹ πατέρα γε¹⁰ ὄντα οὐκ ἀδύνατον¹¹ υἱὸν ἀδικῆσαι καὶ παῖδα περὶ τοὺς γονέας ἐξαμαρτεῖν·¹² ὁμοίως δὲ ἀδελφοὺς ἀλλήλων κακόν τι ἀπολαῦσαι.¹³ οὕτως δὲ πάνυ¹⁴ τὴν φιλίαν¹⁵ ἱερὸν νενόμικεν ὥστε καὶ τοὺς [116] θεοὺς αὐτῷ πειρᾶται ποιεῖν φίλους. ἐν ἅπασι μὲν οὖν τοῖς εἰρημένοις¹⁶ ἔστι συννοεῖν¹⁷ ὅτι πάντα τἀναντία¹⁸ τοῖς τυράννοις¹⁹ κακὰ πρόσεστιν²⁰ ὧν ἐμνήσθημεν²¹ ἀγαθῶν, οὐχ ἥκιστα²² δὲ ἐν τῷ νῦν λεγομένῳ. πάντων γὰρ ἀπορώτατός²³ ἐστι φιλίας²⁴ τύραννος·²⁵ οὐδὲ γὰρ δύναται ποιεῖσθαι φίλους.

---

¹ ἅμα – *at the same time*
² φωράω – *I detect, discover*
³ δῆλος, η, ον – *visible, conspicuous*
⁴ δεινός, ή, όν – *fearful, terrible*
⁵ καταμέμφομαι – *I find fault with*
⁶ ἄγνοια, ἡ – *want of perception, ignorance*
⁷ ψέγω – *I blame, censure, condemn*
⁸ φίλιος, α, ον – *friendly, friendship*
⁹ καίτοι – *and indeed, and further*
¹⁰ γε – *at least; at any rate; indeed* (LH: enclitic particle giving emphasis to the word or words it follows)
¹¹ ἀδύνατος, ον – *unable; without strength, power, or skill*
¹² ἐξαμαρτάνω – *I miss the mark, fail*
¹³ ἀπολαύω – *I have enjoyment of, have the benefit of*
¹⁴ πάνυ – *altogether; very; exceedingly*
¹⁵ φίλιος, α, ον – *friendly, friendship*
¹⁶ ἐρῶ – *I will say, speak* (MH: RPP NDP)
¹⁷ συννοέω – *I meditate, reflect upon*
¹⁸ ἐναντίος, α, ον – *opposite; adversary; enemy*
¹⁹ τύραννος, ὁ or ἡ – *absolute ruler, tyrant*
²⁰ πρόσειμι – *I am added to; I am present*
²¹ μιμνήσκω – *I remind; I recall, remember*
²² ἥκιστος, η, ον – *least; worst*
²³ ἄπορος, ον – *impassable; impracticable, unmanageable*
²⁴ φίλιος, α, ον – *friendly, friendship*
²⁵ τύραννος, ὁ or ἡ – *absolute ruler, tyrant*

[117] τοὺς μὲν γὰρ ὁμοίους αὐτῷ, πονηροὺς ὄντας, ὑφορᾶται,[1] ὑπὸ δὲ τῶν ἀνομοίων[2] καὶ ἀγαθῶν μισεῖται. ὁ δὲ μισούμενος ἐχθρὸς καὶ τοῖς ἀδίκοις ἄδικος.[3] οἱ μὲν γὰρ δικαίως μισοῦσιν αὐτόν, οἱ δὲ τῶν αὐτῶν ἐπιθυμοῦντες ἐπιβουλεύουσιν.[4] [118] ὥστε ὁ μὲν Πέρσης[5] ἕνα τινὰ ἔσχεν, ὀφθαλμὸν βασιλέως λεγόμενον, καὶ τοῦτον οὐ σπουδαῖον[6] ἄνθρωπον, ἀλλὰ ἐκ τῶν ἐπιτυχόντων,[7] ἀγνοῶν ὅτι τοῦ ἀγαθοῦ βασιλέως οἱ φίλοι πάντες εἰσὶν ὀφθαλμοί. [119] φιλοίκειος[8] δὲ καὶ φιλοσυγγενὴς[9] πῶς οὐκ ἂν εἴη[10] διαφερόντως;[11] ὅς γε[12] τοὺς οἰκείους[13] καὶ τοὺς συγγενεῖς[14] μέρος νενόμικε τῆς αὑτοῦ ψυχῆς; [120] καὶ προνοεῖ[15] γε[12] οὐ μόνον ὅπως μετέχωσι[16] τῆς λεγομένης εὐδαιμονίας,[17] πολὺ δὲ μᾶλλον ὅπως ἄξιοι δοκῶσι κοινωνεῖν[18] τῆς ἀρχῆς, καὶ τοῦτο ἐσπούδακεν[19] ἐξ ἅπαντος ὅπως μὴ διὰ τὴν συγγένειαν[20] αὐτούς, ἀλλὰ διὰ τὴν ἀρετὴν φαίνηται προτιμῶν.[21] καὶ τοὺς μὲν ζῶντας μάλιστα[22] πάντων ἀγαπᾷ καὶ φίλους ἀναγκαίους[23] νενόμικεν.

---

[1] ὑφοράω – I view with suspicion; I am suspect
[2] ἀνόμοιος, α, ον – dissimilar, different
[3] ἄδικος, ον – unrighteous, unjust
[4] ἐπιβουλεύω, I plot, contrive against
[5] Περσεῖος, α, ον – Persian
[6] σπουδαῖος, α, ον – quick; earnest; serious
[7] ἐπιτυγχάνω – I hit the mark; I fall upon, meet with (TH: here – any chance person)
[8] φιλοίκειος, ον – loving one's relations
[9] φιλοσυγγενής, ές – loving one's relatives
[10] MH: PAO 3S (εἰμί)
[11] διαφερόντως – differently, especially
[12] γε – at least; at any rate; indeed
[13] οἰκεῖος, α, ον – in or of the house; of the same household or family
[14] συγγενής, ές – congenital, inborn; akin to
[15] προνοέω – I provide for, take thought for
[16] μετέχω – I partake of, share in, participate
[17] εὐδαιμονία, ἡ – prosperity, strength
[18] κοινωνέω – I have, share, or take part in
[19] σπουδάζω – I am busy, eager
[20] συγγένεια, ἡ – kinship, kin, relationship
[21] προτιμάω – I prefer in honor, esteem
[22] μάλα – above all, exceedingly, certainly
[23] ἀναγκαῖος, α, ον – constraining, applying force

[121] τοὺς μὲν γὰρ φίλους ἔστι διαλύσασθαι¹ δυσχέρειάν² τινα ἐν αὐτοῖς ἐνιδόντα·³ πρὸς δὲ τοὺς συγγενεῖς⁴ οὐχ οἷόν τε διαλύσασθαι⁵ τὴν συγγένειαν,⁶ ἀλλ' ὁποῖοί⁷ ποτ' ἂν ὦσιν, ἀνάγκη τοῦτο ἀκούειν τὸ ὄνομα. [122] γυναῖκα δὲ οὐ κοίτης⁸ μόνον ἢ ἀφροδισίων⁹ κοινωνὸν¹⁰ νενόμικεν, βουλῆς¹¹ δὲ καὶ ἔργων καὶ τοῦ ξύμπαντος¹² βίου¹³ συνεργόν. [123] μόνος δὲ τὴν εὐδαιμονίαν¹⁴ οὐχ ἡδυπάθειαν νενόμικε, πολὺ δὲ μᾶλλον καλοκἀγαθίαν,¹⁵ τὴν δὲ ἀρετὴν οὐκ ἀνάγκην, ἀλλὰ βούλησιν,¹⁶ τὴν δὲ καρτερίαν¹⁷ οὐ ταλαιπωρίαν,¹⁸ ἀλλ' ἀσφάλειαν,¹⁹ καὶ τὰς μὲν ἡδονὰς²⁰ αὔξει τοῖς πόνοις²¹ καὶ μείζους διὰ τοῦτο καρποῦται,²²

---

¹ διαλύω – I break up, break off
² δυσχέρεια, ἡ – annoyance, disgust, unpleasantness
³ ἐνεῖδον – I see, observe; I remark (LH: ἐνοράω in present tense)
⁴ συγγενής, ές – congenital, inborn; akin to
⁵ διαλύω – I break up, break off
⁶ συγγένεια, ἡ, kinship, kin; relationship
⁷ ὁποῖος, α, ον – of what sort, kind
⁸ κοίτη, ἡ – marriage-bed; quarters
⁹ ἀφροδίσιος, α, ον – carnal pleasure
¹⁰ κοινωνός, ὁ or ἡ – companion, partner
¹¹ βουλή, ἡ – counsel, advice
¹² σύμπας, α, αν – all together; the whole together; the sum of the matter
¹³ βίος, ὁ – life; mode of life, manner of living
¹⁴ εὐδαιμονία, ἡ – prosperity, good fortune, opulence
¹⁵ καλοκἀγαθία, ἡ – nobleness, goodness
¹⁶ βούλησις, ἡ – willing, purpose
¹⁷ καρτερία, ἡ – patient endurance, perseverance
¹⁸ ταλαιπωρία, ἡ – hard labor, hardship, distress
¹⁹ ἀσφάλεια, ἡ – steadfastness, stability, certainty
²⁰ ἡδονή, ἡ – enjoyment, pleasure
²¹ πόνος, ὁ – work, toil; struggle, labor
²² καρπόω – I bear fruit; I offer

[124] τοὺς δὲ πόνους[1] ἐπελαφρύνει[2] τῷ ἔθει.[3] ταὐτὰ δὲ ἡγεῖται συμφέροντα καὶ ἡδέα·[4] ὁρᾷ γὰρ τοὺς μὲν ἰδιώτας,[5] εἰ μέλλουσιν ὑγιαίνειν[6] καὶ παραμένειν[7] εἰς γῆρας,[8] οὔποτε[9] ἀργῷ[10] καὶ ἀπόνῳ[11] τῷ σώματι τροφὴν προσφέροντας, ἀλλὰ τοὺς μὲν τέχνας[12] ἐργαζομένους, ἐνίας[13] αὐτῶν καὶ πολὺν ἐχούσας τὸν κάματον,[14] τοὺς μὲν χαλκέας,[15] τοὺς δὲ ναυπηγούς,[16] τοὺς δὲ οἰκοδόμους·[17] [125] ὅσοι δὲ κέκτηνται[18] γῆν, διαπονοῦντας[19] πρότερον[20] τὰ περὶ γεωργίαν,[21] ὅσοι δὲ ἐν ἄστει[22] διάγουσι,[23] τῶν κατὰ πόλιν τι πράττοντας·

---

[1] πόνος, ὁ – *work, toil; struggle, labor*
[2] ἐπελαφρύνω – *I lighten*
[3] ἔθος, τό – *custom, habit*
[4] ἡδύς – *pleasant, pleasurable, agreeable*
[5] ἰδιώτης, ὁ – *private person, individual; commoner, plebeian*
[6] ὑγιαίνω – *I am sound, healthy*
[7] παραμένω – *I stay behind, remain*
[8] γῆρας, τό – *old age*
[9] οὔποτε – *not ever, never*
[10] ἀργός, ή, όν – *idle, lazy*
[11] ἄπονος, *without toil, untroubled, quiet*
[12] τέχνη, ἡ – *art, skill, craft*
[13] ἔνιοι, αι, α – *some*
[14] καματος, ὁ – *toil, the effect/product of toil*
[15] χαλκεύς, ὁ – *coppersmith, metalsmith*
[16] ναυπηγός, ὁ – *shipbuilder*
[17] οἰκόδομος, ὁ – *builder, architect*
[18] κτάομαι – *I procure, get, acquire*
[19] διαπονέω – *I work hard, toil, labor*
[20] πρῶτος, α, ον – *former, earlier, before*
[21] γεωργία, ἡ – *tilled land; agriculture; farming*
[22] ἄστυ, τό – *town; acropolis*
[23] διάγω – *I carry over* or *across; I draw through*

[126] τῶν τε σχολὴν¹ ἀγόντων τὰ γυμνάσια² μεστὰ³ καὶ τὰς παλαίστρας,⁴ καὶ τοὺς μὲν τρέχοντας ἐν τοῖς δρόμοις,⁵ τοὺς δὲ αὖ⁶ παλαίοντας,⁷ τοὺς δὲ ἄλλο τι περὶ τὴν ἀγωνίαν⁸ ἀσκοῦντας⁹ οὐκ ὄντας ἀθλητάς.¹⁰ ἁπλῶς¹¹ δὲ εἰπεῖν, ἑκάστων τῶν μὴ σφόδρα¹² ἀνοήτων¹³ καὶ σίτων καὶ λουτρῶν¹⁴ καὶ ὑγιεινῶν¹⁵ καὶ πάντων, [127] ὁ ἄρχων ἁπάντων τούτων διαφέρει τῷ μὴ μάτην¹⁶ πονεῖν¹⁷ μηδὲ τὸ σῶμα μόνον αὔξειν, ἀλλ' ἕνεκα πράξεων· ἢ γὰρ ἦλθε πρός τι τῶν δεομένων προνοίας¹⁸ ἢ ἔφθασεν¹⁹ ὅπου δεῖ τάχους ἢ κατήνυσέν²⁰ τι τῶν οὐ ῥᾳδίων²¹ ἀνυσθῆναι²² ἢ στρατιὰν²³ ἐξέταξεν²⁴ ἢ χώραν ἡμέρωσεν²⁵ ἢ πόλιν ᾤκισεν²⁶ ἢ ποταμοὺς ἔζευξεν²⁷ ἢ γῆν ὁδευτὴν²⁸ ἐποίησεν.

---

[1] σχολή, ἡ – leisure, rest
[2] γυμνάσιον, τό – bodily exercise; gymnastic school
[3] μεστός, ή, όν – full
[4] παλαίστρα, ἡ – wrestling school
[5] δρόμος, ὁ – course; race
[6] αὖ – again, once more; on the other hand
[7] παλαίω – I wrestle
[8] ἀγωνία, ἡ – contest; gymnastic exercise
[9] ἀσκέω – I work; I practice, train
[10] ἀθλητής, ὁ – combatant, champion, athlete
[11] ἁπλῶς – singly; absolutely; generally
[12] σφοδρός, ά, όν – vehement, excessive
[13] ἀνόητος, ον – unheard of, not thought on; unintelligent
[14] λουτρόν, τό – bath house; washing, water
[15] ὑγιεινός, ή, όν – pertaining to health
[16] μάτην – in vain
[17] πονέω – I work hard, toil, labor
[18] πρόνοια, ἡ – foresight, foreknowledge
[19] φθάνω – I come first; I overtake
[20] κατανύω – I bring to an end, accomplish
[21] ῥᾴδιος, α, ον – easy; ready; reckless
[22] ἀνύω – I accomplish
[23] στρατιά, ἡ – army, expedition
[24] ἐξετάζω – I inspect, review
[25] ἡμερόω – I subdue
[26] οἰκίζω – I establish a colony
[27] ζεύγνυμι – I join, bind, connect
[28] ὁδευτής, ὁ – wayfarer, wanderer

[133] ἐπειδὴ ἄνθρωπον ὄντα φύσει τῶν ἐν τῷ βίῳ[1] διαφερόντων καὶ τοῦτο τῶν ἄλλων τι ὥσπερ παραμύθιον[2] ἔχειν δεῖ· ὅθεν δὴ πολλὰ πολλοῖς προσέπεσε[3] νοσήματα[4] ἀγεννῆ[5] καὶ λυμαινόμενα[6] τὰς ψυχάς, ἔτι δὲ καθαιροῦντα[7] τὸ ἀξίωμα[8] τῆς βασιλείας· [134] ὁ μὲν γὰρ ὑπὸ ᾠδῆς[9] ἁλοὺς[10] μινυρίζων[11] διετέλει[12] καὶ θρηνῶν[13] ἐν τοῖς θεάτροις,[14] ἀμελήσας[15] δὲ τῆς αὐτοῦ βασιλείας, τοὺς παλαιοὺς ὑποκρινόμενος[16] ἠγάπα βασιλέας· ὁ δὲ αὐλήσεως[17] ἐραστὴς[18] ἐγένετο· [135] ὁ δὲ ἀγαθὸς βασιλεὺς τῶν μὲν τοιούτων οὐδέποτε ἀκροᾶται[19] συνεχῶς·[20] κάλλιστον δὲ εὕρεμα[21] ἡγεῖται κυνηγεσίαν,[22] καὶ τούτῳ μάλιστα[23] χαίρει· δι' οὗ τὸ μὲν σῶμα γίγνεται ῥωμαλεώτερον,[24] ἡ ψυχὴ δὲ ἀνδρειοτέρα,[25] τὰ πολεμικὰ[26] δὲ ἅπαντα ἀσκεῖται.[27] [136a] καὶ γὰρ ἱππεῦσαι[28] καὶ δραμεῖν ἀναγκαῖον[29] καὶ ὑφίστασθαι[30] πολλὰ τῶν ἀλκίμων[31] θηρίων καὶ καῦμα[32] ἀνέχεσθαι[33] καὶ ψῦχος[34] ὑπομένειν,

---

[1] βίος, ὁ – life; mode of life, manner of living
[2] παραμύθιον, τό – encouragement, exhortation
[3] προσπίτνω – I fall upon or down to; I embrace
[4] νόσημα, τό – disease, vice
[5] ἀγεννής, ές – sordid; low-born
[6] λυμαίνομαι – I outrage, maltreat, cause ruin
[7] καθαιρέω – I put down by force, depose
[8] ἀξίωμα, τό – worth, honor, reputation
[9] ἀοιδή, ἡ – song
[10] ἁλίσκομαι – I am caught, seized
[11] μινυρίζω – I warble, sing in a low tone
[12] διατελέω – I bring to an end, accomplish
[13] θρηνέω – I lament, sing a dirge
[14] θέατρον, τό – theater
[15] ἀμελέω – I have no care for
[16] ὑποκρίνομαι – I play a part, am an actor
[17] αὔλησις, ἡ – flute-playing
[18] ἐραστής, ὁ – lover, admirer
[19] ἀκροάομαι – I hearken to, listen
[20] συνεχής, ές – continuous, at frequent intervals
[21] εὕρεμα, τό – discovery, invention; windfall
[22] κυνηγέτης, ὁ – hunter
[23] μάλα – above all, exceedingly, certainly
[24] ῥωμαλέος, α, ον – strong of body, robust
[25] ἀνδρεῖος, α, ον – manly; courageous; strong
[26] πολεμικός, ή, όν – warlike, for war
[27] ἀσκέω – I work; I practice, train
[28] ἱππεύω – I am a horseman in the cavalry
[29] ἀναγκαῖος, α, ον – constraining, forced
[30] ὑφίστημι – I lie in ambush
[31] ἄλκιμος, ον – stout, brave
[32] καῦμα, τό – heat of the day
[33] ἀνέχω – I hold up, bear up, sustain
[34] ψῦχος, τό – cold, wintertime, frost

[136b] πολλάκις δὲ καὶ λιμοῦ¹ καὶ δίψους² πειραθῆναι,³ διὰ δὲ τὴν ἐπιθυμίαν ἐθίζοντα⁴ καρτερεῖν⁵ μεθ' ἡδονῆς⁶ οὐ μέντοι⁷ τήν γε⁸ Περσικὴν⁹ θήραν.¹⁰

[137] ἐκεῖνοι μὲν γὰρ παραδείσοις¹¹ περιλαβόντες,¹² ὁπότε¹³ ἐπιθυμήσειαν,¹⁴ ὥσπερ ἐν εἱρκτῇ¹⁵ τὰ θηρία ἔκτεινον, ὡς μήτε ζητοῦντες πονεῖν¹⁶ μήτε αὖ¹⁷ κινδυνεύοντες,¹⁸ ἅτε¹⁹ ἀσθενῆ²⁰ καὶ δεδουλωμένα·²¹ ὁμοίως δὲ ἀφῃροῦντο²² τὴν ἐπὶ τῷ εὑρεῖν τε χαρὰν καὶ τὴν ἐπὶ τῷ φθάσαι²³ σπουδὴν²⁴ καὶ τὴν ἐπὶ τῷ συμβῆναι²⁵ ἀγωνίαν.²⁶ [138] ὅμοιον γὰρ ἐποίουν ὥσπερ εἰ πολεμικοὶ²⁷ φάσκοντες²⁸ εἶναι ἀφέντες τὸ τοῖς πολεμίοις²⁹ μάχεσθαι³⁰ τοὺς αἰχμαλώτους³¹ οἴκοι λαβόντες ἔκτεινον.

---

¹ λιμός, ὁ – hunger
² δίψος, τό – thirst
³ πειράω – I attempt, put to the test
⁴ ἐθίζω – I am accustomed to
⁵ καρτερέω – I endure, am patient
⁶ ἡδονή, ἡ – enjoyment, pleasure
⁷ μέντοι – really, actually; adversitive though
⁸ γε – at least; at any rate; indeed
⁹ Περσικός, ή, όν – Persian
¹⁰ θηράω – I hunt; I catch, capture
¹¹ παράδεισος, ὁ – enclosed park, garden
¹² περιλαμβάνω – I catch, surround
¹³ ὁπότε – when; because, since; often
¹⁴ ἐπιθυμέω – I desire, covet
¹⁵ εἱρκτή, ἡ – enclosure
¹⁶ πονέω – I work hard, toil, labor
¹⁷ αὖ – again, once more; on the other hand
¹⁸ κινδυνεύω – I hazard, am daring, take a risk
¹⁹ ἅτε – just as, inasmuch as
²⁰ ἀσθενής, ές – weak
²¹ δουλόω – I enslave
²² ἀφαιρέω – I take away from, deprive
²³ φθάνω – I come first; I overtake
²⁴ σπουδή, ἡ – haste, speed,
²⁵ συμβαίνω – I agree with; I correspond with
²⁶ ἀγωνία, ἡ – contest; gymnastic exercise
²⁷ πολεμικός, ή, όν – warlike, for war
²⁸ φάσκω – I say, affirm, think
²⁹ πολέμιος, α, ον – warlike, hostile
³⁰ μάχομαι – I fight, quarrel against
³¹ αἰχμάλωτος, ον – captive, prisoner

Περὶ Βασιλείας Δ (*De regno iv*)

[1] φασί ποτε Ἀλέξανδρον¹ Διογένει² συμβαλεῖν³ οὐ πάνυ⁴ τι σχολάζοντα⁵ πολλὴν ἄγοντι σχολήν.⁶ ἦν γὰρ ὁ μὲν βασιλεὺς Μακεδόνων⁷ τε καὶ ἄλλων πολλῶν, ὁ δὲ φυγὰς⁸ ἐκ Σινώπης. ταῦτα δὲ λέγουσι καὶ γράφουσι πολλοί, τὸν Ἀλέξανδρον οὐχ ἧττον⁹ θαυμάζοντες καὶ ἐπαινοῦντες,¹⁰ ὅτι τοσούτων ἄρχων καὶ τῶν τότε μέγιστον δυνάμενος οὐχ ὑπερεώρα¹¹ πένητος¹² ἀνθρώπου συνουσίαν¹³ νοῦν¹⁴ ἔχοντος καὶ δυναμένου καρτερεῖν.¹⁵ [2] οἱ γὰρ ἄνθρωποι χαίρουσι φύσει πάντες τιμωμένην ὁρῶντες φρόνησιν ὑπὸ τῆς μεγίστης ἐξουσίας τε καὶ δυνάμεως, ὥστε οὐ μόνον τἀληθῆ διηγοῦνται¹⁶ περὶ τῶν τοιούτων, ἀλλὰ καὶ αὐτοὶ πλάττουσιν¹⁷ ὑπερβάλλοντες,¹⁸ προσέτι¹⁹ καὶ τἄλλα ἀφαιρούμενοι²⁰ τῶν φρονίμων, οἷον χρήματα²¹ καὶ τιμὰς καὶ τὴν τοῦ σώματος δύναμιν, ὅπως διὰ μόνην δόξωσι τιμᾶσθαι τὴν ξύνεσιν.²²

---

¹ Ἀλέξανδρος, ὁ – Alexander
² Διογενής, ὁ – Diogenes
³ συμβάλλω – I meet; I throw together, unite
⁴ πάνυ – altogether; very; exceedingly
⁵ σχολάζω – I have leisure or spare time
⁶ σχολή, ἡ – leisure, rest, ease
⁷ Μακεδονία, ἡ – Macedonia
⁸ φυγή, ἡ – flight, escape, refuge; banishment (TH: refugee, exile)
⁹ ἥσσων – inferior; weaker; fewer
¹⁰ ἐπαινέω – I approve, applaud, commend
¹¹ ὑπεροράω – I take no notice of; I look down upon, disdain
¹² πένης, ὁ – day-laborer; poor person
¹³ συνουσία, ἡ – being with or together
¹⁴ TH: νοῦν ἔχειν – to have sense, be sensible
¹⁵ καρτερέω – I am steadfast, patient; I bear patiently, endure
¹⁶ διηγέομαι – I set out in detail, describe
¹⁷ πλάσσω – I mold, form; I imagine
¹⁸ ὑπερβάλλω – I overshoot; I outdo, excel, surpass
¹⁹ προσέτι – over and above; besides
²⁰ ἀφαιρέω – I take away from; I set aside, cancel
²¹ χρῆμα, τό – goods, property, money
²² σύνεσις, ἡ – uniting, union; intelligence, sagacity; conscience

[3] ὡς δὲ εἰκὸς¹ ἐκείνοις γενέσθαι τὴν ξυνουσίαν² ἐκείνην, εἴποιμ' ἄν, ἐπειδὴ καὶ τυγχάνομεν³ σχολὴν⁴ ἄγοντες ἀπὸ τῶν ἄλλων πραγμάτων.⁵ [4] ἦν μὲν γάρ, ὥς φασιν, ὁ Ἀλέξανδρος ἀνθρώπων φιλοτιμότατος⁶ καὶ μάλιστα⁷ δόξης ἐραστὴς⁸ καὶ τοῦ καταλιπεῖν⁹ ὡς μέγιστον αὐτοῦ ὄνομα ἐν πᾶσιν Ἕλλησι καὶ βαρβάροις,¹⁰ καὶ ἐπεθύμει γε¹¹ τιμᾶσθαι σχεδὸν¹² οὐχ ὑπὸ τῶν ἀνθρώπων μόνον πανταχοῦ,¹³ ἀλλ' εἴ πως δυνατὸν ἦν, ὑπό τε τῶν ὀρνίθων¹⁴ καὶ τῶν ἐν τοῖς ὄρεσι θηρίων. [5] τῶν μὲν οὖν ἄλλων πάντων κατεφρόνει¹⁵ καὶ οὐδένα ᾤετο¹⁶ ἀξιόμαχον¹⁷ αὐτῷ περὶ τούτου τοῦ πράγματος,¹⁸ οὔτε τὸν Πέρσην¹⁹ οὔτε τὸν Σκύθην²⁰ οὔτε τὸν Ἰνδὸν²¹ οὔτε ἐν τοῖς Ἕλλησιν οὐδένα οὔτε ἄνδρα οὔτε πόλιν.

---

¹ εἰκός, τό – *likely, probable, reasonable*
² συνουσία, ἡ – *being with* or *together*, for *conversation, society*
³ τυγχάνω – *I attain to; I happen to be at*
⁴ σχολή, ἡ – *leisure, rest, ease*
⁵ πρᾶγμα, τό – *deed, act, affair*
⁶ φιλότιμος, ον – *loving honor* or *distinction; ambitious*
⁷ μάλα – *above all; exceedingly; certainly*
⁸ ἐραστής, ὁ – *lover, admirer*
⁹ καταλείπω – *I leave behind, forsake, abandon*
¹⁰ βάρβαρος, ον – *barbarous; foreign*
¹¹ γε – *at least; at any rate; indeed*
¹² σχεδόν – *near; approximately; nearly*
¹³ πανταχοῦ – *everywhere; altogether; absolutely*
¹⁴ ὄρνις, ὁ – *bird; bird of omen*
¹⁵ καταφρονέω – *I look down upon, regard contemptuously*
¹⁶ οἴομαι – *I forebode, think, suppose*
¹⁷ ἀξιόμαχος, ον – *a match for another in battle or war; sufficient in strength*
¹⁸ πρᾶγμα, τό – *deed, act, affair*
¹⁹ Πέρσης, ὁ – *Persian*
²⁰ Σκύθης, ὁ – *Scythian*
²¹ Ἰνδός, ή, όν – *Indian*

[6] ᾐσθάνετο[1] γὰρ ὅτι μικροῦ διεφθαρμένοι[2] πάντες εἰσὶ τὰς ψυχὰς ὑπὸ τρυφῆς[3] καὶ ἀργίας[4] καὶ τοῦ κερδαίνειν καὶ ἡδονῆς[5] ἥττονες.[6] περὶ Διογένους δὲ πυνθανόμενος[7] τῶν τε λόγων οὓς ἔλεγεν καὶ τῶν ἔργων ἃ ἔπραττεν, καὶ ὅπως διήνεγκε τὴν φυγήν, ἐνίοτε[8] μὲν κατεφρόνει[9] τῆς τε πενίας[10] τἀνδρὸς καὶ τῆς εὐτελείας,[11] ἅτε[12] νέος ὢν καὶ τραφεὶς[13] ἐν βασιλικῷ[14] τύφῳ,[15] [7] πολλάκις δὲ ἐθαύμαζε καὶ ἐζηλοτύπει[16] τῆς τε ἀνδρείας[17] τοῦτον καὶ τῆς καρτερίας,[18] καὶ μάλιστα[19] τῆς δόξης, ὅτι τοιοῦτος ὢν πᾶσι τοῖς Ἕλλησι γιγνώσκοιτο[20] καὶ θαυμάζοιτο, καὶ οὐδεὶς ἠδύνατο τῶν ἄλλων οἷος ἐκεῖνος γενέσθαι τῇ φιλοτιμίᾳ.[21]

---

[1] αἰσθάνομαι – *I perceive, understand*
[2] διαφθείρω – *I destroy utterly, kill; I corrupt, ruin*
[3] τρυφή, ἡ – *softness, daintiness; luxuriousness, wantonness*
[4] ἀργία, ἡ – *idleness, laziness; rest, leisure*
[5] ἡδονή, ἡ – *enjoyment, pleasure*
[6] ἥσσων – *inferior; weaker; fewer*
[7] πυνθάνομαι – *I learn; I inquire concerning*
[8] ἐνίοτε – *at times, sometimes*
[9] καταφρονέω – *I look down upon, regard contemptuously*
[10] πενία, ἡ – *poverty, need, lack*
[11] εὐτέλεια, ἡ – *without extravagance; meanness, shabbiness*
[12] ἅτε – *just as, inasmuch as*
[13] τρέφω – *I bring up, rear; I cause to grow, increase*
[14] βασιλικός, ή, όν – *royal, kingly*
[15] τῦφος, ὁ – *vanity, arrogance, pomp*
[16] ζηλοτυπέω – *I am jealous of; I emulate*
[17] ἀνδρεία, ἡ – *manliness; bravery*
[18] καρτερία, ἡ – *patient endurance, perseverance*
[19] μάλα – *above all; exceedingly; certainly*
[20] γιγνώσκω – *I come to know, perceive* (MH: PMO 3S)
[21] φιλοτιμία, ἡ – *love of honor* or *distinction; ambition*

[8] καὶ ὅτι αὐτῷ μὲν ἔδει τῆς Μακεδόνων[1] φάλαγγος[2] καὶ τοῦ Θετταλῶν[3] ἱππικοῦ[4] καὶ Θρᾳκῶν[5] καὶ Παιόνων[6] καὶ ἄλλων πολλῶν, εἰ μέλλοι βαδίζειν[7] ὅποι[8] βούλοιτο καὶ τυγχάνειν[9] ὧν ἐπιθυμοῖ· ὁ δὲ μόνος ἀπῄει[10] πάνυ[11] ἀσφαλῶς[12] οὐ μόνον ἡμέρας, ἀλλὰ καὶ νυκτός, ἔνθα[13] αὐτῷ ἐδόκει· [9] καὶ ὅτι αὐτὸς μὲν χρυσίου[14] καὶ ἀργυρίου παμπόλλου[15] ἐδεῖτο, ὥστε ἐπιτελέσαι[16] τι ὧν ἐβούλετο· ἔτι δὲ εἰ μέλλοι πειθομένους ἕξειν Μακεδόνας[17] καὶ τοὺς ἄλλους Ἕλληνας, θεραπευτέον[18] αὐτῷ τούς τε ἄρχοντας καὶ τὸν ἄλλον ὄχλον λόγοις τε καὶ δώροις πολλάκις· [10a] ὁ δὲ οὐδένα ἀνθρώπων ὑπῄει[19] θωπεύων,[20] ἀλλὰ τἀληθῆ πρὸς ἅπαντας λέγων καὶ οὐδεμίαν δραχμὴν[21] κεκτημένος[22] ὡς ἐβούλετο ἔπραττε καὶ τῶν προκειμένων[23] οὐδενὸς ἀπετύγχανε[24]

---

[1] Μακεδών, ὁ or ἡ – *Macedonian*
[2] φάλαγξ, ἡ – *ranks of battle, phalanx*
[3] Θεσσαλός, ή, όν – *Thessalian*
[4] ἱππικός, ή, όν – *of a horse* or *horses; cavalry*
[5] Θρᾷξ, ὁ – *Thracian*
[6] Παιάν, ὁ – *Paeonian*
[7] βαδίζω – *I go about, proceed*
[8] ὅποι – *whither, whithersoever*
[9] τυγχάνω – *I attain to; I happen to be at*
[10] ἄπειμι – *I go away, depart* (MH: IAI 3S)
[11] πάνυ – *altogether; very; exceedingly*
[12] ἀσφαλής, ές – *safe, assured from danger*
[13] ἔνθα – *where, wherever*
[14] χρυσίον, τό – *gold*
[15] πάμπολυς – *very great, large,* or *numerous*
[16] ἐπιτελέω – *I complete, finish, accomplish*
[17] Μακεδών, ὁ or ἡ – *Macedonian*
[18] θεραπευτέον – *one must do service to; one must court, flatter*
[19] ὕπειμι – *I flatter, gain favor* (MH: IAI 3S)
[20] θωπεύω – *I flatter, wheedle, fawn*
[21] δραχμή, ἡ – *drachma*
[22] κτάομαι – *I procure for myself, acquire*
[23] πρόκειμαι – *I set before, propose, set forth*
[24] ἀποτυγχάνω – *I miss my object, fail*

[10b] καὶ τὸν βίον¹ ἔζη μόνος, ὃν ἡγεῖτο ἄριστον² καὶ εὐδαιμονέστατον,³ καὶ οὐκ ἂν ἠλλάξατο⁴ τὴν ἐκείνου βασιλείαν οὐδὲ τὸν τῶν Περσῶν⁵ τε καὶ Μήδων⁶ πλοῦτον ἀντὶ τῆς ἑαυτοῦ πενίας.⁷ [11] διὰ ταῦτα δὴ δακνόμενος,⁸ εἴ τις αὐτοῦ διοίσει ῥᾳδίως⁹ οὕτως καὶ ἀπραγμόνως¹⁰ ζῶν, καὶ προσέτι¹¹ οὐχ ἧττον¹² ὀνομαστὸς¹³ ἔσοιτο, τυχὸν¹⁴ δέ τι καὶ ὠφεληθήσεσθαι νομίζων ἀπὸ τῆς συνουσίας¹⁵ τἀνδρός, πάλαι¹⁶ μὲν ἐπεθύμει θεάσασθαι τὸν ἄνδρα καὶ συγγενέσθαι¹⁷ αὐτῷ· [12] ἐπεὶ δὲ ἧκεν εἰς Κόρινθον¹⁸ καὶ τάς τε πρεσβείας¹⁹ ἀπεδέξατο²⁰ τὰς παρὰ τῶν Ἑλλήνων καὶ τἆλλα τὰ τῶν ξυμμάχων²¹ διῴκησεν,²² ἔφη τοῖς περὶ αὐτὸν ὅτι σχολάσαι²³ τι βούλοιτο, καὶ ᾤχετο,²⁴ οὐκ ἐπὶ θύρας τοῦ Διογένους· οὐ γὰρ ἦσαν αὐτῷ θύραι οὔτε μείζους οὔτε ἐλάττους,²⁵ οὐδὲ οἶκος ἴδιος οὐδὲ ἑστία,²⁶ καθάπερ²⁷ τοῖς μακαρίοις, ἀλλὰ οἴκοις μὲν ἐχρῆτο²⁸ ταῖς πόλεσι,

---

[1] βίος, ὁ – *life, mode of life, manner of living*
[2] ἄριστος, η, ον – *best, most excellent*
[3] εὐδαίμων, ον – *blessed, fortunate, truly happy*
[4] ἀλλάσσω – *I barter, exchange*
[5] Πέρσης, ὁ – *Persian*
[6] Μῆδος, ὁ – *Mede, Median*
[7] πενία, ἡ – *poverty, need, lack*
[8] δάκνω – *I needle, bite, sting* (LH: *of a mental state; essentially – I irritate*)
[9] ῥᾴδιος, α, ον – *easy, easy-going*
[10] ἀπράγμων, ον – *without trouble* or *care*
[11] προσέτι – *over and above; besides*
[12] ἥσσων – *inferior; weaker; fewer*
[13] ὀνομαστός, ή, όν – *named, famous, notable*
[14] τυχόν – *perchance, perhaps*
[15] συνουσία, ἡ – *being with* or *together*
[16] πάλαι – *long ago; before; for a long time*
[17] συγγίγνομαι – *I associate with, converse with*
[18] Κόρινθος, ὁ or ἡ – *Corinth*
[19] πρεσβεία, ἡ – *seniority, elder*
[20] ἀποδέχομαι – *I receive favorably; I approve*
[21] σύμμαχος, ον – *fighting along with, allied with*
[22] διοικέω – *I exercise authority, administer*
[23] σχολάζω – *I have leisure time, have the opportunity* for something
[24] οἴχομαι – *I come, go, depart*
[25] ἐλασσόω – *I am lesser, inferior*
[26] ἑστία, ἡ – *hearth, hearth stone; household*
[27] καθάπερ – *just as, exactly as*
[28] χράω – *I proclaim, declare*

[13] καὶ ἐνταῦθα¹ διέτριβεν² ἐν τοῖς κοινοῖς τε καὶ ἱεροῖς, ἅπερ ἵδρυται³ τοῖς θεοῖς, ἑστίαν⁴ δὲ ἐνόμιζε τὴν γῆν ἅπασαν, ἥπερ ἐστὶ κοινὴ τῶν ἀνθρώπων ἑστία⁵ καὶ τροφός.⁶ [14] καὶ τότε ἐτύγχανεν⁷ ἐν τῷ Κρανείῳ⁸ διατρίβων⁹ μόνος· οὐδὲ γὰρ μαθητάς τινας οὐδὲ τοιοῦτον ὄχλον περὶ αὐτὸν εἶχεν, ὥσπερ οἱ σοφισταὶ¹⁰ καὶ αὐληταὶ¹¹ καὶ οἱ διδάσκαλοι τῶν χορῶν.¹² προσῆλθεν οὖν αὐτῷ καθημένῳ καὶ ἠσπάσατο. καὶ ὃς ἀνέβλεψε πρὸς αὐτὸν γοργόν,¹³ ὥσπερ οἱ λέοντες,¹⁴ καὶ ἐκέλευσεν ἀποστῆναι¹⁵ σμικρόν· ἐτύγχανε¹⁶ γὰρ ἀλεαινόμενος¹⁷ πρὸς τὸν ἥλιον. [15a] ὁ οὖν Ἀλέξανδρος εὐθὺς ἠγάσθη¹⁸ τοῦ ἀνδρὸς τὸ θάρσος¹⁹ καὶ τὴν ἡσυχίαν,²⁰ ὅτι οὐ κατεπλάγη²¹ ἐπιστάντος αὐτῷ. καὶ γάρ πως πεφύκασιν²² οἱ μὲν θαρραλέοι²³ τοὺς θαρραλέους²⁴ φιλεῖν, οἱ δὲ δειλοὶ²⁵ τοὺς μὲν ὑφορῶνται²⁶ καὶ μισοῦσιν ὡς ἐχθρούς, τοὺς δὲ ἀγεννεῖς²⁷ προσίενται²⁸ καὶ ἀγαπῶσιν.

---

¹ ἐνταῦθα – *here, there; at the very time, then*
² διατρίβω – *I spend time, pass time*
³ ἱδρύω – *I dedicate, erect* (MH: RPI 3S)
⁴ ἑστία, ἡ – *hearth, hearth stone; house*
⁵ ἑστία, ἡ – *hearth, hearth stone; house*
⁶ τροφός, ὁ and ἡ – *feeder, nurse, nourisher*
⁷ τυγχάνω – *I attain to; I happen to be at*
⁸ κρανεών – *grove of Cornelian cherry-trees*
⁹ διατρίβω – *I spend time, pass time*
¹⁰ σοφιστής, ὁ – *expert, wise person; Sophist*
¹¹ αὐλητής, ὁ – *flute-player*
¹² χορός, ὁ – *dance; band of dancers and singers*
¹³ γοργός, ή, όν – *grim, fierce, terrible*
¹⁴ λέων, ὁ – *lion*
¹⁵ ἀφίστημι – *I put away, remove; I am away from*
¹⁶ τυγχάνω – *I attain to; I happen to be at*
¹⁷ ἀλεαίνω – *I warm, make warm*
¹⁸ ἄγαμαι – *I wonder, admire*
¹⁹ θάρσος, τό – *courage*
²⁰ ἡσυχία, ἡ – *silence, stillness; ease, leisure*
²¹ καταπλήσσω – *I strike, smite; I astound*
²² φύω – *I bring forth, produce* (MH: RAI 3P) (LH: the pf. and 2ⁿᵈ aor. take a pres. sense – *to be so* or *so by nature*)
²³ θαρσαλέος, α, ον – *daring, courageous*
²⁴ θαρσαλέος, α, ον – *daring, courageous*
²⁵ δειλός, ή, όν – *cowardly; wretched, miserable*
²⁶ ὑφοράω – *I view with suspicion; I suspect*
²⁷ ἀγεννής, ές – *ignoble, low-born*
²⁸ προσίημι – *I let come to, allow, accept*

[15b] ὅθεν τοῖς μὲν ἀλήθεια καὶ παρρησία πάντων ἐστὶν ἥδιστον,[1] τοῖς δὲ κολακεία[2] καὶ ψεῦδος,[3] καὶ ἀκούουσιν ἡδέως[4] οἱ μὲν τῶν πρὸς χάριν ὁμιλούντων,[5] οἱ δὲ τῶν πρὸς ἀλήθειαν. [16] ὁ οὖν Διογένης ὀλίγον ἐπισχὼν[6] ἤρετο αὐτὸν ὅστις εἴη[7] καὶ τί βουλόμενος ἥκοι[8] πρὸς αὐτόν, ἤ, ἔφη, τῶν ἐμῶν τι ληψόμενος; ἦ γάρ, ἔφη, χρήματα[9] ἔστι σοι καὶ ἔχεις ὅτου ἂν μεταδοίης;[10] πολλά γε,[11] εἶπε, καὶ πολλοῦ ἄξια, ὧν σὺ οὐκ οἶδα εἴ ποτε δυνήσῃ μεταλαβεῖν.[12] οὐ μέντοι[13] 'ἄορας[14] οὐδὲ λέβητασ'[15] οὐδὲ κρατῆρας[16] οὐδὲ κλίνας[17] καὶ τραπέζας τυγχάνω[18] κεκτημένος,[19] [17] ὥς τινές φασι κεκτῆσθαι[20] Δαρεῖον[21] ἐν Πέρσαις.[22] τί δέ, ἔφη, οὐκ οἶσθα Ἀλέξανδρον τὸν βασιλέα; τό γε[23] ὄνομα, εἶπεν, ἀκούω πολλῶν λεγόντων, ὡς κολοιῶν[24] περιπετομένων,[25] αὐτὸν δὲ οὐ γιγνώσκω·

---

[1] ἡδύς – *pleasant, welcome, well-pleased, glad*
[2] κολακεία, ἡ – *flattery, fawning*
[3] ψεῦδος, τό – *falsehood, lie, deceit*
[4] ἡδύς – *pleasant, welcome, well-pleased, glad*
[5] ὁμιλέω – *I am in company with, consort with*
[6] ἐπέχω – *I present, offer; I hold back, keep in check*
[7] MH: PAO 3S (εἰμί)
[8] MH: PAO 3S (ἥκω)
[9] χρῆμα, τό – *goods, property, money*
[10] μεταδίδωμι – *I give a part of, give a share of, distribute* (MH: AAO 2S)
[11] γε – *at least; at any rate; indeed*
[12] μεταλαμβάνω – *I have* or *get a share of, partake of*
[13] μέντοι – *really, actually; adversitive though; to be sure, indeed*
[14] ἄορ, τό – *sword hung in a belt; any weapon*
[15] λέβης, ὁ – *kettle, cauldron*
[16] κρατήρ, ὁ – *mixing vessel in which wine was mixed with water*
[17] κλίνη, ἡ – *that on which one lies, couch*
[18] τυγχάνω – *I attain to; I happen to be at*
[19] κτάομαι – *I procure for myself, acquire*
[20] κτάομαι – *I procure for myself, acquire*
[21] Δαρεῖος, ὁ – *Darius*
[22] Περσεύς, ὁ – *Perseus*
[23] γε – *at least; at any rate; indeed*
[24] κολοιός, ὁ – *jackdaw (bird in the crow family), little cormorant*
[25] περιπέτομαι – *I fly, fly around*

[18] οὐ γὰρ εἰμι ἔμπειρος¹ αὐτοῦ τῆς διανοίας.² ἀλλὰ νῦν, ἔφη, γνώσῃ καὶ τὴν διάνοιαν·³ ἥκω γὰρ ἐπ' αὐτὸ τοῦτο, ἐμαυτόν τε παρέξων σοι καταμαθεῖν⁴ καὶ σὲ ὀψόμενος. ἀλλὰ χαλεπῶς,⁵ ἔφη, με ἂν ἴδοις,⁶ ὥσπερ τὸ φῶς⁷ οἱ τὰ ὄμματα⁸ ἀσθενεῖς. τόδε⁹ δέ μοι εἰπέ, σὺ ἐκεῖνος εἶ Ἀλέξανδρος, ὃν λέγουσιν ὑποβολιμαῖον;¹⁰ καὶ ὃς ἀκούσας ἠρυθρίασε¹¹ μὲν καὶ ὠργίσθη,¹² κατέσχε δ' ἑαυτόν· μετενόει δέ, ὅτι εἰς λόγους ἠξίωσεν¹³ ἐλθεῖν ἀνδρὶ σκαιῷ¹⁴ τε καὶ ἀλαζόνι,¹⁵ ὡς αὐτὸς ἐνόμιζεν. [19] ὁ οὖν Διογένης καταμαθὼν¹⁶ αὐτὸν τεταραγμένον, ἐβουλήθη μεταβαλεῖν¹⁷ αὐτοῦ τὴν ψυχήν, ὥσπερ οἱ παῖδες τοὺς ἀστραγάλους.¹⁸ εἰπόντος δὲ αὐτοῦ, Πόθεν δέ σοι ἐπῆλθεν¹⁹ ἡμᾶς ὑποβολιμαίους²⁰ εἰπεῖν; ὁπόθεν,²¹ ἔφη, καὶ τὴν μητέρα σου ἀκούω ταῦτα περὶ σοῦ λέγειν. ἢ οὐκ Ὀλυμπιάς²² ἐστιν ἡ εἰποῦσα ὅτι οὐκ ἐκ Φιλίππου τυγχάνεις²³ γεγονώς, ἀλλ' ἐκ δράκοντος ἢ Ἄμμωνος²⁴ ἢ οὐκ οἶδα ὅτου ποτὲ θεῶν ἢ ἀνθρώπων ἢ θηρίων; καίτοι²⁵ οὕτως ὑποβολιμαῖος²⁶ ἂν εἴης.

---

¹ ἔμπειρος, ον – *experienced in a thing*
² διάνοια, ἡ – *thought; intention, inclination*
³ διάνοια, ἡ – *thought; intention, inclination*
⁴ καταμανθάνω – *I examine closely, inspect*
⁵ χαλεπός, ή, όν – *difficult, hard to bear, painful*
⁶ MH: AAO 2S (εἴδω)
⁷ φάος, τό – *light*
⁸ ὄμμα, τό – *eye; look, expression*
⁹ ὅδε – *this*
¹⁰ ὑποβολιμαῖος, α, ον – *brought in by stealth*
¹¹ ἐρυθριάω – *I blush, colour up, am inflamed*
¹² ὀργίζω – *I make angry, provoke to anger*
¹³ ἀξιόω – *I deem worthy*
¹⁴ σκαιός, ά, όν – *left, lefthanded; awkward*
¹⁵ ἀλαζών, ὁ or ἡ – *wanderer, vagrant; charlatan*
¹⁶ καταμανθάνω – *I examine closely, inspect,*
¹⁷ μεταβάλλω – *I turn about, change course*
¹⁸ ἀστράγαλος, ὁ – *dice*
¹⁹ ἐπέρχομαι – *I approach, come upon*
²⁰ ὑποβολιμαῖος, α, ον – *brought in by stealth*
²¹ ὁπόθεν – *whence, from what place*
²² Ὀλυμπιάς, ἡ – *Olympias*
²³ τυγχάνω – *I attain to; I happen to be at*
²⁴ Ἄμμων, ὁ – *Zeus-Ammon*
²⁵ καίτοι – *and yet*
²⁶ ὑποβολιμαῖος, α, ον – *brought in by stealth*

[54] ἢ σὺ τοὺς ἀλεκτρυόνας[1] οὐ καλεῖς νόθους,[2] οἳ ἂν ὦσιν ἐξ ἀνομοίων;[3] ἢ οὐ μείζων σοι δοκεῖ διαφορὰ[4] θεοῦ πρὸς γυναῖκα θνητὴν[5] ἢ γενναίου[6] ἀλεκτρυόνος;[7] εἰ οὖν γέγονας οὕτως καθάπερ[8] φασί, καὶ σὺ νόθος[9] ἂν εἴης ὥσπερ ἀλεκτρυών.[10] τυχὸν[11] δὲ καὶ μαχιμώτατος[12] ἔσῃ τῶν ἄλλων διὰ ταύτην τὴν νοθείαν.[13] [20] ἐνταῦθα[14] ὁ Ἀλέξανδρος ἐμειδίασεν,[15] καὶ ἥσθη[16] ὡς οὐδέποτε, καὶ ἔδοξεν αὐτῷ ὁ Διογένης οὐ μόνον οὐ σκαιός,[17] ἀλλὰ καὶ δεξιώτατος ἁπάντων καὶ μόνος εἰδὼς χαρίζεσθαι. τί οὖν, ἔφη, πότερον[18] ἀληθὴς ἢ ψευδὴς[19] εἶναι δοκεῖ σοι ὁ λόγος; [21] ἄδηλον,[20] ἔφη, ἐστίν· ἐὰν μὲν γὰρ ᾖς σώφρων[21] καὶ ἀνδρεῖος[22] καὶ τὴν τοῦ Διὸς[23] ἐπιστάμενος τέχνην[24] τὴν βασιλικήν,[25] οὐθέν σε κωλύει τοῦ Διὸς εἶναι υἱόν·

---

[1] ἀλεκτρυών, ὁ – *cock, fowl*
[2] νόθος, η, ον – *bastard, baseborn*
[3] ἀνόμοιος, α, ον – *unlike, dissimilar*
[4] διαφορά, ἡ – *dislocation; difference, variance*
[5] θνητός, ή, όν – *liable to death, mortal*
[6] γενναῖος, α, ον – *true to one's birth* or *descent; high-born, noble*
[7] ἀλεκτρυών, ὁ – *cock, fowl*
[8] καθάπερ – *just as, exactly as*
[9] νόθος, η, ον – *bastard, baseborn*
[10] ἀλεκτρυών, ὁ – *cock, fowl*
[11] τυχὸν – *perchance, perhaps*
[12] μάχιμος, η, ον – *fit for battle*
[13] νοθεία, ἡ – *birth out of wedlock*
[14] ἐνταῦθα – *here, there, at the very time, then*
[15] μειδιάω – *I smile; I laugh aloud*
[16] ἥδομαι – *I am pleased* (MH: API 3S)
[17] σκαιός, ά, όν – *left, lefthanded; awkward, clumsy*
[18] πότερος, α, ον – *whether, either, or*
[19] ψευδής, ές – *lying, false*
[20] ἄδηλος, ον – *unseen, invisible, unproved*
[21] σώφρων, ὁ or ἡ – *of sound mind, moderate*
[22] ἀνδρεῖος, α, ον – *masculine; courageous; strong*
[23] Ζεύς, ὁ – *Zeus*
[24] τέχνη, ἡ – *art, skill, craft*
[25] βασιλικός, ή, όν – *royal, kingly*

[22] ἐπεὶ τοῦτό γε[1] καὶ Ὅμηρόν[2] φασι λέγειν, ὅτι πατήρ ἐστιν ὁ Ζεύς, ὥσπερ τῶν θεῶν, καὶ τῶν ἀνδρῶν, ἀλλ' οὐ τῶν ἀνδραπόδων[3] οὐδὲ τῶν φαύλων[4] τε καὶ ἀγεννῶν[5] οὐδενός· ἐὰν δὲ δειλὸς[6] ᾖς καὶ τρυφερὸς[7] καὶ ἀνελεύθερος,[8] οὔτε σοι θεῶν οὔτε ἀνθρώπων τῶν ἀγαθῶν προσήκει.[9] [23] ἀλλὰ τοῖς μὲν ἐν Θήβαις[10] Σπαρτοῖς[11] ποτε λεγομένοις σημεῖον λέγεται εἶναι τοῦ γένους λόγχη[12] τις οἶμαι[13] ἐπὶ τοῦ σώματος· ὅστις δὲ τοῦτο τὸ σημεῖον μὴ ἔχοι,[14] οὐ δοκεῖν τῶν Σπαρτῶν[15] εἶναι· τοῖς δὲ τοῦ Διὸς ἐκγόνοις[16] οὐκ οἴει[17] σημεῖον ἐνεῖναι[18] τῇ ψυχῇ, ἐξ οὗ φανεροὶ ἔσονται τοῖς δυναμένοις γνωρίζειν εἴτε ἐξ ἐκείνου γεγονότες εἰσὶν εἴτε μή; πάνυ[19] οὖν ἥσθη[20] τούτῳ τῷ λόγῳ ὁ Ἀλέξανδρος. [24a] μετὰ δὲ τοῦτο ἤρετο αὐτόν, Πῶς ἄν, ἔφη, κάλλιστα βασιλεύοι τις; καὶ ὃς δεινὸν[21] ὑποβλέψας,[22] Ἀλλ' οὐδὲ ἔστιν, ἔφη, βασιλεύειν κακῶς οὐ μᾶλλον ἢ κακῶς ἀγαθὸν εἶναι.

---

[1] γε – at least; at any rate; indeed
[2] Ὅμηρος, ὁ – Homer
[3] ἀνδράποδον, τό – one taken in war and sold as a slave, captive
[4] φαῦλος, η, ον – cheap; easy, simple; ordinary, common
[5] ἀγεννής, ές – ignoble, low-born
[6] δειλός, ή, όν – cowardly; wretched, miserable
[7] τρυφερός, ά, όν – delicate, dainty, effeminate; luxurious
[8] ἀνελεύθερος, ον – not free, servile, mean
[9] προσήκω – I belong to, am related to
[10] Θῆβαι, αἱ – Thebes
[11] σπαρτός, ή, όν – sown, grown from old (TH: "Sown-men")
[12] λόγχη, ἡ – spear-head; lance shaped birthmark
[13] οἴομαι – I forbode, think, suppose
[14] MH: PAO 3S (ἔχω)
[15] σπαρτός, ή, όν – sown, grown from old (TH: "Sown-men")
[16] ἔκγονος, ον – born of, sprung from
[17] οἴομαι – I forbode, think, suppose
[18] ἐνίημι – I send in, plunge into, throw in
[19] πάνυ – altogether; very; exceedingly
[20] ἥδομαι – I am pleased (MH: API 3S)
[21] δεινός, ή, όν – fearful, terrible
[22] ὑποβλέπω – I look sternly at, eye suspiciously or angrily

[24b] ὁ γὰρ βασιλεὺς ἀνθρώπων ἄριστός[1] ἐστιν, ἀνδρειότατος[2] ὢν καὶ δικαιότατος καὶ φιλανθρωπότατος[3] καὶ ἀνίκητος[4] ὑπὸ παντὸς πόνου[5] καὶ πάσης ἐπιθυμίας. [25] ἢ σὺ οἴει[6] τὸν ἀδύνατον[7] ἡνιοχεῖν[8] ἡνίοχον[9] εἶναι τοῦτον; ἢ τὸν ἄπειρον[10] τοῦ κυβερνᾶν[11] κυβερνήτην,[12] ἢ τὸν οὐκ ἐπιστάμενον ἰᾶσθαι ἰατρόν;[13] οὐκ ἔστιν. καθάπερ[14] οὖν οὐκ ἔστι κυβερνᾶν[15] μὴ κυβερνητικῶς,[16] οὕτως οὐδὲ βασιλεύειν μὴ βασιλικῶς,[17] οὐδ' ἂν πάντες φῶσιν Ἕλληνες καὶ βάρβαροι[18] καὶ πολλὰ διαδήματα[19] καὶ σκῆπτρα[20] καὶ τιάρας[21] προσάψωσιν[22] αὐτῷ, καθάπερ[23] τὰ περιδέραια[24] τοῖς ἐκτιθεμένοις[25] παιδίοις, ἵνα μὴ ἀγνοῆται.[26] [26] καὶ ὁ Ἀλέξανδρος φοβηθεὶς μὴ ἄρα ἄπειρος[27] ἀναφανῇ[28] τῆς βασιλικῆς[29] ἐπιστήμης,[30]

---

[1] ἄριστος, η, ον – *best, most excellent*
[2] ἀνδρεῖος, α, ον – *masculine; courageous; strong*
[3] φιλάνθρωπος, ον – *loving mankind, humane, benevolent*
[4] ἀνίκητος, ον – *unconquered, unconquerable*
[5] πόνος, ὁ – *hard work, toil, struggle*
[6] οἴομαι – *I forbode, think, suppose* (MH: PMI 2S)
[7] ἀδύνατος, ον – *unable, without strength; impossible*
[8] ἡνιοχέω – *I hold the reins, drive*
[9] ἡνίοχος, ὁ – *charioteer*
[10] ἄπειρος, ον – *without experience of a thing, unacquanted with, ignorant of*
[11] κυβερνάω – *I steer*
[12] κυβερνήτης, ὁ – *steersman, pilot*
[13] ἰατρός, ὁ – *physician, surgeon*
[14] καθάπερ – *just as, exactly as*
[15] κυβερνάω – *I steer*
[16] κυβερνητικός, ή, όν – *good at steering*
[17] βασιλικός, ή, όν – *royal, kingly*
[18] βάρβαρος, ον – *barbarous; foreign*
[19] διάδημα, τό – *diadem, crown*
[20] σκῆπτρον, τό – *staff, baton, scepter*
[21] τιάρα, ἡ – *tiara*
[22] προσάπτω – *I fasten to or upon*
[23] καθάπερ – *just as, exactly as*
[24] περιδέραιος, ον – *passed round the neck*
[25] ἐκτίθημι – *I place outside, cast out*
[26] ἀγνοέω – *I do not know, am ignorant of*
[27] ἄπειρος, ον – *without experience of a thing, unacquanted with, ignorant of*
[28] ἀναφαίνω – *I bring to light, show forth, make known*
[29] βασιλικός, ή, όν – *royal, kingly*
[30] ἐπιστήμη, ἡ – *understanding, skill*

[27] Καὶ τίς, ἔφη, σοι δοκεῖ τὴν τέχνην¹ ταύτην παραδιδόναι; ἢ ποῖ² δεῖ πορευθέντα μαθεῖν; ὁ οὖν Διογένης εἶπεν, Ἀλλ' ἐπίστασαι αὐτήν, εἴπερ³ ἀληθὴς ὁ τῆς Ὀλυμπιάδος λόγος καὶ γέγονας ἐκ τοῦ Διός· ἐκεῖνος γάρ ἐστιν ὁ τὴν ἐπιστήμην⁴ ταύτην πρῶτος καὶ μάλιστα⁵ ἔχων καὶ οἷς ἐθέλει μεταδιδούς·⁶ οἷς δὲ ἂν μεταδῷ,⁷ πάντες οὗτοι Διὸς παῖδές εἰσί τε καὶ λέγονται. [28] ἢ σὺ οἴει⁸ τοὺς σοφιστὰς⁹ εἶναι τοὺς διδάσκοντας βασιλεύειν; ἀλλ' ἐκείνων μὲν οἱ πολλοὶ οὐχ ὅπως βασιλεύειν, ἀλλ' οὐδὲ ζῆν ἴσασιν¹⁰. [29] οὐκ οἶσθα, ἔφη, ὅτι διττή¹¹ ἐστιν ἡ παιδεία,¹² ἡ μέν τις δαιμόνιος,¹³ ἡ δὲ ἀνθρωπίνη;¹⁴ ἡ μὲν οὖν θεία¹⁵ μεγάλη καὶ ἰσχυρὰ καὶ ῥᾳδία,¹⁶ ἡ δὲ ἀνθρωπίνη¹⁷ μικρὰ καὶ ἀσθενὴς καὶ πολλοὺς ἔχουσα κινδύνους¹⁸ καὶ ἀπάτην¹⁹ οὐκ ὀλίγην· ὅμως²⁰ δὲ ἀναγκαία προσγενέσθαι²¹ ἐκείνῃ, εἰ ὀρθῶς²² γίγνοιτο.²³

---

[1] τέχνη, ἡ – art, skill, craft
[2] ποῖ – whither? to where?
[3] εἴπερ – if indeed, if really; if you must
[4] ἐπιστήμη, ἡ – understanding, skill
[5] μάλα – above all; exceedingly; certainly
[6] μεταδίδωμι – I give a part of, give a share of, distribute
[7] μεταδίδωμι – I give a part of, give a share of, distribute
[8] οἴομαι – I forbode, think, suppose (MH: PMI 2S)
[9] σοφιστής, ὁ – expert, wise person; Sophist
[10] MH: RAI 3P (οἶδα)
[11] δισσός, ή, όν – twofold, double
[12] παιδεία, ἡ – training, education
[13] δαιμόνιος, α, ον – of or belonging to a δαίμων; from heaven
[14] ἀνθρώπινος, η, ον – of or belonging to humans
[15] θεῖος, α, ον – of or from the gods, divine
[16] ῥᾴδιος, α, ον – easy, easy-going
[17] ἀνθρώπινος, η, ον – of or belonging to humans
[18] κίνδυνος, ὁ, danger, hazard; venture
[19] ἀπάτη, ἡ – deceit, trick
[20] ὅμως – all the same, nevertheless, however
[21] προσγίγνομαι – I attach myself to, am added to
[22] ὀρθός, ή, όν – upright, true, correct
[23] MH: PPO 3S (γίνομαι)

[30] καλοῦσι δὲ οἱ πολλοὶ ταύτην μὲν παιδείαν,¹ καθάπερ² οἶμαι³ παιδιάν,⁴ καὶ νομίζουσι τὸν πλεῖστα⁵ γράμματα εἰδότα, Περσικά⁶ τε καὶ Ἑλληνικά⁷ καὶ τὰ Σύρων⁸ καὶ τὰ Φοινίκων,⁹ καὶ πλείστοις¹⁰ ἐντυγχάνοντα¹¹ βιβλίοις, τοῦτον σοφώτατον καὶ μάλιστα¹² πεπαιδευμένον· πάλιν δὲ ὅταν ἐντύχωσι¹³ τῶν τοιούτων τισὶ μοχθηροῖς¹⁴ καὶ δειλοῖς¹⁵ καὶ φιλαργύροις,¹⁶ ὀλίγου ἄξιόν φασι τὸ πρᾶγμα¹⁷ καὶ τὸν ἄνθρωπον· [31a] τὴν δὲ ἑτέραν ἐνίοτε¹⁸ μὲν παιδείαν,¹⁹ ἐνίοτε²⁰ δὲ ἀνδρείαν²¹ καὶ μεγαλοφροσύνην.²² καὶ οὕτω δὴ Διὸς παῖδας ἐκάλουν οἱ πρότερον²³ τοὺς τῆς ἀγαθῆς παιδείας²⁴ ἐπιτυγχάνοντας²⁵ καὶ τὰς ψυχὰς ἀνδρείους,²⁶ πεπαιδευμένους ὡς Ἡρακλέα²⁷ ἐκεῖνον.

---

¹ παιδεία, ἡ – training, education
² καθάπερ – just as, exactly as
³ οἴομαι – I forbode, think, suppose
⁴ παιδία, ἡ – childish play, pastime
⁵ πλεῖστος, η, ον – most; greatest; largest
⁶ Περσικός, ή, όν – of or from Persia
⁷ Ἑλληνικός, ή, όν – of or from Greece
⁸ Σύρος, ὁ – Syrian
⁹ φοῖνιξ, ὁ, ἡ – Phoenician; Carthaginian
¹⁰ πλεῖστος, η, ον – most; greatest; largest
¹¹ ἐντυγχάνω – I read
¹² μάλα – above all; exceedingly; certainly
¹³ ἐντυγχάνω – I fall upon, light upon
¹⁴ μοχθηρός, ά, όν – suffering hardship, in distress
¹⁵ δειλός, ή, όν – cowardly; wretched, miserable
¹⁶ φιλάργυρος, ον – fond of money, avaricious
¹⁷ πρᾶγμα, τό – deed, act, affair
¹⁸ ἐνίοτε – at times, sometimes
¹⁹ παιδεία, ἡ, training, education
²⁰ ἐνίοτε – at times, sometimes
²¹ ἀνδρεία, ἡ – manliness; bravery
²² μεγαλοφροσύνη, ἡ – greatness of mind; pride
²³ πρότερος, α, ον – former, previous
²⁴ παιδεία, ἡ – training, education
²⁵ ἐπιτυγχάνω – I profit by, benefit by
²⁶ ἀνδρεῖος, α, ον – masculine; courageous; strong
²⁷ Ἡρακλέης, ὁ – Heracles

[31b] οὐκοῦν¹ ὅστις ἂν ἐκείνην τὴν παιδείαν² ἔχῃ καλῶς πεφυκώς,³ ῥᾳδίως⁴ καὶ ταύτης γίγνεται μέτοχος,⁵ ὀλίγα ἀκούσας καὶ ὀλιγάκις,⁶ αὐτὰ τὰ μέγιστα καὶ κυριώτατα, καὶ μεμύηται⁷ καὶ φυλάττει ἐν τῇ ψυχῇ. [32] καὶ οὐδεὶς ἂν αὐτόν τι τούτων ἀφέλοιτο⁸ οὔτε καιρὸς οὔτε ἄνθρωπος σοφιστής,⁹ ἀλλ' οὐδ' ἂν πυρί τις ἐκκαῦσαι¹⁰ βουλόμενος· ἀλλὰ κἂν ἐμπρήσῃ¹¹ τις τὸν ἄνθρωπον, ὥσπερ τὸν Ἡρακλέα φασὶν αὐτὸν ἐμπρῆσαι,¹² μένοι ἂν αὐτοῦ τὰ δόγματα¹³ ἐν τῇ ψυχῇ, καθάπερ¹⁴ οἶμαι¹⁵ τῶν κατακαιομένων¹⁶ νεκρῶν τοὺς ὀδόντας¹⁷ φασὶ διαμένειν,¹⁸ τοῦ ἄλλου σώματος δαπανηθέντος¹⁹ ὑπὸ τοῦ πυρός. [33a] οὐ γὰρ μαθεῖν, ἀλλ' ὑπομνησθῆναι²⁰ δεῖται μόνον· ἔπειτα εὐθὺς οἶδέν τε καὶ ἐγνώρισεν, ὡς ἂν ἐξ ἀρχῆς τὰ δόγματα²¹ ἔχων ταῦτα ἐν τῇ αὐτοῦ διανοίᾳ.²²

---

¹ οὐκοῦν – *surely then*
² παιδεία, ἡ – *training, education*
³ φύω – *I bring forth, produce* (MH: RAP MNS)
  (LH: the pf. and 2ⁿᵈ aor. take a pres. sense – *to be so* or *so by nature*
⁴ ῥᾴδιος, α, ον – *easy, easy-going*
⁵ μέτοχος, ον – *sharing in, partaking of*
⁶ ὀλιγάκις – *but few times, seldom*
⁷ μυέω – *I initiate*
⁸ ἀφαιρέω – *I take away from; I set aside, cancel* (MH: AMO 3S)
⁹ σοφιστής, ὁ – *expert, wise person; Sophist*
¹⁰ ἐκκαίω – *I burn out, scorch*
¹¹ ἐμπρήθω – *I burn*
¹² ἐμπρήθω – *I burn*
¹³ δόγμα, τό – *opinion, belief*
¹⁴ καθάπερ – *just as, exactly as*
¹⁵ οἴομαι – *I forbode; I think, suppose*
¹⁶ κατακαίω – *I burn completely*
¹⁷ ὀδούς, ὁ – *tooth*
¹⁸ διαμένω – *I continue, persist, persevere*
¹⁹ δαπανάω – *I spend, consume, use up*
²⁰ ὑπομιμνήσκω – *I remind, mention; I remember*
²¹ δόγμα, τό – *opinion, belief*
²² διάνοια, ἡ – *thought; intention, inclination*

[33b] προσέτι¹ δέ, ἐὰν μὲν ἀνδρὶ περιπέσῃ² ὥσπερ ὁδὸν ἐπισταμένῳ, ῥᾳδίως³ ἐκεῖνος ἐπέδειξεν⁴ αὐτῷ, καὶ μαθὼν εὐθὺς ἄπεισιν· ἐὰν δὲ ἀγνοοῦντι καὶ ἀλαζόνι⁵ σοφιστῇ,⁶ κατατρίψει⁷ περιάγων⁸ αὐτόν, ὁτὲ μὲν πρὸς ἀνατολάς,⁹ ὁτὲ δὲ πρὸς δύσιν, ὁτὲ δὲ πρὸς μεσημβρίαν¹⁰ ἕλκων,¹¹ οὐδὲν αὐτὸς εἰδώς, ἀλλὰ εἰκάζων,¹² καὶ πολὺ πρότερον¹³ αὐτὸς ὑπὸ τοιούτων ἀλαζόνων¹⁴ πεπλανημένος.¹⁵ [34] ὥσπερ γὰρ αἱ ἀμαθεῖς¹⁶ καὶ ἀκόλαστοι¹⁷ κύνες¹⁸ ἐν τῇ θήρᾳ¹⁹ μηδὲν ξυνεῖσαι²⁰ μηδὲ γνωρίσασαι²¹ τὸ ἴχνος²² ἐξαπατῶσιν²³ ἄλλας τῇ φωνῇ καὶ τῷ σχήματι,²⁴ ὡς εἰδυῖαί²⁵ τε καὶ ὁρῶσαι, καὶ πολλαὶ συνέπονται²⁶ ταύταις, αἱ ἀφρονέσταται²⁷ σχεδὸν²⁸ ταῖς μάτην²⁹ φθεγγομέναις,³⁰

---

¹ προσέτι over and above; besides
² περιπίπτω – I fall in with, fall upon
³ ῥᾴδιος, α. ον – easy, easy-going
⁴ ἐπιδείκνυμι – I exhibit, show off, display
⁵ ἀλαζών, ὁ or ἡ – wanderer, vagrant; charlatan
⁶ σοφιστής, ὁ – expert, wise person; Sophist
⁷ κατατρίβω – I wear out, exhaust; I spend, consume
⁸ περιάγω – I lead or draw around, carry about
⁹ ἀνατολάς – eastwards
¹⁰ μεσημβρία, ἡ – midday, noon; south
¹¹ ἕλκω – I drag, drag away; I attract
¹² εἰκάζω – I represent by an image or likeness, portray
¹³ πρότερος, α, ον – former, previous
¹⁴ ἀλαζών, ὁ or ἡ – wanderer, vagrant; charlatan
¹⁵ πλανάω – I cause to wander, lead astray, deceive

¹⁶ ἀμαθής, ές – ignorant, stupid
¹⁷ ἀκόλαστος, ον – undisciplined, unbridled
¹⁸ κύων, ὁ or ἡ – dog, hound
¹⁹ θήρα, ἡ – hunt; eager pursuit
²⁰ συνίημι – I bring or set together
²¹ γνωρίζω – I make known, point out
²² ἴχνος, τό – track, footstep, trace, trail
²³ ἐξαπατάω – I deceive, beguile
²⁴ σχῆμα, τό – form, shape, figure
²⁵ οἶδα – I see, behold (MH: RAP FNP)
²⁶ συνέπομαι – I follow, accompany
²⁷ ἄφρων, ον – senseless, crazed, frantic; foolish
²⁸ σχεδόν – near, approximately; nearly
²⁹ μάτην – in vain, fruitless
³⁰ φθέγγομαι – I utter a sound, speak loud and clear

[35] τούτων δ' αἱ μὲν ἄφθογγοι[1] καὶ σιωπῶσαι[2] μόναι αὐταὶ ἐξαπατῶνται,[3] αἱ δὲ προπετέσταται[4] καὶ ἀνοητόταται[5] μιμούμεναι[6] τὰς πρώτας θορυβοῦσι[7] καὶ φιλοτιμοῦνται[8] ἄλλας ἐξαπατᾶν,[9] τοιοῦτον εὕροις ἂν καὶ περὶ τοὺς καλουμένους σοφιστάς[10] πολὺν ὄχλον ἐνίοτε[11] συνεπόμενον[12] ἀνθρώπων ἠλιθίων·[13] καὶ γνώσῃ ὅτι οὐδὲν διαφέρει σοφιστὴς[14] ἄνθρωπος εὐνούχου[15] ἀκολάστου.[16] [36] καὶ ὃς ἀκούσας ἐθαύμασε κατὰ τί τὸν σοφιστὴν[17] εὐνούχῳ[18] παρέβαλεν,[19] καὶ ἤρετο αὐτόν. ὅτι, εἶπε, τῶν εὐνούχων[20] φασὶν οἱ ἀσελγέστατοι[21] ἄνδρες εἶναι καὶ ἐρᾶν[22] τῶν γυναικῶν, καὶ συγκαθεύδουσιν[23] αὐταῖς καὶ ἐνοχλοῦσι,[24] γίγνεται δ' οὐδὲν πλέον,[25]

---

[1] ἄφθογγος, ον – *voiceless, speechless, silent*
[2] σιωπάω – *I keep silent; I keep secret*
[3] ἐξαπατάω – *I deceive, beguile*
[4] προπετής, ές – *inclined forward; more prominent*
[5] ἀνόητος, ον – *unheard of, not thought on; unintelligent*
[6] μιμέομαι – *I imitate, represent, portray*
[7] θορυβέω – *I make a noise, uproar, disturbance*
[8] φιλοτιμέομαι – *I love* or *seek after honor, am ambitious*
[9] ἐξαπατάω – *I deceive, beguile*
[10] σοφιστής, ὁ – *expert, wise person; Sophist*
[11] ἐνίοτε – *at times, sometimes*
[12] συνέπομαι – *I follow, accompany*
[13] ἠλίθιος, ος, ον – *idle, vain; foolish, silly*
[14] σοφιστής, ὁ – *expert, wise person; Sophist*
[15] εὐνοῦχος, ὁ – *eunuch*
[16] ἀκόλαστος, ον – *undisciplined, unbridled*
[17] σοφιστής, ὁ – *expert, wise person; Sophist*
[18] εὐνοῦχος, ὁ – *eunuch*
[19] παραβάλλω – *I throw beside, set beside*
[20] εὐνοῦχος, ὁ – *eunuch*
[21] ἀσελγής, ές – *licentious, wanton, outrageous*
[22] ἐράω – *I love warmly, desire*
[23] σύνκαθεύδω – *I lie down to sleep, sleep*
[24] ἐνοχλέω – *I trouble, annoy*
[25] πλείων, ὁ or ἡ – *more, greater; many; the crowd*

[37] οὐδ' ἂν τάς τε νύκτας καὶ τὰς ἡμέρας συνῶσιν αὐταῖς. καὶ παρὰ τοῖς σοφισταῖς[1] οὖν πολλοὺς εὑρήσεις γηράσκοντας[2] ἀμαθεῖς,[3] πλανωμένους ἐν τοῖς λόγοις πολὺ κάκιον ἢ τὸν Ὀδυσσέα[4] φησὶν Ὅμηρος ἐν τῇ θαλάττῃ, καὶ πρότερον[5] εἰς ᾅδου[6] ἂν ἀφίκοιτο,[7] ὥσπερ ἐκεῖνος, ἢ γένοιτο[8] ἀνὴρ ἀγαθὸς λέγων τε καὶ ἀκούων. [38] καὶ σύ, ἐπείπερ οὕτω πέφυκας,[9] ἐὰν τύχῃς[10] ἐπισταμένου ἀνδρός, ἱκανή σοί ἐστι μία ἡμέρα πρὸς τὸ συνιδεῖν[11] τὸ πρᾶγμα[12] καὶ τὴν τέχνην,[13] καὶ οὐδὲν ἔτι δεήσῃ ποικίλων[14] σοφισμάτων[15] ἢ λόγων· ἐὰν δὲ μὴ τύχῃς[16] διδασκάλου τοῦ Διὸς ἢ ἄλλου τοιούτου, ταχὺ καὶ σαφῶς[17] φράζοντος[18] ἃ δεῖ ποιεῖν, οὐδέν σοι πλέον,[19] οὐδὲ ἂν ὅλον κατατρίψῃς[20] τὸν βίον[21] ἀγρυπνῶν[22] τε καὶ ἀσιτῶν[23] παρὰ τοῖς κακοδαίμοσι[24] σοφισταῖς.[25]

---

[1] σοφιστής, ὁ – expert, wise person; Sophist
[2] γηράσκω – I grow old
[3] ἀμαθής, ές – ignorant, stupid
[4] Ὀδυσσεύς, ὁ – Odysseus
[5] πρότερος, α, ον – former, previous
[6] Ἅιδης, ὁ – Hades
[7] ἀφικνέομαι – I arrive at, come to (MH: AMO 3S)
[8] MH: AMO 3S (γίγνομαι)
[9] φύω – I bring forth, produce (MH: RAI 2S) (LH: the pf. and 2nd aor. take a pres. sense – to be so or so by nature
[10] τυγχάνω, ἡ – I attain to; I happen to be at
[11] συνοράω – I become aware, perceive, comprehend
[12] πρᾶγμα, τό – deed, act, affair
[13] τέχνη, ἡ – art, skill, craft
[14] ποικίλος, η, ον – many-coloured, spotted; subtle, artful
[15] σοφιστής, ὁ – expert, wise person; Sophist
[16] τυγχάνω – I attain to; I happen to be at
[17] σαφής, ές – clear, plain, distinct
[18] φράζω – I point out, declare, show
[19] πλείων, ὁ or ἡ – more, greater; many; the crowd
[20] κατατρίβω – I wear out, exhaust; I spend, consume
[21] βίος, ὁ – life, mode of life, manner of living
[22] ἀγρυπνέω – I lie awake, pass sleepless night
[23] ἀσιτέω – I abstain from food, fast
[24] κακοδαίμων, ον – possessed by an evil genius; ill-fated, miserable
[25] σοφιστής, ὁ – expert, wise person; Sophist

[39] τοῦτο δὲ οὐκ ἐγὼ λέγω νῦν, ἀλλ' Ὅμηρος ἐμοῦ πρότερος.[1] ἢ οὐκ ἔμπειρος[2] εἶ τῶν Ὁμήρου ἐπῶν;[3] ὁ δὲ Ἀλέξανδρος μέγιστον ἐφρόνει, ὅτι ἠπίστατο μὲν τὸ ἕτερον ποίημα[4] ὅλον, τὴν Ἰλιάδα,[5] πολλὰ δὲ καὶ τῆς Ὀδυσσείας. θαυμάσας οὖν ἔφη, Καὶ ποῦ διείλεκται[6] περὶ τούτων Ὅμηρος; [40] ἐκεῖ, ἔφη, ὅπου τὸν Μίνω[7] λέγει τοῦ Διὸς ὀαριστήν.[8] ἢ οὐ τὸ ὀαρίζειν[9] ὁμιλεῖν[10] ἐστιν; οὐκοῦν[11] ὁμιλητὴν[12] τοῦ Διός φησιν αὐτὸν εἶναι, ὥσπερ ἂν εἰ ἔφη μαθητήν. ἆρ' οὖν ὑπὲρ ἄλλων αὐτὸν οἴει[13] μανθάνειν τε καὶ ὁμιλεῖν[14] τῷ Διὶ πραγμάτων[15] ἢ τῶν δικαίων καὶ βασιλικῶν;[16] ἐπεί τοι καὶ λέγεται δικαιότατος ὁ Μίνως πάντων γενέσθαι. [41] πάλιν δὲ ὅταν λέγῃ διοτρεφεῖς[17] τοὺς βασιλέας καὶ διιφίλους,[18] ἄλλο τι οἴει[19] λέγειν αὐτὸν τὴν τροφὴν ταύτην, ἢ ἣν ἔφη εἶναι διδασκαλίαν καὶ μαθητείαν; ἢ σὺ οἴει[20] λέγειν αὐτὸν ὑπὸ τοῦ Διὸς τοὺς βασιλέας τρέφεσθαι[21] ὥσπερ ὑπὸ τίτθης[22] γάλακτι[23] καὶ οἴνῳ καὶ σιτίοις,[24] ἀλλ' οὐκ ἐπιστήμῃ[25] καὶ ἀληθείᾳ;

---

[1] πρότερος, α, ον – *former, previous*
[2] ἔμπειρος, ον – *experienced in a thing*
[3] ἔπος, τό – *epic poetry; lines, verses*
[4] ποίημα, τό – *poem*
[5] Ἰλιάς, ἡ – *Troy*
[6] διαλέγω – *I gather, pick up*
[7] Μίνως, ὁ – *Minos*
[8] ὀαριστής, ὁ – *familiar friend*
[9] ὀαρίζω – *I converse, chat with*
[10] ὁμιλέω – *I am in company with, consort with*
[11] οὐκοῦν – *surely then*
[12] ὁμιλητός, ή, όν – *conversation partner;*
[13] οἴομαι – *I forbode, think, suppose*
[14] ὁμιλέω – *I am in company with, consort with*
[15] πρᾶγμα, τό – *deed, act, affair*
[16] βασιλικός, ή, όν – *royal, kingly*
[17] Διοτρεφής, ές – *cherished by Zeus, Zeus-born*
[18] διίφιλος, ον – *dear to Zeus*
[19] οἴομαι – *I forbode, think, suppose*
[20] οἴομαι – *I forbode, think, suppose*
[21] τρέφω – *I bring up, rear; I cause to grow*
[22] τίτθη, ἡ – *nurse, wet-nurse*
[23] γάλα, τό – *milk*
[24] σιτίον, τό – *grain, provisions*
[25] ἐπιστήμη, ἡ – *understanding, skill*

[42] ὁμοίως δὲ καὶ φιλίαν[1] οὐκ ἄλλην ἢ τὸ ταὐτὰ[2] βούλεσθαι καὶ διανοεῖσθαι,[3] ὁμόνοιάν[4] τινα οὖσαν; οὕτως γὰρ δήπου[5] καὶ τοῖς ἀνθρώποις δοκοῦσιν οἱ φίλοι πάντων μάλιστα[6] ὁμονοεῖν[7] καὶ μὴ διαφέρεσθαι περὶ μηδενός. [43] ὃς ἂν οὖν τῷ Διὶ φίλος ᾖ καὶ ὁμονοῇ[8] πρὸς ἐκεῖνον, ἔσθ' ὅπως ἀδίκου τινὸς ἐπιθυμήσει πράγματος[9] ἢ πονηρόν τι καὶ αἰσχρὸν[10] διανοηθήσεται;[11] αὐτὸ δὲ τοῦτο ἔοικε[12] δηλοῦν[13] καὶ ὅταν ἐγκωμιάζων[14] τινὰ λέγῃ τῶν βασιλέων·ποιμένα[15] λαῶν.[16] [44] τοῦ γὰρ ποιμένος οὐκ ἄλλο τι ἔργον ἢ πρόνοια[17] καὶ σωτηρία καὶ φυλακὴ προβάτων. καίτοι[18] ἐνίοτε[19] πολλὰ πρόβατα ἐλαύνει[20] μάγειρος[21] εἷς ὠνησάμενος[22] ὥστε κατακόπτειν[23] οὐ μὰ[24] Δία καὶ σφάττειν[25] καὶ δέρειν. ἀλλὰ πλεῖστον[26] διαφέρει μαγειρική[27] τε καὶ ποιμενική,[28] σχεδὸν[29] ὅσον βασιλεία τε καὶ τυραννίς.[30]

---

[1] φίλιος, α, ον – friendly, friendship
[2] ταὐτός, ή, όν – the same
[3] διανοέομαι – I have in mind, propose, intend
[4] ὁμόνοια, ἡ – oneness of mind, unanimity
[5] δήπου – perhaps, it may be
[6] μάλα – above all; exceedingly; certainly
[7] ὁμονοέω – I am of one mind, agree
[8] ὁμονοέω – I am of one mind, agree
[9] πρᾶγμα, τό – deed, act, affair
[10] αἰσχρός, ά, όν – ugly, shameful, base
[11] διανοέω – I have in mind, suppose
[12] ἔοικα – I seem, look like
[13] δηλόω – I make known, reveal
[14] ἐγκωμιάζω – I praise, extol
[15] ποιμήν, ὁ – shepherd, herdsman
[16] λαός, ὁ – people, crowd
[17] πρόνοια, ἡ – foresight, foreknowledge
[18] καίτοι – and yet
[19] ἐνίοτε – at times, sometimes
[20] ἐλαύνω – I strike, drive
[21] μάγειρος, ὁ – butcher, cook
[22] ὠνέομαι – I offer to buy
[23] κατακόπτω – I cut down, massacre, butcher
[24] μὰ Δί' – most assuredly! (LH: μά in affirmations and oaths with the deity in the accusative, here Δί')
[25] σφάζω – I slaughter
[26] πλεῖστος, η, ον – most; greatest; largest
[27] μαγειρικός, ή, όν – butcher, cook
[28] ποιμενικός, ή, όν – of or for a shepherd
[29] σχεδόν – near; approximately; nearly
[30] τυραννίς, ἡ – tyranny

[45] ὅτε γοῦν¹ Ξέρξης² καὶ Δαρεῖος ἄνωθεν ἐκ Σούσων³ ἤλαυνον⁴ πολὺν ὄχλον Περσῶν τε καὶ Μήδων⁵ καὶ Σακῶν⁶ καὶ Ἀράβων⁷ καὶ Αἰγυπτίων⁸ δεῦρο⁹ εἰς τὴν Ἑλλάδα ἀπολούμενον, πότερον¹⁰ βασιλικὸν¹¹ ἢ μαγειρικὸν¹² ἔπραττον ἔργον λείαν¹³ ἐλαύνοντες¹⁴ κατακοπησομένην;¹⁵ [46] καὶ ὁ Ἀλέξανδρος, Σοί, ἔφη, ὡς ἔοικεν,¹⁶ οὐ δοκεῖ βασιλεὺς εἶναι οὐδὲ ὁ μέγας βασιλεύς; καὶ ὁ Διογένης μειδιάσας,¹⁷ Οὐ μᾶλλον, εἶπεν, ὦ Ἀλέξανδρε, ἢ ὁ σμικρὸς δάκτυλος.¹⁸ [47a] οὐδ' ἄρα ἐγώ, ἔφη, καταλύσας ἐκεῖνον μέγας βασιλεὺς ἔσομαι; οὐ τούτου γε¹⁹ ἕνεκα, εἶπεν ὁ Διογένης. οὐδὲ γὰρ τῶν παίδων ὁ νικήσας, ὅταν παίζωσιν,²⁰ ὡς αὐτοί φασι, βασιλέας, τῷ ὄντι βασιλεύς ἐστιν. οἱ μέντοι²¹ παῖδες ἴσασιν ὅτι ὁ νενικηκὼς καὶ λεγόμενος βασιλεὺς σκυτοτόμου²² υἱός ἐστιν ἢ τέκτονος,²³ καὶ δεῖ μανθάνειν αὐτὸν τὴν τοῦ πατρὸς τέχνην.²⁴

---

¹ γοῦν or γ' οὖν – *why yes; at least then*
² Ξέρξης, ὁ – *Xerxes*
³ Σοῦσα, ἡ – *Susa*
⁴ ἐλαύνω – *I strike, drive*
⁵ Μῆδος, ὁ – *Mede, Median*
⁶ Σάκαι, ἀι – *the Sacae*
⁷ Ἄραβος, ὁ – *Arab*
⁸ Αἰγύπτιος, α, ον – *Egyptian*
⁹ δεῦρο – *hither*
¹⁰ πότερος, α, ον – *whether, either, or*
¹¹ βασιλικός, ή, όν – *royal, kingly*
¹² μαγειρικός, ή, όν – *skilled in cooking*
¹³ λεῖος, α, ον – *smooth, unembossed*
¹⁴ ἐλαύνω – *I strike, drive*
¹⁵ κατακόπτω *I cut down, massacre, butcher*
¹⁶ ἔοικα – *I seem, look like*
¹⁷ μειδάω – *I smile, laugh aloud*
¹⁸ δάκτυλος, ὁ – *thumb, finger; finger's width*
¹⁹ γε – *at least; at any rate; indeed*
²⁰ παίζω – *I play, jest, dance*
²¹ μέντοι – *nevertheless*
²² σκυτοτομέω – *I cut leather, make shoes*
²³ τέκτων, ὁ – *craftsman, carpenter*
²⁴ τέχνη, ἡ – *art, skill, craft*

[47b] ὁ δὲ ἀποδρὰς¹ παίζει² μεθ' ἑτέρων, καὶ τότε μάλιστα³ οἴεται⁴ σπουδάζειν⁵ ἐνίοτε⁶ δὲ καὶ δοῦλος καταλιπὼν⁷ τὸν δεσπότην.⁸ [48] ἴσως⁹ οὖν καὶ ὑμεῖς τοιοῦτόν τι ποιεῖτε, ἑκάτερος¹⁰ ὑμῶν παῖδας ἔχοντες τοὺς συμφιλονικοῦντας,¹¹ ὁ μὲν Πέρσας καὶ τοὺς ἄλλους τοὺς κατὰ τὴν Ἀσίαν, σὺ δὲ Μακεδόνας τε καὶ τοὺς ἄλλους Ἕλληνας. καὶ ὥσπερ ἐκεῖνοι τῇ σφαίρᾳ¹² στοχάζονται¹³ ἀλλήλων, ὁ δὲ πληγεὶς¹⁴ ἥττηται,¹⁵ καὶ σὺ νῦν Δαρείου στοχάζῃ¹⁶ καὶ σοῦ ἐκεῖνος, καὶ τυχὸν¹⁷ ἂν πλήξαις¹⁸ τε καὶ ἐκβάλοις αὐτόν· ἐπισκοπώτερος¹⁹ γὰρ εἶναί μοι δοκεῖς. [49] ἔπειτα οἱ μετ' ἐκείνου πρότερον²⁰ ὄντες μετὰ σοῦ ἔσονται καὶ ὑποκύψουσι,²¹ καὶ σὺ ὀνομασθήσῃ²² βασιλεὺς ἁπάντων. ὁ οὖν Ἀλέξανδρος πάλιν ἐλυπεῖτο καὶ ἤχθετο.²³ οὐδὲ γὰρ ζῆν ἐβούλετο, εἰ μὴ βασιλεὺς εἴη τῆς Εὐρώπης²⁴ καὶ τῆς Ἀσίας καὶ τῆς Λιβύης²⁵ καὶ εἴ πού τίς ἐστι νῆσος²⁶ ἐν τῷ Ὠκεανῷ²⁷ κειμένη.

---

¹ ἀποδιδράσκω – I flee from
² παίζω – I play, jest, dance
³ μάλα – above all; exceedingly; certainly
⁴ οἴομαι – I forbode, think, suppose
⁵ σπουδάζω – I am busy, eager, in earnest
⁶ ἐνίοτε – at times, sometimes
⁷ καταλιμπάνω – I leave behind, forsake
⁸ δεσπότης, ὁ – master, lord, emperor
⁹ ἴσως – equally, in like manner; probably
¹⁰ ἑκάτερος, α, ον – each of two, each singly
¹¹ συμφιλονικέω – I take part with, side with
¹² σφαῖρα, ἡ – ball
¹³ στοχάζομαι – I aim, shoot at, endeavor
¹⁴ πλήσσω – I strike, smite; I astound

¹⁵ ἡσσάομαι – I am defeated
¹⁶ στοχάζομαι – I aim, shoot at, endeavor
¹⁷ τυχὸν – perchance, perhaps
¹⁸ πλήσσω – I strike, smite; I astound
¹⁹ ἐπίσκοπος – I hitt the mark, have good aim
²⁰ πρότερος, α, ον – former, previous
²¹ ὑποκύπτω – I stoop under a yoke, bow low
²² ὀνομάζω – I call or address by name; I specify
²³ ἄχθομαι – I am vexed, grieved
²⁴ Εὐρώπη, ἡ – Europe
²⁵ Λιβύη, ἡ – Libya
²⁶ νῆσος, ἡ – island
²⁷ Ὠκεανός, ὁ – the great Outward Sea (as opposed to the Mediterranean)

[50] ἐπεπόνθει γὰρ τοὐναντίον¹ ἢ φησιν Ὅμηρος τὸν Ἀχιλλέα νεκρὸν πεπονθέναι. ἐκεῖνος μὲν γὰρ ἔλεγεν ὅτι ζῶν βούλοιτο θητεύειν²

ἀνδρὶ παρ' ἀκλήρῳ,³ ᾧ μὴ βίοτος⁴ πολὺς εἴη,

ἢ πᾶσιν νεκύεσσι⁵ καταφθιμένοισιν⁶ ἀνάσσειν·⁷

ὁ δὲ Ἀλέξανδρος δοκεῖ μοι ἑλέσθαι⁸ ἂν καὶ τοῦ τρίτου μέρους τῶν νεκρῶν ἄρχειν ἀποθανών⁹ ἢ ζῆν τὸν ἅπαντα χρόνον θεὸς γενόμενος, μόνον εἰ μὴ βασιλεὺς γένοιτο¹⁰ τῶν ἄλλων θεῶν. [51] μόνου δ' ἴσως¹¹ οὐκ ἂν ὑπερεῖδε¹² τοῦ Διός, ὅτι βασιλέα καλοῦσιν αὐτὸν οἱ ἄνθρωποι· ὅθεν καὶ ἐκόλαζεν¹³ αὐτὸν ὁ Διογένης πάντα τρόπον. ἔφη οὖν, ὦ Διόγενες, σὺ μέν μοι παίζειν¹⁴ δοκεῖς· ἐγὼ δὲ ἂν Δαρεῖον ἕλω¹⁵ καὶ ἔτι τὸν Ἰνδῶν βασιλέα, οὐδέν με κωλύσει τῶν πώποτε¹⁶ βασιλέων μέγιστον εἶναι. τί γὰρ ἐμοὶ λοιπόν ἐστι κρατήσαντι Βαβυλῶνος¹⁷ καὶ Σούσων¹⁸ καὶ Ἐκβατάνων¹⁹ καὶ τῶν ἐν Ἰνδοῖς πραγμάτων;²⁰

---

[1] ἐναντίος, α, ον – opposite; contrary; reverse
[2] θητεύω – I am a serf, or laborer; I serve
[3] ἄκληρος, ον – unalloted, without owner; poor, needy
[4] βίοτος, ὁ – life; means of living; the world
[5] νέκυς, ὁ – corpse, dead person; spirits of the dead
[6] καταφθίνω – I waste away, decay
[7] ἀνάσσω – I lord over, am master; I hold sway
[8] αἱρέω – I get, obtain; I am chosen
[9] ἀποθνήσκω – I die, am put to death
[10] MH: AMO 3S (γίνομαι)
[11] ἴσως – equally, in like manner; probably, perhaps
[12] ὑπερεῖδον – I oversee, overlook
[13] κολάζω – I chastise, correct, reprove
[14] παίζω – I play, jest, dance
[15] αἱρέω – I get, obtain; I am chosen
[16] πώποτε – ever yet
[17] Βαβυλών, ἡ – Babylon
[18] Σοῦσα, τά – Susa
[19] Ἐκβατηρία, ἡ – Bactra
[20] πρᾶγμα, τό – deed, act, affair

[52] καὶ ὃς ὁρῶν αὐτὸν φλεγόμενον[1] ὑπὸ τῆς φιλοτιμίας[2] κἀκεῖ[3] τῇ ψυχῇ ὅλον τεταμένον[4] καὶ φερόμενον, ὥσπερ αἱ γέρανοι,[5] ὅποι[6] ἂν ὁρμήσωσιν,[7] [53] Ἀλλ' οὐδὲν ἕξεις, ἔφη, πλέον[8] οὐδενὸς οὐδὲ τῷ ὄντι βασιλεύσεις ἀφ' ἧς ἔχεις ταύτης διανοίας,[9] οὐδὲ ἂν ὑπερβαλλόμενος[10] τὸ ἐν Βαβυλῶνι τεῖχος[11] οὕτως ἕλῃς[12] τὴν πόλιν, ἀλλὰ μὴ διορύττων[13] ἔξωθεν καὶ ὑπορύττων,[14] ὁμοίως δὲ καὶ τὸ ἐν Σούσοις καὶ τὸ ἐν Βάκτροις, οὐδ' ἂν Κῦρον[15] μιμησάμενος[16] κατὰ τὸν ποταμὸν εἰσρυῇς,[17] ὥσπερ ὕδρος,[18] οὐδ' ἂν ἑτέραν προσλάβῃς[19] μείζω τῆς Ἀσίας ἤπειρον,[20] τὸν Ὠκεανὸν διανηξάμενος.[21]

[55a] καὶ τίς, εἶπεν, ἔτι μοι καταλείπεται[22] πολέμιος,[23] ἐὰν ἕλω[24] τούτους οὓς εἶπον; ὁ πάντων, ἔφη, δυσμαχώτατος,[25] οὐ Περσίζων, οὐ Μηδίζων τῇ φωνῇ, καθάπερ[26] οἶμαι[27] Δαρεῖος, ἀλλὰ Μακεδονίζων τε καὶ Ἑλληνίζων.

---

[1] φλέγω – *I burn, burn up; I burn with passion*
[2] φιλοτιμία, ἡ – *love of honor* or *distinction, ambition*
[3] καὶ ἐκεῖ – *and there, and in that place*
[4] τείνω – *I stretch, pull tight; I exert myself, strain*
[5] γέρανος, ὁ or ἡ – *crane, water-fowl*
[6] ὅποι – *to which place, whither*
[7] ὁρμάω – *I set in motion; I urge on, cheer on*
[8] πλείων, ὁ or ἡ – *more, greater; many; the crowd*
[9] διάνοια, ἡ – *thought; intention, inclination*
[10] ὑπερβάλλω – *I overshoot; I outdo, excel, surpass*
[11] τεῖχος, τό – *wall, fortification*
[12] αἱρέω – *I get, obtain; I am chosen*
[13] διορύσσω – *I dig through, across,* or *along*
[14] ὑπορύσσω – *I dig under; I undermine*
[15] Κῦρος, ὁ – *Cyrus*
[16] μιμέομαι – *I imitate, represent, portray*
[17] εἰσρέω – *I stream in, slip in*
[18] ὕδρος, ὁ – *a water-snake*
[19] προσλαμβάνω – *I get over and above; I add to*
[20] ἤπειρος, ἡ – *terra firma, land, continent*
[21] διανήχομαι – *I penetrate*
[22] καταλιμπάνω – *I leave behind, forsake, abandon*
[23] πολέμιος, α, ον – *belonging to war, hostile*
[24] αἱρέω – *I get, obtain; I am chosen*
[25] δύσμαχος, ον – *hard to fight with, unconquerable; difficult*
[26] καθάπερ – *just as, exactly as*
[27] οἴομαι – *I forebode, think, suppose*

[55b] καὶ ὃς ἐταράχθη τε καὶ ἠγωνίασεν[1] μή τινα ἐπίσταιτο ἐν Μακεδονίᾳ ἢ ἐν τῇ Ἑλλάδι παρασκευαζόμενον[2] ὡς πολεμήσοντα[3] καὶ ἤρετο[4], τίς οὗτός ἐστιν ἐμὸς πολέμιος[5] ἐν τῇ Ἑλλάδι ἢ Μακεδονίᾳ; [56] σύ, ἔφη, ἀγνοεῖς, πάντων μάλιστα[6] γιγνώσκειν[7] οἰόμενος;[8] ἔπειτα, ἔφη, οὐκ ἐρεῖς[9] αὐτόν, ἀλλὰ κρύψεις; πάλαι[10] γάρ, εἶπε, λέγω, σὺ δὲ οὐκ ἀκούεις, ὅτι σὺ αὐτῷ μάλιστα[11] ἔχθιστος[12] εἶ καὶ πολεμιώτατος,[13] μέχρι ἂν ᾖς κακὸς καὶ ἀνόητος.[14] καὶ οὗτος, ἔφη, ἐστὶν ἀνήρ, ὃν σὺ ἀγνοεῖς, ὡς οὐδένα ἄλλον. [57] οὐδεὶς γὰρ τῶν ἀφρόνων[15] καὶ πονηρῶν ἐπίσταται ἑαυτόν. οὐ γὰρ ἂν τοῦτο πρῶτον προσέταττεν[16] ὁ Ἀπόλλων[17] ὡς χαλεπώτατον[18] ἑκάστῳ, γνῶναι[19] ἑαυτόν. [58a] ἢ οὐ τὴν ἀφροσύνην[20] ἡγῇ μεγίστην καὶ τελεωτάτην πασῶν νόσον[21] καὶ βλάβην[22] τοῖς ἔχουσι καὶ τὸν ἄφρονα[23] ἄνδρα αὐτὸν αὐτῷ βλαβερώτατον;[24]

---

[1] ἀγωνιάω – I am in distress, in agony, anxious
[2] παρασκευάζω – I get ready, prepare
[3] πολεμέω – I fight, do battle, make war
[4] ἔρομαι – I learn by inquiry, question
[5] πολεμιος, α, ον – hostile, opposed, adverse
[6] μάλα – above all; exceedingly; certainly
[7] γιγνώσκω – I come to know, perceive
[8] οἴομαι – I forebode, think, suppose
[9] ἐρῶ – I say, speak, proclaim (MH: FAI 2S)
[10] πάλαι – long ago; before; for a long time
[11] μάλα – above all; exceedingly; certainly
[12] ἐχθρός, η, ον – hateful, hostile
[13] πολεμιος, α, ον – hostile, opposed, adverse
[14] ἀνόητος, ον – unheard of, not thought on; unintelligent
[15] ἄφρων, ον – senseless, crazed, fanatic; foolish
[16] προστάσσω – I command, prescribe, enjoin
[17] Ἀπόλλων, ὁ – Apollo
[18] χαλεπός, ή, όν – difficult, hard to bear, painful
[19] γιγνώσκω – I come to know, perceive
[20] ἀφροσύνη, ἡ – folly, thoughtlessness
[21] νόσος, ἡ – sickness, disease, plague, distress
[22] βλάβη, ἡ – harm, damage, mischief
[23] ἄφρων, ον – senseless, crazed; frantic
[24] βλαβερός, ά, όν – harmful, damaging

[58b] ἢ οὐ τὸν βλαβερώτατον[1] ἑκάστῳ καὶ πλείστων[2] κακῶν αἴτιον, τοῦτον ἔχθιστον[3] καὶ πολεμιώτατον[4] ἐκείνῳ ὁμολογεῖς εἶναι; [59] πρὸς ταῦτα χαλέπαινε[5] καὶ πήδα,[6] ἔφη, καὶ μιαρώτατον[7] ἀνθρώπων ἐμὲ νόμιζε καὶ λοιδόρει[8] πρὸς ἅπαντας, ἐὰν δέ σοι δόξῃ, τῷ δορατίῳ[9] διαπερόνησον·[10] ὡς ἀκούσει παρὰ μόνου ἀνθρώπων ἐμοῦ τἀληθῆ, καὶ παρ' οὐδενὸς ἄλλου ἀνθρώπων ἂν μάθοις. πάντες γάρ εἰσι χείρους[11] ἐμοῦ καὶ ἀνελευθερώτεροι.[12] [60] ταῦτα δὲ ἔλεγεν ὁ Διογένης, παρ' οὐδὲν μὲν ἡγούμενος, εἰ καί τι πείσεται[13], πλὴν σαφῶς[14] γε[15] εἰδὼς ὅτι οὐδὲν ἔσοιτο. ἠπίστατο[16] γὰρ τὸν Ἀλέξανδρον δοῦλον ὄντα τῆς δόξης καὶ οὐδέποτ' ἂν ἁμαρτόντα περὶ ἐκείνην. [61] ἔφη οὖν αὐτὸν μηδὲ τὸ σημεῖον τὸ βασιλικὸν[17] ἔχειν. καὶ ὁ Ἀλέξανδρος θαυμάσας, Οὐκ ἄρτι ἔλεγες, ἔφη, ὅτι οὐδὲν δεῖ σημείων τῷ βασιλεῖ; ναὶ μὰ Δί', εἶπε, τῶν γε[18] ἔξωθεν, οἷον[19] τιάρας[20] καὶ πορφύρας·[21] τούτων γὰρ οὐδέν ἐστιν ὄφελος·[22]

---

[1] βλαβερός, ά, όν – harmful, damaging
[2] πλεῖστος, η, ον – most; greatest; largest
[3] ἐχθρός, ή, όν – hateful, hostile
[4] πολέμιος, α, ον – hostile, opposed, adverse
[5] χαλεπαίνω – I am violent, angry, bitter
[6] πηδάω – I leap, spring; I stamp with the feet
[7] μιαρός, ά, όν – defiled, polluted, abominable
[8] λοιδορέω – I abuse, revile, rebuke
[9] δόρυ, τό – spear
[10] διαπερονάω – I pierce through
[11] χείρων, ον – inferior, worse
[12] ἀνελεύθερος, ον – servile, slavish
[13] MH: FMI 3S (πάσχω)
[14] σαφής, ές – clear, plain, distinct
[15] γε – at least; at any rate; indeed
[16] ἐπίσταμαι – I perceive, believe
[17] βασιλικός, ή, όν – royal, kingly
[18] γε – at least; at any rate; indeed
[19] οἷος – of what sort, such as
[20] τιάρα, ἡ – tiara
[21] πορφύρα, ἡ – purple strip, garment adornment
[22] ὄφελος, τό – furtherance, advantage, help

[62] τὸ δὲ ἐκ τῆς φύσεως αὐτῷ δεῖ προσεῖναι¹ πάντων μάλιστα.² καὶ τί τοῦτό ἐστιν, ἔφη ὁ Ἀλέξανδρος; ὃ καὶ τῶν μελιττῶν,³ ἦ δ' ὅς, τῷ βασιλεῖ πρόσεστιν.⁴ ἢ οὐκ ἀκήκοας ὅτι ἐστὶ βασιλεὺς ἐν ταῖς μελίτταις⁵ φύσει γιγνόμενος, οὐκ ἐκ γένους τοῦτο ἔχων, ὥσπερ ὑμεῖς φατε, ἀφ' Ἡρακλέους ὄντες; [63] τί οὖν τοῦτό ἐστιν, εἶπεν ὁ Ἀλέξανδρος, τὸ σημεῖον; οὐκ ἀκήκοας, εἶπε, τῶν γεωργῶν ὅτι μόνη ἐκείνη ἡ μέλιττα⁶ ἄνευ⁷ κέντρου⁸ ἐστίν, ὡς οὐδὲν αὐτῇ δέον ὅπλου⁹ πρὸς οὐδένα; οὐδεμία γὰρ αὐτῇ τῶν ἄλλων μελιττῶν¹⁰ ἀμφισβητήσει¹¹ περὶ τῆς βασιλείας οὐδὲ μαχήσεται¹² τοῦτο ἐχούσῃ. [64] σὺ δέ μοι δοκεῖς οὐ μόνον περιπατεῖν, ἀλλὰ καὶ καθεύδειν ἐν τοῖς ὅπλοις.¹³ οὐκ οἶσθα, ἔφη, ὅτι φοβουμένου ἐστὶν ἀνθρώπου ὅπλα¹⁴ ἔχειν; φοβούμενος δὲ οὐδέποτ' ἂν οὐδεὶς γένοιτο¹⁵ βασιλεύς, οὐ μᾶλλον ἢ δοῦλος. ἀκούσας δὲ ὁ Ἀλέξανδρος ὀλίγου ἐκ τῆς χειρὸς ἀφῆκε τὸ δοράτιον.¹⁶

---

¹ πρόσειμι – I am present; I am attached to, belong to
² μάλα – above all; exceedingly; certainly
³ μέλισσα, ἡ – wild bees; honey-bees
⁴ πρόσειμι – I am present; I am attached to, belong to
⁵ μέλισσα, ἡ – wild bees; honey-bees
⁶ μέλισσα, ἡ – wild bees; honey-bees
⁷ ἄνευ – without
⁸ κέντρον, τό – any sharp point (TH: sting)
⁹ ὅπλον, τό – tool, implement; military arms, armour
¹⁰ μέλισσα, ἡ – wild bees; honey-bees
¹¹ ἀμφισβητέω – I go asunder; I dispute with
¹² μάχομαι – I fight with, fight against
¹³ ὅπλον, τό – tool, implement; military arms, armour
¹⁴ ὅπλον, τό – tool, implement; military arms, armour
¹⁵ MH: AMO 3S (γίνομαι)
¹⁶ δόρυ, τό – spear

[65] ταῦτα δὲ ἔλεγεν ὁ Διογένης, προτρέπων[1] αὐτὸν εὐεργεσίᾳ[2] πιστεύειν καὶ τῷ δίκαιον παρέχειν αὐτόν, ἀλλὰ μὴ τοῖς ὅπλοις.[3] σὺ δέ, ἔφη, καὶ τὸν θυμὸν ἐν τῇ ψυχῇ φορεῖς[4] ἠκονημένον,[5] χαλεπὸν[6] οὕτως καὶ βίαιον[7] κέντρον.[8] [66] οὐκ ἀπορρίψας[9] ταῦτα ἃ νῦν ἔχεις, ἐξωμίδα[10] λαβὼν λατρεύσεις τοῖς αὐτοῦ κρείττοσιν, ἀλλὰ περιελεύσῃ[11] διάδημα[12] ἔχων καταγέλαστον;[13] μικρῷ δὲ ὕστερον[14] ἴσως[15] λόφον[16] φύσεις καὶ τιάραν,[17] ὥσπερ οἱ ἀλεκτρυόνες;[18] οὐκ ἐννενόηκας[19] τὴν τῶν Σακῶν ἑορτήν, ἣν Πέρσαι ἄγουσιν, οὗ νῦν ὥρμηκας[20] στρατεύεσθαι;[21] καὶ ὃς εὐθὺς ἠρώτα, Ποίαν τινά; [67a] ἐβούλετο γὰρ πάντα εἰδέναι τὰ τῶν Περσῶν πράγματα.[22] λαβόντες, ἔφη, τῶν δεσμωτῶν[23] ἕνα τῶν ἐπὶ θανάτῳ καθίζουσιν εἰς τὸν θρόνον τὸν τοῦ βασιλέως, καὶ τὴν ἐσθῆτα[24] διδόασιν αὐτῷ τὴν βασιλικήν[25], καὶ προστάττειν[26] ἐῶσι[27] καὶ πίνειν καὶ τρυφᾶν[28] καὶ ταῖς παλλακαῖς[29] χρῆσθαι[30] τὰς ἡμέρας ἐκείνας ταῖς βασιλέως,

---

[1] προτρέπω – *I urge forward, impel*
[2] εὐεργεσία, ἡ – *good deed, benefaction*
[3] ὅπλον, τό – *tool, implement; military arms*
[4] φορέω – *I carry, hold, bear*
[5] ἀκονάω – *I sharpen*
[6] χαλεπός, ή, όν – *difficult, hard to bear, painful*
[7] βίαιος, α, ον – *forcible, violent; constrained*
[8] κέντρον, τό – *any sharp point* (TH: *sting*)
[9] ἀπορρίπτω – *I throw away, cast; I spit, vomit*
[10] ἐξωμίς, ἡ – *tunic with one sleeve*
[11] περιέρχομαι – *I go around, encompass*
[12] διάδημα, τό – *diadem, crown*
[13] καταγέλαστος, ον – *ridiculous, absurd*
[14] ὕστερος, α, ον – *latter, last; secondary*
[15] ἴσως – *equally, in like manner; probably,*
[16] λόφος, ὁ – *back of the neck*
[17] τιάρα, ἡ – *tiara*
[18] ἀλεκτρυών, ὁ – *cock, fowl*
[19] ἐννοέω – *I have in one's thoughts; I consider*
[20] ὁρμάω – *I set in motion; I urge on, cheer on*
[21] στρατεύω – *I advance with an army, wage war*
[22] πρᾶγμα, τό – *deed, act, affair*
[23] δεσμώτης, ὁ – *prisoner, captive*
[24] ἐσθής, ἡ – *clothing*
[25] βασιλικός, ή, όν – *royal, kingly*
[26] προστάσσω – *I command, prescribe, enjoin*
[27] PAI 3P (ἐάω)
[28] τρυφάω – *I live softly, luxuriously*
[29] παλλακή, ἡ – *young girl; concubine*
[30] χράω – *I proclaim, declare; I use; I furnish*

[67b] καὶ οὐδεὶς οὐδὲν αὐτὸν κωλύει ποιεῖν ὧν βούλεται. μετὰ δὲ ταῦτα ἀποδύσαντες[1] καὶ μαστιγώσαντες[2] ἐκρέμασαν.[3] [68] τίνος οὖν ἡγῇ τοῦτο εἶναι σύμβολον[4] καὶ διὰ τί γίγνεσθαι παρὰ τοῖς Πέρσαις; οὐχ ὅτι πολλάκις ἀνόητοι[5] ἄνθρωποι καὶ πονηροὶ τῆς ἐξουσίας ταύτης καὶ τοῦ ὀνόματος τυγχάνουσιν,[6] ἔπειτα χρόνον τινὰ ὑβρίσαντες[7] αἴσχιστα[8] καὶ τάχιστα ἀπόλλυνται; [69] οὐκοῦν[9] τότε, ἐπειδὰν[10] ἄρωσι[11] τὸν ἄνθρωπον ἐκ τῶν δεσμῶν, εἰκός[12] ἐστι τὸν μὲν ἀνόητον[13] καὶ ἄπειρον[14] τοῦ πράγματος[15] χαίρειν καὶ μακαρίζειν[16] ἑαυτὸν ἐπὶ τοῖς γιγνομένοις, τὸν δὲ εἰδότα ὀδύρεσθαι[17] καὶ μὴ ἐθέλειν ἑκόντα[18] συνακολουθεῖν,[19] [70a] ἀλλὰ μᾶλλον, ὥσπερ εἶχε, μένειν ἐν ταῖς πέδαις.[20] μὴ οὖν πρότερον,[21] ὦ μάταιε,[22] βασιλεύειν ἐπιχείρει[23] πρὶν ἢ φρονῆσαι. τέως[24] δέ, ἔφη, κρεῖττον[25] μηδὲν προστάττειν,[26]

---

[1] ἀποδύω – I strip, stripping off
[2] μαστιγόω – I whip, flog
[3] κρεμάννυμι – I hang
[4] σύμβολον, τό – token
[5] ἀνόητος, ον – unheard of, not thought on; unintelligent
[6] τυγχάνω – I attain to; I happen to be at
[7] ὑβρίζω – I outrage, insult, mistreat
[8] αἰσχρός, ά, όν – ugly; shameful; base
[9] οὐκοῦν – surely then
[10] ἐπειδάν – whenever
[11] ἀείρω – I lift up, take away
[12] perf part act neut nom sg from ἔοικα – I seem, look like (MH: RAP NNS) (TH: εἰκός ἐστι = ἔοικε – it is fitting)
[13] ἀνόητος, ον – unheard of, not thought on; unintelligent
[14] ἄπειρος, ον – without experience of a thing, unacquanted with, ignorant of
[15] πρᾶγμα, τό – deed, act, affair
[16] μακαρίζω – I bless, deem happy, congratulate
[17] ὀδύρομαι – I lament, bewail
[18] ἑκών – purposely, knowingly
[19] συνακολουθέω – I follow along with
[20] πέδη, ἡ – shackle, chain
[21] πρότερος, α, ον – former, previous
[22] μάταιος, α, ον – vain
[23] ἐπιχειρέω – I endeavor, put my hand to
[24] τέως – in the meantime
[25] κρείσσων, ον – stronger; better
[26] προστάσσω – I command, prescribe, enjoin

[70b] ἀλλὰ μόνον αὐτὸν ζῆν διφθέραν¹ ἔχοντα. σύ, ἔφη, κελεύεις ἐμὲ διφθέραν² λαβεῖν τὸν ἀφ' Ἡρακλέους γεγονότα καὶ τῶν Ἑλλήνων ἡγεμόνα καὶ Μακεδόνων βασιλέα; πάνυ³ γε,⁴ εἶπεν, ὥσπερ ὁ πρόγονός⁵ σου. [71] ποῖος, ἔφη, πρόγονος;⁶ Ἀρχέλαος. ἦ οὐκ αἰπόλος⁷ ἦν ὁ Ἀρχέλαος οὐδὲ ἦλθεν εἰς Μακεδονίαν αἶγας⁸ ἐλαύνων;⁹ πότερον¹⁰ οὖν αὐτὸν ἐν πορφύρᾳ¹¹ μᾶλλον ἢ ἐν διφθέρᾳ¹² οἴει¹³ τοῦτο ποιεῖν; καὶ ὁ Ἀλέξανδρος ἀνείθη¹⁴ τε καὶ ἐγέλασε¹⁵ καὶ ἔφη, Τὰ περὶ τὸν χρησμόν,¹⁶ ὦ Διόγενες, λέγεις. [72] ὁ δὲ στρυφνῷ¹⁷ τῷ προσώπῳ, Ποῖον, εἶπε, χρησμόν;¹⁸ οὐκ οἶδα ἔγωγε, πλὴν ὅτι αἰπόλος¹⁹ ἦν ὁ Ἀρχέλαος. ἀλλ' ἂν ἀπαλλαγῇς²⁰ τοῦ τύφου²¹ καὶ τῶν νῦν πραγμάτων,²² ἔσῃ βασιλεύς, οὐ λόγῳ τυχόν, ἀλλ' ἔργῳ· καὶ κρατήσεις οὐ μόνον τῶν ἀνδρῶν ἁπάντων, ἀλλὰ καὶ τῶν γυναικῶν,

---

[1] διφθέρα, ἡ – animal hide
[2] διφθέρα, ἡ – animal hide
[3] πάνυ – altogether; very; exceedingly
[4] γε – at least; at any rate; indeed
[5] πρόγονος, ον – ancestor
[6] πρόγονος, ον – ancestor
[7] αἰπόλος, ὁ – goatherd
[8] αἴξ, ὁ – goat
[9] ἐλαύνω – I strike, drive
[10] πότερος, α, ον – whether, either, or
[11] πορφύρα, ἡ – purple
[12] διφθέρα, ἡ – animal hide
[13] οἴομαι – I forbode, think, suppose
[14] ἀνίημι – I send up, send forth
[15] γελάω – I laugh; I mock
[16] χρησμός, ὁ – oracle
[17] στρυφνός, ή, όν – harsh
[18] χρησμός, ὁ – oracle
[19] αἰπόλος, ὁ – goatherd
[20] ἀπαλλάσσω – I set free, deliver from
[21] τῦφος, ὁ – vanity, arrogance, pomp
[22] πρᾶγμα, τό – deed, act, affair

[73] ὥσπερ ὁ Ἡρακλῆς, ὅν σου φῂς πρόγονον[1] εἶναι. καὶ ὅς, Ποίων, ἔφη, γυναικῶν; ἢ δῆλον,[2] ἔφη, ὅτι τῶν Ἀμαζόνων[3] λέγεις; ἀλλ' ἐκείνων, ἦ δ' ὅς, οὐδὲν ἦν κρατῆσαι χαλεπόν·[4] ἑτέρου δέ τινος γένους, δεινοῦ[5] καὶ ἀγρίου[6] παντελῶς.[7] ἢ οὐκ ἀκήκοας τὸν Λιβυκὸν μῦθον;[8] [74] καὶ ὃς οὐκ ἔφη ἀκηκοέναι. διηγεῖτο[9] δὴ μετὰ ταῦτα προθύμως[10] καὶ ἡδέως,[11] βουλόμενος αὐτὸν παραμυθήσασθαι,[12] καθάπερ[13] αἱ τίτθαι[14] τὰ παιδία, ἐπειδὰν[15] αὐτοῖς πληγὰς ἐμβάλωσι,[16] παραμυθούμεναι[17] καὶ χαριζόμεναι[18] μῦθον[19] αὐτοῖς ὕστερον[20] διηγήσαντο.[21] [75] εὖ[22] δὲ ἴσθι, ἔφη, ὅτι οὐ πρότερον[23] ἔσῃ βασιλεύς, πρὶν ἂν ἱλάσῃ[24] τὸν αὑτοῦ δαίμονα[25] καὶ θεραπεύσας ὡς δεῖ ἀποδείξῃς[26] ἀρχικόν[27] τε καὶ ἐλευθέριον[28] καὶ βασιλικόν,[29] ἀλλὰ μή, ὡς νῦν ἔχεις, δοῦλον καὶ ἀνελεύθερον[30] καὶ πονηρόν.

---

[1] πρόγονος, ον – ancestor
[2] δῆλος, η, ον – visible, conspicuous, obvious
[3] Ἀμαζών, ἡ – Amazon
[4] χαλεπός, ή, όν – difficult, hard to bear, painful
[5] δεινός, ή, όν – fearful, terrible
[6] ἄγριος, α, ον – savage, cruel
[7] παντελής, ές – complete, altogether
[8] μῦθος, ὁ – story, narrative, myth
[9] διηγέομαι – I set out in detail, describe
[10] πρόθυμος, ον – ready, eager, willing
[11] ἡδύς – pleasant, welcome; glad
[12] παραμυθέομαι – I encourage, exhort
[13] καθάπερ – just as, exactly as
[14] τίτθη, ἡ – nurse, wet nurse
[15] ἐπειδάν – whenever
[16] ἐμβάλλω – I throw in/upon
[17] παραμυθέομαι – I encourage, exhort
[18] χαρίζω – I say/do something agreeable
[19] μῦθος, ὁ – story, narrative, myth
[20] ὕστερος, α, ον – latter, last; next, late; secondary
[21] διηγέομαι – I set out in detail, describe
[22] εὖ – well, thoroughly, competently
[23] πρότερος, α, ον – former, previous
[24] ἱλάσκομαι – I appease; I am merciful, gracious
[25] δαίμων, ὁ or ἡ – god, goddess; divine power; spirit
[26] ἀποδείκνυμι – I point out, display, make known
[27] ἀρχικός, ή, όν – of or for royalty or rule; fit for command, office
[28] ἐλευθέριος, ον – of or for a freeperson, free-spirited, fit for a freeman
[29] βασιλικός, ή, όν – royal, kingly
[30] ἀνελεύθερος, ον – not free, servile, mean

[76] ἐνταῦθα¹ δὴ ὁ Ἀλέξανδρος ἐκπεπληγμένος τοῦ ἀνθρώπου τὸ ἀνδρεῖον² καὶ τὸ ἀδεές,³ νομίσας πλέον⁴ τι τῶν ἄλλων ἐπίστασθαι αὐτόν, παντοδαπὸς⁵ ἦν ἱκετεύων⁶ μὴ φθονῆσαι⁷ μηδένα τρόπον, ἀλλὰ φράσαι⁸ τίς ἔστιν ὁ δαίμων⁹ αὐτοῦ καὶ πῶς χρὴ¹⁰ ἱλάσασθαι¹¹ αὐτόν. ἤλπιζε γὰρ ὄνομά τι ἀκούσεσθαι δαίμονος¹² καὶ θυσίας τινὰς ἢ καθαρμούς,¹³ οὓς δεῖ ἐπιτελέσαι.¹⁴ [77] κατιδὼν¹⁵ οὖν αὐτὸν ὁ Διογένης τεθορυβημένον¹⁶ καὶ σφόδρα¹⁷ τῇ ψυχῇ μετέωρον,¹⁸ προσέπαιζε¹⁹ καὶ περιεῖλκεν,²⁰ εἴ πως δύναιτο κινηθεὶς²¹ ἀπὸ τοῦ τύφου²² καὶ τῆς δόξης μικρόν τι ἀνανῆψαι.²³ [78a] καὶ γὰρ δὴ ᾐσθάνετο²⁴ αὐτὸν νῦν μὲν ἡδόμενον,²⁵ νῦν δὲ λυπούμενον ἐν τῷ αὐτῷ καὶ τὴν ψυχὴν αὐτοῦ ἄκριτον²⁶ οὖσαν, ὥσπερ τὸν ἀέρα ἐν ταῖς τροπαῖς, ὅταν ἐκ τοῦ αὐτοῦ νέφους ὕῃ τε καὶ λάμπῃ²⁷ ὁ ἥλιος.

---

¹ ἐνταῦθα – here, there; at the very time, then
² ἀνδρεῖος, α, ον – masculine; courageous; strong
³ ἀδεής, ές – without fear
⁴ πλείων, ὁ or ἡ – more, greater; many; the crowd
⁵ παντοδαπός, ή, όν – manifold, of every kind
⁶ ἱκετεύω – I supplicate, beseech
⁷ φθονέω – I begrudge, am envious
⁸ φράζω – I point out, show, declare
⁹ δαίμων, ὁ or ἡ – god, goddess; divine power; spirit
¹⁰ χρή – I must, ought; It is necessary
¹¹ ἱλάσκομαι – I appease; I am merciful, gracious
¹² δαίμων, ὁ or ἡ – god, goddess; divine power; spirit
¹³ καθαρμός, ὁ – purification, atonement, expiation
¹⁴ ἐπιτελέω – I complete, finish, accomplish
¹⁵ κατεῖδον – I look down, look down upon
¹⁶ θορυβέω – I make a noise, uproar, disturbance
¹⁷ σφοδρός, ά, όν – vehement, excessive
¹⁸ μετέωρος, ον – raised from off the ground, prominent
¹⁹ προσπαίζω – I make sport of, play with
²⁰ περιέλκω – I drag round; I divert, distract
²¹ κινέω – I set in motion, move
²² τυφόω – I am crazy, demented
²³ ἀνανήφω – I become sober, come to my senses
²⁴ αἰσθάνομαι – I perceive, understand
²⁵ ἥδομαι – I am pleased
²⁶ ἄκριτος, ον – indistinguishable; unceasing; undecided
²⁷ λάμπω – I give light

[78b] συνίει δὲ ὅτι καὶ τοῦ τρόπου κατεφρόνει, ἐν ᾧ διελέγετο πρὸς αὐτόν, ἅτε[1] οὐδέποτε ἀκηκοὼς δεινοῦ λέγειν ἀνδρός, ἀλλὰ τοὺς τῶν σοφιστῶν[2] θαυμάζων λόγους, ὡς ὑψηλούς[3] τε καὶ μεγαλοπρεπεῖς.[4] [79] βουλόμενος οὖν χαρίσασθαι αὐτῷ, ἅμα[5] τε ἐπιδεῖξαι[6] ὅτι οὐκ ἀδύνατός[7] ἐστιν ὥσπερ ἵππον εὐμαθῆ[8] καὶ πειθόμενον, ὅταν αὐτῷ δοκῇ, τὸν λόγον ἐπᾶραι, λέγει πρὸς αὐτὸν οὕτως περὶ δαιμόνων,[9] ὅτι οὐκ εἰσὶν ἔξωθεν τῶν ἀνθρώπων οἱ πονηροὶ καὶ ἀγαθοὶ δαίμονες,[10] οἱ τὰς συμφορὰς[11] καὶ τὰς εὐτυχίας[12] φέροντες αὐτοῖς, ὁ δὲ ἴδιος ἑκάστου νοῦς,[13] [80] οὗτός ἐστι δαίμων[14] τοῦ ἔχοντος ἀνδρός, ἀγαθὸς μὲν ὁ τοῦ φρονίμου καὶ ἀγαθοῦ δαίμων,[15] πονηρὸς δὲ ὁ τοῦ πονηροῦ, ὡσαύτως δὲ ἐλεύθερος μὲν ὁ τοῦ ἐλευθέρου, δοῦλος δὲ ὁ τοῦ δούλου, καὶ βασιλικὸς[16] μὲν ὁ τοῦ βασιλικοῦ[17] καὶ μεγαλόφρονος,[18] ταπεινὸς[19] δὲ ὁ τοῦ ταπεινοῦ[20] καὶ ἀγεννοῦς.[21]

---

[1] ἅτε – *just as, inasmuch as*
[2] σοφιστής, ὁ – *expert, wise person; Sophist*
[3] ὑψηλός, ή, όν – *high, lofty*
[4] μεγαλοπρεπής, ές – *befitting a great person; magnificent*
[5] ἅμα – *at the same time*
[6] ἐπιδείκνυμι – *I exhibit, show off, display*
[7] ἀδύνατος, ον – *unable, without strength; impossible*
[8] εὐμαθής, ές – *ready* or *quick at learning*
[9] δαίμων, ὁ or ἡ – *god, goddess; divine power; spirit*
[10] δαίμων, ὁ or ἡ – *god, goddess; divine power; spirit*
[11] συμφορά, ἡ, *bringing together, collecting; event, circumstance*
[12] εὐτυχής, ές – *successful, fortunate*
[13] νόος, ὁ – *mind, thought*
[14] δαίμων, ὁ or ἡ – *god, goddess; divine power; spirit*
[15] δαίμων, ὁ or ἡ – *god, goddess; divine power; spirit*
[16] βασιλικός, ή, όν – *royal, kingly*
[17] βασιλικός, ή, όν – *royal, kingly*
[18] μεγαλόφρων, ὁ or ἡ – *high-minded, generous*
[19] ταπεινός, ή, όν – *humbled, downcast, lowly*
[20] ταπεινός, ή, όν – *humbled, downcast, lowly*
[21] ἀγεννής, ές – *ignoble, low-born*

[81] ἵνα δέ, ἔφη, μὴ καθ' ἓν ἕκαστον ἐπιὼν[1] πολύ τι πλῆθος ἐπάγωμαι[2] λόγων, ἐρῶ[3] τοὺς κοινοτάτους[4] καὶ φανερωτάτους δαίμονας,[5] ὑφ' ὧν ἅπαντες, ὡς εἰπεῖν, ἐλαύνονται[6] τύραννοι[7] καὶ ἰδιῶται[8] καὶ πλούσιοι καὶ πένητες[9] καὶ ὅλα ἔθνη καὶ πόλεις. ἐνταῦθα[10] δὴ πάντα ἀνεὶς[11] κάλων μάλα[12] ὑψηλῶς[13] καὶ ἀδεῶς[14] τὸν ἑξῆς διεπέραινε[15] λόγον. [82] πολλαὶ μέν, ὦ παῖ Φιλίππου, περὶ πάντα κακίαι[16] τε καὶ διαφθοραὶ[17] τῶν ἀθλίων[18] ἀνθρώπων, καὶ τοσαῦται σχεδὸν[19] ὅσας οὐ δυνατὸν διελθεῖν. τῷ ὄντι γὰρ κατὰ τὸν ποιητὴν[20]

οὐκ ἔστιν οὐδὲν δεινὸν[21] ὧδ' εἰπεῖν ἔπος[22]

οὐδὲ πάθος[23] οὐδὲ συμφορὰν[24] θεήλατον,[25]

ἧς οὐκ ἂν ἄραιτ'[26] ἄχθος[27] ἀνθρώπου φύσις.

---

[1] ἔπειμι – *I come upon, approach; I come against, attack*
[2] ἐπάγω – *I bring in, invite*
[3] ἐρῶ – *I will say, speak*
[4] κοινός, ή, όν – *common, public, shared*
[5] δαίμων, ὁ or ἡ – *god, goddess; divine power; spirit*
[6] ἐλαύνω – *I strike, drive*
[7] τύραννος, ὁ or ἡ – *absolute ruler, monarch, tyrant*
[8] ἰδιώτης, ὁ – *private person, individual; layperson*
[9] πένης, ὁ – *day-laborer; poor person*
[10] ἐνταῦθα – *here, there; at the very time, then*
[11] ἀνίημι – *I send up, send forth*
[12] μάλα – *above all; exceedingly; certainly*
[13] ὑψηλός, ή, όν – *high, lofty*
[14] ἀδεής, ές – *without fear*
[15] διαπεραίνω – *I bring to a conclusion; I describe thoroughly*
[16] κακία, ἡ – *badness, cowardice, dishonor, vice*
[17] διαφθορά, ἡ – *destruction, ruin, corruption, seduction*
[18] ἄθλιος, α, ον – *unhappy, wretched, miserable*
[19] σχεδόν – *near; approximately; nearly*
[20] ποιητής, ὁ – *inventor, maker; composer of a poem, music, or speech*
[21] δεινός, ή, όν – *fearful, terrible*
[22] ἔπος, τό – *epic poetry; lines, verses*
[23] πάθος, τό – *misfortune, calamity*
[24] συμφορά, ἡ – *bringing together, collecting; event, circumstance*
[25] θεήλατος, ον – *driven by a god, sent or caused by a god*
[26] MH: AMO 3S (ἀείρω/ αἴρω)
[27] ἄχθος, τό – *burden, load; plague*

[83] τριῶν δὲ ἐπικρατούντων,[1] ὡς ἔπος[2] εἰπεῖν, βίων,[3] εἰς οὓς μάλιστα[4] ἐμπίπτουσιν[5] οἱ πολλοί, μὰ Δί' οὐ μετὰ λογισμοῦ[6] σκεψάμενοι[7] καὶ δοκιμάσαντες, ἀλόγῳ[8] δὲ ὁρμῇ[9] καὶ τύχῃ[10] προσενεχθέντες, τοσούτους φατέον[11] εἶναι καὶ δαίμονας,[12] οἷς συνέπονται[13] καὶ λατρεύουσιν ὁ πολὺς καὶ ἀμαθὴς[14] ὅμιλος,[15] ἄλλοι ἄλλῳ, καθάπερ[16] ἡγεμόνι πονηρῷ καὶ μαινομένῳ[17] πονηρὸς καὶ ἀσελγὴς[18] θίασος.[19] [84] ἔστι δὲ τούτων ὧν ἔφην βίων[20] ὁ μὲν ἡδυπαθὴς[21] καὶ τρυφερὸς[22] περὶ τὰς τοῦ σώματος ἡδονάς,[23] ὁ δ' αὖ[24] φιλοχρήματος[25] καὶ φιλόπλουτος,[26] ὁ δὲ τρίτος ἀμφοτέρων[27] ἐπιφανέστερός[28] τε καὶ μᾶλλον τεταραγμένος, ὁ φιλότιμος[29] καὶ φιλόδοξος,[30] ἐκδηλοτέραν[31] καὶ σφοδροτέραν[32] ἐπιδεικνύμενος[33] τὴν ταραχὴν[34] καὶ τὴν μανίαν,[35] ἐξαπατῶν[36] αὑτόν, ὡς καλοῦ δή τινος ἐραστήν.[37]

---

[1] ἐπικρατέω – I rule over, I conquer, master
[2] ἔπος, τό – epic poetry; lines, verses
[3] βίος, ὁ – life, mode of life, manner of living
[4] μάλα – above all; exceedingly; certainly
[5] ἐμπίτνω – I fall upon
[6] λογισμός, ὁ – counting, calculation; reason
[7] σκέπτομαι – I look about carefully, examine
[8] ἄλογος, ον – unreasoning, irrational
[9] ὁρμή, ἡ – impulse, motion
[10] τύχη, ἡ – fortune, providence, fate
[11] φατέον – one must say, one must call
[12] δαίμων, ὁ or ἡ – god, goddess; spirit
[13] συνέπομαι – I follow, accompany
[14] ἀμαθής, ές – ignorant, stupid
[15] ὅμιλος, ὁ – crowd, throng
[16] καθάπερ – just as, exactly as
[17] μαίνομαι – I rage; I am out of mind
[18] ἀσελγής, ές – licentious, wanton, outrageous
[19] θίασος, ὁ – company, troop
[20] βίος, ὁ – life, mode of life, manner of living
[21] ἡδυπαθής, ές – luxurious; pleasing
[22] τρυφερός, ά, όν – delicate, dainty, effeminate
[23] ἡδονή, ἡ – enjoyment, pleasure
[24] αὖ – again, once more
[25] φιλοχρήματος, ον – loving money
[26] φιλόπλουτος, ον – loving riches
[27] ἀμφότερος, α, ον – either; both; each one
[28] ἐπιφανής, ές – coming to light, manifest
[29] φιλότιμος, ον – loving honor or distinction; ambitious
[30] φιλόδοξος, ον – loving fame or glory
[31] ἔκδηλος, ον – conspicuous, open, plain
[32] σφοδρός, ά, όν – vehement, excessive
[33] ἐπιδείκνυμι – I exhibit; show off, display
[34] ταραχή, ἡ – disorder, physiological disturbance
[35] μανία, ἡ – madness, frenzy; enthusiasm, passion
[36] ἐξαπατάω – I deceive, beguile
[37] ἐραστής, ὁ – lover, admirer

[85] φέρε οὖν καθάπερ¹ οἱ κομψοὶ² τῶν δημιουργῶν³ ἐπὶ πάντα ἔμβραχυ⁴ φέρουσι τὴν αὐτῶν ἐπίνοιαν⁵ καὶ τέχνην,⁶ οὐ μόνον τὰς τῶν θεῶν ἀπομιμούμενοι⁷ φύσεις ἀνθρωπίνοις⁸ εἴδεσιν,⁹ ἀλλὰ καὶ τῶν ἄλλων ἕκαστον, ποταμούς τε ἐνίοτε¹⁰ γράφοντες ἀνδράσιν ὁμοίους καὶ κρήνας¹¹ ἔν τισι γυναικείοις¹² εἴδεσι,¹³ νήσους¹⁴ τε καὶ πόλεις καὶ τὰ ἄλλα μικροῦ δεῖν ξύμπαντα,¹⁵ ὁποῖον¹⁶ καὶ Ὅμηρος ἐτόλμησεν ἐπιδεῖξαι¹⁷ Σκάμανδρον¹⁸ φθεγγόμενον¹⁹ ὑπὸ τῇ δίνῃ,²⁰ [86] κἀκεῖνοι φωνὰς μὲν οὐκ ἔχουσι προσθεῖναι τοῖς εἰδώλοις,²¹ εἴδη²² δὲ οἰκεῖα²³ καὶ σημεῖα ἀπὸ τῆς φύσεως, οἷον τοὺς ποταμοὺς κατακειμένους²⁴ γυμνοὺς τὸ πλέον,²⁵ [87a] γένειον²⁶ πολὺ καθεικότας,²⁷ μυρίκην²⁸ ἢ κάλαμον²⁹ ἐστεφανωμένους·³⁰

---

¹ καθάπερ – *just as, exactly as*
² κομψός, ή, όν – *refined, fine; smart, clever*
³ δημιουργός, ὁ – *skilled workman, craftsman*
⁴ ἔμβραχυ – *in brief, in a word; somewhat*
⁵ ἐπίνοια, ἡ – *thought, notion, conception, idea*
⁶ τέχνη, ἡ – *art, skill, craft*
⁷ ἀπομιμέομαι – *I express by imitation, copy*
⁸ ἀνθρώπινος, η, ον – *of or belonging to humans*
⁹ εἶδος, τό – *form, shape, pattern, figure*
¹⁰ ἐνίοτε – *at times, sometimes*
¹¹ κρήνη, ἡ – *spring, fountain*
¹² γυναικεῖος, α, ον – *of or belonging to women; feminine*
¹³ εἶδος, τό – *form, shape, pattern, figure*
¹⁴ νῆσος, ἡ – *island*
¹⁵ σύμπας, α, αν – *all together, all at once; the whole, the sum*
¹⁶ ὁποῖος, α, ον – *of what sort*
¹⁷ ἐπιδείκνυμι – *I exhibit, show off, display*
¹⁸ Σκάμανδρος, ὁ – *Scamander*
¹⁹ φθέγγομαι – *I utter a sound; I speak loud and clear*
²⁰ δίνη, ἡ – *whirlpool, eddy; circular motion, rotation*
²¹ εἴδωλον, τό – *phantom, image*
²² εἶδος, τό – *form, shape, pattern, figure*
²³ οἰκεῖος, α, ον – *in or of the house, domestic*
²⁴ κατάκειμαι – *I lie down, recline*
²⁵ πλείων, ὁ or ἡ – *more, greater; many; the crowd*
²⁶ γένειον, τό – *beard; chin*
²⁷ καθίημι – *I drop, send down, lower*
²⁸ μυρίκη, ἡ – *tamarisk* (LH: a type of tree or shrub)
²⁹ κάλαμος, ὁ – *reed*
³⁰ στεφανόω – *I crown, confer glory upon*

[87b] οὐκοῦν¹ καὶ ἡμεῖς μὴ χείρους² μηδὲ φαυλότεροι³ περὶ τοὺς λόγους φανῶμεν ἢ ἐκεῖνοι περὶ τὰς αὑτῶν τέχνας,⁴ τῷ πλάττειν⁵ καὶ ἀφομοιοῦν⁶ τοὺς τρόπους τοῦ τριπλοῦ⁷ δαίμονος⁸ τῶν τριῶν βίων,⁹ τὴν ἐναντίαν¹⁰ ἕξιν¹¹ καὶ ἀντίστροφον¹² ἐπιδεικνύμενοι¹³ τῆς τῶν λεγομένων φυσιογνωμόνων¹⁴ ἐμπειρίας¹⁵ καὶ μαντικῆς.¹⁶

[88] οἱ μὲν γὰρ ἀπὸ τῆς μορφῆς¹⁷ καὶ τοῦ εἴδους¹⁸ τὸ ἦθος¹⁹ γιγνώσκουσι²⁰ καὶ ἀπαγγέλλουσιν, ἡμεῖς δὲ ἀπὸ τῶν ἠθῶν²¹ καὶ τῶν ἔργων χαρακτῆρα²² καὶ μορφὴν²³ ἀξίαν ἐκείνων σπάσωμεν,²⁴ εἰ ἄρα μᾶλλον ἅψασθαι δυνησόμεθα τῶν πολλῶν καὶ φαυλοτέρων·²⁵

---

¹ οὐκοῦν – surely then
² χείρων, ον – inferior, worse
³ φαῦλος, η, ον – cheap; easy, simple; inefficient
⁴ τέχνη, ἡ – art, skill, craft
⁵ πλάσσω – I mold, form; I imagine
⁶ ἀφομοιόω – I make like, portray
⁷ τριπλόος, η, ον – triple, thrice
⁸ δαίμων, ὁ or ἡ – god, goddess; divine power; spirit
⁹ βίος, ὁ – life, mode of life, manner of living
¹⁰ ἐναντίος, α, ον – opposite; contrary; reverse
¹¹ ἕξις, ἡ – trained habit, skill
¹² ἀντίστροφος, ον – correlative, counterpart; contrary
¹³ ἐπιδείκνυμι – I exhibit, show off, display
¹⁴ φυσιογνώμων, ον – judging of someone by his/her characteristics
¹⁵ ἐμπειρία, ἡ – experience, practice
¹⁶ μαντικός, ή, όν – prophetic, oracular
¹⁷ μορφή, ἡ – form, shape, appearance
¹⁸ εἶδος, τό – form, shape, pattern, figure
¹⁹ ἦθος, τό – an accustomed place; custom; character
²⁰ γινώσκω – I know, perceive
²¹ ἦθος, τό – an accustomed place; custom; character
²² χαρακτήρ, ὁ – engraver; engraving; characteristics
²³ μορφή, ἡ – form, shape, appearance
²⁴ σπάω – I tear apart, strech; I draw through
²⁵ φαῦλος, η, ον – cheap; easy, simple; ordinary, common

[89] πρὸς τὸ ἀποδεῖξαι¹ τὴν τῶν βίων² ἀτοπίαν³ οὐδὲν ἄσχημον⁴ ὂν οὐδὲ νεμεσητὸν⁵ καὶ ποιηταῖς⁶ παραβαλλομένους⁷ καὶ χειροτέχναις⁸ καὶ καθαρταῖς⁹ ὁρᾶσθαι, εἰ δέοι, σπεύδειν¹⁰ πανταχόθεν¹¹ εἰκόνας¹² καὶ παραδείγματα¹³ πορίζοντας,¹⁴ ἄν πως ἰσχύσωμεν¹⁵ ἀποτρέψαι¹⁶ κακίας¹⁷ καὶ ἀπάτης¹⁸ καὶ πονηρῶν ἐπιθυμιῶν, εἰς ἀρετῆς¹⁹ δὲ φιλίαν²⁰ προαγαγεῖν καὶ ἔρωτα καὶ ζωῆς ἀμείνονος·²¹ [90] ἢ ὡς εἰώθασιν²² ἔνιοι²³ τῶν περὶ τὰς τελετὰς²⁴ καὶ τὰ καθάρσια,²⁵ μῆνιν²⁶ Ἑκάτης²⁷ ἱλασκόμενοί²⁸ τε καὶ ἐξάντη²⁹ φάσκοντες³⁰ ποιήσειν, ἔπειτα οἶμαι³¹ φάσματα³² πολλὰ καὶ ποικίλα³³ πρὸ τῶν καθαρμῶν³⁴ ἐξηγούμενοι³⁵ καὶ ἐπιδεικνύντες,³⁶ ἅ φασιν ἐπιπέμπειν³⁷ χολουμένην³⁸ τὴν θεόν.

---

[1] ἀποδείκνυμι – *I point out, make known*
[2] βίος, ὁ – *life, mode of life, manner of living*
[3] ἀτοπία, ἡ – *absurdity; misdeed*
[4] ἀσχήμων, ον – *misshapen, ugly; shameful*
[5] νεμεσητός, ή, όν – *causing indignation*
[6] ποιητής, ὁ – *inventor, maker; composer of a poem, music,* or *speech*
[7] παραβάλλω – *I throw beside, set beside*
[8] χειροτέχνης, ὁ – *craftsman, artisan*
[9] καθαρτής, ὁ – *cleanser, purifier*
[10] σπεύδω – *I urge on; I seek eagerly, strive after*
[11] πανταχόθεν – *on all sides; in every way*
[12] ἰκών, ἡ – *likeness, image*
[13] παράδειγμα, τό – *pattern, model, example*
[14] πορίζω – *I bring about; I furnish, provide*
[15] ἰσχύω – *I am powerful; I prevail*
[16] ἀποτρέπω – *I turn away from, dissuade from*
[17] κακία, ἡ – *badness, cowardness, vice*
[18] ἀπάτη, ἡ – *deceit, trick*
[19] ἀρετή, ἡ – *goodness, excellence*
[20] φίλιος, α, ον – *friendly, friendship*
[21] ἀμείνων, ον – *better; stronger*
[22] ἔθω – *I am accustomed* (MH: RAI 3P)
[23] ἔνιοι, αι, α – *some*
[24] τελετή, ἡ – *rite, initiation*
[25] καθάρσιος, ον – *cleansing, purifying*
[26] μῆνις, ἡ – *wrath*
[27] Ἑκάτη, ἡ – *Hecate*
[28] ἱλάςκομαι – *I appease*
[29] ἐκαντάω – *I meet face to face, meet with; I take part in*
[30] φάσκω – *I affirm, assert*
[31] οἴομαι – *I forbode, think, suppose*
[32] φάσμα, τό – *apparition, phantom*
[33] ποικίλος, η, ον – *many-coloured, manifold*
[34] καθαρμός, ὁ – *purification, expiation*
[35] ἐξηγέομαι – *I relate in detail, expound*
[36] ἐπιδείκνυμι – *I exhibit, show off, display*
[37] ἐπιπέμπω – *I send after*
[38] χολόω – *I anger*

Kingship 4.91

[91] εἶεν·¹ ὁ μὲν δὴ φιλοχρήματος² δαίμων³ χρυσοῦ⁴ καὶ ἀργύρου⁵ καὶ γῆς καὶ βοσκημάτων⁶ καὶ συνοικιῶν⁷ καὶ πάσης κτήσεως⁸ ἐραστής.⁹ ἆρα οὐκ ἂν σκυθρωπός¹⁰ τε καὶ συννεφὴς¹¹ ἰδεῖν ἐν σχήματι¹² ταπεινῷ¹³ καὶ ἀγεννεῖ¹⁴ πλάττοιτο¹⁵ ὑπὸ δημιουργοῦ¹⁶ μὴ φαύλου¹⁷ τὴν τέχνην;¹⁸ αὐχμηρὸς¹⁹ καὶ ῥυπῶν,²⁰ οὔτε παῖδας ἢ γονέας οὔτε πατρίδα²¹ φιλῶν, ἢ συγγένειαν²² ἄλλο τι νομίζων ἢ τὰ χρήματα,²³ τοὺς δὲ θεοὺς πλέον²⁴ οὐδὲν εἶναι λογιζόμενος, ὅ τι μὴ πολλοὺς αὐτῷ μηδὲ μεγάλους θησαυροὺς παραδεικνύουσιν²⁵ ἢ θανάτους οἰκείων²⁶ τινῶν καὶ συγγενῶν,²⁷ ὅπως ἔχοι κληρονομεῖν,²⁸ τὰς δὲ ἑορτὰς ζημίαν²⁹ ἄλλως ἡγούμενος καὶ ματαίαν³⁰ δαπάνην,³¹ ἀγέλαστος³² καὶ ἀμειδίατος,³³

---

¹ εἶεν – *well, quite so, very good*
² φιλοχρήματος, ον – *loving money*
³ δαίμων, ὁ or ἡ – *god, goddess; divine power; spirit*
⁴ χρύσεος, η, ον – *golden*
⁵ ἄργυρος, ὁ – *silver*
⁶ βόσκημα, τό – *cattle*
⁷ συνοικία, ἡ – *household, tenement-house*
⁸ κτῆσις, ἡ – *acquisition, possession*
⁹ ἐραστής, ὁ – *lover, admirer*
¹⁰ σκυθρωπός, ή, όν – *of sad or angry countenance, sullen*
¹¹ συννεφής, ές – *cloudy, gloomy*
¹² σχῆμα, τό – *form, shape, figure*
¹³ ταπεινός, ή, όν – *humbled, downcast, base, lowly*
¹⁴ ἀγεννής, ές – *ignoble, low-born*
¹⁵ πλάσσω – *I form, mould; I imagine* (MH: PPO 3S)
¹⁶ δημιουργός, ὁ – *skilled workman, craftsman*
¹⁷ φαῦλος, η, ον – *cheap; easy, simple; bad*
¹⁸ τέχνη, ἡ – *art, skill, craft*
¹⁹ αὐχμηρός, ά, όν – *dry, without rain; rough, squalid*
²⁰ ῥυπόω – *I make foul and filthy*
²¹ πάτριος, α, ον – *of one's father; one's fatherland, country*
²² συγγένεια, ἡ – *kinship, family*
²³ χρῆμα, τό – *goods, property, money*
²⁴ πλείων, ὁ or ἡ – *more, greater; many; the crowd*
²⁵ παραδείκνυμι – *I represent, demonstrate*
²⁶ οἰκεῖος, α, ον – *in or of the house, domestic*
²⁷ συγγίγνομαι – *I am born with*
²⁸ κληρονομέω – *I inherit a portion*
²⁹ ζημία, ἡ – *loss, damage, penalty, expense*
³⁰ μάταιος, α, ον – *vain, empty, idle, rash*
³¹ δαπάνη, ἡ – *cost, expenditure*
³² ἀγέλαστος, ον – *grave, gloomy*
³³ ἀμειδίατος, ον – *sullen*

[92] ὑφορώμενος¹ ἅπαντας καὶ βλαβεροὺς² ἡγούμενος καὶ ἀπιστῶν πᾶσιν, ἁρπακτικὸν³ βλέπων, ἀεὶ⁴ κινῶν⁵ τοὺς δακτύλους,⁶ ἤτοι⁷ τὴν αὑτοῦ λογιζόμενος οὐσίαν⁸ ἢ τῶν ἄλλων τινός, τἄλλα δὲ ἀναίσθητος⁹ καὶ ἀμαθής,¹⁰ παιδείας¹¹ καὶ γραμμάτων καταγελῶν,¹² [93a] πλὴν ὅσον περὶ λογισμοὺς¹³ καὶ συμβόλαια,¹⁴ τυφλοῦ δικαίως καὶ λεγομένου καὶ γραφομένου τοῦ πλούτου τυφλότερος ἐραστής,¹⁵ περὶ πάντα λυττῶν¹⁶ κτήματα¹⁷ καὶ οὐδὲν ἀπόβλητον¹⁸ ἡγούμενος, οὐχ ὥσπερ τὴν μαγνῆτιν¹⁹ λίθον ἕλκειν²⁰ φασὶ πρὸς αὑτὴν τὸν σίδηρον,²¹ ἀλλὰ καὶ χαλκὸν²² καὶ μόλυβδον²³ προσαγόμενος,²⁴ κἂν ψάμμον²⁵ ἢ λίθον διδῷ τις, πανταχῇ²⁶ καὶ περὶ πάντα σχεδόν²⁷ τι τὸ ἔχειν τοῦ μὴ ἔχειν λυσιτελέστερόν²⁸ τε καὶ ἄμεινον²⁹ ἡγούμενος,

---

[1] ὑφοράω – *I view with suspicion* or *jealousy, suspect*
[2] βλαβερός, ά, όν – *harmful, damaging*
[3] ἁρπακτικός, ή όν – *rapacious, thievish*
[4] ἀεί – *ever, always*
[5] κινέω – *I set in motion, move*
[6] δάκτυλος, ὁ – *thumb, finger; finger's width*
[7] ἤτοι – *now surely, truly, verily*
[8] οὐσία, ἡ – *one's substance, essence, true nature*
[9] ἀναίσθητος, ον – *without sense* or *feeling, without perception*
[10] ἀμαθής, ές – *ignorant, stupid*
[11] παιδεία, ἡ – *training, education*
[12] καταγελάω – *I laugh, mock*
[13] λογισμός, ὁ – *counting, calculation; reckoning, reason*
[14] συμβόλαιον, τό – *contract, covenant, bond*
[15] ἐραστής, ὁ – *lover, admirer*
[16] λύσσα, ἡ – *rage, fury*
[17] κτῆμα, τό – *possession, piece of property*
[18] ἀπόβλητος, ἡ – *something thrown away or aside*
[19] μάγνης, ὁ – *magnetic ore*
[20] ἕλκω – *I drag, drag away; I attract*
[21] σίδηρος, τό – *iron*
[22] χαλκός, ὁ – *copper*
[23] μόλυβδος, ὁ – *lead*
[24] προσάγω – *I furnish, supply*
[25] ψάμμος, ἡ – *sand*
[26] πανταχοῦ – *everywhere; altogether; absolutely*
[27] σχεδόν – *near; about, approximately*
[28] λυσιτελής, ές – *useful, profitable, advantageous*
[29] ἀμείνων, ον – *better; stronger; braver*

[93b] μάλιστα[1] δὲ περὶ τὴν τοῦ ἀργυρίου κτῆσιν[2] ἔκφρων[3] καὶ συντεταμένος,[4] ὅτι δὴ τάχιστα κἀδαπανώτατα[5] πρόεισι,[6] σὺν ἡμέρᾳ καὶ νυκτὶ προβαῖνον[7] καὶ φθάνον[8] οἶμαι[9] τὰς τῆς σελήνης[10] περιόδους,[11] [94] τὸ δὲ τῆς ἀπεχθείας[12] καὶ τὸ τοῦ μίσους[13] καὶ τῶν βλασφημιῶν οὐδαμῇ[14] λογιζόμενος, ἔτι δὲ τῇ μὲν ἄλλῃ κτήσει[15] καλλωπισμόν[16] τινα προσεῖναι[17] καὶ διατριβὴν[18] ἡγούμενος, τὸ δὲ ἀργύριον ὡς ἐν βραχυτάτῳ[19] συνειληφέναι τὴν τοῦ πλούτου δύναμιν. [95a] τοῦτο οὖν διώκει καὶ ζητεῖ πανταχόθεν,[20] οὐδέν τι μεταστρεφόμενος,[21] οὔτ' εἰ μετ' αἰσχύνης[22] οὔτ' εἰ μετ' ἀδικίας γίγνοιτο,[23] πλὴν ὅσον τὰς κολάσεις[24] ὑφορώμενος[25] ὁδοιδόκων[26] ἀσφαλέστερος[27] δειλίᾳ[28] κρατηθείς, κυνὸς[29] ἀχρήστου[30] ψυχὴν ἔχων,

---

[1] μάλα – above all; exceedingly; certainly
[2] κτῆμα, τό – possession, piece of property
[3] ἔκφρων, ον – frenzied; enthusiastic
[4] συντείνω – I strain, exert; I draw tight
[5] ἀδάπανος, ον – without expense
[6] πρόειμι – I advance, go forward, proceed, continue
[7] προβαίνω – I step forward, advance; I go before
[8] φθάνω – I overtake, outstrip; I extend, reach
[9] οἴομαι – I forbode, think, suppose
[10] σελήνη, ἡ – moon
[11] περίοδος, ἡ – cycle, period of time, orbit
[12] ἀπέχθεια, ἡ – hatred, enmity
[13] μῖσος, τό – hate, hatred
[14] οὐδαμῇ – nowhere, in no place
[15] κτῆσις, ἡ – acquisition, possession
[16] καλλωπισμός, ὁ – adorning oneself; making a display, showing off
[17] πρόσειμι – I am present; I am attached to, belong to
[18] διατρίβω – I spend time, pass time
[19] βραχύς, εῖα, ύ – short, small; few; humble
[20] πανταχόθεν – on all sides; in every way
[21] μεταστρέφω – I turn about, turn around
[22] αἰσχύνη, ἡ – shame, dishonor
[23] MH: PPO 3S (γίνομαι)
[24] κόλασις, ἡ – chastisement, correction
[25] ὑφοράω – I view with suspicion or jealousy, suspect
[26] ὁδοιδόκος, ὁ – highwayman
[27] ἀσφαλής, ές – safe, assured from danger
[28] δειλός, ή, όν – cowardly; wretched, miserable
[29] κύων, ὁ or ἡ – dog, hound
[30] ἄχρηστος, ον – useless, unprofitable; unkind, cruel

[95b] τὰ μὲν ἁρπάζοντος, ἐὰν ἐλπίσῃ λήσεσθαι,[1] τοῖς δὲ ἐπεμβλέποντος[2] καὶ ἄκοντος[3] ἀπεχομένου[4] διὰ τοὺς ἐφεστηκότας φύλακας. [96] ἔστω δὴ βραχὺς[5] ἰδεῖν, δουλοπρεπής,[6] ἄγρυπνος,[7] οὐδέποτε μειδιῶν,[8] ἀεί[9] τῳ λοιδορούμενος[10] καὶ μαχόμενος,[11] πορνοβοσκῷ[12] μάλιστα[13] προσεοικὼς[14] τό τε σχῆμα[15] καὶ τὸν τρόπον ἀναιδεῖ[16] καὶ γλίσχρῳ,[17] βαπτὸν[18] ἀμπεχομένῳ[19] τριβώνιον[20] μιᾶς τινος τῶν ἑταιρῶν[21] ὧν ἴσμεν,[22] τοὺς αὑτοῦ φίλους τε καὶ ἑταίρους,[23] [97] μᾶλλον δὲ δούλους καὶ ὑπηρέτας λωβώμενος[24] καὶ καταισχύνων πάντα τρόπον, ἐάν τε ἐν ἰδιώτου[25] σχήματι[26] λάβῃ τινὰς ἐάν τε ἐν βασιλέως. [98a] ἢ οὐ πολλοὺς τῶν καλουμένων βασιλέων ἰδεῖν ἔστι καπήλους[27] καὶ τελώνας καὶ πορνοβοσκούς;[28] ἀλλὰ Δρόμωνα[29] μὲν καὶ Σάραμβον,[30] ὅτι ἐν Ἀθήναις[31] καπηλεύουσι[32] καὶ ὑπὸ Ἀθηναίων τοῦτο ἀκούουσι τὸ ὄνομα, δικαίως φαμὲν ἀκούειν,

---

[1] λανθάνω – *I escape notice, am unobserved*
[2] ἐμβλέπω – *I look at, consider*
[3] ἀέκων, ον – *involuntary, constrained, unwilling*
[4] ἀπέχω – *I keep off, keep away from*
[5] βραχύς, εῖα, ύ – *short, small; few; humble*
[6] δουλοπρεπής, ές – *befitting the slave*
[7] ἄγρυπνος, ον – *wakeful, vigilance*
[8] μειδιάω – *I smile; I laugh aloud*
[9] ἀεί – *ever, always*
[10] λοιδορέω – *I abuse, revile; I reproach, rebuke*
[11] μάχομαι – *I fight, quarrel, argue*
[12] πορνοβοσκός, ὁ – *brothel-keeper*
[13] μάλα – *above all; exceedingly; certainly*
[14] προσέοικα – *I am like, resemble; It seems fit*
[15] σχῆμα, τό – *form, shape, figure*
[16] ἀναιδής, ές – *shameless; reckless; ruthless*
[17] γλίσχρος, α, ον – *sticky; tough*
[18] βαπτός, ή, όν – *dipped, dyed*
[19] ἀμπέχω – *I surround, cover, enclose*
[20] τριβώνιον, τό – *(little) threadbare cloak*
[21] ἑταῖρος, ὁ – *comrade, companion*
[22] MH: RAI 1P (οἶδα)
[23] ἑταῖρος, ὁ – *comrade, mate; concubine*
[24] λωβάομαι – *I outrage, act outrageously*
[25] ἰδιώτης, ὁ – *private person, layperson*
[26] σχῆμα, τό – *form, shape, figure*
[27] κάπηλος, ὁ or ἡ – *shop-keeper, tavern-keeper*
[28] πορνοβοσκός – *brothel-keeper*
[29] Δρόμων, ὁ – *Dromon*
[30] Σάραμβος, ὁ – *Sarambus*
[31] Ἀθῆναι, αἱ – *Athens*
[32] καπηλεύω – *I am a shop-keeper, tavern-keeper*

[98b] Δαρεῖον δὲ τὸν πρότερον,¹ ὅτι ἐν Βαβυλῶνι καὶ Σούσοις ἐκαπήλευε,² καὶ Πέρσαι αὐτὸν ἔτι καὶ νῦν καλοῦσι κάπηλον,³ οὐ δικαίως κεκλῆσθαι· ἴδιόν γε μὴν τούτῳ συμβέβηκε⁴ παρὰ τοὺς ἄλλους δαίμονας·⁵ [99] ἐνίοτε⁶ μὲν γὰρ ἄρχει καὶ κρατεῖ τῆς ψυχῆς, ἐνίοτε⁷ δὲ ἐκείνοις συνέπεται⁸ διὰ τὸ πάσης ἐπιθυμίας καὶ σπουδῆς⁹ ὑπηρέτην τε καὶ διάκονον ἀπροφάσιστον¹⁰ εἶναι τὸν πλοῦτον. [100] ἀλλ' ἐγὼ λέγω νῦν τὸν αὐτὸν ἡγούμενον καὶ προεστηκότα¹¹ τῆς τοῦ δυστυχοῦς¹² ἀνθρώπου διανοίας,¹³ οὔτε ἐφ' ἡδονήν¹⁴ τινα οὔτε εἰς δόξαν ἀναφέροντα¹⁵ τὴν τῶν χρημάτων¹⁶ κτῆσιν,¹⁷ οὐδὲ ὡς ἀναλώσοντα¹⁸ καὶ χρησόμενον¹⁹ ξυνάγοντα,²⁰ ἀνέξοδον²¹ δὲ καὶ ἀχρεῖον²² φυλάττοντα τὸν πλοῦτον τῷ ὄντι, κατάκλειστον²³ ἔν τισι κρυπτοῖς καὶ ἀφεγγέσι²⁴ θαλάμοις.²⁵

---

¹ πρότερος, α, ον – former, previous
² καπηλεύω – I am a shop-keeper, tavern-keeper
³ κάπηλος, ὁ or ἡ – shop-keeper, tavern-keeper
⁴ συμβαίνω – I come to an agreement, come to terms
⁵ δαίμων, ὁ or ἡ – god, goddess; divine power; spirit
⁶ ἐνίοτε – at times, sometimes
⁷ ἐνίοτε – at times, sometimes
⁸ συνέπομαι – I follow, accompany
⁹ σπουδή, ἡ – object of attention, interest
¹⁰ ἀπροφάσιστος, ον – unhesitating, ready
¹¹ προίστημι – I set before, put in front of
¹² δυστυχής, ές – unlucky, unfortunate
¹³ διάνοια, ἡ – thought; intention, inclination
¹⁴ ἡδονή, ἡ – enjoyment, pleasure
¹⁵ ἀναφέρω – I carry up, uphold; I bring back
¹⁶ χρῆμα, τό – goods, property, money
¹⁷ κτῆμα, τό – possession, piece of property
¹⁸ ἀναλίσκω – I use up, spend, consume
¹⁹ χράω – I proclaim, declare; I use; I furnish
²⁰ συνάγω – I bring together, gather together
²¹ ἀνέξοδος, ον – impassable
²² ἀχρεῖος, α, ον – useless, unprofitable; unfit; helpless
²³ κατάκλειστος, ον – shut up (of women confined)
²⁴ ἀφεγγής, ές – without light, dark
²⁵ θάλαμος, ὁ – an inner room or chamber; women's apartment

[101] εἶεν·[1] ὁ δὲ δὴ δεύτερος ἀνήρ τε καὶ δαίμων[2] ἐκείνου τοῦ ἀνδρός, ὁ τὰ τῆς ἡδονῆς[3] ἀναφαίνων[4] ὄργια[5] καὶ τὴν θεὸν ταύτην θαυμάζων καὶ προτιμῶν,[6] ἀτεχνῶς[7] γυναικείαν[8] θεόν, ποικίλος[9] καὶ πολυειδὴς[10] περί τε ὀσμὰς[11] καὶ γεύσεις[12] ἀπλήρωτος,[13] ἔτι δὲ οἶμαι[14] περὶ πάντα μὲν ὁράματα,[15] πάντα δὲ ἀκούσματα[16] τὰ πρὸς ἡδονήν[17] τινα φέροντα, πάσας δὲ ἀφὰς προσηνεῖς[18] τε καὶ μαλακὰς[19] λουτρῶν[20] τε ὁσημέραι[21] θερμῶν[22] μᾶλλον δὲ καὶ τῆς ἡμέρας, καὶ χρίσεων[23] οὐ κάματον[24] ἰωμένων, [102a] πρὸς δὲ αὖ[25] τούτοις ἐσθήτων[26] τε μαλακῶν[27] ἕλξεις[28] καὶ κατακλίσεις[29] ἠσκημένας[30] καὶ διακονίας ἀκριβεῖς[31] καθ' ἑκάστην ἐπιθυμίαν τε καὶ χρείαν,

---

[1] εἶεν – *well, quite so, very good*
[2] δαίμων, ὁ or ἡ – *god, goddess; divine power; spirit*
[3] ἡδονή, ἡ – *enjoyment, pleasure*
[4] ἀναφαίνω – *I bring to light, show forth*
[5] ὄργια, τά – *secret rites; sacrifices; mysteries*
[6] προτιμάω – *I prefer in honor, esteem*
[7] ἄτεχνος, ον – *without art, unskilled; unprofessional*
[8] γυναικεῖος, α, ον – *of or belonging to women, feminine*
[9] ποικίλος, η, ον – *many-coloured, spotted; subtle, artful*
[10] πολυειδής, ές – *of many kinds, diverse forms*
[11] ὀσμή, ἡ – *smell, odour;*
[12] γεῦσις, ἡ – *sense of taste; a taste, flavor*
[13] ἀπλήρωτος, ον – *insatiable, unfilled*
[14] οἴομαι – *I forbode, think, suppose*
[15] ὅραμα, τό – *that which is seen; a sight, spectacle*
[16] ἄκουσμα, τό – *a thing heard, rumor, report*
[17] ἡδονή, ἡ – *enjoyment, pleasure*
[18] προσηνής, ές – *soft, gentle, soothing; most pleasant, smooth things*
[19] μαλακός, ή, όν – *soft; mild, gentle*
[20] λουτρόν, τό – *bath, bathing-place; water for bathing*
[21] ὁσημέραι – *daily, day by day*
[22] θερμός, ή, όν – *hot, hot water*
[23] χρῖσις, ἡ – *smearing, anointing, wash*
[24] κάματος, ὁ – *toil, trouble; weariness*
[25] αὖ – *again, once more*
[26] ἐσθής, ἡ – *clothes, clothing*
[27] μαλακός, ή, όν – *soft; mile, gentle*
[28] ἕλξις, ἡ – *attraction, attractive power*
[29] κατάκλισις, ἡ – *making one to lie down, seating at table*
[30] ἀσκέω – *I am dressed, adorned*
[31] ἀκριβής, ές – *exact, accurate, precise*

[102b] περὶ ταῦτα πάντα δεινῶς[1] ἐπτοημένος,[2] μάλιστα[3] μέντοι[4] καὶ ἀκρατέστατα[5] περὶ τὴν τῶν ἀφροδισίων[6] ὀξεῖαν[7] καὶ διάπυρον[8] μανίαν[9] θηλυκῶν[10] τε καὶ ἀρρενικῶν[11] μίξεων[12] καὶ ἔτι πλειόνων[13] ἀρρήτων[14] καὶ ἀνωνύμων[15] αἰσχρουργιῶν,[16] ἐπὶ πάντα ὁμοίως τὰ τοιαῦτα φερόμενος καὶ ἄγων, οὐδὲν ἀπώμοτον[17] οὐδὲ ἄπρακτον[18] ποιούμενος. [103] νῦν γὰρ δὴ ἕνα τοῦτον τίθεμεν τὸν ἁπάσας τὰς τοιαύτας παρειληφότα νόσους[19] καὶ ἀκρασίας[20] τῆς ψυχῆς, ἵνα μὴ πολύν τινα ἀθροίσωμεν[21] ἑσμὸν[22] μοιχικῶν[23] τινων δαιμονίων καὶ φιλόψων[24] καὶ φιλοίνων[25] καὶ ἄλλων δὴ μυρίων,[26] ἀλλ' ἁπλῶς[27] ἕνα δαίμονα[28] τιθῶμεν τὸν ἀκόλαστον[29] καὶ δεδουλωμένον[30] ὑφ' ἡδονῆς,[31]

---

[1] δεινός, ή, όν – fearful, terrible
[2] πτοέω – I am passionately excited
[3] μάλα – above all; exceedingly; certainly
[4] μέντοι – yet, though; to be sure, indeed
[5] ἄκρατος, ον – pure, untempered; absolute
[6] ἀφροδίσια, τά – sexual pleasures
[7] ὀξύς, εῖα, ύ – sharp, keen, piercing
[8] διάπυρος, ον – red-hot; inflamed; ardent
[9] μανία, ή – madness, frenzy; enthusiasm
[10] θηλυκός, ή, όν – woman-like, feminine, of woman
[11] ἀρρενικός, ή, όν – male, masculine, of man
[12] μίξις, ή – mixing, mingling; intercourse
[13] πλείων, ὁ or ἡ – more, greater; the majority
[14] ἄρρητος, η, ον – unspoken, unspeakable
[15] ἀνώνυμος, ον – without name, not to be named
[16] αἰσχρουργία, ή – shameless conduct, sexual perversion, obscenity
[17] ἀπώμοτος, ον – abjured, declared impossible on oath
[18] ἄπρακτος, ον – unprofitable; unmanageable, impossible
[19] νόσος, ή – sickness, disease, plague
[20] ἀκρασία, ή – bad mixture, ill temperature
[21] ἀθροίζω – I gather together, muster
[22] ἑσμός, ὁ – swarm, flock
[23] μοιχικός, ή, όν – adulterous
[24] φιλοψία, ή – fondness for dainties, esp. fish
[25] φίλοινος, ον – fond of wine
[26] μυρίος, α, ον – numberless, countless, infinite
[27] ἁπλῶς – singly; simply, absolutely
[28] δαίμων, ὁ or ἡ – god, goddess; divine power; spirit
[29] ἀκόλαστος, ον – undisciplined, unbridled, licentious
[30] δουλόω – I am enslaved
[31] ἡδονή, ή – enjoyment, pleasure

[104] ἐὰν μὲν ἐπιρρέῃ[1] ποθὲν ἀνελλιπὲς[2] τὸ τῆς χορηγίας,[3] χρημάτων[4] βασιλικῶν[5] ἢ τινος μεγάλης ἰδιωτικῆς[6] ὑπούσης[7] οὐσίας,[8] ἐν πολλῇ καὶ ἀφθόνῳ[9] κυλινδούμενον[10] ἀσελγείᾳ[11] μέχρι γήρως·[12] εἰ δὲ μή, ταχὺ μάλα[13] ἐξαναλώσαντα[14] τὰ παρόντα, πένητα[15] ἀκρατῆ[16] καὶ ἀκόλαστον[17] ἐν σπάνει[18] καὶ ἱμέρῳ[19] δεινῶς[20] τῶν ἐπιθυμιῶν λειπόμενον.[21] [105] ἔτι δέ τινας οὗτος τῶν ὑπ' αὐτοῦ κρατουμένων εἰς γυναικεῖον[22] μετέβαλε[23] βίον[24] τε καὶ σχῆμα,[25] ὥσπερ οἱ μῦθοί[26] φασι τοὺς μεταβαλόντας[27] ἐξ ἀνθρώπων εἰς ὄρνιθας[28] ἢ θηρία, ἐὰν τύχωσι[29] τοιαύτης ἡττηθέντες[30] ἡδονῆς.[31]

---

[1] ἐπιρρέω – *I flow, flow in, flow upon*
[2] ἀνελλιπής, ές – *unfailing, unceasing*
[3] χορηγία, ἡ – *expense; abundance of external means, fortune*
[4] χρῆμα, τό – *goods, property, money*
[5] βασιλικός, ή, όν – *royal, kingly*
[6] ἰδιωτικός, ή, όν – *of or for a private person, private*
[7] ὕπειμι – *I flatter, gain favor* (MH: PAP GFS)
[8] οὐσία, ἡ – *one's substance, essence, true nature*
[9] ἄφθονος, ον – *without envy, ungrudging*
[10] κυλίνδω – *I roll, wallow*
[11] ἀσελγής, ές – *licentious, wanton, outrageous*
[12] γῆρας, τό – *cast skin (e.g., of a serpent); old age*
[13] μάλα – *above all; exceedingly; certainly*
[14] ἐξαναλίσκω – *I exhaust; I utterly destroy*
[15] πένης, ὁ – *day-laborer; poor person*
[16] ἀκρατής, ές, *impotent, powerless; uncontrolled*
[17] ἀκόλαστος, ον – *undisciplined, unbridled, licentious*
[18] σπάνις, ἡ, – *scarcity, lack; need, want*
[19] ἵμερος, ὁ – *longing, desire*
[20] δεινός, ή, όν – *fearful, terrible*
[21] λείπω – *I leave behind, forsake, abandon*
[22] γυναικεῖος, α, ον – *of or belonging to women, feminine*
[23] μεταβάλλω – *I turn about, turn back, change course*
[24] βίος, ὁ – *life, mode of life, manner of living*
[25] σχῆμα, τό – *form, shape, figure*
[26] μῦθος, ὁ – *story, narrative, myth*
[27] μεταβάλλω – *I turn about, turn back, change course*
[28] ὄρνις, ὁ also ἡ – *bird; bird of omen*
[29] τυγχάνω – *I happen to be*
[30] ἡσσάομαι – *I am defeated* (MH: APP NMP)
[31] ἡδονή, ἡ – *enjoyment, pleasure*

[106] πάλιν δὲ κἀνταῦθα¹ διττὴ² χορηγία³ πέφηνεν. ὁ μὲν γὰρ ἀσθενής τε καὶ ἄτολμος⁴ ἐκ τούτου τοῦ γένους δαίμων⁵ ἐπί τε τὰς γυναικείας⁶ νόσους⁷ καὶ ἄλλας αἰσχύνας,⁸ ὁπόσαις⁹ πρόσεστι¹⁰ ζημία¹¹ καὶ ὀνείδη,¹² προσάγει¹³ ῥᾳδίως·¹⁴ ὅπου δὲ ἡδονῶν¹⁵ τινων τιμωρίαι¹⁶ πρόσεισι,¹⁷ θανάτοις ἢ δεσμοῖς κολάζουσαι¹⁸ τοὺς ἐξαμαρτάνοντας¹⁹ ἢ χρημάτων²⁰ πολλῶν ἐκτίσεσιν,²¹ οὐ πάνυ²² τι πρὸς ταῦτα ἐφίησιν.²³ [107a] ὁ δὲ ἀτενέστερός²⁴ τε καὶ θρασύτερος²⁵ πάντα ἁπλῶς²⁶ ὑπερβαίνειν²⁷ ἀναγκάζει²⁸ τά τε ἀνθρώπινα²⁹ καὶ τὰ θεῖα.³⁰

---

[1] ἐνταῦθα – here, there; hither, thither
[2] δισσός, ή, όν – twofold, double
[3] χορηγία, ἡ – expense; abundance of external means, fortune
[4] ἄτολμος, ον – daring nothing, cowardly
[5] δαίμων, ὁ or ἡ – god, goddess; divine power; spirit
[6] γυναικεῖος, α, ον – of or belonging to women, feminine
[7] νόσος, ἡ – sickness, disease, plague
[8] αἰσχύνω – I dishonor, tarnish, shame
[9] ὁπόσε – as much as; how great; how many
[10] πρόσειμι – I attach to, belong to, add to
[11] ζημία, ἡ – loss, damage, penalty, expense
[12] ὄνειδος, τό – reproach, rebuke, blame
[13] προσάγω – I lead forward, bring up for battle
[14] ῥᾴδιος, α, ον – easy, easy-going
[15] ἡδονή, ἡ – enjoyment, pleasure
[16] τιμωρία, ἡ – retribution, vengeance
[17] πρόσειμι – I attach to, belong to, add to
[18] κολάζω – I chastise, punish, reprove
[19] ἐξαμαρτάνω – I do wrong, err, cause to sin
[20] χρῆμα, τό – goods, property, money
[21] ἔκτεισις, ἡ – payment in full, payment
[22] πάνυ – altogether; very; exceedingly
[23] ἐφίημι – I permit, allow; I send against
[24] ἀτενής, ές – stretched, strained; intense; earnest
[25] θρασύς, εῖα, ύ – bold, arrogant, insolent
[26] ἁπλῶς – singly; absolutely; generally; foolishly
[27] ὑπερβαίνω – I overstep, transgress
[28] ἀναγκάζω – I force, compel
[29] ἀνθρώπινος, η, ον – of or belonging to humans
[30] θεῖος, α, ον – of or from the gods, divine

[107b] καὶ ὁ μὲν ἀσθενής τε καὶ ἄτολμος[1] ἔνθα[2] προσθέμενος τὴν τοιαύτην αἰσχύνην[3] ὁμολογεῖ οὐδενὸς ἀνδρείου[4] πράγματος[5] ἁπτόμενος, ἀλλὰ παραχωρῶν[6] τῶν κοινῶν καὶ πολιτικῶν[7] τοῖς ἄμεινον[8] βεβιωκόσιν·[9] [108] ὁ δὲ ἰταμὸς[10] καὶ ἄτρεστος,[11] πολλὰς ὕβρεις[12] τε καὶ αἰσχύνας[13] ὑπομείνας, ὀστράκου,[14] φασί, μεταπεσόντος,[15] στρατηγὸς[16] ἢ δημαγωγὸς[17] πέφηνεν ὀξὺ[18] καὶ διάτορον[19] βοῶν,[20] ὥσπερ οἱ τῶν δραμάτων[21] ὑποκριταί ἀπορρίψας[22] μεταξὺ[23] τὴν γυναικείαν[24] στολήν,[25] ἔπειτα στρατιώτου τινὸς ἢ ῥήτορος[26] στολὴν[27] ἁρπάσας περιέρχεται[28] συκοφάντης[29] καὶ φοβερός,[30] ἀντίον[31] πᾶσι βλέπων.

---

[1] ἄτολμος, ον – daring nothing, cowardly
[2] ἔνθα – where, wherever
[3] αἰσχύνη, ἡ – shame, dishonor
[4] ἀνδρεῖος, α, ον – masculine; courageous; strong
[5] πρᾶγμα, τό – deed, acts, affair
[6] παραχωρέω – I go aside, am displaced, make way
[7] πολιτικός, ή, όν – of or for a citizen
[8] ἀμείνων, ον – better; stronger
[9] βιόω – I live, pass my life
[10] ἰταμός, ή, όν – headlong, hasty, eager
[11] ἄτρεστος, ον – not trembling, fearless
[12] ὕβρις, ἡ – wanton violence, outrage; incolence, arrogance
[13] αἰσχύνη, ἡ – shame, dishonor
[14] ὀστρακόω – I turn into potsherds, dash to pieces
[15] μεταπίπτω – I migrate, am transferred
[16] στρατηγός, ὁ – leader or commander of an army, general
[17] δημαγωγός, ὁ – a popular leader, leader of a mob, demagogue
[18] ὀξύς, εῖα, ύ – sharp, keen, piercing
[19] διάτορος, ον – piercing, thrilling
[20] βοάω – I cry aloud, shout
[21] δρᾶμα, τό – drama, play, action on a stage
[22] ἀπορρίπτω – I throw away, cast; I spit, vomit
[23] μεταξύ – in the midst, between
[24] γυναικεῖος, α, ον – of or belonging to women, feminine
[25] στολή, ἡ – garment, robe; armament
[26] ῥήτωρ, ὁ – public speaker, orator
[27] στολή, ἡ – garment, robe; armament
[28] περιέρχομαι – I go around, encompass
[29] συκοφάντης, ὁ – informer, denouncer; swindler
[30] φοβερός, ά, όν – fearful, terrible, intimidating
[31] ἀντάω – I meet face to face, meet with; I take part in

[109] ἆρ' οὖν ἀρρενωπόν¹ τι καὶ σεμνὸν² εἶδος τῷ τοιούτῳ δαίμονι³ πρέπει⁴ ἢ μᾶλλον ὑγρόν⁵ τε καὶ μαλθακόν;⁶ οὐκοῦν⁷ τὸ οἰκεῖον⁸ αὐτῷ σχῆμα⁹ προσθήσομεν,¹⁰ οὐχ ὃ πλαττόμενος¹¹ ἐνδύεται πολλάκις ἀνδρεῖον¹² καὶ φοβερόν·¹³ [110] προίτω¹⁴ γε¹⁵ μὴν νὴ Δία τρυφῶν¹⁶ τε καὶ μύρου καὶ οἴνου ἀποπνέων¹⁷ ἐν κροκωτῷ¹⁸ μετὰ πολλοῦ καὶ ἀτάκτου¹⁹ γέλωτος,²⁰ μεθύοντι²¹ προσεοικὼς²² κωμάζοντι²³ μεθ' ἡμέραν ἀσελγῆ²⁴ κῶμον,²⁵ στεφάνους τινὰς ἐστεφανωμένος²⁶ ἑώλους²⁷ τήν τε κεφαλὴν καὶ περὶ τῷ τραχήλῳ,²⁸ καὶ πλάγιος²⁹ φερόμενος, ὀρχούμενός³⁰ τε καὶ ᾄδων³¹ θῆλυ³² καὶ ἄμουσον³³ μέλος.

---

[1] ἀρρενωπός, ή, όν – *masculine-looking, manly*
[2] σεμνός, ή, ός – *revered, august, holy*
[3] δαίμων, ὁ or ἡ – *god, goddess; divine power; spirit*
[4] πρέπω – *I am clearly seen, conspicuous; I resemble*
[5] ὑγρός, ά, όν – *wet, moist; soft, supple; dainty, luxurious*
[6] μαλθακός, ή, όν – *soft; gentle; weak*
[7] οὐκοῦν – *surely then*
[8] οἰκεῖος, α, ον – *in or of the house, domestic*
[9] σχῆμα, τό – *form, shape, figure*
[10] προστίθημι – *I impose upon, attribute to, impute to*
[11] πλήσσω – *I strike, smite; I strike with amazement, astound*
[12] ἀνδρεῖος, α, ον – *masculine; courageous; strong*
[13] φοβερός, ά, όν – *fearful, terrible, intimidating*
[14] πρόειμι – *I advance, go forward, proceed, continue*
[15] γε – *at least; at any rate; indeed*
[16] τρυφή, ἡ – *softness, daintiness; luxuriousness*
[17] ἀποπωέω – *I breathe hard, take breath*
[18] κροκωτός, ή, όν – *saffron-colored*
[19] ἄτακτος, ον – *undisciplined, disorderly*
[20] γέλως, ὁ – *laughter*
[21] μεθύω – *I am drunken; I am stupefied*
[22] προσέοικα – *I am like, resemble; It seems fit*
[23] κωμάζω – *I revel, make merry, celebrate*
[24] ἀσελγής, ές – *licentious, wanton, outrageous*
[25] κῶμος, ὁ – *revel, merry-making; band of revelers*
[26] στεφανόω – *I crown, confer glory upon*
[27] ἕωλος, ον – *stale, out of date*
[28] τράχηλος, ὁ – *neck, throat*
[29] πλάγιος, α, ον – *placed sideways, athwart, oblique motion*
[30] ὀρχέομαι – *I dance, leap, bound*
[31] ἀείδω – *I sing, chant, praise, celebrate*
[32] θῆλυς, εια, υ – *female, feminine*
[33] ἄμουσος, ον – *without song, unmusical*

[111] ἀγέσθω δὲ ὑπὸ γυναικῶν ἀναισχύντων¹ καὶ ἀκολάστων,² ἐπιθυμιῶν τινων λεγομένων ἄλλων ἐπ' ἄλλα ἑλκουσῶν,³ μηδεμίαν αὐτῶν ἀπωθούμενος⁴ μηδὲ ἀντιλέγων,⁵ ἀλλὰ ἑτοίμως⁶ δὴ καὶ προθύμως⁷ συνεπόμενος.⁸ αἱ δὲ μετὰ πολλοῦ πατάγου⁹ κυμβάλων¹⁰ τε καὶ αὐλῶν¹¹ φέρουσαι μαινόμενον¹² αὐτὸν σπουδῇ¹³ προϊτωσαν.¹⁴ [112] ὁ δ' ἐκ μέσων ἀναβοάτω¹⁵ τῶν γυναικῶν ὀξύτερον¹⁶ καὶ ἀκρατέστερον,¹⁷ λευκὸς ἰδεῖν καὶ τρυφερός,¹⁸ αἰθρίας¹⁹ καὶ πόνων²⁰ ἄπειρος,²¹ ἀποκλίνων²² τὸν τράχηλον,²³ ὑγροῖς²⁴ τοῖς ὄμμασι²⁵ μάχλον²⁶ ὑποβλέπων,²⁷ ἀεί²⁸ ποτε τὸ σῶμα καταθεώμενος,²⁹ τῇ ψυχῇ δὲ οὐδὲν προσέχων οὐδὲ τοῖς ὑπ' αὐτῆς προσταττομένοις.³⁰

---

¹ ἀναίσχυντος, ον – shameless, impudent, abominable
² ἀκόλαστος, ον – undisciplined, unbridled; licentious
³ ἑλκέω – I drag about, tear asunder
⁴ ἀπωθέω – I push away, drive away, reject
⁵ ἀντιλέγω – I speak against, contradict, gainsay
⁶ ἑτοῖμος, ον – ready, prepared; certain
⁷ πρόσθυμος, ον – ready, willing, eager
⁸ συνέπομαι – I follow along with, accompany
⁹ πάταγος, ὁ – clatter, crash
¹⁰ κύμβαλον, τό – cymbal
¹¹ αὐλός, ὁ – pipe, flute
¹² μαίνομαι – I rage, am furious; I am driven mad
¹³ σπουδή, ἡ – object of attention, interest
¹⁴ πρόειμι – I advance, go forward, proceed, continue
¹⁵ ἀναοάω – I cry, shout aloud, call out
¹⁶ ὀξύς, εῖα, ύ – sharp, keen, piercing
¹⁷ ἀκρατής, ές – impotent, powerless; uncontrolled
¹⁸ τρυφερός, ά, όν – delicate, dainty, effeminate; luxurious
¹⁹ αἰθρία, ἡ – clear weather; clear cold air
²⁰ πόνος, ὁ – hard work, toil, struggle
²¹ ἄπειρος, ον – without experience of a thing, unacquanted with, ignorant of
²² ἀποκλίνω – I turn away, decline, turn aside
²³ τράχηλος, ὁ – neck, throat
²⁴ ὑγρός, ά, όν – wet, moist; soft, supple; dainty, luxurious,
²⁵ ὄμμα, τό – eye; look, expression
²⁶ μάχλος, ον – lewd, lustful, wanton
²⁷ ὑποβλέπω – I look sternly at, eye suspiciously or angrily
²⁸ ἀεί – ever, always
²⁹ καταθεάομαι – I look down upon, watch from above, contemplate
³⁰ προστάσσω – I command, prescribe, enjoin

[113] τοῦτον ἀγαλματοποιὸς¹ ἢ γραφεὺς² ἀναγκαζόμενος³ εἰκάζειν⁴ οὐκ ἂν ὁμοιότερον ἄλλῳ ἐργάσαιτο ἢ τῷ Σύρων βασιλεῖ μετ' εὐνούχων⁵ καὶ παλλακῶν⁶ ἔνδον⁷ διαβιοῦντι,⁸ στρατοπέδου⁹ δὲ καὶ πολέμου καὶ ἀγορᾶς ἀθεάτῳ¹⁰ τὸ παράπαν.¹¹

[114] προηγείσθω¹² δὲ καὶ τούτου ἀπάτη,¹³ πάνυ¹⁴ ὡραία¹⁵ καὶ πιθανή,¹⁶ κεκοσμημένη¹⁷ κόσμοις πορνικοῖς,¹⁸ μειδιῶσα¹⁹ καὶ ὑπισχνουμένη²⁰ πλῆθος ἀγαθῶν, ὡς ἐπ' αὐτὴν ἄγουσα τὴν εὐδαιμονίαν,²¹ ἕως ἂν εἰς τὸ βάραθρον²² καταβάλῃ²³ λαθοῦσα,²⁴ εἰς πολύν τε καὶ ῥυπαρὸν²⁵ βόρβορον,²⁶ ἔπειτα ἐάσῃ κυλινδεῖσθαι²⁷ μετὰ τῶν στεφάνων καὶ τοῦ κροκωτοῦ.²⁸

---

[1] ἀγαλματοποιός, ὁ – sculptor
[2] γραφεύς, ὁ – painter; scribe, copyist
[3] ἀναγκάζω – I force, compel
[4] εἰκάζω – I represent by an image or likeness, portray
[5] εὐνοῦχος, ὁ – eunuch
[6] παλλακή, ἡ – young girl; concubine
[7] ἔνδον – within; in one's heart
[8] διαβιόω – I live through, spend one's whole life
[9] στρατόπεδον, τό – camp, encampment; encamped army
[10] ἀθέατος, ον – unseen, invisible
[11] παράπαν – altogether, absolutely
[12] προηγέομαι – I go first and lead the way, guide
[13] ἀπάτη, ἡ – deceit, trick
[14] πάνυ – altogether; very; exceedingly
[15] ὡραῖος, α, ον – timely, ripe; youthful
[16] πιθανός, ή, όν – pervasive, plausible
[17] κοσμέω – I adorn
[18] πορνικός, ή, όν – of or for harlots; libertine
[19] μειδιάω – I smile; I laugh aloud
[20] ὑπισχνέομαι – I take upon myself, undertake to do
[21] εὐδαιμονία, ἡ – prosperity, good fortune, opulence
[22] βάραθρον, τό – gulf, pit, cleft
[23] καταβάλλω – I throw down, overthrow
[24] λανθάνω – I escape notice, am unobserved
[25] ῥυπαρός, ά, όν – filthy, dirty; mean, uncultured
[26] βόρβορος, ὁ – mire, filth
[27] κυλινδέω – I role, trundle
[28] κροκωτός, ή, όν – saffron-colored

[115] τοιούτῳ δεσπότῃ¹ λατρεύουσαι² καὶ τοιαῦτα πάσχουσαι πλανῶνται κατὰ τὸν βίον³ ὅσαι ψυχαὶ πρὸς μὲν πόνους⁴ δειλαὶ⁵ καὶ ἀδύνατοι,⁶ δεδουλωμέναι⁷ δὲ ἡδοναῖς,⁸ φιλήδονοι⁹ καὶ φιλοσώματοι,¹⁰ βίον¹¹ αἰσχρὸν¹² καὶ ἐπονείδιστον¹³ οὐχ ἑλόμεναι¹⁴ ζῶσιν,¹⁵ ἀλλὰ ἐνεχθεῖσαι¹⁶ πρὸς αὐτόν. [116] οὐκοῦν¹⁷ μετὰ τοῦτον ὁ λόγος ὥσπερ ἐν ἀγῶνι¹⁸ σφύττει¹⁹ τρίτον εἰσάγειν,²⁰ ὡς ἐκεῖ χορόν,²¹ τὸν φιλότιμον,²² οὐ πάνυ²³ προθύμως²⁴ τὰ νῦν ἀγωνιούμενον,²⁵ καίτοι²⁶ φιλόνικον²⁷ ὄντα τῇ φύσει περὶ πάντα καὶ πρωτεύειν²⁸ ἀξιοῦντα·²⁹ πλὴν οὐ περὶ δόξης ἢ τιμῆς ἡ κρίσις αὐτῷ τὰ νῦν ἐνέστηκεν,³⁰ ὑπὲρ δὲ πολλῆς καὶ δικαίας ἀδοξίας.³¹

---

¹ δεσπότης, ὁ – *master, lord, emperor*
² λατρεύω – *I serve, am subject, am enslaved to*
³ βίος ὁ – *life, mode of life, manner of living*
⁴ πόνος, ὁ – *hard work, toil, struggle*
⁵ δειλός, ή, όν – *cowardly; wretched, miserable*
⁶ ἀδύνατος, ον – *unable, without strength; impossible*
⁷ δουλόω – *I enslave*
⁸ ἡδονή, ἡ – *enjoyment, pleasure*
⁹ φιλήδονος, ον – *fond of pleasure*
¹⁰ φιλοσώματος, ον – *loving the body*
¹¹ βίος ὁ – *life, mode of life, manner of living*
¹² αἰσχρός, ά, όν – *ugly; shameful; base*
¹³ ἐπονείδιστος, ον – *disgraceful, shameful*
¹⁴ αἱρέω – *I get, obtain; I am chosen*
¹⁵ ζῶσις, ἡ – *girding up, cincture*
¹⁶ φέρω – *I carry up, bear; I bring back*
¹⁷ οὐκοῦν – *surely then*
¹⁸ ἀγών, ὁ – *gathering, assembly*
¹⁹ σφύζω – *I throb* (pulse); *I beat violently*
²⁰ εἰσάγω – *I lead in* or *into*
²¹ χορός, ὁ – *dance; band of dancers and singers, choir*
²² φιλότιμος, ον – *loving honor* or *distinction; ambitious*
²³ πάνυ – *altogether; very; exceedingly*
²⁴ πρόθυμος, ον – *ready, eager, willing*
²⁵ ἀγωνίζομαι – *I contend, engage in contest, compete*
²⁶ καίτοι – *and yet*
²⁷ φιλόνεικος, ον – *fond of victory, contentious*
²⁸ πρωτεύω – *I am first, hold first place, am first among others*
²⁹ ἀξιόω – *I deem worthy*
³⁰ ἐνίστημι – *I put, place in; I institute, begin*
³¹ ἀδοξία, ἡ – *ill repute, obscurity; contempt*

[117] φέρε δὴ ποῖόν τι πλάττωμεν¹ τό τε σχῆμα² καὶ εἶδος τοῦ φιλοτίμου³ δαίμονος;⁴ ἢ δῆλον⁵ ὅτι πτερωτόν⁶ τε καὶ ὑπηνέμιον⁷ κατὰ τὸ ἦθος⁸ αὐτοῦ καὶ τὴν ἐπιθυμίαν ἅμα⁹ τοῖς πνεύμασι φερόμενον, ὁποίους¹⁰ τοὺς Βορεάδας¹¹ ἐνεθυμήθησάν¹² τε καὶ ἔγραψαν οἱ γραφεῖς, ἐλαφρούς¹³ τε καὶ μεταρσίους,¹⁴ ταῖς τοῦ πατρὸς αὔραις¹⁵ συνθέοντας. [118] ἀλλ' ἐκεῖνοι μέν, ὁπότε¹⁶ βουληθεῖεν, ἐπεδείκνυντο¹⁷ τὴν αὐτῶν δύναμιν, τέως¹⁸ δὲ μετὰ τῶν ἄλλων ἡρώων¹⁹ ἐν τῇ Ἀργοῖ²⁰ συνέπλεον²¹ ναυτιλλόμενοι²² καὶ τἄλλα πράττοντες οὐδενὸς ἧττον.²³ ὁ δὲ τῶν φιλοδόξων²⁴ ἀνδρῶν προστάτης ἀεὶ²⁵ μετέωρος,²⁶ οὐδέποτε γῆς ἐφαπτόμενος²⁷ οὐδὲ ταπεινοῦ²⁸ τινος, ἀλλὰ ὑψηλὸς²⁹ καὶ μετάρσιος,³⁰

---

¹ πλάσσω – *I mould, form; I imagine*
² σχῆμα, τό – *form, shape, figure*
³ φιλότιμος, ον – *loving honor; ambitious*
⁴ δαίμων, ὁ or ἡ – *god, goddess; spirit*
⁵ δῆλος, η, ον – *visible, conspicuous, obvious*
⁶ πτερωτός, ή, όν – *feathered, stuffed with feathered, winged*
⁷ ὑπηνέμιος, ον – *lifted, wafted by the wind, full of wind*
⁸ ἦθος, τό – *an accustomed place; custom; character*
⁹ ἅμα – *at the same time*
¹⁰ ὁποῖος, α, ον – *of what sort*
¹¹ Βορεάδης, ὁ – *son of Boreas*
¹² ἐνθυμέομαι – *I ponder, think much or deeply on, take to heart*
¹³ ἐλαφρός, ά, όν – *nimble*
¹⁴ μετάρσιος, α, ον – *raised from the ground, high in the air, hoisted*
¹⁵ αὔρα, ἡ – *cool breeze, fresh air; the changing course of events*
¹⁶ ὁπότε – *when*
¹⁷ ἐπιδείκνυμι – *I exhibit, show off, display*
¹⁸ τέως – *in the meantime*
¹⁹ ἥρως, ὁ – *hero; object of worship*
²⁰ Ἀργώ, ἡ – *the Argo*
²¹ συμπλέω – *I sail in company with*
²² ναυτίλλομαι – *I sail, navigate*
²³ ἥσσων – *inferior; weaker; fewer*
²⁴ φιλόδοξος, ον – *loving fame or glory*
²⁵ ἀεί – *ever; always*
²⁶ μετέωρος, ον – *raised from off the ground, prominent, raised higher than*
²⁷ ἐφάπτω – *I bind on to, am fixed*
²⁸ ταπεινός, ή, όν – *humbled, downcast, base, lowly*
²⁹ ὑψηλός, ή, όν – *high, lofty*
³⁰ μετάρσιος, α, ον – *raised from the ground, high in the air, hoisted*

[119] ὅταν μὲν αἰθρίας¹ τύχῃ² καὶ γαλήνης³ ἢ ζεφύρου⁴ τινὸς ἐπιεικῶς⁵ πνέοντος,⁶ ἀεὶ⁷ μᾶλλον ἀγαλλόμενός⁸ τε καὶ ἀνιὼν⁹ εἰς αὐτὸν τὸν αἰθέρα,¹⁰ πολλάκις δ' ἐν σκοτεινῷ¹¹ νέφει¹² κρυπτόμενος, ἀδοξίας¹³ τινὸς συντρεχούσης¹⁴ καὶ ψόγου¹⁵ παρὰ τῶν πολλῶν ἀνθρώπων, οὕς ἐκεῖνος θεραπεύει καὶ τιμᾷ καὶ τῆς εὐδαιμονίας¹⁶ τῆς αὑτοῦ κυρίους ἀπέδειξεν.¹⁷ [120] οὐδέν γε¹⁸ μὴν προσέοικεν¹⁹ ἀσφαλείας²⁰ ἕνεκεν οὔτε ἀετοῖς²¹ οὔτε γεράνοις²² οὔτε ἄλλῳ τινὶ πτηνῷ²³ γένει τὴν φύσιν, ἀλλὰ μᾶλλον ἄν τις αὐτὸν προσεικάσειε²⁴ τῇ Ἰκαρίου²⁵ βιαίῳ²⁶ καὶ παρὰ φύσιν φορᾷ,²⁷ οὐ δυνατὸν τέχνημα²⁸ ἐπιχειρήσαντος²⁹ δαιδάλου³⁰ τεχνήσασθαι.³¹

---

¹ αἰθρία, ἡ – clear weather; clear cold air
² τύχη, ἡ – fortune, providence, fate
³ γαλήνη, ἡ – stillness of the sea, calm
⁴ ζέφυρος, ὁ – westerly wind
⁵ ἐπιεικής, ές – fitting, suitable; reasonable
⁶ πνέω – I blow, breathe
⁷ ἀεί – ever, always
⁸ ἀγάλλω – I glorify, exalt, pay honour to
⁹ ἄνειμι – I go up, reach, attain
¹⁰ αἰθήρ, ὁ or ἡ – ether, the heaven, air
¹¹ σκοτεινός, ή, όν – dark, blind, obscure
¹² νέφος, τό – cloud, mass of clouds
¹³ ἀδοξία, ἡ – ill repute, obscurity; contempt
¹⁴ συντρέχω – I assemble, gather together
¹⁵ ψόγος, ὁ, – fault, blemish, flaw
¹⁶ εὐδαιμονία, ἡ – prosperity, good fortune, opulence
¹⁷ ἀποδείκνυμι – I point away from, display, make known
¹⁸ γε – at least; at any rate; indeed
¹⁹ προσέοικα – I am like, resemble; It seems fit
²⁰ ἀσφάλεια, ἡ – security, assurance from danger
²¹ ἀετός, ὁ – eagle
²² γέρανος, ἡ or ὁ – crane, water-fowl
²³ πετεινός, ή, όν – able to fly, winged
²⁴ προσεικάζω – I make like, liken, compare (MH: AAO 3S)
²⁵ Ἰκάριος, ὁ – Icarus
²⁶ βίαιος, α, ον – forcible, violent; constrained
²⁷ φορά, ἡ – carrying, bringing forth; rapid motion, rush
²⁸ τέχνημα, τό – handiwork, masterpiece; trick
²⁹ ἐπιχειρέω – I endeavor, put my hand to
³⁰ δαίδαλος, ον – cunningly or curiously wrought
³¹ τεχνάομαι – I make by art, execute skillfully; I contrive, execute cunningly

[121] τοιγαροῦν¹ ὑπὸ νεότητος² καὶ ἀλαζονείας³ ἐπιθυμῶν ὑψηλότερος⁴ τῶν ἄστρων⁵ φέρεσθαι χρόνον μέν τινα ἐσῴζετο⁶ βραχύν,⁷ χαλωμένων⁸ δὲ τῶν δεσμῶν καὶ τοῦ κηροῦ⁹ ῥέοντος,¹⁰ ἐπωνυμίαν¹¹ ἀπὸ τοῦδε¹² τῷ πελάγει¹³ παρέσχεν, οὗπερ¹⁴ ἠφανίσθη¹⁵ πεσών· [122] κἀκεῖνος ἀσθενέσι καὶ κούφοις¹⁶ τῷ ὄντι πιστεύσας πτεροῖς,¹⁷ λέγω δὲ τιμαῖς τε καὶ ἐπαίνοις¹⁸ ὑπὸ τῶν ἀνθρώπων τῶν πολλῶν ὡς ἔτυχε¹⁹ γιγνομένοις, ἐπισφαλῶς²⁰ καὶ ἀσταθμήτως²¹ φέρεται καὶ φέρει τὸν ἄνδρα τὸν αὑτοῦ ζηλωτήν²² τε καὶ ὑπηρέτην, νῦν μὲν ὑψηλὸν²³ καὶ μακάριον πολλοῖς φαινόμενον, πάλιν δὲ αὖ²⁴ ταπεινόν²⁵ τε καὶ ἄθλιον²⁶ τοῖς τε ἄλλοις καὶ πρώτῳ καὶ μάλιστα²⁷ αὑτῷ δοκοῦντα.

---

[1] τοιγαροῦν – *for that very reason, therefore*
[2] νεότης, ἡ – *youth*
[3] ἀλαζονεία, ἡ – *false pretension; boastfulness*
[4] ὑψηλός, ή, όν – *high, lofty*
[5] ἄστρον, τό – *star*
[6] σῴζω – *I save, spare*
[7] βραχύς, εῖα, ύ – *short, small; few; humble*
[8] χαλάω – *I slacken, loosen, release*
[9] κηρός, ὁ – *bees-wax, sealing-wax*
[10] ῥέω – *I flow, run, stream*
[11] ἐπωνυμία, ἡ – *significant name, title*
[12] ὅδε – *this*
[13] πέλαγος, τό – *sea*
[14] οὗπερ – *where*
[15] ἀφανίζω – *I hide, suppress*
[16] κοῦφος, η, ον – *light, nimble; airy; vain,*
[17] πτερόν, τό – *feathers, wings*
[18] ἔπαινος, ὁ – *approval, praise, commendation*
[19] τυγχάνω – *I attain to; I happen to be at*
[20] ἐπισφαλής, ές – *unstable, precarious, dangerous*
[21] ἀστάθμητος, ον – *unsteady, unstable*
[22] ζηλωτής, ὁ – *emulator, zealous admirer, follower*
[23] ὑψηλός, ή, όν – *high, lofty*
[24] αὖ – *again, once more*
[25] ταπεινός, ή, όν – *humbled, downcast, lowly*
[26] ἄθλιος, α, ον – *unhappy, wretched, miserable*
[27] μάλα – *above all; exceedingly; certainly*

[123] εἰ δέ τῳ οὐ φίλον πτηνὸν¹ αὐτὸν διανοεῖσθαι² καὶ ποιεῖν, ὁ δὲ ἀφομοιούτω³ αὐτὸν τῇ τοῦ Ἰξίονος χαλεπῇ⁴ καὶ βιαίῳ⁵ φορᾷ⁶ τε καὶ ἀνάγκῃ,⁷ τροχοῦ⁸ τινος ῥύμῃ⁹ κύκλῳ¹⁰ κινουμένου¹¹ τε καὶ φερομένου. οὐ γὰρ ἀπεοικὸς¹² οὐδὲ μακρὰν¹³ δὴ τῶν σοφῶν τε καὶ κομψῶν¹⁴ εἰκασμάτων¹⁵ εἴη ἂν ὁ τροχὸς¹⁶ δόξῃ παραβαλλόμενος,¹⁷ τῇ τε κινήσει¹⁸ καὶ μεταβολῇ¹⁹ πάνυ²⁰ ῥᾳδίως²¹ περιθέων,²² ἐν δὲ τῇ περιφορᾷ²³ παντοῖα²⁴ σχήματα²⁵ τὴν ψυχὴν ἀναγκάζων²⁶ λαμβάνειν μᾶλλον ἢ ὁ τῶν κεραμέων²⁷ τὰ ἐπ' αὐτῷ πλαττόμενα.²⁸ [124a] ἄνδρα δὴ τοιοῦτον εἰλούμενον²⁹ ἀεί³⁰ καὶ περιφερόμενον,³¹ κόλακα³² δήμων³³ τε καὶ ὄχλων ἐν ἐκκλησίαις ἢ ἐπιδείξεσιν³⁴ ἢ

---

¹ πετεινός, ή, όν – able to fly, winged
² διανοέομαι – I have in mind, propose, intend
³ ἀφομοιόω – I make like, portray
⁴ χαλεπός, ή, όν – difficult, hard to bear, painful
⁵ βίαιος, α, ον – forcible, violent; constrained
⁶ φορά, ἡ – carrying, bringing forth; rush
⁷ ἀνάγκη, ἡ – necessity, compulsion; anguish
⁸ τροχός, ὁ – wheel
⁹ ῥύμη, ἡ – force, rush, charge
¹⁰ κύκλος, ὁ – circle, ring
¹¹ κινέω – I set in motion, move
¹² ἀπέοικα – I am unlike, differ from
¹³ μακράν – far, long
¹⁴ κομψός, ή, όν – refined, fine; smart, clever
¹⁵ εἴκασμα, τό – likeness
¹⁶ τροχός, ὁ – wheel
¹⁷ παραβάλλω – I throw beside, set beside
¹⁸ κίνησις, ἡ – motion, movement
¹⁹ μεταβολή, ἡ – exchange, barter
²⁰ πάνυ – altogether; very; exceedingly
²¹ ῥᾴδιος, α, ον – easy, easy-going
²² περιθέω – I run around, rotate, revolve
²³ περιφορά, ἡ – circular motion, twist
²⁴ παντοῖος, α, ον – of all sorts, manifold
²⁵ σχῆμα, τό – form, shape, figure
²⁶ ἀναγκάζω – I force, compel
²⁷ κεραμεύς, ὁ – potter
²⁸ πλάσσω – I form, mould; I imagine
²⁹ εἰλέω – I roll up; I collect; I rvolve
³⁰ ἀεί – ever, always
³¹ περιφέρω – I carry round
³² κόλαξ, ὁ – flatterer, fawner
³³ δῆμος, ὁ – district, country; people
³⁴ ἐπίδειξις, ἡ – exhibition, demonstration

[124b] βασιλέων ἢ τυράννων[1] λεγομέναις δὴ φιλίαις[2] καὶ θεραπείαις,[3] τίς οὐκ ἂν ἐλεήσειε[4] τῆς φύσεως καὶ τοῦ βίου;[5] λέγω δὲ οὐχ ὃς ἂν ἀπὸ τοῦ βελτίστου[6] προεστηκὼς[7] πολύ τι πλῆθος ἀνθρώπων πειθοῖ[8] καὶ λόγῳ μετ' εὐνοίας[9] καὶ δικαιοσύνης πειρᾶται ῥυθμίζειν[10] τε καὶ ἄγειν ἐπὶ τὰ βελτίω.[11] [125] ἐχέτω δὴ καὶ οὗτος ἡμῖν ὁ δαίμων[12] τέλος, ἵνα μὴ νῦν στολάς[13] τε καὶ μορφὰς[14] προστιθέντες αὐτῷ καὶ τἄλλα τὰ προσήκοντα[15] πολὺν καὶ ἄπειρον[16] εἰσφερώμεθα[17] λόγων ὄχλον. [126] εἴη[18] δ' ἂν αὐτοῦ τὸ ἦθος,[19] ὡς ἐν βραχεῖ[20] περιλαβεῖν,[21] φιλόνικον,[22] ἀνόητον,[23] χαῦνον,[24] ἀλαζονείᾳ[25] καὶ ζηλοτυπίᾳ[26] καὶ πᾶσι τοῖς τοιούτοις ἔγγιστα[27] χαλεποῖς[28] καὶ ἀγρίοις[29] πάθεσιν.[30]

---

[1] τύραννος, ὁ or ἡ – *an absolute ruler, tyrant*
[2] φίλιος, α, ον – *friendly, friendship*
[3] θεραπεία, ἡ – *service, worship*
[4] ἐλεέω – *I have pity on* (MH: AAO 3S)
[5] βίος, ὁ – *life, mode of life, manner of living*
[6] βέλτιστος, η, ον – *best, most excellent*
[7] προίστημι – *I set before, put in front of*
[8] πειθώ, ἡ – *means of persuasion, inducement; Persuasion*
[9] εὔνοια, ἡ – *goodwill, favor*
[10] ῥυθμίζω – *I bring into a measure of time or proportion*
[11] βελτίων, ον – *better*
[12] δαίμων, ὁ or ἡ – *god, goddess; divine power; spirit*
[13] στολή, ἡ – *garment, robe; armament*
[14] μορφή, ἡ – *form, shape, appearance*
[15] προσήκω – *I belong to, am related to*
[16] ἄπειρος, ον – *without experience of a thing, unacquanted with, ignorant of*
[17] εἰσφέρω – *I carry in, bring in*
[18] MH: PAO 3S (εἰμί)
[19] ἦθος, τό – *an accustomed place; custom; character*
[20] βραχύς, εῖα, ύ – *short, small; few; humble*
[21] περιλαμβάνω – *I embrace*
[22] φιλόνεικος, ον – *fond of victory, contentious*
[23] ἀνόητος, ον – *unheard of, not thought on; unintelligent*
[24] χαῦνος, η, ον – *conceited; porous, spongy*
[25] ἀλαζονεία, ἡ – *false pretension; boastfulness*
[26] ζηλοτυπία, ἡ – *jealousy, rivalry, envy*
[27] ἐγγίων, η, ον – *near*
[28] χαλεπός, ή, όν – *difficult, hard to bear, painful*
[29] ἄγριος, α, ον – *savage, cruel*
[30] πάθος, τό – *misfortune, calamity*

[127] ἅπαντα γὰρ ταῦτα φιλοτίμῳ[1] τρόπῳ ψυχῆς ἀκοινώνητα[2] καὶ ἄγρια[3] καὶ χαλεπὰ[4] ἀνάγκη πᾶσα συνέπεσθαι,[5] ἔτι δὲ αὐτὸν πολὺ μεταλλάττειν[6] καὶ ἀνώμαλον[7] ἔχειν τὴν διάνοιαν,[8] ἅτε[9] ἀνωμάλῳ[10] δουλεύοντα καὶ προσέχοντα πράγματι,[11] πυκνότερον[12] καὶ συνεχέστερον[13] ἢ τοὺς κυνηγέτας[14] φασὶ χαίροντα καὶ λυπούμενον· ἐκείνοις γὰρ δὴ μάλιστα[15] τοῦτο πλεῖστον καὶ συνεχέστατον[16] συμβαίνειν[17] λέγουσι, φαινομένης τε καὶ ἀπολλυμένης τῆς ἄγρας·[18] [128a] ὅταν μὲν γὰρ εὐδοκιμήσεις[19] τε καὶ ἔπαινοι[20] συμβαίνωσιν[21] αὐτοῖς, ἡ ψυχὴ τοῦ τοιούτου ἀνδρὸς αὔξει καί βλαστάνει[22] καὶ θαυμαστὸν[23] ἴσχει[24] μέγεθος,[25] καθάπερ[26] Ἀθήνησί φασι τὸν ἱερὸν τῆς ἐλαίας θαλλὸν[27] ἐν ἡμέρᾳ μιᾷ βλαστῆσαι[28] καὶ τέλειον γενέσθαι·

---

[1] φιλότιμος, ον – *loving honor* or *distinction; ambitious*
[2] ἀκοινώνητος, ον – *not shared with*
[3] ἄγριος, α, ον – *savage, cruel*
[4] χαλεπός, ή, όν – *difficult, hard to bear, painful*
[5] συνέπομαι – *I follow, accompany*
[6] μεταλλάσσω – *I change, alter*
[7] ἀνώμαλος, ον – *uneven, irregular*
[8] διάνοια, ἡ – *thought; intention, inclination*
[9] ἅτε – *just as, inasmuch as*
[10] ἀνώμαλος, ον – *uneven, irregular*
[11] πρᾶγμα, τό – *deed, act, affair*
[12] πυκνός, ή, όν – *close; compact*
[13] συνεχής, ές – *holding together; continuous*
[14] κυνηγέτης, ὁ – *huntsman*
[15] μάλα – *above all; exceedingly; certainly*
[16] συνεχής, ές – *holding together; continuous*
[17] συμβαίνω – *I come to an agreement, come to terms*
[18] ἄγρα, ἡ – *hunting, the chase*
[19] εὐδοκίμησις, ἡ – *of good reputation*
[20] ἔπαινος, ὁ – *approval, praise, commendation*
[21] συμβαίνω – *I come to an agreement, come to terms*
[22] βλαστάνω – *I bud, sprout, grow*
[23] θαυμαστός, ή, όν – *wonderful, marvelous*
[24] ἴσχω – *I keep back, restrain*
[25] μέγεθος, τό – *greatness, magnitude, stature*
[26] καθάπερ – *just as, exactly as*
[27] θαλλός, ὁ – *young shoot, young branch*
[28] βλαστάνω – *I bud, sprout, grow*

[128b] ταχὺ δὲ αὖ¹ πάλιν συστέλλεται² καὶ ταπεινοῦται καὶ φθίνει,³ ψόγου⁴ τινὸς προσπεσόντος⁵ ἢ δυσφημίας.⁶ [129] ἀπάτη⁷ δὲ καὶ τούτῳ παρέπεται⁸ τῷ δαίμονι⁹ ἁπασῶν πιθανωτάτη.¹⁰ οὐ γὰρ ὡς ἡ τοῦ φιλαργύρου¹¹ καὶ φιληδόνου¹² λαμπρὸν¹³ μὲν οὐδὲν λόγῳ ἐδύναντο ὑποσχέσθαι,¹⁴ οὐδ' ὡς ἐπὶ σεμνὰ¹⁵ καὶ λαμπρὰ¹⁶ προήγαγον τοὺς ἀπατωμένους¹⁷ ὑπ' αὐτῶν, ἀλλὰ μόνον τὸ τῶν ἀγαθῶν αὐτοῖς ὄνομα ἐπεφήμιζον¹⁸ καὶ προσετίθεσαν, οὕτως ἡ τοῦδε¹⁹ ἀπάτη,²⁰ ἀλλ' ἐπᾴδουσα²¹ καὶ γοητεύουσά²² φησι φιλόκαλον²³ αὐτὸν εἶναι καὶ ὡς ἐπ' ἀρετήν τινα ἢ εὔκλειαν²⁴ ἄγει τὴν δόξαν. [130a] πάλιν οὖν ἐνθάδε²⁵ κινδυνεύσω²⁶ τὸ δεύτερον εἰς τὸν αὐτὸν πεσεῖν μῦθον²⁷ τὸν Ἰξίονος.²⁸

---

¹ αὖ – *again, once more*
² συστέλλω – *I draw together, contract, reduce*
³ φθίω – *I decay, wane*
⁴ ψόγος, ὁ – *fault, blemish, flaw*
⁵ προσπίνω – *I fall upon, embrace*
⁶ δυσφημία, ἡ – *ill language, words of ill omen*
⁷ ἀπάτη, ἡ – *deceit, trick*
⁸ παρέπομαι – *I accompany, attend*
⁹ δαίμων, ὁ or ἡ – *god, goddess; divine power; spirit*
¹⁰ πιθανός, ή, όν – *pervasive, plausible*
¹¹ φιλάργυρος, ον – *fond of money, avaricious*
¹² φιλήδονος, ον – *fond of pleasure*
¹³ λαμπρός ά, όν – *bright, radiant; well-known, illustrious*
¹⁴ ὑπισχνέομαι – *I take upon myself, undertake to do*
¹⁵ σεμνός, ή, όν – *revered, august, holy*
¹⁶ λαμπρός, ά, όν – *bright, radiant; well-known, illustrious*
¹⁷ ἀπατάω – *I cheat, deceive*
¹⁸ ἐπιφημίζω – *I utter ominous words*
¹⁹ ὅδε – *this*
²⁰ ἀπάτη, ἡ – *deceit, trick*
²¹ ἐπᾴδω – *I sing; I use charms or incantations*
²² γοητεύω – *I bewitch, beguile*
²³ φιλόκαλος, ον – *loving beauty and goodness*
²⁴ εὔκλεια, ἡ – *good repute, glory*
²⁵ ἐνθάδε – *from here, from there*
²⁶ κινδυνεύω – *I am daring, run a risk*
²⁷ μῦθος, ὁ – *story, narrative, myth*
²⁸ Ἰξίων, ὁ – *Ixion*

[130b] καὶ γὰρ ἐκεῖνόν φασιν ἐπιθυμήσαντα τῶν Ἥρας[1] μακαρίων γάμων νεφέλῃ τινὶ συγγενόμενον[2] σκοτεινῇ[3] καὶ ἀχλυώδει[4] ἄχρηστα[5] καὶ ἀλλόκοτα[6] γεννῆσαι τέκνα, τὸ τῶν Κενταύρων[7] γένος ποικίλον[8] καὶ συμπεφορημένον.[9] [131] ὁ γὰρ εὐκλείας[10] ἔρωτος[11] διαμαρτών,[12] ἔπειτα δόξης ἐπιθυμίᾳ συνών,[13] τῷ ὄντι νεφέλῃ λέληθεν[14] ἀντὶ τῆς θείας[15] καὶ σεμνῆς[16] ὁμιλίας[17] συνών.[18] ἐκ δὲ τῶν τοιούτων συνουσιῶν[19] ἢ γάμων ὠφέλιμον[20] μὲν ἢ χρήσιμον[21] οὐδὲν ἂν γένοιτο,[22] θαυμαστὰ[23] δὲ καὶ ἄλογα,[24] προσεοικότα[25] τοῖς Κενταύροις, δημαγωγῶν[26] τινων πολιτεύματα[27] καὶ ξυγγράμματα[28] σοφιστῶν.[29]

---

[1] Ἥρα, ἡ – Hera
[2] συγγίγνομαι – I am born with
[3] σκοτεινός, ή, όν – dark, blind, obscure
[4] ἀχλυώδης, ες – hazy, misty
[5] ἄχρηστος, ον – useless, unprofitable; unkind, cruel
[6] ἀλλόκοτος, ον – of unusual nature or form, strange
[7] Κένταυρος, ὁ – Centaur
[8] ποικίλος, η, ον – many-coloured, spotted; subtle, artful
[9] συμφορέω – I bring together, collect
[10] εὔκλεια, ἡ – good repute
[11] ἔρως, ὁ – love, desire
[12] διαμαρτάνω – I miss entirely, fail utterly
[13] σύνειμι – I am with, am joined with
[14] λανθάνω – I escape notice, am unobserved (MH: RAI 3S)
[15] θεῖος, α, ον – of or from the gods, divine
[16] σεμνός, ή, όν – revered, august, holy
[17] ὁμιλία, ἡ – company; intercourse
[18] σύνειμι – I am with, am joined with
[19] συνουσία, ἡ – being with or together
[20] ὠφέλιμος, η, ον – helping, useful, beneficial
[21] MAS χρήσιμος, η, ον, useful, serviceable, excellent
[22] MH: AMO 3S (γίνομαι)
[23] θαυμαστός, ή, όν – wonderful, marvelous
[24] ἄλογος, ον – unreasoning, irrational
[25] προσέοικα – I am like, resemble; It seems fit
[26] δημαγωγός, ὁ – popular leader, leader of a mob, demagogue
[27] πολίτευμα, τό – business of government, administration
[28] σύγγραμμα, τό – writing, composition; regulation, ordinance
[29] σοφιστής, ὁ – expert, wise person; Sophist

[132] ξεναγοί¹ γὰρ καὶ σοφισταὶ² καὶ δημαγωγοί·³ λέγω δὲ διακρίνων στρατηγούς⁴ τε καὶ παιδευτὰς⁵ καὶ πολιτικοὺς⁶ ἄνδρας ἀπὸ τῶν νῦν εἰρημένων·⁷ οὗτοι πάντες ἐκείνῳ τῷ δαίμονι⁸ προσνέμεσθαι⁹ ἄξιοι καὶ τῆς ἐκείνου μερίδος¹⁰ τε καὶ ἑταιρείας¹¹ ἀριθμεῖσθαι.¹² [133] καὶ δὴ νῦν μὲν ἐπεξῆλθον¹³ τοὺς ὑφ' ἑνὸς ἑκάστου τῶν εἰρημένων¹⁴ δαιμόνων¹⁵ ἐλαυνομένους·¹⁶ πολλάκις δὲ καὶ δύο τὸν αὐτὸν ἢ πάντες εἰλήχασι,¹⁷ τἀναντία¹⁸ ἀλλήλοις προστάττοντες¹⁹ καὶ ἀπειλοῦντες,²⁰ [134] εἰ μὴ πείθοιτο,²¹ μεγάλαις τισὶ περιβαλεῖν ζημίαις,²² ὁ μὲν φιλήδονος²³ ἀναλίσκειν²⁴ εἰς τὰς ἡδονὰς²⁵ κελεύων, καὶ μήτε χρυσοῦ²⁶ μήτε ἀργύρου¹ μήτε ἄλλου κτήματος² φείδεσθαι³ μηδενός, ὁ δ' αὖ⁴ φιλοχρήματος⁵ καὶ μικρολόγος⁶ οὐκ ἐῶν, ἀλλὰ κατέχων τε καὶ ἀπειλῶν,⁷ εἰ πείσεται ἐκείνῳ, λιμῷ⁸ τε καὶ δίψῃ καὶ ἁπάσῃ πενίᾳ⁹ τε καὶ ἀπορίᾳ¹⁰ διολλύειν¹¹ αὐτόν.

---

¹ ξεναγός, ὁ – *commander of mercenary troops*
² σοφιστής, ὁ – *expert, wise person; Sophist*
³ δημαγωγός, ὁ – *popular leader, leader of a mob, demagogue*
⁴ στρατηγός, ὁ – *leader or commander of an army, general*
⁵ παιδευτής, ὁ – *teacher, instructor*
⁶ πολιτικός, ή, όν – *of or for a citizen*
⁷ ἐρῶ – *I will say or speak*
⁸ δαίμων, ὁ or ἡ – *god; goddess; divine power; spirit*
⁹ προσνέμω – *I allot, assign, dedicate to*
¹⁰ μερίς, ἡ – *part, portion; division, class*
¹¹ ἑταιρεία, ἡ – *association*
¹² ἀριθμέω – *I number; I reckon, account*
¹³ ἐπεξέρχομαι – *I march out, proceed against*
¹⁴ ἐρῶ – *I will say, speak*
¹⁵ δαίμων, ὁ or ἡ – *god, goddess; divine power; spirit*
¹⁶ ἐλαύνω – *I strike, drive*
¹⁷ λαγχάνω – *I obtain by lot*
¹⁸ ἐναντίος, α, ον – *opposite; contrary; reverse*
¹⁹ προστάσσω – *I command, prescribe, enjoin*
²⁰ ἀπειλέω – *I keep away; I threaten*
²¹ MH: PPO 3S (πείθω)
²² ζημία, ἡ – *loss, damage, penalty, expense*
²³ φιλήδονος, ον – *fond of pleasure*
²⁴ ἀναλίσκω – *I use up, spend, consume*
²⁵ ἡδονή, ἡ – *enjoyment, pleasure*
²⁶ χρύσεος, η, ον – *gold, golden*

[135] πάλιν δὲ ὁ μὲν φιλόδοξος[12] συμβουλεύει[13] καὶ παρακαλεῖ προιεσθαι[14] τὰ ὄντα τιμῆς ἕνεκεν· ὁ δὲ καὶ πρὸς τοῦτον ἀπομάχεται[15] καὶ ἀντιβαίνει.[16] καὶ μὴν ὅ γε[17] τῆς ἡδονῆς[18] φίλος καὶ ὁ τῆς δόξης οὔποτε[19] δύνανται συνᾆσαι[20] οὐδὲ τὸ αὐτὸ εἰπεῖν. ὁ μὲν γὰρ καταφρονεῖ[21] τῆς δόξης καὶ λῆρον[22] ἡγεῖται καὶ τὸ τοῦ Σαρδαναπάλλου προφέρεται[23] πολλάκις ἐλεγεῖον,[24]

τόσσ'[25] ἔχω ὅσσ' ἔφαγον καὶ ἐφύβρισα[26] καὶ μετ' ἔρωτος[27]

τέρπν'[28] ἔπαθον· τὰ δὲ λοιπὰ καὶ ὄλβια[29] πάντα λέλειπται,[30]

[136a] καὶ μάλιστα[31] τὸν θάνατον ἀεὶ[32] πρὸ ὀφθαλμῶν δείκνυσιν, ὡς οὐδενὸς ἔτι τῶν ἡδέων[33] δυνησομένῳ μετασχεῖν.[34]

---

[1] ἄργυρος, ὁ – silver
[2] κτῆμα, τό – possession, piece of property
[3] φείδομαι – I spare
[4] αὖ – again, once more
[5] φιλοχρήματος, ον – loving money
[6] μικρολόγος, ον – caring about petty expenses
[7] ἀπειλέω – I keep away; I threaten
[8] λιμός, ὁ – famine
[9] πενία, ἡ – poverty, need, lack
[10] ἀπορία, ἡ – being difficult
[11] διόλλυμι – I destroy utterly, bring to naught
[12] φιλόδοξος, ον – loving fame or glory
[13] συμβουλεύω – I advise, counsel, recommend
[14] προίημι – I send forth, emit
[15] ἀπομάχομαι – I fight off
[16] ἀντιβαίνω – I resist
[17] γε – at least; at any rate; indeed
[18] ἡδονή, ἡ – enjoyment, pleasure
[19] οὔποτε – never
[20] συνᾴδω – I agree with, am in accord with
[21] καταφρονέω – I look down upon, despise
[22] λῆρος, ὁ – trash, futility
[23] προφέρω – I bring forward; I utter, proclaim
[24] ἐλεγεῖον, τό – elegiac poem
[25] τόσος – so great; so long; very
[26] ἐφυβρίζω – I insult, exult maliciously
[27] ἔρως, ὁ – love, desire
[28] τερπνός, ή, όν – delightful, pleasant
[29] ὄλβιος, ον – happy, blessed; prosperous
[30] λείπω – I leave behind, forsake, abandon
[31] μάλα – above all; exceedingly; certainly
[32] ἀεί – ever, always
[33] ἡδύς – pleasant, welcome, well-pleased, glad
[34] μετέχω – I partake of

[136b] ὁ δὲ φιλόδοξος¹ ἀπάγει τε καὶ ἀφέλκει² τῶν ἡδονῶν,³ τά τε ὀνείδη⁴ καὶ τὰς λοιδορίας⁵ ἐπανατεινόμενος.⁶ [137] οὐκ ἔχων οὖν ὃ ποιήσῃ καὶ ὅποι⁷ τράπηται⁸ καὶ καταδύσηται,⁹ ἀποδιδράσκει¹⁰ πολλάκις εἰς τὸ σκότος, καὶ πειρᾶται λανθάνων¹¹ τῷ ἑτέρῳ χαρίζεσθαι καὶ ὑπηρετεῖν·¹² ὁ δὲ ἀποκαλύπτει¹³ καὶ εἰς τὸ μέσον αὐτὸν ἕλκει.¹⁴ [138] οὕτω δὴ ψυχὴν διαφορουμένην¹⁵ τε καὶ διασπωμένην,¹⁶ ἀεί¹⁷ ποτε ἐν μάχῃ¹⁸ καὶ στάσει διηνεκεῖ¹⁹ πρὸς αὑτὴν οὖσαν, ἀνάγκη πρὸς πᾶσαν ἀφικνεῖσθαι²⁰ δυστυχίαν.²¹ ὥσπερ γὰρ τὰ νοσήματα²² ἀλλήλοις ἐπιπλεκόμενα,²³ τἀναντία²⁴ δοκοῦντα πολλάκις, χαλεπὴν²⁵ καὶ ἄπορον²⁶ ποιεῖ τὴν ἴασιν, τὸν αὐτὸν οἶμαι²⁷ τρόπον ἀνάγκη γίγνεσθαι καὶ τῶν τῆς ψυχῆς συμμιγνυμένων²⁸ τε καὶ συμπλεκομένων²⁹ εἰς τὸ αὐτὸ παθῶν.

---

¹ φιλόδοξος, ον – *loving fame or glory*
² ἀφέλκω – *I drag away, draw off*
³ ἡδονή, ἡ – *enjoyment, pleasure*
⁴ ὄνειδος, τό – *reproach, rebuke, blame*
⁵ λοιδορία, ἡ – *reproach, abuse*
⁶ ἐπανατείνω – *I hold out, brandish threateningly*
⁷ ὅποι – *to which place, whither*
⁸ τρέπω – *I turn my steps, turn in a direction*
⁹ καταδύω – *I go down, sink*
¹⁰ ἀποδιδράσκω – *I run away from, flee*
¹¹ λανθάνω – *I escape notice, am unobserved.*
¹² ὑπηρετέω – *I serve, am subordinate*
¹³ ἀποκαλύπτω – *I disclose, reveal*
¹⁴ ἑλκέω – *I drag about*
¹⁵ διαφορέω – *I carry away, disperse; I plunder*
¹⁶ διασπάω – *I tear apart, stretch in different ways*
¹⁷ ἀεί – *ever, always*
¹⁸ μαχη, ἡ – *combat*
¹⁹ διηνεκής, ές – *continuous, unbroken*
²⁰ ἀφικνέομαι – *I arrive at, come to*
²¹ δυστυχία, ἡ – *ill-fortune*
²² νόσημα, τό – *vice, disease*
²³ ἐπιπλέκω – *I interweave, bind*
²⁴ ἐναντίος, α, ον – *opposite; contrary; reverse*
²⁵ χαλεπός, ή, όν – *difficult, hard to bear, painful*
²⁶ ἄπορος, ον – *impassible*
²⁷ οἴομαι – *I forbode, think, suppose*
²⁸ συμμίγνυμι – *I associate with, commingle*
²⁹ συμπλέκω – *I am joined, bound*

[139] ἀλλὰ δὴ μεταλαβόντες[1] καθαράν τε καὶ κρείττω[2] τῆς πρότερον[3] ἁρμονίας[4] τὸν ἀγαθὸν καὶ σώφρονα[5] ὑμνῶμεν[6] δαίμονα[7] καὶ θεόν, οἷς ποτε ἐκείνου τυχεῖν[8] ἐπέκλωσαν[9] ἀγαθαὶ Μοῖραι[10] παιδείας[11] ὑγιοῦς[12] καὶ λόγου μεταλαβοῦσι[13] καὶ δὴ πεπρωμένον[14] αὐτοῖς ἐκ θεῶν ἐγένετο.

---

[1] μεταλαμβάνω – *I have or get a share of, partake of*
[2] κρείσσων, ον – *stronger, better*
[3] πρότερος, α, ον – *former, previous*
[4] ἁρμονία, ἡ – *fastening, joint*
[5] σώφρων, ὁ or ἡ – *of sound mind, moderate*
[6] ὑμνέω – *I sing of, sing a hymn*
[7] δαίμων, ὁ or ἡ – *god, goddess; divine power; spirit*
[8] τυγχάνω – *I attain to; I happen to be at*
[9] ἐπικλώθω – *I assign, spin* (of destiny)
[10] Μοῖρα, ἡ – *Moira* (the goddess of fate)
[11] παιδεία, ἡ – *training, education*
[12] ὑγιής, ές – *healthy, sound, unbroken*
[13] μεταλαμβάνω – *I have or get a share of, partake of*
[14] πόρω – *I have been fated, destined*

Vocabulary Occurring 13 times or More in the Greek New Testament

—Alphabetized with Frequency—

ἄλφα

Greek	Count	Definition
Ἀβραάμ, ὁ	73	Abraham
ἀγαθός, -ή, -όν	102	good, beneficial
ἀγαπάω	143	I love, adore
ἀγάπη, -ης, ἡ	116	love, adoration
ἀγαπητός, -ή, -όν	61	beloved, dearly loved
ἄγγελος, -ου, ὁ	175	messenger, envoy, angel
ἁγιάζω	28	I sanctify, consecrate
ἅγιος, -ία, -ον	233	holy, pure, devout; Saint
ἀγνοέω	22	I do not know; I am ignorant
ἀγοράζω	30	I buy, purchase
ἀγρός, -οῦ, ὁ	36	field; countryside; farm
ἄγω	67	I lead, carry, arrest, observe
ἀδελφή, -ῆς, ἡ	26	sister; fellow believer
ἀδελφός, -οῦ, ὁ	343	brother
ἀδικέω	28	I wrong, treat unjustly; I harm
ἀδικία, -ας, ἡ	25	wrongdoing, injustice, unrighteousness
ἀθετέω	16	I nullify, deny, cancel; I reject
Αἴγυπτος, -ου, ἡ	25	Egypt
αἷμα, -ατος, τό	97	blood, bloodshed
αἴρω	101	I lift up, raise up, take away
αἰτέω	70	I ask, demand
αἰτία, -ας, ἡ	20	cause, reason; accusation
αἰών, -ῶνος, ὁ	122	age, era, lifetime
αἰώνιος, -ον	71	long-lasting, eternal
ἀκάθαρτος, -ον	32	unclean(sed), impure; defiled
ἄκανθα, -ης, ἡ	14	thorn (bush)
ἀκοή, -ῆς, ἡ	24	hearing; a report, news
ἀκολουθέω	90	I follow, obey
ἀκούω	428	I hear, obey, listen
ἀκροβυστία, -ας, ἡ	20	uncircumcision
ἀλήθεια, -ας, ἡ	109	truth, reality
ἀληθής, -ές	26	true, truthful
ἀληθινός, -ή, -όν	28	true, faithful
ἀληθῶς	18	truly
ἀλλά	638	but, yet, rather
ἀλλήλων	100	one another
ἄλλος, -η, -ο	155	other, another
ἀλλότριος, -α, -ον	14	strange, foreign; belonging to another
ἁμαρτάνω	43	I miss the mark; I fail, sin
ἁμαρτία, -ίας, ἡ	173	sin, guilt, failure
ἁμαρτωλός, -όν	47	sinful; sinner (noun)
ἀμήν	129	certainly, truly, indeed
ἀμπελών, -ῶνος, ὁ	23	a vineyard
ἀμφότεροι, -αι, -α	14	both
ἄν	163	[conditional particle] (indicates possibility but not certainty)
ἀνά	13	among, in the midst of (with μέσον); each (with numbers)
ἀναβαίνω	82	I go up, ascend
ἀναβλέπω	25	I look up; I receive sight
ἀναγγέλλω	14	I proclaim, announce, report
ἀναγινώσκω	32	I read
ἀνάγκη, -ης, ἡ	17	necessity, force; distress
ἀνάγω	23	I lead up; I carry by sea (mid.)
ἀναιρέω	24	I take up; I destroy, kill
ἀνάκειμαι	14	I recline (at meals)
ἀνακρίνω	16	I examine closely, question
ἀναλαμβάνω	13	I take up; I take with
ἀνάστασις, -εως, ἡ	42	resurrection
ἀναστροφή, -ῆς, ἡ	13	conduct, behavior
ἀναχωρέω	14	I depart, withdraw
Ἀνδρέας, -ου, ὁ	13	Andrew
ἄνεμος, -ου, ὁ	31	a wind
ἀνέχομαι	15	I endure, bear with
ἀνήρ, ἀνδρός, ὁ	216	man, husband
ἀνθίστημι	14	I resist, oppose
ἄνθρωπος, -ου, ὁ	550	man, human
ἀνίστημι	108	I raise, resurrect, establish
ἀνοίγω	77	I open
ἀνομία, -ας, ἡ	15	lawlessness, lawless conduct
ἀντί	22	over against; in place of; for (gen.)
Ἀντιόχεια, -ας, ἡ	18	Antioch

Vocabulary Occuring 13 times or More in the Greek NT

ἄνωθεν ¹³	from above, again	ἄρχων, -οντος, ὁ ³⁷	a ruler
ἄξιος, -α, -ον ⁴¹	worthy	ἀσθένεια, -ας, ἡ ²⁴	weakness; sickness
ἀπαγγέλλω ⁴⁵	I report, declare	ἀσθενέω ³³	I am weak, feeble, sick
ἀπάγω ¹⁵	I lead away	ἀσθενής, -ές ²⁶	weak; sick
ἅπαξ ¹⁴	once, once for all	Ἀσία, -ας, ἡ ¹⁸	Asia
ἅπας, -ασα, -αν ³⁴	all, every; whole	ἀσπάζομαι ⁵⁹	I greet, welcome
ἀπειθέω ¹⁴	I disobey	ἀστήρ, -έρος, ὁ ²⁴	(shooting) star; fire
ἀπέρχομαι ¹¹⁷	I depart, go away	ἀτενίζω ¹⁴	I look intently at, gaze, stare
ἀπέχω ¹⁹	I keep away from, am far from; I hinder; I have received	αὐξάνω ²³	I cause to grow; I increase in power
ἄπιστος, -ον ²³	unfaithful; incredible; unbeliever (noun)	αὔριον ¹⁴	tomorrow
ἀπό ⁶⁴⁶	(+gen) from, away from	αὐτός, -ή, -ό ⁵⁵⁹⁷	he, she, it; (adj.) -self, same
ἀποδίδωμι ⁴⁸	I deliver; I pay	ἄφεσις, -εως, ἡ ¹⁷	release, pardon, forgiveness
ἀποθνῄσκω ¹¹¹	I die, perish	ἀφίημι ¹⁴³	I dissolve, condone, depart
ἀποκαλύπτω ²⁶	I uncover, reveal, disclose	ἀφίστημι ¹⁴	I stay away from, depart from
ἀποκάλυψις, -εως, ἡ ¹⁸	uncovering; revelation	ἄχρι(ς) ⁴⁹	as far as; until (conjunction)

βῆτα

ἀποκρίνομαι ²³¹	I answer	βάλλω ¹²²	I throw, place
ἀποκτείνω ⁷⁴	I kill, slay	βαπτίζω ⁷⁷	I soak, submerge, wash, plunge
ἀπόλλυμι ⁹⁰	ruin, destroy, perish	βάπτισμα, -ατος, τό ¹⁹	immersion; baptism
ἀπολύω ⁶⁶	I release, pardon, dismiss	Βαρναβᾶς, -ᾶ, ὁ ²⁸	Barnabas
ἀποστέλλω ¹³²	I send (off)	βασιλεία, -ας, ἡ ¹⁶²	kingdom, dominion
ἀπόστολος, -ου, ὁ ⁸⁰	delegate, apostle	βασιλεύς, -έως, ὁ ¹¹⁵	king
ἅπτω ³⁹	I fasten; I light; I touch (mid.)	βασιλεύω ²¹	I am king; I reign, rule
ἀπώλεια, -ας, ἡ ¹⁸	destruction, waste	βαστάζω ²⁷	I bear, carry (away)
ἄρα ⁴⁹	then, therefore	βιβλίον, -ου, τό ³⁴	paper; document, book
ἀργύριον, -ου, τό ²⁰	silver (coin); money	βλασφημέω ³⁴	I blaspheme; I slander
ἀρέσκω ¹⁷	I win favor, please, flatter	βλασφημία, -ας, ἡ ¹⁸	slander, reproach; blasphemy
ἀριθμός, -οῦ, ὁ ¹⁸	number	βλέπω ¹³²	I see, observe, notice
ἀρνέομαι ³³	I deny, disown; I decline, refuse	βούλομαι ³⁷	I wish; I intend
ἀρνίον, -ου, τό ³⁰	little sheep; lamb	βρῶμα, -ατος, τό ¹⁷	food

γάμμα

ἁρπάζω ¹⁴	I seize, snatch away	Γαλιλαία, -ας, ἡ ⁶¹	Galilee
ἄρτι ³⁶	just (now); presently	γαμέω ²⁸	I marry; I give in marriage (mid.)
ἄρτος, -ου, ὁ ⁹⁷	bread, food	γάμος, -ου, ὁ ¹⁶	wedding (feast); marriage
ἀρχή, -ῆς, ἡ ⁵⁶	beginning; power; ruler	γάρ ¹⁰⁴¹	for, because, since
ἀρχιερεύς, -έως, ὁ ¹²²	high priest, chief priest	γέ ²⁶	indeed, at least, really, even
ἄρχω ⁸⁶	I rule, lead, begin		

γέμω [13]	I am full
γενεά, -ᾶς, ἡ [43]	generation; age; kind
γεννάω [97]	I beget, give birth, parent
γένος, -ους, τό [20]	race; family; kind
γεύομαι [15]	I taste
γεωργός, -οῦ, ὁ [19]	farmer
γῆ, γῆς, ἡ [250]	land, earth
γίνομαι [669]	I am, become, happen
γινώσκω [222]	I know, understand, learn
γλῶσσα, -ης, ἡ [50]	tongue; language
γνωρίζω [25]	I make known; I know
γνῶσις, -εως, ἡ [29]	inquiry; knowledge
γνωστός, -ή, -όν [15]	known, knowable; acquaintance, friend
γονεύς, -έως, ὁ [20]	parent
γράμμα, -ατος, τό [14]	letter of the alphabet; letter, missive; writings
γραμματεύς, -έως, ὁ [63]	scribe, law expert
γραφή, -ῆς, ἡ [50]	Scripture; writing
γράφω [191]	I write
γρηγορέω [22]	I am awake, remain alert
γυμνός, -ή, -όν [15]	naked
γυνή, -αικός, ἡ [215]	woman, wife

δέλτα

δαιμονίζομαι [13]	I am possessed by a demon
δαιμόνιον, -ου, τό [63]	demon, evil spirit, inferior divinity
Δαμασκός, -οῦ, ἡ [15]	Damascus
Δαυίδ, ὁ [59]	David
δέ [2792]	but, rather, and, now
δέησις, -εως, ἡ [18]	prayer, entreaty; want, need
δεῖ [101]	I must, am required, ought
δείκνυμι [33]	I show, make known
δεῖπνον, -ου, τό [16]	meal, dinner, feast
δέκα [25]	ten
δένδρον, -ου, τό [25]	a tree
δεξιός, -ά, -όν [54]	right (directionaly but often used metph.); true
δέομαι [22]	I am in need (of); I ask, beg
δέρω [15]	I beat, whip
δέσμιος, -ου, ὁ [16]	one bound; a prisoner
δεσμός, -οῦ, ὁ [18]	bond, fastener; chain
δεύτερος, -α, -ον [43]	second
δέχομαι [56]	I take, receive; welcome
δέω [43]	I bind, tie
δηνάριον, -ου, ὁ [16]	denarius
διά [667]	(+gen) through; (+acc) because of
διάβολος, -ου [37]	slanderous; accuser, the Devil
διαθήκη, -ης, ἡ [33]	will, testament; covenant
διακονέω [37]	I serve, administer
διακονία, -ας, ἡ [34]	service, (ad)ministering
διάκονος, -ου, ὁ [29]	servant, minister; deacon
διακρίνω [19]	I distinguish, judge, evaluate; I doubt (mid.)
διαλέγομαι [13]	I converse/reason with, argue
διαλογίζομαι [16]	I consider, reason; I debate, argue
διαλογισμός, -οῦ, ὁ [14]	reasoning, discussion, opinion
διαμαρτύρομαι [15]	I testify solemnly, bear witness
διατάσσω [16]	I arrange; I give orders
διαφέρω [13]	I carry/go through; I differ
διδασκαλία, -ας, ἡ [21]	teaching, instruction
διδάσκαλος, -ου, ὁ [59]	teacher, master
διδάσκω [97]	I teach, instruct
διδαχή, -ῆς, ἡ [30]	teaching
δίδωμι [415]	I give, entrust
διέρχομαι [43]	I pass through/over
δίκαιος, -α, -ον [79]	just, righteous, fair
δικαιοσύνη, -ης, ἡ [92]	righteousness, justice
δικαιόω [39]	I set right; I justify, pronounce righteous
διό [53]	therefore, for this reason
διότι [23]	because; wherefore

διψάω [16]	I thirst, am thirsty		ἕκαστος, -η, -ον [82]	every, each
διώκω [45]	I pursue; I persecute		ἑκατόν [17]	one hundred
δοκέω [62]	I think, suppose, form an opinion; I seem, suppose		ἑκατοντάρχης, -ου [20]	centurion
δοκιμάζω [22]	I examine, test, prove, approve		ἐκβάλλω [81]	I throw out, expel, reject
δόξα, -ης, ἡ [166]	glory, opinion		ἐκεῖ [105]	there
δοξάζω [61]	I honor, glorify, praise		ἐκεῖθεν [27]	from that place; thence, thereafter
δουλεύω [25]	I am a slave; I am subjected to		ἐκεῖνος, -η, -ο [265]	that; (sub.) he, she, that one
δοῦλος, -ου, ὁ [126]	slave, bondservant		ἐκκλησία, -ας, ἡ [114]	assembly, gathering, community, church
δράκων, -οντος, ὁ [13]	dragon, serpent		ἐκλέγομαι [22]	I select, choose
δύναμαι [210]	I am able		ἐκλεκτός, -ή, -όν [22]	chosen, elect, select
δύναμις, -εως, ἡ [119]	power, strength, ability		ἐκπλήσσομαι [13]	I am astonished, amazed
δυνατός, -ή, -όν [32]	powerful, able, capable		ἐκπορεύομαι [33]	I come or go out
δύο [135]	two		ἐκτείνω [16]	I stretch out, extend
δώδεκα [75]	twelve		ἕκτος, -η, -ον [14]	sixth
δῶρον, -ου, τό [19]	gift, present		ἐκχέω [27]	I pour out

ἒ ψιλόν

			ἐλαία, -ας, ἡ [15]	olive tree, olive
ἐάν [333]	if, whenever		ἐλάσσων, -ον [18]	lesser; inferior, younger
ἐάν [286]	if, whenever		ἐλέγχω [17]	I expose; I reprove, refute, convict
ἑαυτοῦ, -ῆς, -οῦ [319]	himself, herself, itself		ἐλεέω [29]	I have mercy (on), show mercy
ἐγγίζω [42]	I draw near, approach		ἐλεημοσύνη, -ης, ἡ [13]	merciful gift, alms
ἐγγύς [31]	near		ἔλεος, -ους, τό [27]	pity, mercy, compassion
ἐγείρω [144]	I rise, raise		ἐλεύθερος, -α, -ον [23]	free
ἐγώ, (ἐ)μοῦ; ἡμεῖς, ἡμῶν [2666]	I; we		Ἕλλην, -ηνος, ὁ [25]	a Greek (person)
ἔθνος, -ους, τό [160]	nation, culture group, people		ἐλπίζω [31]	I hope, expect
εἰ [502]	if, whether		ἐλπίς, -ίδος, ἡ [53]	expectation, hope
εἰκών, -όνος, ἡ [23]	image, likeness; (coin) portrait		ἐμαυτοῦ, -ῆς [37]	of myself
εἰμί [2462]	I am, exist, happen		ἐμβαίνω [16]	I go quickly; I embark on a boat
εἰρήνη, -ης, ἡ [92]	peace, well-being		ἐμός, -ή, -όν [76]	my, mine
εἷς [345]	one, single		ἐμπαίζω [13]	I mock/ridicule; I am tricked (pass.)
εἰς [1767]	(+acc) to, into		ἔμπροσθεν [48]	before, in front of, ahead of (gen)
εἰσέρχομαι [200]	I go into, enter		ἐν [2752]	(+dat) in, with, among
εἰσπορεύομαι [18]	I enter, go into		ἐνδύω [27]	I dress; I put on (mid.)
εἶτα [15]	thereafter (in a sequence); then, next		ἕνεκα [26]	on account of, for the sake of (gen)
εἴτε [65]	if, either, or, whether		ἐνεργέω [21]	I work, energize, operate
ἐκ, ἐξ [914]	(+gen) from, out from		ἐνιαυτός, -οῦ, ὁ [14]	year
			ἐντέλλομαι [15]	I command, give orders; I authorize to act

ἐντολή, -ῆς, ἡ [67]	command(ment), order
ἐνώπιον [94]	before, face to face, in the view of
ἕξ [13]	six
ἐξαποστέλλω [13]	I send forth; I send away, dismiss
ἐξέρχομαι [218]	I go out, exit
ἔξεστι(ν) [34]	it is right, proper, permitted
ἐξίστημι [17]	I am confounded, amazed
ἐξουσία, -ας, ἡ [102]	authority, capability
ἔξω [63]	outside, out
ἔξωθεν [13]	outside, from outside (gen.)
ἑορτή, -ῆς, ἡ [25]	feast
ἐπαγγελία, -ας, ἡ [52]	promise, offer
ἐπαγγέλλομαι [15]	I promise; I profess
ἐπαίρω [19]	I lift up, raise; I exalt
ἐπάνω [19]	above; over (gen.)
ἐπαύριον [17]	on the next day, tomorrow
ἐπεί [26]	since, because; when
ἔπειτα [16]	thereafter (in a sequence); then
ἐπερωτάω [56]	I ask, inquire
ἐπί [890]	(+gen/dat/acc) on, near, toward
ἐπιβάλλω [18]	I throw upon, lay on; I put on
ἐπιγινώσκω [44]	I know about; I understand
ἐπίγνωσις, -εως, ἡ [20]	knowledge, recognition
ἐπιζητέω [13]	I seek after, search for; I wish for
ἐπιθυμέω [16]	I desire, long for, covet (gen. of thing; acc. of person)
ἐπιθυμία, -ας, ἡ [38]	desire, passion, lust
ἐπικαλέω [30]	I call (upon); I invoke
ἐπιλαμβάνομαι [19]	I take hold of, grasp
ἐπιμένω [16]	I remain, stay; I continue, persist in (dat.)
ἐπίσταμαι [14]	I understand (how to); I know
ἐπιστολή, -ῆς, ἡ [24]	letter, epistle
ἐπιστρέφω [36]	I turn (around)
ἐπιτίθημι [39]	I lay upon; I impose, inflict
ἐπιτιμάω [29]	I show honor to; I rebuke, warn
ἐπιτρέπω [18]	I turn to; I allow, permit
ἐπουράνιος, -ον [19]	heavenly
ἑπτά [88]	seven
ἐργάζομαι [41]	I work, perform, accomplish
ἐργάτης, -ου, ὁ [16]	worker, laborer
ἔργον, -ου, τό [169]	work, accomplishment
ἔρημος, -ου, ἡ [48]	desolate; desert (noun)
ἔρχομαι [632]	I come, go
ἐρωτάω [63]	I ask, inquire, question
ἐσθίω [158]	I eat, drink, consume
ἔσχατος, -η, -ον [52]	last, farthest, least
ἕτερος, -α, -ον [98]	other, another
ἔτι [93]	yet, still, even now
ἑτοιμάζω [40]	I make ready, prepare
ἕτοιμος, -η, -ον [17]	ready, prepared
ἔτος, -ους, τό [49]	year
εὐαγγελίζω [54]	I proclaim (the) good news
εὐαγγέλιον, -ου, τό [76]	good news, gospel
εὐδοκέω [21]	I am well pleased or content with
εὐθέως [36]	immediately
εὐθύς, -εῖα, -ύ [51]	straight, proper
εὐλογέω [41]	I speak well of, praise, bless
εὐλογία, -ας, ἡ [16]	blessing; praise
εὑρίσκω [176]	I find, discover
εὐσέβεια, -ας, ἡ [15]	godliness, piety
εὐφραίνω [14]	I am glad, I rejoice
εὐχαριστέω [38]	I bestow a favor; I am thankful
εὐχαριστία, -ας, ἡ [15]	thanksgiving, gratitude
Ἔφεσος, -ου, ἡ [16]	Ephesus
ἐφίστημι [21]	I come upon; I stand at (ready)
ἐχθρός, -ή, -όν [32]	hated; hostile; an enemy
ἔχω [708]	I have, am
ἕως [146]	while, until, as far as, as long as, up to the point of

ζῆτα

ζάω [140]	I live
ζῆλος, -ου, ὁ [16]	zeal, jealousy
ζητέω [117]	I seek, search, inquire
ζύμη, -ης, ἡ [13]	leaven, yeast

ζωή, -ῆς, ἡ [135] — life, existence
ζῷον, -ου, τό [23] — living creature, animal

ἦτα

ἤ [343] — or, than
ἡγεμών, -όνος, ὁ [20] — leader; Roman governor
ἡγέομαι [28] — I lead, guide; I consider
ἤδη [61] — already, now; by this time
ἥκω [28] — I have come; I am present
Ἠλίας, -ου, ὁ [29] — Elijah
ἥλιος, -ου, ὁ [32] — the sun
ἡμέρα, -ας, ἡ [389] — day, time
Ἡρῴδης, -ου, ὁ [43] — Herod
Ἠσαΐας, -ου, ὁ [22] — Isaiah

θῆτα

θάλασσα, -ης, ἡ [91] — lake, sea
θάνατος, -ου, ὁ [120] — death
θαυμάζω [43] — I wonder, am amazed
θεάομαι [22] — I behold
θέλημα, -ατος, τό [62] — will; pleasure
θέλω [208] — I wish, want
θεμέλιος, -ου, ὁ [15] — foundation
θεός, -οῦ, ὁ or ἡ [1317] — God, divine one
θεραπεύω [43] — I heal; I serve
θερίζω [21] — I reap, harvest
θερισμός, -οῦ, ὁ [13] — harvest, crop; reaping time
θεωρέω [58] — I view as a spectator, behold, observe, see
θηρίον, -ου, τό [46] — wild beast
θησαυρός, -οῦ, ὁ [17] — treasure, treasury
θλῖψις, -εως, ἡ [45] — affliction; persecution
θρίξ, τριχός, ἡ [15] — hair
θρόνος, -ου, ὁ [62] — chair, seat, throne
θυγάτηρ, -τρός, ἡ [28] — daughter
θυμός, -οῦ, ὁ [18] — feeling of the soul, passion; anger
θύρα, -ας, ἡ [39] — door, gate
θυσία, -ας, ἡ [28] — sacrifice, offering
θυσιαστήριον, -ου, τό [23] — altar, sanctuary
θύω [14] — I sacrifice, kill

ἰῶτα

Ἰακώβ, ὁ [27] — Jacob
Ἰάκωβος, -ου, ὁ [42] — James
ἰάομαι [26] — I heal, cure
ἴδε [28] — See! Behold!
ἴδιος, ία, ον [114] — one's own
ἰδού [208] — Look!, Notice!, See!
ἱερεύς, -έως, ὁ [31] — priest, sacrificer
ἱερόν, -οῦ, τό [71] — temple, holy place
Ἱεροσόλυμα, τά or ἡ [62] — Jerusalem
Ἱερουσαλήμ [77] — Jerusalem
Ἰησοῦς, -οῦ, ὁ [917] — Joshua, Jesus
ἱκανός, -ή, -όν [39] — sufficient, considerable; competent
ἱμάτιον, ου, τό [60] — garment; outer garment
ἵνα [663] — so that, in order that
Ἰορδάνης, -ου, ὁ [15] — Jordan (river)
Ἰουδαία, -ας, ἡ [43] — Judea
Ἰουδαῖος, -αία, -αῖον [194] — Jewish; Judean; Jew
Ἰούδας, -α, ὁ [44] — Judas, Judah
ἵππος, -ου, ὁ [17] — horse
Ἰσαάκ, ὁ [20] — Isaac
Ἰσραήλ, ὁ [68] — Israel
ἵστημι [154] — I set, place, establish
ἰσχυρός, -ά, -όν [29] — strong
ἰσχύω [28] — I am strong, able
ἰχθύς, -ύος, ὁ [20] — fish
Ἰωάν(ν)ης, -ου, ὁ [135] — John
Ἰωσήφ, ὁ [35] — Joseph

κάππα

κἀγώ [84] — and I, I too (crasis καὶ ἐγώ)
καθάπερ [13] — just as
καθαρίζω [31] — I make clean, cleanse
καθαρός, -ά, -όν [27] — clean, pure; innocent
καθεύδω [22] — I sleep

κάθημαι [91]	I sit, settle, reside
καθίζω [46]	I sit; I seat; I stay
καθίστημι [21]	I set down; I set in order, appoint
καθώς [182]	as, just as
καί [9161]	and; (adv.) also, even
καινός, -ή, -όν [42]	new
καιρός, -οῦ, ὁ [85]	time, period, season
Καῖσαρ, -ος, ὁ [29]	Caesar
Καισάρεια, -ας, ἡ [17]	Caesarea
κακός, -ή, -όν [50]	evil, bad; incorrect
κακῶς [16]	badly, evilly, wickedly
καλέω [148]	I call, summon, invite
καλός, ή, όν [100]	beautiful, good, noble
καλῶς [36]	well, beautifully
καπνός, -οῦ, ὁ [13]	smoke
καρδία, -ας, ἡ [156]	heart
καρπός, -ου, ὁ [66]	fruit, produce, profit
κατά [473]	(+gen) against, down; (+acc) according to
καταβαίνω [81]	I go down, descend
καταγγέλλω [18]	I proclaim, announce, declare
καταισχύνω [13]	I dishonor, put to shame; I am ashamed; I disappoint
κατακρίνω [18]	I give a sentence against, condemn
καταλαμβάνω [15]	I overtake, seize; I apprehend, comprehend
καταλείπω [24]	I leave (behind); I forsake
καταλύω [17]	I throw down, destroy; I cease
κατανοέω [14]	I observe well, notice; I understand
καταντάω [13]	I come to, arrive at; I attain
καταργέω [27]	I make of no effect, nullify; I annul, abolish
καταρτίζω [13]	I put in order, restore; I prepare, perfect
κατεργάζομαι [22]	I accomplish, bring about
κατέρχομαι [16]	I come or go down; I arrive at
κατεσθίω [14]	I gobble down, devour, consume
κατέχω [17]	I hold fast, possess, occupy; I hold back, prevent
κατηγορέω [23]	I accuse
κατοικέω [44]	I dwell in, inhabit
καυχάομαι [37]	I boast, am proud of
Καφαρναούμ, ἡ [16]	Capernaum
κεῖμαι [24]	I lie, recline; I am set up, established
κελεύω [25]	I urge, exhort; I command
κενός, -ή, -όν [18]	empty, fruitless, in vain
κερδαίνω [17]	I gain advantage, profit
κεφαλή, -ῆς, ἡ [75]	head
κηρύσσω [61]	I preach, proclaim, announce
κλαίω [40]	I weep (for), lament
κλάω [14]	I break
κλείω [16]	I shut, close
κλέπτης, -ου, ὁ [16]	thief
κλέπτω [13]	I steal
κληρονομέω [18]	I inherit, acquire
κληρονομία, -ας, ἡ [14]	inheritance
κληρονόμος, -ου, ὁ [15]	heir, beneficiary
κοιλία, -ας, ἡ [22]	the belly; womb
κοιμάω [18]	I (put to) sleep; I fall asleep (mid.)
κοινός, -ή, -όν [14]	common, public; unclean, profane
κοινόω [14]	I make common; I make unclean, I defile
κοινωνία, -ας, ἡ [19]	association, fellowship; contribution
κοπιάω [23]	I work hard, toil; I grow weary
κόπος, -ου, ὁ [18]	difficulty, trouble; toil, labor, work
κόσμος, -ου, ὁ [186]	world, universe, order
κράζω [55]	call out, cry out, scream
κρατέω [47]	I am strong; I hold fast, seize
κρίμα, -ατος, τό [27]	decision, judgment; condemnation
κρίνω [114]	I judge, decide, choose

Vocabulary Occuring 13 times or More in the Greek NT

κρίσις, -εως, ἡ [47]	judging, judgment; trial
κριτής, -οῦ, ὁ [19]	judge
κρυπτός, -ή, -όν [17]	hidden, secret
κρύπτω [18]	I conceal, hide
κτίζω [15]	I found a people or city; I create
κτίσις, -εως, ἡ [19]	founding, settling; creation, creature
κύριος, -ου, ὁ [717]	Lord, master, one having authority, owner
κωλύω [23]	I hinder; I prevent, forbid
κώμη, -ης, ἡ [27]	village
κωφός, -ή, -όν [14]	deaf, mute

λάμβδα

Λάζαρος, -ου, ὁ [15]	Lazarus
λαλέω [296]	I speak
λαμβάνω [258]	I take, receive
λαός, -οῦ, ὁ [142]	people, populace, multitude
λατρεύω [21]	I serve; I worship
λέγω [2353]	I say, speak, claim
λευκός, -ή, -όν [25]	light, bright; white
λῃστής, -οῦ, ὁ [15]	robber
λίθος, -ου, ὁ [59]	stone
λογίζομαι [40]	I reckon, consider, think, count
λόγος, -ου, ὁ [330]	word, speech, matter
λοιπός, -ή, -όν [55]	rest, remaining, left; from now on
λυπέω [26]	I grieve, become sad; I offend, insult
λύπη, -ης, ἡ [16]	grief, sorrow
λύχνος, -ου, ὁ [14]	lamp
λύω [42]	I loosen, untie; I destroy

μῦ

μαθητής, -οῦ, ὁ [261]	disciple, student
μακάριος, ια, ιον [50]	favored, blessed
Μακεδονία, -ας, ἡ [22]	Macedonia
μακρόθεν [14]	from afar, from far away
μακροθυμία, -ας, ἡ [14]	long-suffering, patience, forbearance
μᾶλλον [81]	more, exceedingly, rather
μανθάνω [25]	I learn; I understand
Μάρθα, -ας, ἡ [13]	Martha
μαρτυρέω [76]	I give evidence, witness, testify
μαρτυρία, -ας, ἡ [37]	testimony, evidence
μαρτύριον, -ου, τό [19]	testimony, proof
μάρτυς, μάρτυρος [35]	witness; martyr
μάχαιρα, -ης, ἡ [29]	sword, dagger
μέγας, μεγάλη, μέγα [243]	large, great
μέλλω [109]	I am about to, mean to
μέλος, -ους, τό [34]	limb, member, (body) part
μέν [179]	however, but, indeed
μένω [118]	I remain, continue
μερίζω [14]	I divide, distribute
μεριμνάω [19]	I care for, am concerned; I am anxious
μέρος, -ους, τό [42]	part, share
μέσος, -η, -ον [58]	middle, in the midst
μετά [469]	(+gen) with; (+acc) after, behind
μετανοέω [34]	I change my mind; I repent
μετάνοια, -ας, ἡ [22]	repentance; change of mind
μέτρον, -ου, τό [14]	measure, rule
μέχρι [17]	until; as far as (gen.)
μή [1042]	not, no; (+subj.) in order that ... not
μηδέ [56]	but not, nor; not even, not either
μηδείς, μηδεμία, μηδέν [90]	no one, nothing
μηκέτι [22]	no longer, no more
μήν, μηνός, ὁ [19]	month; moon
μήποτε [25]	never; lest ever, that at no time
μήτε [34]	and not; neither ... nor
μήτηρ, μητρός, ἡ [83]	mother
μήτι [18]	not (an interrogative particle in questions expecting a negative answer)
μικρός, -ά, -όν [48]	small, little
μιμνήσκομαι [23]	I remember
μισέω [40]	I hate, despise

μισθός, -οῦ, ὁ ²⁹	wages, reward
μνημεῖον, -ου, τό ⁴⁰	a memorial; grave, tomb
μνημονεύω ²¹	I remember; I call to mind
μοιχεύω ¹⁵	I commit adultery
μόνος, -η, -ον ¹¹⁴	alone, only
μύρον, -ου, τό ¹⁴	ointment, perfume
μυστήριον, -ου, τό ²⁸	mystery, secret
Μωϋσῆς ⁸⁰	Moses

νῦ

Ναζαρά, Ναζαρέθ ¹⁴	Nazareth
Ναζωραῖος, -ου, ὁ ¹³	Nazarene, inhabitant of Nazareth
ναί ³³	yes, certainly
ναός, -οῦ, ὁ ⁴⁵	temple (edifice); sanctuary
νεκρός, -ά, -όν ¹²⁸	dead
νέος, -α, -ον ²⁴	new, young
νεφέλη, -ης, ἡ ²⁵	cloud
νήπιος, -α, -ον ¹⁵	infant, child
νηστεύω ²⁰	I fast, abstain from
νικάω ²⁸	I conquer, overcome
νίπτω ¹⁷	I wash; I cleanse (hands or feet)
νοέω ¹⁴	I perceive, apprehend, understand
νομίζω ¹⁵	I think, consider; I practice customarily
νόμος, -ου, ὁ ¹⁹⁴	law, custom
νοῦς, νοός, νοΐ, νοῦν, ὁ ²⁴	mind; way of thinking; understanding
νυμφίος, -ου, ὁ ¹⁶	bridegroom
νῦν ¹⁴⁷	now, currently, presently
νυνί ²⁰	now (emphatic form of νῦν)
νύξ, νυκτός, ἡ ⁶¹	night (often metaph.)

ξῖ

ξένος, -η, -ον ¹⁴	foreign, strange; a stranger (as a noun)
ξηραίνω ¹⁵	I dry up
ξύλον, -ου, τό ²⁰	wood, tree; post

ὂ μικρόν

ὁ, ἡ, τό ¹⁹⁸⁶⁷	the; the (one/thing)
ὁδός, -οῦ, ἡ ¹⁰¹	road, way, path, trip
ὅθεν ¹⁵	from which, from where; for which reason
οἶδα ³¹⁸	I know, understand
οἰκία, -ας, ἡ ⁹³	house, building, family
οἰκοδομέω ⁴⁰	I build (up); I strengthen
οἰκοδομή, -ῆς, ἡ ¹⁸	building; edification
οἶκος, -ου, ὁ ¹¹⁴	house, dwelling, family
οἰκουμένη, -ης, ἡ ¹⁵	inhabited region; the world; the Roman world
οἶνος, -ου, ὁ ³⁴	wine
οἷος, -α, -ον ¹⁴	of such a kind (quality)
ὀλίγος, -η, -ον ⁴⁰	little, small; few
ὅλος, -η, -ον ¹⁰⁹	whole, entire
ὀμνύω ²⁶	I vow, take an oath, swear
ὅμοιος, -α, -ον ⁴⁵	like, liken to (+ dat.)
ὁμοιόω ¹⁵	I make like, liken, compare
ὁμοίως ³⁰	likewise, in the same way
ὁμολογέω ²⁶	I agree with; I confess; I promise
ὄνομα, -ατος, τό ²³¹	name
ὀπίσω ³⁵	behind, after (+gen.)
ὅπου ⁸²	where, whereas, whenever
ὅπως ⁵³	how; in order that
ὁράω ⁴⁵⁴	I see, perceive, experience
ὀργή, -ῆς, ἡ ³⁶	anger, wrath
ὄρος, -ους, τό ⁶³	mountain, hill
ὅς, ἥ, ὅ ¹³⁹⁹	who, which, that
ὅσος, -η, -ον ¹¹⁰	as many as, as much as, as great as
ὅστις, ἥτις, ὅτι ¹⁵²	whoever, whichever, any one who
ὅταν ¹²³	whenever, when
ὅτε ¹⁰³	when
ὅτι ¹²⁹⁶	because, that
οὗ ²⁴	where
οὐ, οὐκ, οὐχ ¹⁶²³	not, no

οὐαί [46]	Woe!	παράδοσις, -εως, ἡ [13]	handing down or over, transmission; tradition
οὐδέ [143]	but not, nor, neither	παρακαλέω [109]	I encourage, call, request
οὐδείς, οὐδεμία, οὐδέν [227]	no one, nothing	παράκλησις, -εως, ἡ [29]	encouragement, exhortation
οὐδέποτε [16]	never, not ever	παραλαμβάνω [49]	I take along/with; I receive
οὐκέτι [47]	no longer, no further	παράπτωμα, -ατος, τό [19]	false step, trespass, transgression
οὖν [499]	therefore, then	παρατίθημι [19]	I set before; I place beside; I entrust (mid.)
οὔπω [26]	not yet		
οὐρανός, -οῦ, ὁ [273]	sky, heaven	παραχρῆμα [18]	immediately, at once
οὖς, ὠτός, τό [36]	ear	πάρειμι [24]	I am present; I have arrived
οὔτε [87]	and not, nor, neither	παρέρχομαι [29]	I pass by, pass away; I arrive
οὗτος, αὕτη, τοῦτο [1387]	this; this one	παρέχω [16]	I provide, offer, present; I afford, cause
οὕτω/οὕτως [208]	thus, so		
οὐχί [54]	not, no, in no way (intensified form of οὐ); not?	παρθένος, -ου, ἡ [15]	virgin
		παρίστημι [41]	I place near; I stand before/with
ὀφείλω [35]	I owe; I ought	παρουσία, -ας, ἡ [24]	presence; arrival, coming
ὀφθαλμός, οῦ, ὁ [100]	eye		
ὄφις, -εως, ὁ [14]	serpent	παρρησία, -ας, ἡ [31]	boldness, frankness, freedom of speech
ὄχλος, -ου, ὁ [175]	crowd, multitude		
ὀψία, -ας, ἡ [15]	evening	πᾶς, πᾶσα, πᾶν [1243]	every, all

πῖ

πάθημα, -ατος, τό [16]	suffering, misfortune; affection, passion	πάσχα, τό [29]	Passover (indeclinable)
παιδεύω [13]	I educate, train and teach; I correct, discipline	πάσχω [42]	I suffer
		πατήρ, πατρός, ὁ [413]	father
παιδίον, -ου, τό [52]	child; young servent/slave	Παῦλος, -ου, ὁ [158]	Paul
παιδίσκη, -ης, ἡ [13]	female slave	παύομαι [15]	I stop, cease
παῖς, παιδός, ὁ, ἡ [24]	child (boy or girl); slave	πείθω [52]	I persuade, win over; I depend on
παλαιός, -ά, -όν [19]	old, ancient	πεινάω [23]	I hunger
πάλιν [141]	again	πειράζω [38]	I test, tempt; I attempt
πάντοτε [41]	always	πειρασμός, -οῦ, ὁ [21]	testing, temptation
παρά [194]	(+gen) along side, from; (+dat) beside, near; (+acc) out from	πέμπω [79]	I send, despatch
		πέντε [38]	five
παραβολή, -ῆς, ἡ [50]	parable, illustration; type, embodiment	πέραν [23]	on the other side, beyond (gen.)
		περί [333]	(+gen) concerning; (+acc) around
παραγγέλλω [32]	I transmit a message; I command	περιβάλλω [23]	I put around, clothe
παραγίνομαι [37]	I come, arrive	περιπατέω [95]	I walk (about), live, behave
παραδίδωμι [119]	I hand over, deliver, grant	περισσεύω [39]	I abound, overflow

περισσός, -ή, -όν [22]	abundant, remarkable; superfluous
περιτέμνω [17]	I circumcise; I cut off all around
περιτομή, -ῆς, ἡ [36]	circumcision
πετεινόν, -οῦ, τό [14]	bird
πέτρα, -ας, ἡ [15]	rock, boulder
Πέτρος, -ου, ὁ [156]	Peter
Πιλᾶτος, -ου, ὁ [55]	Pilate
πίμπλημι [24]	I fill (up); I fulfill
πίνω [73]	I drink
πίπτω [90]	I fall, collapse
πιστεύω [241]	I believe, trust
πίστις, -εως, ἡ [243]	belief, faith, trust
πιστός, -ή, -όν [67]	faithful, trustworthy, believing
πλανάω [39]	I lead astray
πληγή, -ῆς, ἡ [22]	blow, strike; wound
πλῆθος, -ους, τό [31]	a great number, multitude; crowd
πλήν [31]	but, except (+gen.)
πλήρης, -ες [16]	full of (gen.); complete
πληρόω [86]	I fill, complete, fulfill
πλήρωμα, -ατος, τό [17]	full number, fullness; completing, fulfillment
πλησίον [17]	near; a neighbor
πλοῖον, -ου, τό [67]	boat, ship, vessel
πλούσιος, -α, -ον [28]	rich, wealthy
πλοῦτος, -ου, ὁ [22]	wealth, riches
πνεῦμα, -ατος, τό [379]	spirit, breath
πνευματικός, -ή, -όν [26]	spiritual
πόθεν [29]	whence? from where?
ποιέω [568]	I make, do
ποιμήν, -ένος, ὁ [18]	shepherd
ποῖος, -α, -ον [33]	of what kind? which?
πόλεμος, -ου, ὁ [18]	war, battle, fight
πόλις, -εως, ἡ [163]	town, city
πολλάκις [18]	often, many times
πολύς, πολλή, πολύ [416]	much, many
πονηρός, -ά, -όν [78]	evil, bad, worthless, sick
πορεύομαι [153]	I go, walk
πορνεία, -ας, ἡ [25]	sexual immorality, prostitution
πόσος, -η, -ον [27]	of what quantity? how great/many?
ποταμός, -οῦ, ὁ [17]	river, stream
ποτέ [29]	at some time, once, ever
πότε [19]	when?; at any time, ever, once
ποτήριον, -ου, τό [31]	drinking cup
ποτίζω [15]	I give to drink water
ποῦ [48]	where?
πούς, ποδός, ὁ [93]	foot
πράσσω [39]	I do, accomplish
πρίν [13]	before
πρό [47]	before, in front of (gen.)
προάγω [20]	I lead forward, go ahead
πρόβατον, -ου, τό [39]	a sheep
προλέγω [15]	I foretell, speak beforehand
πρός [700]	(+acc) to, toward, with
προσδέχομαι [14]	I receive, accept; I wait for, anticipate
προσδοκάω [16]	I wait for, expect
προσέρχομαι [86]	I go to, visit, approach
προσευχή, -ῆς, ἡ [36]	prayer
προσεύχομαι [85]	I pray, petition a deity
προσέχω [24]	I hold to, pay attention to
προσκαλέω [29]	I summon, call to oneself (mid.)
προσκυνέω [60]	I worship; I fall down in worship, prostrate myself
προστίθημι [18]	I give, add to
προσφέρω [47]	I bring (to); I offer
πρόσωπον, -ου, τό [76]	face, appearance, expression, presence
προφητεία, -ας, ἡ [19]	prophecy; expounding Scripture
προφητεύω [28]	I prophesy; I speak God's word(s)

Vocabulary Occuring 13 times or More in the Greek NT

προφήτης, -ου, ὁ [144]	prophet
πρῶτος, -η, -ον [155]	first, most prominent
πτωχός, -ή, -όν [34]	poor; beggar (noun)
πυλών, -ῶνος, ὁ [18]	gateway
πῦρ, πυρός, τό [71]	fire
πωλέω [22]	I sell
πώς [15]	somehow, in some way
πῶς [103]	how?

ῥῶ

ῥαββί, ὁ [15]	Rabbi, teacher
ῥῆμα, -ατος, τό [68]	word, saying, thing
ῥίζα, -ης, ἡ [17]	root; shoot
ῥύομαι [17]	I rescue, deliver, save

σίγμα

σάββατον, -ου, τό [68]	Sabbath
Σαδδουκαῖος, -ου, ὁ [14]	Sadducee
σαλεύω [15]	I shake, disturb
σάρξ, σαρκός, ἡ [147]	flesh, muscle, body
Σατανᾶς, -ᾶ, ὁ [36]	Satan
Σαῦλος, -ου, ὁ [15]	Saul
σεαυτοῦ, -ῆς [43]	of yourself
σεισμός, -οῦ, ὁ [14]	earthquake
σημεῖον, -ου, τό [77]	sign, mark, signal, miracle
σήμερον [41]	today
Σίμων, -ωνος, ὁ [75]	Simon
σῖτος, -ου, ὁ [14]	wheat, grain
σκανδαλίζω [29]	I cause to stumble, give offence
σκάνδαλον, -ου, τό [15]	trap, cause for stumbling
σκεῦος, -ους, τό [23]	vessel; (any) implement
σκηνή, -ῆς, ἡ [20]	tent, tabernacle
σκοτία, -ας, ἡ [16]	darkness
σκότος, -ους, τό [31]	darkness; evil world
σός, σή, σόν [24]	your, yours
σοφία, -ας, ἡ [51]	wisdom, sound judgement
σοφός, -ή, -όν [20]	skillful, wise
σπείρω [52]	sow seed, scatter
σπέρμα, -ατος, τό [43]	seed; offspring
σταυρός, -οῦ, ὁ [27]	cross
σταυρόω [46]	I crucify
στέφανος, -ου, ὁ [25]	crown, wreath
στηρίζω [13]	I make fast, establish; I strengthen
στόμα, -ατος, τό [78]	mouth, opening
στρατιώτης, -ου, ὁ [26]	soldier
στρέφω [21]	I turn around/back
σύ, σοῦ; ὑμεῖς, ὑμῶν [2907]	you; you (pl.)
συκῆ, -ῆς, ἡ [16]	fig tree
συλλαμβάνω [16]	I take, seize, grasp; I conceive; I give aid, help
συμφέρω [15]	I bring together; it is profitable
σύν [128]	(+dat) with, along with
συνάγω [59]	I gather together, collect; receive as a guest
συναγωγή, -ῆς, ἡ [56]	assembly, gathering; gathering place, synagogue
συνέδριον, -ου, τό [22]	assembled council; the Sanhedrin
συνείδησις, -εως, ἡ [30]	conscience; consciousness
συνεργός, -οῦ, ὁ [13]	helper, fellow worker
συνέρχομαι [30]	I come together; I go with
συνίημι [26]	I comprehend, understand
συνίστημι [16]	I stand together; I (re)commend
σφραγίζω [15]	I mark (with a seal), certify
σφραγίς, -ῖδος, ἡ [16]	seal, signet; mark
σῴζω [106]	I save, rescue, keep safe
σῶμα, -ατος, τό [142]	body
σωτήρ, -ῆρος, ὁ [24]	rescuer, deliverer, savior
σωτηρία, -ας, ἡ [46]	deliverance, salvation

ταῦ

τάλαντον, -ου, τό [14]	talent (unit of measurement)
ταπεινόω [14]	I lower; I humiliate, humble

ταράσσω [17]	I shake; I stir up, agitate	τύπτω [13]	I strike, hit; I smite
ταχέως [15]	quickly	τυφλός, -ή, -όν [50]	blind

ὖ ψιλόν

ταχύς, -εῖα, -ύ [13]	quick, swift; quickly (adv.)
τέ [215]	and, so
τέκνον, -ου, τό [99]	child
τέλειος, -α, -ον [19]	perfect, complete, mature
τελειόω [23]	I make perfect, complete, mature
τελέω [28]	I finish, complete, fulfill
τέλος, -ους, τό [40]	end, result, purpose
τελώνης, -ου, ὁ [21]	tax gatherer
τέρας, -ατος, τό [16]	sign, wonder, portent
τέσσαρες [41]	four
τεσσεράκοντα [22]	forty
τηρέω [70]	I watch over, guard, keep
τίθημι [100]	I put, place, lay
τίκτω [18]	I give birth to, bear
τιμάω [21]	I honor, revere; I set a price on
τιμή, -ῆς, ἡ [41]	honor, esteem; value, price
τίμιος, -α, -ον [13]	held in honor, worthy; precious, valuable
Τιμόθεος, -ου, ὁ [24]	Timothy
τις, τι [525]	someone, something
τίς, τί [555]	who? which? what?
Τίτος, -ου, ὁ [13]	Titus
τοιοῦτος, αὕτη, οῦτον [57]	such as this, of such a kind,
τολμάω [16]	I dare, undertake
τόπος, -ου, ὁ [93]	place, position
τοσοῦτος, -αύτη, -οῦτον [20]	so great, so much; so many
τότε [160]	at that time, then
τράπεζα, -ης, ἡ [15]	table
τρεῖς, τρία [69]	three
τρέχω [20]	I run; I pursue a course of action
τρίτος, -η, -ον [56]	third
τρόπος, -ου, ὁ [13]	way, manner
τροφή, -ῆς, ἡ [16]	nourishment, food
τύπος, -ου, ὁ [15]	mark, image, example, pattern

ὕδωρ, -ατος, τό [76]	water, rain
υἱός, οῦ, ὁ [377]	son
ὑπάγω [79]	I withdraw, go away
ὑπακοή, -ῆς, ἡ [15]	obedience
ὑπακούω [21]	I listen to, obey
ὑπάρχω [60]	I am present, at one's disposal; I am, exist
ὑπέρ [150]	(+gen) on behalf of, for; (+acc) over, beyond
ὑπηρέτης, -ου, ὁ [20]	servant, assistant
ὑπό [220]	(+gen) by; (+acc) underneath
ὑποκριτής, -οῦ, ὁ [17]	actor, pretender; hypocrite
ὑπομένω [17]	I remain, stay, wait patiently; I endure
ὑπομονή, -ῆς, ἡ [32]	patient endurance, perseverance
ὑποστρέφω [35]	I turn back/around, return
ὑποτάσσω [38]	I arrange under, put in subjection
ὑστερέω [16]	I am behind, late; I am inferior, in need, lacking
ὕψιστος, -η, -ον [13]	highest; the Most High
ὑψόω [20]	I lift up, exalt

φῖ

φαίνω [31]	I bring to light, shine; I appear
φανερός, -ά, -όν [18]	visible, shining, manifest
φανερόω [49]	I make manifest; I reveal
Φαρισαῖος, -ου, ὁ [98]	Pharisee, Separatist
φέρω [66]	I carry, bring, lead
φεύγω [29]	I flee (from); I escape
φημί [66]	I declare, say
Φῆστος, -ου, ὁ [13]	Festus
φιλέω [25]	I love; I kiss
Φίλιππος, -ου, ὁ [36]	Philip
φίλος, -ου, ὁ [29]	loved, dear; friend

Vocabulary Occuring 13 times or More in the Greek NT

φοβέω [95]	I fear, respect, flee frightened
φόβος, -ου, ὁ [47]	fear, reverence; terror
φρονέω [26]	I think; I am intent on
φρόνιμος, -ον [14]	sensible, prudent, wise
φυλακή, -ῆς, ἡ [47]	prison; guard; night watch
φυλάσσω [31]	I guard, watch; I obey
φυλή, -ῆς, ἡ [31]	tribe, nation
φύσις, -εως, ἡ [14]	nature, constitution
φωνέω [43]	I call (out), speak
φωνή, -ῆς, ἡ [139]	sound; voice, communication
φῶς, φωτός, τό [73]	light, torch

χῖ

χαίρω [74]	I am glad, rejoice, welcome
χαρά, -ᾶς, ἡ [59]	joy, delight, gladness
χαρίζομαι [23]	I forgive; I give graciously
χάρις, -ιτος, ἡ [155]	grace, thankfulness, kindness
χάρισμα, -ατος, τό [17]	grace, favor; gift
χείρ, χειρός, ἡ [177]	hand
χήρα, -ας, ἡ [26]	widow
χιλίαρχος, -ου, ὁ [21]	military tribune; commander
χιλιάς, -άδος, ἡ [23]	thousand
χορτάζω [16]	I feed, fatten, fill
χόρτος, -ου, ὁ [15]	grass, hay
χρεία, -ας, ἡ [49]	need, what is lacking
Χριστός, -οῦ, ὁ [529]	Messiah, Anointed One, Christ
χρόνος, -ου, ὁ [54]	time, occasion,
χρυσοῦς, -ῆ, -οῦν [18]	golden
χωλός, -ή, -όν [14]	lame
χώρα, -ας, ἡ [28]	country, region
χωρίζω [13]	I separate, divide; I depart, leave
χωρίς [41]	without, apart from (gen.)

ψῖ

ψυχή, -ῆς, ἡ [103]	soul, life

ὦ μέγα

ὦ [20]	Oh!
ὧδε [61]	here, thus
ὥρα, -ας, ἡ [106]	hour, time, period, season
ὡς [504]	as, like
ὡσαύτως [17]	similarly, likewise, in like manner
ὡσεί [21]	just as, like; about
ὥσπερ [36]	just as (more emphatic than ὡς)
ὥστε [83]	so that, therefore, consequently
ὠφελέω [15]	I help, aid, profit, benefit

Notes

NOTES

www.ingramcontent.com/pod-product-compliance
Lightning Source LLC
Chambersburg PA
CBHW080411170426
43194CB00015B/2779